KB175325

포체티노
인사이드 스토리

포체티노
인사이드 스토리

BRAVE NEW WORLD

기옘 발라게 지음 | **이성모·박문수** 옮김

한스미디어

Un EXTRAÑO SENTIMIENTO ME INVADE,
SIENDO ALGUIEN TAN CELOSO DE SU PRIVACIDAD.
ESPERO QUE COMPARTIR ESTA EXPERIENCIA
SEA TAN EXCITANTE PARA USTEDES COMO LO
HA SIDO PARA MI.
ME GUSTARÍA QUE EL LECTOR SE SITUARA
EN LAS CIRCUNSTANCIAS DE CADA MOMENTO.
PORQUE FÚTBOL ES, O ASÍ LO SIENTO,
UN CONTEXTO DE EMOCIONES.

여러분과 이 여행을 떠나는 것을 생각하니 이상한 기분이 듭니다.

저는 평소 저 자신에 대한 이야기를 잘 하지 않는 편입니다.

그러나 이 책 속에 담긴 경험을 여러분과 나누는 것이

저에게도 그랬듯 여러분에게도 흥미롭기를 바랍니다.

그리고 각각의 순간에 여러분 자신을 투영해보길 바랍니다.

축구는, 적어도 제가 느끼기에는,

결국 그 순간순간의 감정에 관한 것이니까요.

한국의 독자들에게

한국의 모든 열정적이고 헌신적이며 충실한 토트넘 팬들께.

여러분이 이 책을 즐기실 수 있길 빕니다.

그리고 여러분이 보내 주시는 응원 늘 고맙습니다.

여러분의 성원은 저와 토트넘의 모든 구성원들에게

아주 큰 의미가 있습니다.

2018년 4월

마우리시오 포체티노

카리나 그리팔디 Karina Grippaldi

마우리시오 포체티노와 그의 삶, 그리고 그가 가장 열정을 기울이는 축구 이야기가 담긴 이 책의 서문을 쓰게 되어 매우 기쁩니다.

우리가 처음 만난 건 제가 로사리오 국립 대학교 학생이었던 어느 밤이었습니다. 뉴웰스 소속이었던 그는, 그날 밤에 벌어졌던 센트럴과의 더비전 승리를 축하하고 있었어요. 근사한 밤이었죠. 그날 이후로 우리는 축구가 우리에게 가져다준 길을 함께 걸어가고 있고, 우리의 삶은 분명 아름다운 게임을 중심으로 움직이고 있습니다. 오랜 세월 동안 우리는 아름다운 일들과 때로는 그렇지 않았던 일들을 함께 겪으며 시간을 보냈지만 우리는 분명 그 모든 것을 통해 배웠습니다.

우리는 화목한 가정을 이루었고, 서로를 믿고 응원하고 있습니다. 아르헨티나에 있는 사랑하는 사람들과는 멀리 떨어져 있지만, 운 좋게도 이곳에도 멋진 친구들이 있습니다. 우리는 모두 각자 자신의 꿈을 가지고 있지만, 가족으로서 서로의 결정을 믿고 서로에게 맞추며 도와주고 있습니다.

그는 우리 집안의 분명한 가장입니다. 그의 강한 리더십은 우리 가족으로 하여금 많은 모험을 헤쳐갈 수 있도록 이끌어주었습니다. 마우리시오는 믿을 수 없을 만큼 예민한 동시에 상냥하고 긍정적인 성격을 가졌고, 다른 사람들의 이야기에 귀 기울이는 것을 좋아합니다.

그는 친구와 가족들과 함께하는 시간을 즐깁니다. 집에서는 두 아들과 함께 축구나 테니스 혹은 탁구를 하면서 지냅니다. 저와 함께 운동을 하거나, 따뜻한 마테차를 즐기며 영화를 보기도 합니다. 우리는 시간이 날 때마다 공원을 산책하면서 정원이나 지역의 자연을 즐깁니다. 그런 순간들이 그로 하여금 긴장을 풀고 직업에 대해 잠시 잊을 수 있게 해줍니다. 그리고 그의 앞에 놓인 일들을 다시 할 수 있는 배터리를 충전시켜주지요.

그는 거의 모든 시간을 훈련장에서 보냅니다. 그래서 저는 그를 만나러 주기적으로 훈련장에 방문하기도 합니다. 상의해야 할 집안일이 있을 때도 있고, 잠시지만 그를 보기 위해서 들르기도 합니다. 아주 잠깐 얼굴만 보더라도 말이에요.

저는 우리가 강한 팀을 이루었다고 생각합니다. 저는 제가 우리 가족 사이의 친밀함을 지켜주는 수호자 역할을 한다고 생각하는 걸 좋아합니다. 이 모든 것은 우리의 삶과 일상적인 생활에서의 균형을 맞추는 데 도움을 줍니다. 축구에는 일직선이 없다는 것을 경험으로 배웠습니다. 영예를 누리다가도 비판받을 수 있고, 눈 깜짝할 사이에 무시당하거나 혹평을 받을 수도 있습니다. 그래서 우리는 우리 사이에도 알맞은 거리와 균형을 유지하기 위해서 노력합니다. 세상 속에서 우리의 공간을 즐기고 받아들이기 위해서요.

어쩌면 저는 그가 하는 일에 도움이 되는 조언을 해준 적이 없을지도 모릅니다. 제 생각에 마우리시오는 그가 해야 할 일을 잘 알고 있는 것 같습니다. 그는 강하고 풍요로운 사람이라는 점에서 마치 바다 같아요. 그의 앞에 있는 모든 것을 넘어설 수 있을 만큼 끈질기죠. 지혜로운 물은 모든 것을 덮고, 늘 빈틈을 발견해서 새로운 길로 나아갑니다.

그는 도전을 두려워하지 않으며, 위기를 오히려 기회라고 생각합니다. 그것은 그의 본질입니다. 그는 삶 자체를 탐험할 가치가 있는 모험으로 봅니다. 그의 좌우명은 '평온함tranquilidad'입니다.

반면에 저는 빗물이죠. 세상에 영양분을 공급하고, 조직을 가꾸고, 안정감을 주는 것을 좋아합니다. 우리 집을 그가 배터리를 충전할 수 있고 새로운 생각들을 개발할 수 있는 낙원으로 만들기 위해서지요.

그것이 우리가 서로를 보완해주는 방식입니다.

기옘 발라게 Guillem Balagué

톨스토이에 의하면, 모든 문학 작품은 두 가지 유형 중 하나에 해당한다. 한 사람이 여행을 떠나거나, 이방인이 마을에 찾아오는 형태. 지금 여러분이 들고 있는 이 책은 그 두 가지의 중간 지점에 해당한다. 이 책은 포체티노가 토트넘에서 보낸 세 번째 시즌이었던 2016-17시즌의 여정과 어린 시절 아르헨티나의 머피를 떠나 늘 낯선 사람으로 살아온 한 남자의 이야기를 담고 있다.

이 책은 포체티노의 한 시즌을 다루는 전기일 수도 있고, 그렇지 않을 수도 있다. 말하자면, 이 책은 일종의 콜라주다. 그의 말과 그의 생각, 그의 경험이 이 책에 들어 있다. 이 책 중 일부는 그와 내가 거의 매주 나눴던 대화에서 그가 실제로 했던 말이다. 또 일부 이야기는 그의 주변 사람들과 그가 과거에 지도했던 선수들, 현재 지도하고 있는 선수들을 통해 나온 것이다. 그들 사이에 있었던 전술과 관련한 이야기들이나 그들이 포옹을 나눈 이유에 대한 이야기들이 특히 그렇다. 그의 과거 동료들, 친구들 이야기 역시 마찬가지다. 포체티노가 여행 중에 만났던 사람들 또한 그에 대한 작거나 큰 비밀을 들려줬다.

결국 그들이 했던 말은 포체티노의 말이 됐고, 이는 나를 통해 글자로 바뀌었다. 물론 포체티노는 내가 쓴 글이 그의 생각과 행동을 제대로 보여주고 있는지 모두 지켜봤지만, 나의 글에 검열 작업을 하지는 않았다. 결국 이 다이어리는 독자들에게 포체티노의 생각과 그의 방법론에 대한 인사이트를 주기 위한 일종의 문학적인 트릭이기도 하고 그렇지 않기도 하다. 때로는 포체티노가 자신의 목소리가 글로 옮겨진 후 너무 무뚝뚝하게 느껴진다고 말하는 순간도 있었고, 때로는 그가 경험을 통해 자신의 약점을 스스로 얼마나 깨달았는지에 대해 놀라는 순간도 있었다. 그러나 우리가 정한 규칙은 수개월이 지난 후에 이미 썼던 부분을 바꾸지 않는 것이었다. 그 당시에 느꼈던 그 생생한 느낌을 바꾸지 않기 위해서였다. 결국 우리는 조금은 특이한(1인칭 시점의 '평전'인) 이 책이 그의 삶과 커리어의 특정 순간들에 대해 가장 잘 설명하고 있다는 데 동의했다.

그와는 거의 정기적으로 대화를 나눴다. 내가 그의 말들을 적어둔 필사본은 수백 장이 넘는다. 때로는 계획대로 그와 대화를 나눌 수 없는 순간들도 있었다. 그에게는 그만의 시간이 필요했기 때문이다. 포체티노는 마치 밀물과 썰물이 공존하는 파도처럼 매주 같은 시간, 한자리에 멈춰 있는 사람이 아니었다. 그 구체적인 이유는 이 책을 통해 여러분도 곧 알게 될 것이다.

그런 순간에는 그의 수석코치인 헤수스가 중요한 역할을 했다. 그는 내게 일주일간 어떻게 지냈는지, 훈련장에서는 어땠는지 그리고 경기장 안팎의 장애물들에 대해 그들이 어떻게 대처했는지 들려줬다. 포체티노를 가장 오랜 기간 알고 있는 코칭스태프인 미겔(미키)은 내게 로사리오, 바르셀로나, 프랑스, 사우샘프턴 그리고 런던에서 나눈 대화를 담은 오디오 파일을 보내줬다. 가끔 우리는 토니와 앉아서 이야기를 나누기도 했다. 그의 아내인 카리나는 옛 사진들을 찾아서 그 사진들의 자세한 사연을 들려주는 중요한 역할을 했다.

그럼 이제부터 2016-17시즌이 시작될 시점의 포체티노에 대해서, 그리고 '이방인 포체티노'가 머피에서 보낸, 별다른 일은 없었지만 그 후로 그에게 일어난 모든 일들의 기반이 된 어린 시절에 대해서 알아보자. 그는 이 책을 통해 여러분을 그가 보낸 한 시즌의 여정으로 인도할 것이다. 실제이지만, 또 실제가 아닌 다이어리의 형식으로.

그러나 이 책의 모든 내용은 사실이다.

이성모

2015년부터 런던에서 EPL 현장을 취재하면서 그 어떤 감독보다도 포체티노 감독과 자주 만났다. 그와 따로 만나 단독 인터뷰를 갖기도 했고, 몇몇 일로 훈련장에서 잠시 만나 대화를 주고받기도 했으며 기자회견에서 많은 질문과 답변을 주고받기도 했다. 어느덧 3년이라는 시간이 흘러 최근에는 기자회견장에서 내가 손을 들자 이미 그가 나를 알아보고 "네가 뭘 물어볼지 이미 알고 있다(물론, 손흥민에 대한 질문이었다!)"고 먼저 말하는 '해프닝'도 있었다.

확언하건대, 포체티노는 적어도 지난 2015년부터 2018년 사이에 EPL에서 가장 꾸준하게 흥미로운 축구를 보여준 감독이었다. 한 시즌, 한 시즌을 뜯어보자면 '레스터의 기적', 3백 전술을 유행시킨 콘테 감독의 첼시, 무패 우승에 도전했던 2017-18시즌 과르디올라의 맨시티 등이 해당 시즌에 더 화제가 됐다고 볼 수는 있어도, 그 어떤 팀도 포체티노의 토트넘만큼 꾸준하지는 못했다. 그 3년 사이, 이전까지는 챔피언스리그 진출 자체가 대단한 성공이었던 토트넘이라는 팀을 매 시즌 챔피언스리그로 이끈 결과가 그것을 증명한다. 물론 시즌마다 이런저런 부침은 있었지만, 특히 이 책에 담긴 2016-17시즌의 토트넘은 그 어떤 팀보다도 매력적인 축구를 구사했다.

그 3년 사이 포체티노 감독을 지켜보면서 내가 항상 했던 생각은 '저 남자에겐 두 가지 꽤 크게 상반되는 특징이 있다'는 것이었다.

예를 들자면, 포체티노 감독은 일대일로 인터뷰를 하거나 가벼운 대화를 할 때는 대단히 유머러스하고 부드러우면서도, 기자회견에서 기자들의 질문을 받을 때는 다른 어떤 감독보다도 차갑고 엄격하다. 기자들에게 "여러분은 질문을 해야지, 우리에게 이래라 저래라 해서는 안 됩니다. 전문가는 우리니까요"라고 정색하며 발언한 일화도 있었다. 그런 모습을 보면서 '저 사람이 정말 나와 인터뷰를 할 때 그렇게 부드럽던 남자가 맞나' 싶었던 것이 한두 번이 아니었다.

그가 어떻게 그런 서로 다른 두 가지의 모습을 갖고 있는지, 또 어떤 성장과정을 통해 그의 성격과 감독으로서의 태도가 형성되었는지, 포체티노라는 사람의 '진정한' 모습은 어떤 것인지에 대한 대답이 이 책에 모두 담겨 있다. 이 책을 번역하면서 내가 전에 겪었던 그의 말과 행동이 제대로 이해되는 경험을 수차례 했다.

이 책에는 한 가지 더 꼭 언급하고 싶은 특징이 있다. 포체티노 감독의 다이어리 형식으로 저술된 이 책은 '마우리시오 포체티노'라는 현재 세계에서 가장 주목받는 감독이 직접 말하는 축구 감독으로서의 일상이 놀라울 정도로 솔직하고 구체적으로 묘사되고 있다. 감독들은 과연 어떻게 경기 준비를 하는지, 경기 당일의 일정은 어떻게 되는지, 하프타임에는 무슨 일을 하는지, 경기가 없는 날에는 무엇을 하는지 등등. 그런 관점에서 볼 때 이 책은 비단 포체티노만이 아닌 축구 감독이라는 존재에 관심을 갖고 있는 모든 팬들에게 새로운 경험을 제공하는 아주 훌륭한 지침서가 될 것이라고 생각한다.

포체티노 감독은 분명 현재 유럽에서 가장 높은 평가를 받고 있는 감독 중 한 명이며, 감독으로서도 사람으로서도 자신만의 분명한 스타일을 가진 멋진 인물이다. 이 책이 독자들로 하여금 진정한 그의 모습을 더 잘 이해하는 데 도움이 되길 빌며, 이 책을 함께 번역한 골닷컴의 박문수 에디터와 늘 나를 믿어주시고 계속해서 좋은 축구 서적을 출간해주고 계신 한스미디어에 감사의 인사를 올린다.

목차

함께 마음과 열정을 다하면
어떤 적이라도 물리칠 수 있다는 것을
저에게 늘 보여주었던 비글스웨이드 유나이티드의
모든 분들께 이 책을 바칩니다.

여름 & 프리시즌

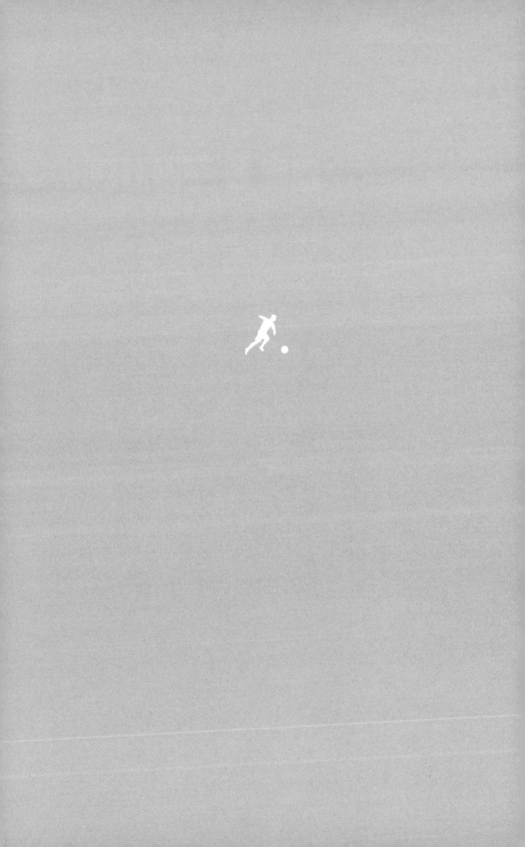

토트넘Tottenham은 2015-16시즌에 3위를 차지했다. 아스널Arsenal, 첼시Chelsea, 리버풀Liverpool, 맨시티Manchester City 그리고 맨유Manchester United 같은 큰 예산으로 운영되는 팀이 아닌데도 3위를 달성했다는 것은 놀라운 성과다. 그러나 그 시즌의 마지막 경기에서 토트넘은 이미 강등이 확정된 뉴캐슬Newcastle United에게 1-5 대패를 당했다. 이는 마우리시오 포체티노Mauricio Pochettino 감독과 그의 코치들에게는 씁쓸한 일이었다. 그들의 다음 시즌 목표는 아주 명확했다. 더 발전하는 것. 포체티노와 토트넘 선수들은 5년 만에 다시 진출하는 유럽 축구 최고의 대회인 챔피언스리그Champions League 출전을 기대하고 있었다. 그러나 새 시즌에 대한 계획을 세우는 동안에도 포체티노는 세인트 제임스 파크를 가득 메운, 이미 강등이 확정된 뉴캐슬의 홈팬들이 그들의 골에 기뻐하는 함성 소리를 계속 들어야만 했다.

우리는 왜 마지막 경기가 끝나기도 전에 미리 휴가를 떠날 생각부터 했던 것일까? 우리는 과연 무엇을 잘못한 것일까? 내 마음은 아직도 그 불편했던 장소에 머물러 있다. 모든 것이 나의 실책이다. 모두 내 잘못이었다. 우리는 그 패배 뒤에 숨어 있는 교훈을 분명히 이해해야 한다.

＊ ＊ ＊

하프타임에 전광판을 올려다봤을 때 우리는 이미 0-2로 뒤지고 있었다. 그러나 그 경기는 수비라인을 조정하거나, 선수들의 위치를 변경하는 따위의 문제로 지고 있는 게 아니었다.

"도대체 무슨 일이 벌어지고 있는 거지? 지금 이 경기의 문제는 전술 때문에 생긴 게 아니야. 우리 선수들이 싸우지 않고 있어. 제대로 뛰고 있지 않다고!"

이런 생각이 몇 번이고 머릿속을 맴돌았다.

그러나 그것은 모두 헛된 일이었다.

우리를 하나의 특별한 팀으로 만들어주었던, 선수 한 명 한 명의 헌신적인 플레이는 어디로 사라졌단 말인가? 선수들에게 동기를 부여해 이 경기에 필요한 열정을 불어넣을 방법을 찾지 못한 나는 마음이 몹시 무거웠다.

그것은 내 잘못이었을까?

＊ ＊ ＊

경기가 끝난 후 나는 텅 빈 드레싱룸으로 들어갔다. 선수들이 한두 명씩 경기를 마치고 돌아오기 시작했지만, 나는 TV와 라디오 같은 미디어들과 인터뷰를 해야 했다. 약 45분 후 인터뷰를 다 마치고 드레싱룸으로 돌아오니 이미 모든 선수가 샤워를 마치고 옷을 갈아입고 있었다. 그 상황에서 내가 할 수 있는 말은 없었다. 뭐라고 한단 말인가?

우리는 모두 함께 런던으로 돌아왔지만, 선수들을 예전 모습처럼 되돌릴 방법은 전혀 없었다. 나는 그렇게 하려는 시도조차 하지 않았다. 모두 심각한 얼굴을 하고 있었다. 그들 모두 뉴캐슬전에 대해 자기 나름의 결론을 내린 것이 분명해 보였다. 물론 서로를 피하지는 않았지만, 웃음 짓는 사람은 아무도 없었다. 그 결과에 대해 당혹스러움을 감추지 못했던 우리는 길을 지나다가 팬들과 마주칠 때도 모두가 고개를 푹 숙이고 있었다.

선수들은 그 무엇보다도 승리를 원한다. 그것은 당연한 일이다. 경기장 위에서 뛰는 그들이 숨을 곳은 어디에도 없기 때문이다. 그러나 때로 선수들은 그들만의 세계에서 산다. 본인은 깨닫지 못하는 거품 속에 갇히는 것이다. 선수들을 관리하는 주변 사람들이 선수들을 외부 세계와 차단해 그 자신만 보도록 만들 때도 있다. 물론 선수들은 외부 요소가 그들에게 지나친 영향력을 끼치지 않도록 적절한 방어벽을 세우고 자신을 관리할 필요가 있다. 선수들이 좋은 경기력을 유지하기 위해서는 무엇보다 자부심을 갖고 외부 환경과의 사이에서 적절한 균형을 찾는 것이 중요하다. 자기 자신에게 지나치게 비판적인 태도는 선수에게 부정적인 영향을 미치지만, 외부 환경을 완전히 무시하는 것 역시 마찬가지다.

선수들의 마음가짐과 축구라는 스포츠의 기본 규칙 사이의 연결고리가 끊어지는 것은 심각한 문제가 될 수 있다. 몇몇 선수가 팀 전체의 목표를 공유하는 것이 아니라 순수하게 본인 자신만을 위한 목표를 위해 뛴다면, 또는 한 선수가 그를 지지하는 팀과 그 조직보다 자신이 빛나는 것을 더 중요하게 여긴다면 그는 축구의 기본을 잊고 있는 것이다.

나는 뉴캐슬에서 런던으로 돌아오는 기차 안에서 계속 그런 생각을 하고 있었다. 차를 타고 집으로 향하는 길에서도 마찬가지였다. 집에 도착해서 내가 맨 처음 한 일은 와인을 마시며, 건강에 좋지 않은 감자튀김과 과자 같은 음식을 잔뜩 먹는 것이었다. 만약 집에 피자가 있었다면 피자도 먹었을 것이다. 샐러드는 먹지 않았다. 아마도 그것은 좌절감을 해결하는 내 나름의 방법이었을 것이다. 와인은 아르헨티나산 말벡Malbec을 마셨다. 침울한 기분이 들 때마다 나는 아르헨티나 와인을 마신다. 그럴 때마다 다시 고향에 돌아간 듯한 행복한 기분이 들기 때문이다. 내가 아직 아이였던 시절, 교외의 몇몇 장소들과 여덟 살 때까지 살았던 과수원과 말들이 있던 집이 지금도 기억난다. 만약 맛만 보고 무슨 와인인지 맞히는 테스트를 한다면, 나는 어떤 것이 아르헨티나산 와인인지 바로 알아맞힐 수 있다. 특히 말벡은 백 퍼센트 맞힐 수 있다.

오늘부터 나는 이 일기를 쓰기 시작했다.

* * *

뉴캐슬전이 끝난 지 24시간도 채 지나기 전에 나는 해리 케인Harry Kane으로부터 메시지를 받았다. 그는 내게 이번 시즌 동안 고마웠다며, 마지막 경기는 유감이었지만 그래도 좋은 한 해였다고 말했다. 그는 뉴캐슬전 결과를 특히나 굴욕스러워 했었다.

나는 그에게 답장을 하지 않았다. 그도 내가 답장을 하리라고 기대하지 않았을 것이다.

* * *

나는 여름 일정을 카타르에서 시작했다. 도하Doha의 아스페타르Aspetar 병원 이사이자 파리 생제르망Paris Saint-Germain(PSG) 시절 나의 담당 의사였던 절친 하킴 찰라비Hakim Chalabi로부터 초대를 받은 것이다. 나는 수석코치이자 '오른팔'인 헤수스 페레스Jesús Pérez, 그리고 스포츠과학을 전공한 아들 세바스티아노Sebastiano와 함께 그곳에서 3일 동안 아주 좋은 시간을 보냈다. 그들은 우리에게 카타르가 월드컵을 어떻게 준비하고 있는지를 설명해줬다.

모두 우리의 멋진 시즌에 대해 말했다. 그들은 우리가 최고의 축구를 했다며, 가장 많은 유효슈팅을 기록하고 최소실점을 기록했다는 등의 이야기를 했다. 그러나 나는 여전히 마지막 경기에서 내가 느낀 감정을 씻어낼 수 없었다.

그 시기에 나는 또 다른 종류의 정신적인 고통을 느끼고 있었다. 나의 장인어른이 편찮으셨기 때문이다. 그는 치료를 받기 위해 바르셀로나에서 지내고 계셨는데, 나와 아내 카리나Karina는 장인어른을 만나 뵙자마자 그의 상태가 정상이 아니라는 것을 느낄 수 있었다. 장인어른은 우리가 마지막으로 만났던 2년 전, 함께 즐겁게 지냈던 그때의 모습과는 아주 많이 달라져 있었다.

* * *

이제 막 시작된 유로 2016에 출전하는 선수들에게 행운을 빈다는 메시지를 보냈다. 그들에게 메시지를 보내면서, 우리가 지난 2년 동안 훈련했던 것을 뉴캐슬과의 경기에서는 어떻게 완전히 잊었는지에 대해 생각했다. 3위로 리그를 마무리하는 것은 2위로 마감하는 것과는 완전히 다르다. 어떤 사람들은 별 차이 없다고 생각하겠지만 말이다. 마지막 경기에서 아스널은 우리를 앞질렀고 그 경기에서 나는 우리 팀의 모습을 볼 수 없었다.

좀 더 빨리 우리의 문제를 알아챘어야 했다. 선수들의 마음이 이미 휴가지에 가 있다는 것을 더 빨리 알아차리고, 이미 유로 2016에 대해 생각하고 있다는 것도 알고 있어야 했다. 아니, 사실 나는 이미 어느 정도 그것을 알고 있었고 또 눈치 채고 있었다. 그렇다면 나는 그런 상황을 막았어야 했다. 하지만 어떻게 했어야 한단 말인가?

선수들에게 행운을 빈다는 메시지를 보내면서도 마음이 아팠다. 매 경기마다 그렇게 할 테지만, 여전히 마음이 쓰리다.

어떻게 2위로 리그를 마치는 것과 3위로 마치는 것이 같다고 생각할 수 있단 말인가?

* * *

우리는 모든 것으로부터 배운다.

나는 여덟 살부터 열 살 때까지 축구와 배구를 했다. 나는 축구를 가장 좋아했지만, 많은 여자아이들은 배구를 좋아했다. 그래서… 우리는 체육관에서 배구를 했다. 도시의 다른 팀과 시합하러 원정경기에 나설 때면 여자아이들도 우리들처럼 시합하기 위해 함께 이동했다. 나는 정말 배구를 좋아했다. 특히 원정경기를.

나는 유도도 했다. 유도 선생님은 아주 과묵한 성격을 지닌 강인한 일본인이었다. 그의 아들은 나보다 한 살 많았는데, 태어나자마자 무술을 배운 아주 강한 아이였다. 그는 또 머피Murphy(아르헨티나의 지명. 포체티노의 고향 – 옮긴이)에서 열린 축구 대회에서 상대 팀의 골키퍼로 뛰기도 했다. 당시 나는 우리 팀의 에이스였다. 코너킥 상황에서 골을 노리기 위해 볼이 골문을 향해 강하게 날아들었을 때 나는 골문 앞으로 다가가 점프했다. 그 후에 벌어진 일은 아직까지도 잊지 못하고 있다.

그 빌어먹을… 골키퍼가 나를 끌어내리려고 시도하다가 그만 내 바지를 벗겨버린 것이다. 그 모습을 본 팬들을 생각해보라! 또 관중석에 있던 부모들을! 그때 나는 겨우 열 살이었다! 나는 너무 화가 났다. 아무것도 할 수 없다는 사실이 억울해서 울고 또 울었다. 모든 사람이 나를 바라보고 있었다. 그곳에 있었던 사람이든 없었던 사람이든 온 세상이 나를 보고 있는 것만 같이 느껴졌다. 내 인생에서 가장 굴욕적인 순간이었다. 그중에서도 가장 견디기 힘들었던 것은 그 상황에서 내가 그에게 덤빌 용기가 없었다는 사실이다. 그때 나는 그의 목을 꽉 쥐고 주먹을 한 방 먹였어야만 했다!

물론 그것도 하나의 교훈이 되었다. 그 경험은 특히 경기 중에 누군가와 일대일 대결이나 공중볼 다툼을 벌이다 지거나, 상대 선수가 내 다리 사이로 볼을 넣어서 나를 제치고 지나가는 상황 같은 때에 나를 더 강하고 용감하고 열정적으로 만들어주었다. 그 사건 이후 모든 걸 잃은 것처럼 느끼는 순간에도 나는 힘을 낼 수 있었다.

그리고 나중에 그와 비슷한 일이 벌어졌을 때 나는 상대방에게 제대로 주먹을 날려줬다. 그 일은 아르헨티나 1부리그 경기에서 벌어졌다. 우리는 산 로렌소San Lorenzo를 상대로 뛰고 있었고 그 경기의 주심은 프란시스코 오스카 라몰리나Francisco Oscar Lamolina였다. 경기 중 상대팀 공격수가 뒤에서 나에게 태클을 걸었다. 나는 간신히 넘어지지 않고 버텼는데, 그는 내 얼굴에 머리를 들이밀며 욕설을 퍼부었다. 나는 참지 않았다. 그는 내게 침을 뱉었는데 그의 침이 거의 내 입에 닿을 뻔했다. 그 순간 나는 그의 멱살을 움켜잡고 주먹을 날렸다. 그러나 내 주먹이 그의 얼굴에 거의 닿으려는 순간 나는 내 행동을 후회했고 결국에는 가볍게 치는 데 그쳤다. 그런 내 모습과 상대 선수가 내게 한 짓을 모두 본 주심이 말했다.

"이런 멍청이, 도대체 무슨 짓을 한 거냐? 그건 퇴장감이야. 저 선수가 너에게 한 짓도 다 봤어. 그래서 너희 둘 다 퇴장시켜야 하는데 공평하게 이번만 둘 다 퇴장시키지 않을게."

결국 그와 나는 둘 다 퇴장을 면하고 계속 경기를 뛰었다. 이것은 아르헨티나 1부리그 경기에서 종종 볼 수 있는 일이다. 얼마나 현명한 결정인가.

그 경기의 주심은 이후에 내게 그가 나였어도 똑같이 했을 것이라고 말했다.

*　*　*

내가 지금 왜 이 이야기를 하고 있는지 잘 모르겠다. 그 뒤에 숨은 이유가 뭔지, 무슨 이야기를 해야 할지, 이런 이야기들을 일기라고 부를 수 있는 것인지도 모르겠다. 어쩌면 내가 어디 출신이고, 어떤 사람인지에 대해 여러 조각을 하나로 모아 되새기기 좋은 시점인 것 같다. 만약 그렇다면, 나의 어린 시절부터 이야기하는 것이 좋을 것 같다. 마침 뜻하지 않게 손이 비기도 한 참이니 말이다. 사실 우리는 바하마로 일주일 동안 가족 여행을 떠났었는데 우리가 머무는 내내 그곳에 비가 내렸다. 햇볕을 쬐며 일광욕을 하려고 떠났던 것인데 할 수 있는 일이 아무것도 없었다. 날씨가 개기만을 기다리면서 나는 축구를 봤다. 축구가 나의 구세주였다. 우리가 지낸 집은 아주 아늑했고 위성 케이블이 설치되어 있어 유럽 축구와 코파 아메리카의 모든 경기를 생방송으로 볼 수 있었다. 축구를 보고 있으니 안정이 됐다. 물론 나의 아내는 오히려 짜증을 냈지만 두 아들은 나와 함께 축구 보는 것을 즐거워했다. 3대 1, 게임이 안 되는 상황이었다.

결국 우리는 일정보다 빨리 바하마를 떠났다. 그러나 적절한 비행기 편을 찾을 수가 없어서 잠시 런던으로 돌아왔다가 다시 바르셀로나로 가서 그곳의 우리 숙소 옆에 있던 수영장에서 일광욕을 즐겼다. 종일 내리는 비를 피해 항공편을 예약하며, 축구 경기를 보고 휴식을 취하는 틈틈이 이 일기를 썼다.

처음 축구를 시작했던 머피와 뉴웰스 시절이 특히 생각난다. 그러나 그 전에 10대 시절, 부모님과 사는 동안 내 방에서 벌어졌던 일부터 먼저 이야기해야 할 것 같다. 내가 뉴웰스 올드 보이스Newell's Old Boys로 이적하는 논의가 진행되는 사이에 정작 영문도 모른 채 잠들어 있던 그때 일 말이다.

머피 출신으로 로사리오 센트럴Rosario Central에서 뛰는, 나보다 서너 살 많은 선수 두 사람이 있었다. 그들 중 한 명이었던 데이비드 비스콘티David Bisconti는 1부리그에서 뛴 후 나중에는 국가대표팀에서도 뛰었다. 내가 그 팀에서 훈련받던 어느 날, 그들이 나를 당장 영입하겠다고 나섰다. 그때 나는 아직 내가 태어난 산타페Santa Fe의 작은 마을인 머피에서 학교에 다니고 있었다. 머피는 로사리오에서 160킬로미터 정도 떨어진 곳이다. 결국 나는 학교의 마지막 학기가 끝나는 12월, 혹은 다음 해 1월까지 로사리오에 입단할 수 없었다. 그래서 그들은 나에게 그 기간 동안 일주일에 한두 차례 정도 그들과 함께 훈련을 받자고 제안했다. 델레 알리Dele Ali도 우리가 그를 처음 영입했을 때 비슷한 과정을 거쳤다. 그는 우리와 함께 훈련했지만, 그의 고향 팀인 리그 원League One(3부리그)의 MK 돈스MK Dons에서 뛰었다. 당시 나는 나보다 서너 살 많은 선수와 한 팀에서 뛰면서도 그럭저럭 잘 해내고 있었다. 그래서 나는 미래에 센트럴에서 뛰게 될 거라 믿었다.

그러다가 그날의 일이 벌어졌다. 사연은 이렇다. 나는 우리 집에서 약 20킬로미터 거리에 있던 학교에서 농업을 공부했다. 매일 아침 여섯 시에 일어나서 버스를 타고 학교에 갔다가 다섯 시에 수업을 마치면 로사리오까지 세 시간 동안 이동하곤 했다. 가끔은 아버지께서 나를 데려다주셨지만 대부분의 경우 버스를 타고 세 시간 동안 잠을 자거나 다른 사람들과 이야기를 나누면서 혼자 다녔다. 그 여정은 견디기 어려운 것이었다. 버스가 마치 우유배달부처럼 모든 곳에 정차했다가 다시 출발하기를 반복했기 때문이다. 결국 나는 아침에 나가는 시간은 비슷하지만, 훈련장에 가는 길이 더 편한 다른 학교로 전학을 가야 했다.

로사리오 센트럴 훈련장에 도착하면 나는 밤에 그들과 함께 훈련하고, 다음 날 아침에도 좀 더 훈련한 후에 집으로 돌아왔다. 그리고 주말에는 다시 머피에서 축구를 했고 월요일이 되면 그 모든 과정이 반복됐다.

그러던 어느 월요일, (로사리오 센트럴의 라이벌 클럽인) 뉴웰스 올드 보이스의 마르셀로 비엘사Marcelo Bielsa와 호르헤 그리파Jorge Griffa가 머피로부터 50킬로미터 정도 떨어진 빌라 카냐스Villa Cañás 마을에서 선수들의 입단 테스트를 열었다. 마침 이 마을에는 나에 대해 좋게 평가하는 잘 아는 코치가 있었다. 그가 아버지에게 나를 테스트에 한번 데려가 보라고 설득했다. 그래서 그 테스트가 있던 날 나는 학교를 마친 후 오후 6시 정도에 머피에 도착했다. 나는 주말에 축구를 하고 하루 종일 학교 수업을 받은 후라 지친 상황이었다. 그래서 그 테스트에 가고 싶지 않았다. 아버지께 그렇게 말씀드렸더니 걱정할 필요 없다고 말씀하셨다. 그래서 우리는 결국 입단 테스트에 가지 않았다.

다음 날인 화요일 아침, 아버지께서 내게 간밤에 벌어진 일에 대해 말씀해주셨다.

아르헨티나의 재능 있는 선수들을 찾아 나라 전체를 뒤지고 있던 비엘사와 그리파는 입단 테스트가 끝난 후, 나를 잘 아는 코치와 식사를 하다가 이 근방에 또 다른 재능 있는 선수는 없느냐고 물었고, 그들의 질문에 나를 아는 코치는 이렇게 답했다고 한다.

"네, 이 근방에서 가장 뛰어난 녀석이 있는데 오늘 안 왔어요. 그 아이는 센트럴에서 뛰고 있거든요."

비엘사와 그리파는 서로를 한번 쳐다보고는 다시 말했다.

"말도 안 되는 소리. 그 아이 집이 어디요?"

그리고 그들은 곧바로 나를 만나기 위해 우리 집으로 찾아왔다. 그들이 우리 집에 도착한 것은 한겨울 밤 새벽 한 시였다.

그들은 머피 역에 도착해서 그 시간대에 거의 없는 행인들에게 물어물어 결국 우리 집을 찾아냈다. 그들이 우리 집 문을 두들기자 어머니께서 일어나서 그들을 만났지만 직접 그들을 집으로 들이진 않고 아버지를 불러오셨다. 이미 그 두 사람에 대해 들어본 적이 있었던 아버지는 그들을 집 안으로 들이고 커피를 내주셨다. 나중에 비엘사 감독에게 들으니 그들은 오 분, 십 분 정도 왜 우리 집을 찾아왔는지 설명하고는, "그 아이를 좀 볼 수 있습니까?"라고 물었다고 한다. 이미 새벽 한 시가 넘었는데도 불구하고 그 일이 자랑스러우셨던 아버지는 "좋습니다"라고 답하고는 나를 보여주러 그들과 함께 내 방으로 들어오셨다.

내가 이미 잠든 모습을 본 그리파는 나의 아버지께 "저 아이 다리 좀 볼 수 있나요?"라고 물었다고 한다. 어머니가 내 이불을 들쳐서 다리를 보여주자 그들은 "음. 이 아이는 축구 선수가 될 만한 아이군요. 저 다리 좀 봐요!"라고 했다고 한다. 그들이 내 부모님 앞에서 그 외에 무슨 말을 할 수 있었겠는가? 내 작은 방에 네 명의 어른이 모여 내 다리를 찬양하는 줄도 모르고 나는 아주 잘 자고 일어났다. 다음 날 아침, 아버지께서 그 이야길 들려주실 때까지 그런 일이 있었다는 건 상상조차 하지 못했다.

그날부터 그들은 아버지께 전화를 걸어 나를 뉴웰스 훈련장에 데리고 와달라고 설득하기 시작했다. 나는 뉴웰스로 가고 싶지 않았다. 센트럴에서 뛰는 게 행복했다. 그런데 뉴웰스에서 뛴 적이 있는 친구가 있던 할아버지께서 나를 설득했다. 그래서 결국 나는 비엘사와 그리파를 만나러 갔다.

아버지께서 일로 바쁘셨기 때문에 또 세 시간이 걸려서 버스를 타고 갔다. 그곳에 도착하자 몇몇 구단 관계자들이 나를 기다리고 있다가 훈련장으로 데리고 갔다. 그들은 내게 미리 가져온 운동복(상의, 하의, 양말, 그리고 축구화)으로 갈아입고 나오라고 말했다. 지금 토트넘처럼 훈련장에 나오면 모든 것이 준비되어 있는 것과는 다른 시절의 이야기이다. 그리고 마침내 비엘사 감독을 만났다. 그는 내게 물었다.

"가서 다른 아이들과 워밍업을 한 후에 경기를 뛰어라. 네 포지션은 어디냐?"

"센터백이요." 내가 대답했다.

"공격수 아니었어?"

"우리 마을에서는 공격수로 뛰는데 별로 마음에 들지 않습니다. 저는 수비수입니다."

"좋다. 그럼 수비수로 뛰어라."

경기가 시작되고 볼을 겨우 서너 차례 정도 터치했는데 감독이 갑자기 나를 부르더니 "그만 나와라. 다른 선수가 들어갈 거다"라고 말했다.

나는 "도대체 왜 그러지?"하고 생각했다.

"이리 와서 여기 앉아라." 축구공을 깔고 앉아 있던 비엘사 감독이 말했다.

"1월에 우리는 마르 델 플라타Mar del Plata에서 열리는 토너먼트에 참가할 예정인데 너도 72년생 소년들과 같이 대회에 나갔으면 좋겠다."

"글쎄요… 부모님께 먼저 말씀을 드려야…."

"물론이지. 부모님께 말씀드리고. 우리에게 어떻게 됐는지 알려주면 된다. 자, 이제 가서 샤워해라."

나는 겨우 5분을 뛰었을 뿐이라서 당연히 계속 뛰고 싶었다. 그곳이 뉴웰스의 훈련장이었기 때문에 더더욱 그랬다. 그것은 마치 잉글랜드의 시골에서 축구를 배운 소년이 토트넘 훈련장에 와서 뛰는 것과 비슷한 일이었다.

"아니, 아니. 가서 샤워하고 나와. 그럼 누가 와서 너를 경기장 옆에 있는 사무실로 데려갈 거야."

그의 말대로 사무실로 이동하자 나를 기다리고 있던 그리파가 말했다.

"여기 네 티켓이다. 우선 집으로 돌아가서 계속 연락하자. 우리는 네가 다음 대회에 꼭 참가했으면 좋겠다. 너에게 아주 좋은 경험이 될 거야."

그 후로 그런 생활이 지속됐다. 아침에 로사리오에 가서 뉴웰스와 훈련하고 오후에 다시 집으로 돌아왔다.

나의 부모님은 내가 뉴웰스와 함께 그 대회에 참가하길 바라셨다. 그래서 나는 며칠 후 뉴웰스로 돌아갔고, 클럽의 재무 담당자였던 비센테 타스카Vicente Tásca가 나를 위해 며칠 지낼 숙소를 구해줬다. 그의 아들 역시 대회에 참가할 예정이었다. 나는 새로운 동료들과 함께 훈련한 후 마르 델 플라타로 향했다. 우리는 결국 결승전까지 진출했고 결승전에서 파라과이의 올림피아 팀을 만났다. 후반전이 끝났을 때 스코어는 2-2였다. 연장전 후반전에 골키퍼의 패스를 받은 나는 계속 볼을 몰고 앞으로 나가다가 동료와 패스를 주고받은 뒤 전방으로 크로스를 날렸는데… 그게 그대로 골이 됐다! 3-2. 우리가 대회 우승을 차지하는 순간이었다. 로사리오에 돌아와서 버스에서 내리자 비엘사와 그리파가 나를 기다리고 있다가 물었다.

"자, 이제 우리 팀에 남을 거지?"

"네, 뉴웰스에서 뛸게요."

나는 그렇게 대답하고 실제로 그렇게 했다. 나는 아버지의 영향으로 라싱Racing 팀의 팬이었는데, 시간이 지나면서 결국 뉴웰스에서 뛰게 됐다. 이게 내가 뉴웰스 선수가 될 때까지의 이야기다. 지금 생각해도 놀랍다.

이 과정에는 흥미로운 구석도 있었다. 비엘사 감독은 나를 단 5분 동안 지켜보고 나에 대한 결정을 내렸다. 나는 그 후에 한 번도 그가 나에게서 무엇을 봤는지 묻지 않았지만, 어느 정도 그의 상황이 이해가 된다. 나와 늘 함께하는 헤수스 페레스, 미키 디아고스티노Miki D'Agostino, 토니 히메네스Toni Jiménez 등과 함께 경기를 보다 보면 우리는 우리에게 필요한 선수가 누구이고 아닌 선수는 누구인지를 거의 곧바로 알아낼 수 있다. 중요한 것은 태도와 에너지다. 저 선수가 그것을 갖고 있는지 그렇지 않은지. 비엘사 같은 시대를 앞서간 감독이나 그리파 같은 인물이라면 5분으로 충분한 것이다.

내가 만약 센트럴과 계약을 맺었다면 나의 커리어와 그 후의 스토리는 완전히 달라졌을 것이다. 혹시 우리가 센트럴을 뉴웰스만큼 큰 팀으로 만들었을지도 모른다. 사람은 언제나 원대하게 생각해야 하는 법이다. 그렇지 않나?

＊ ＊ ＊

뉴웰스의 단장이었던 그리파는 내가 로사리오에서 지내는 동안, 특히 14세부터 17세 무렵의 나에게는 아버지와도 같은 존재였다. 나는 당시 리저브팀 감독이었던 비엘사보다 그리파와 더 가까운 관계를 유지했다. 내가 17세에 1군 팀에 데뷔했을 당시 팀 감독은 호세 유디카José Yudica였다. 그로부터 얼마 지나지 않아서 비엘사 감독이 1군 팀 감독이 됐고 우리는 리그 우승을 차지했다. 또 그가 이끈 우리 팀은 다음 시즌 코파 리베르타도레스Copa Libertadores 결승전에 진출했지만 승부차기 끝에 텔레 산타나 상파울루Telé Santana's São Paulo에 패했다. 이 결과는 우리 같은 작은 클럽에겐 대단한 성과였다. 그 당시 뉴웰스라는 클럽이 갖고 있던 철학은 현재의 토트넘과 매우 유사했다.

당시 뉴웰스에는 페르난도 감보아Fernando Gamboa(2004년 현역 은퇴한 아르헨티나 출신 수비수 - 옮긴이), 에두아르도 베리조Eduardo Berizzo, 그리고 나 같은 젊은 선수들과 '타타' 마르티노'Tata' Martino, 후안 마누엘 욥Juan Manuel Llop 그리고 노베르토 스코포니Norberto Scoponi 같은 경험 많은 선수들이 함께 있었다. 그 시절에는 선수들이 아르헨티나를 떠나 다른 나라로 진출하는 일이 많지 않았기 때문에 나 같은 젊은 선수들이 1군 팀에 출전하는 기회를 얻기가 쉽지 않았다. 그러나 비엘사 감독은 달랐다. 선수 시절 톱 레벨의 선수가 아니었고 이제 막 1군 팀 감독으로서의 커리어를 시작한 비엘사 감독은 그만의 다른 생각을 갖고 있었다.

당시 뉴웰스의 플레이 스타일 역시 토트넘과 공통점이 많았다. 템포가 빠르고 강도가 높으며 압박이 강하고 많은 움직임을 강조했다. 우리는 피지컬적으로 상대를 지배하며 질식시킬 듯한 플레이를 했고 우리가 볼을 갖지 않은 상황에서도 상대 팀을 계속해서 괴롭혔다. 그런 스타일이 통하기 위해서는 모두가 감독을 신뢰해야만 한다. 우리 팀에는 많은 선수들이 각자 책임을 갖고 있었다. 우리는 단순히 감독의 지시대로 움직이는 군인이 아니었다. 우리는 모두 스스로 결정을 내리는 축구를 했다. 비엘사 감독의 지도 아래 센터백 두 명 중 왼쪽에서 뛰는 수비수로 경기에 출전했던 나는 그의 과감하면서도 용감한, 당시 축구계의 스타일에 도전하는 철학을 보고 배우며 발전할 수 있었다.

그는 '로코Loco('광인'이라는 의미 - 옮긴이)'라는 별명으로 불렸는데, 나는 그 별명을 결코 좋아하지 않았다. 나는 그것이 그의 남다른 사고방식 때문에 붙여진 것을 알았지만, 그가 평범하지 않은 축구를 추구하는 것이

'미치광이' 같다기보다는 대단히 뛰어나다고 생각했다. 축구를 다른 시각에서 볼 수 있는 지성을 갖추고 있는 사람이 요즘에는 누가 있을까? 나는 선수 시절보다도 감독이 된 최근에 와서야 그의 생각을 더 잘 이해하게 되었다. 언제든 그와 함께 만나 축구에 대한 이야기를 나누고 싶다. 우리가 모든 것에 동의했던 것은 아니었지만, 내가 축구 감독이 되기로 했을 때 비엘사 감독은 분명 나에게 많은 영감을 준 존재였다.

* * *

나에 대해 이해하고 또 축구에 대해 이해하는 아내를 만난 것은 행운이다. 카리나도 종종 나에게 불평할 때가 있지만, 그것은 그녀가 보기에 우리가 잘못된 길을 가고 있다고 느끼는 순간뿐이다. 그녀는 내가 축구를 통해 만들어진 사람이며, 나라는 사람 자체에 대해, 또 우리가 가족으로서 어떤 존재인지 잘 아는 사람이다. 지금 우리의 삶은 우리가 원하는 대로 선택한 삶이다. 축구는 우리 인생 여정의 동반자였다.

아내를 만나면서 나의 인생도 바뀌었다. 뉴웰스에서 많은 것들이 빠르게 변하던 시기에, 그녀는 내가 차분하게 그 변화를 맞이할 수 있도록 안정감을 안겨줬다. 10대 시절 후반, 이런저런 대회에서 우승을 차지하고 나면 그 순간에 취해 자만해지기 쉽다. 당시 그 팀의 선수들에겐 아주 많은 종류의 유혹이 있었고 우리는 마치 우리가 그 도시의 주인인 것처럼 느꼈다.

＊＊＊

1993년, '엘 인디오' 솔라리'El Indio' Solari가 뉴웰스의 감독이 됐다. 그는 아주 특별한 사람이었는데, 어느 날 우리 모두를 한자리에 모아놓고는 이렇게 말했다.

"얘들아, 우리가 마라도나Maradona를 영입하면 어떨 것 같아?"

마라도나는 당시 세비야Sevilla에서 뛰고 있었다. 내가 먼저 입을 열었다.

"마라도나가 뉴웰스에 온다고요? 말도 안 돼요."

솔라리는 대답했다. "가능할 수도 있어. 그럼 어떨 것 같아?"

"우리가 어떻게 생각하느냐는 게 질문입니까? 마라도나가 이 팀에 온다면 너무 좋아서 죽을지도 몰라요!"

그 계약에는 '엘 그린고' 지우스티'El Gringo' Giusti와 유명한 에이전트인 토타 로드리게스Toda Rodríguez가 관여되어 있었다. 그리고 1994년 월드컵이 열리기 9개월 전에 마라도나와의 계약이 체결됐다. 지우스티는 몇몇 선수들에게 마라도나의 전화번호를 알려주며 "이게 마라도나 번호야. 너희가 전화하면 아주 좋아할 걸" 하고 말하기도 했다. 나는 당시 국립 국기 기념관 반대편의 코르도바 지역 13층에 있던 집에서 카리나와 함께 지내고 있었는데, 정말 그에게 전화를 해도 되는지 판단이 서지 않았다.

"전화를 해야 하나 말아야 하나? 젠장, 어떻게 감히 마라도나에게 전화를 한단 말이야!"

나는 카리나에게, 어린 시절 로사리오로 이사한 후에 우리가 살던 작은 집 전체에 사진이 딱 하나 걸려 있었는데 그게 바로 마라도나가 1986년 월드컵에서 우승 트로피를 들어 올리는 사진이었다고 말했다. 나는 매일같이 마라도나가 나를 내려다보는 침대에서 잠이 들었다. 그런 내가 지금 그에게 막 전화를 하려고 하고 있었다.

한참 고민한 끝에 나는 결국 결정을 내렸다.

"전화해보자."

긴장해서 전화기를 든 내게 그의 목소리가 들렸다.

"여보세요?"

"안녕, 디에고. 나는 마우리시오 포체티노라고 해. 곧 너와 같은 팀에서 뛰게 될 거야…"

"포치!"

마라도나가 나를 '포치'라고 부르는 순간 나는 거의 기절할 뻔했다.

"안녕, 포치. 전화해줘서 정말 고마워. 곧 너희 팀에서 뛰게 될 거거든."

나는 아무 말도 할 수 없었다.

마라도나가 로사리오에 도착한 다음 날 그의 입단식이 열렸다. 우리는 모두 뉴웰스 스타디움에 모여 그 중요한 순간을 함께했다. 그날 경기장에는 약 4만 명의 사람들이 관중석을 꽉 채웠다. 그 순간에는 정말로 꿈이 이뤄진 것 같았다. 우리는 그를 보며 이렇게 생각했다.

"마라도나가 우리와 함께 있다니. 말도 안 돼."

뉴웰스에 체육관이 없었기 때문에 우리는 칼레 멘도사Calle Mendoza에 있는 체육관을 이용했다. 마라도나는 매일 아침 그곳에 가서 러닝머신을 이용하고 근력 강화 운동도 한 다음 오후에 팀 훈련에 참여했다. 그와 함께 훈련하는 것은 정말 즐거웠다. 그는 볼을 가지고 하는 훈련만 했다. 러닝을 하지 않는 대신 실전에 대한 훈련에 집중했다. 그는 혼자서 워밍업을 한 후에 제대로 신발 끈을 묶기도 전에 축구공을 하나 집어 들어서 몸을 풀곤 했다. 그가 볼을 찰 때 나는 소리나, 그 믿기 힘든 볼 컨트롤 능력, 그리고 그가 찬 볼의 커브 등은 어떻게 그렇게 하는지 설명하기가 어려울 정도였다. 훈련이 끝난 후 그는 포리지(오트밀에 우유나 물을 부어 걸쭉하게 죽처럼 끓인 음식 - 옮긴이)를 먹은 후에 저녁에 혼자 개인 운동을 했다.

경기 전에 그와 같은 방을 쓴 건 더 큰 행운이었다. 당시에는 선수가 각 방을 쓰는 일은 흔하지 않았다(요즘 선수들에게 그 이야길 한번 해보라).

그와 함께 방을 쓴 처음 며칠 동안 나는 잠이 오지 않아서 잠든 그를 바라보기만 했다. 그러나 시간이 지나면서 점점 마라도나에 대해 내가 품고 있던 환상이 현실로 변해갔다. 점점 그가 나의 팀 동료라는 것이 현실로 다가온 것이다. 한번은 각자 침대에 누워서 축구를 보고 있었다. 그것이 어떤 경기였는지는 정확히 기억나지 않지만, 모든 선수가 그렇듯 우리는 그 경기를 보면서 다른 선수들을 비판하기 시작했다.

"저 슛 좀 봐. 저런 쓸모없는 놈."

한 선수가 수비수 한 명을 제친 후 또 한 명을 제치려다가 볼을 뺏기는 모습을 보고 나는 말했다.

"도대체 자기가 누구라고 생각하는 거야? 마라도나라도 돼?"

나는 곧바로 입을 막았지만 마라도나는 이미 웃음을 터뜨리고 있었다.

그때는 리모컨이라는 것이 거의 없었다. 어느 날 오후 나와 마라도나는 부에노스아이레스에 있는 엠바사도르 호텔에 나란히 누워 물리치료사로부터 검진을 받고 있었다. 그때 우리가 어떤 TV 프로그램을 보고 있었는지 정확히 기억은 안 나지만, 잠깐 그 방송을 보다가 그와 나는 마치 "도대체 이 쓸데없는 방송은 뭐지?"라는 식으로 서로를 쳐다봤다.

그 순간 내가 그에게 말했다.

"디에고, 저 재미없는 거 말고 다른 거 좀 틀어 봐."

마라도나는 곧바로 일어나서 채널을 몇 개 바꿔보다가 갑자기 멈추더니 나를 돌아보고는 말했다.

"이런 빌어먹을, 야 인마. 너 뭐하는 놈이야? 난 마라도나라고! 네가 바꿔!"

그렇게 말하면서 그는 웃음을 터뜨렸다.

우리가 '친구' 같은 사이였다고 말하진 않겠지만 우리는 서로를 좋아했다. 나는 2001년 보카Boca의 홈구장에서 열린 그의 헌정 경기에 참석했다. 그가 작별 인사를 남기는 동안 우리는 모두 눈물을 흘렸다.

그날 그는 이렇게 말했다.

"나는 이 경기를 아주 오랫동안 기다렸습니다. 오늘 나의 커리어는 끝나지만 축구에 대한 나의 사랑과 나에 대한 여러분의 사랑은 사라지지 않길 바랍니다. 그동안 나는 몇 가지 실수를 저질렀고 그 대가를 치르기도 했습니다. 그러나 축구에 대한 나의 사랑은 여전히 순수합니다."

우리의 아이돌이 떠나는 순간, 어떻게 울지 않을 수 있단 말인가?

* * *

1991년, 마라도나가 우리 팀에 합류하기 전 우리는 솔라리 감독이 이끌던 팀과 친선 경기를 갖기 위해 테네리페로 향했다. 그러고는 바르셀로나로 가서 호르헤 디 알레산드로Jorge D'Alessandro가 이끄는 UE 피게레스UE Figueres(스페인 지로나를 연고지로 하는 클럽, 현재 세군다 디비시온 B 소속이다. - 옮긴이)와 경기를 가졌다. 나는 그때 1992년 올림픽을 준비하고 있던 바르셀로나라는 도시에 처음 방문했다. 아르헨티나는 그해 올림픽에 출전하지 못했는데, 당시 우리가 대단히 뛰어난 팀을 갖고 있었던 것을 생각하면 이상한 일이었다. 사람들은 그때 아르헨티나 팀을 '골, 그리고 터프한 녀석들의 팀'이라고 불렀다.

나는 바르셀로나와 사랑에 빠졌다. 이후 에스파뇰Espanyol에 입단할 기회가 찾아왔을 때 나는 고민하지 않았다. 비슷한 시기 나는 보카, 그리고 멕시코의 몇몇 구단에 입단할 기회가 있었다. 에스파뇰의 제안은 급여 측면에서 가장 열악했고 또 가장 위험한 선택이었다. 그들은 이제 막 1부리그로 승격한 팀이었기 때문이다.

아직 바르셀로나에 대해 잘 모를 때였지만 나와 (당시 우리의 첫아들 세바스티아노를 임신 중이었던) 카리나는 결국 바르셀로나로 떠나기로 했다. 우리는 그렇게 1994년에 바르셀로나로 이주했고 그 결정은 나의 커리어와 인생에 아주 큰 영향을 미쳤다.

나의 10대에 아주 큰 영향을 미쳤고 또 과거에 에스파뇰에서 뛴 적이 있었던 그리파는 우리와 함께 바르셀로나에 와서 많은 것을 도와줬다. 그는 내가 에스파뇰과 계약서에 사인할 때 내 옆에 함께 있었다.

* * *

에스파뇰에서 우리는 UEFA컵에 한 차례 진출하고 몇 차례 인터토토컵Intertoto Cup에도 출전했다. 전반적으로 나의 에스파뇰 선수 시절은 기쁨과 아픔이 반 정도씩 있었다고 생각한다. 나는 1997년 사리아Sarria 스타디움이 철거되기 전 마지막으로 열렸던 바르셀로나와의 더비 경기를 기억한다. 그 경기는 불공평한 경기였다.

우리는 강등권에 놓여 있었고 토니 히메네스를 비롯한 많은 선수들이 부상을 당한 상태였다. 보비 롭슨Bobby Robson 감독이 이끈 바르셀로나는 파비오 카펠로Fabio Capello 감독의 레알 마드리드Real Madrid를 추격하기 위해 반드시 승리해야 했기에 그해 FIFA 올해의 선수였던 호나우두Ronaldo를 포함한 최정예 멤버를 출전시켰다. 그 경기에서 내 역할은 호나우두를 막는 것이었다. 그날 그는 볼을 몇 차례 터치하지 못했는데, 나도 내가 어떻게 그렇게 할 수 있었는지 잘 모르겠다!

물론 미리 세워둔 계획은 있었다. 나는 혼자 이렇게 생각했다.

'호나우두를 막을 수 있는 가장 좋은 방법이 뭘까? 바르셀로나가 그에게 패스했을 때 내가 그에게 자유롭게 뛸 수 있는 공간을 준다면 그는 나를 반쯤 죽여 놓겠지… 그에게 공간을 주지 말아야겠다. 그가 돌아서는 동작을 할 때 내가 그에게 파울을 하지 않으면 그도 내게 그렇게 하겠지.'

호나우두를 막을 때는 전력을 다해 그의 움직임을 예상해야 한다. 감독의 말을 들을 필요도 없다. 나는 내가 '축구의 기본 능력'이라고 부르는, 축구 선수로서 배운 모든 능력을 다 활용했다.

요즘 토트넘 선수들을 지도할 때 내가 우려하는 것 중 하나가 바로 그 '기본 능력'이다. 우리는 아주 뛰어난 방식으로 많은 것을 준비하고 있기에 전술적인 면에서는 선수들이 충분히 훈련하고 있다고 생각한다. 그러나 경기장 위에서 선수들을 더 발전시켜주는 기본 능력에 대해서라면 별로 그렇지가 못하다. 내가 지금 말하는 것은 경기 중에 특정 상황을 잘 활용하고, 상대 선수를 불안하게 하며, 또한 지능을 현명하게 발휘해 축구 기술적인 것 이외의 다른 것들로 상대방을 이겨내는 방법에 대한 것이다. 이런 능력들은 점점 사라지고 있고, 과거의 선수들로부터 현재의 선수들로 잘 이어지지 못하고 있는 것 같다. 심지어 몇몇 코치들조차 어떻게 그렇게 할 수 있었는지를 모르는 것 같다.

나는 이런 일종의 집단적인 기억 상실증 현상에 미디어도 일조했다고 생각한다. 그런 한 사례가 내가 토트넘에서 영입한 토비 알더바이렐트_{Toby Alderweireld}일 것이다. 그는 지난 두 시즌 동안 잉글랜드 리그 최고의 센터백 중 한 명이었다. 나는 미디어에서 알더바이렐트가 최고의 수비수인 이유는 그가 파울을 하지 않기 때문이라고 말할 때마다 웃음이 나온다. 파울을 하지 않는 센터백이라고? 내가 선수였던 시절에는 파울을 하지 않으면 센터백이 아니었다. 20년 전만 해도 센터백이 당당하게 나가서 과감하게 플레이하지 않으면 상대 공격수들이 센터백을 잡아먹을 듯 플레이했던 것이 현실이었다. 그 당시 센터백은 상대 수비수를 제대로 한 방 먹이고 옐로카드를 받기도 했다. 그때 나는 상대 공격수들에게 이렇게 말하곤 했다.

"나를 제치고 달아나거나, 내 다리 사이로 볼을 넣을 거라면 다시 한번 생각해봐. 그랬다간 죽여 버릴 거니까."

물론 정말로 상대 선수를 죽이지는 않았지만 적어도 상대 선수들은 내가 그럴지도 모른다고 생각했을 것이다.

이제 사람들은 파울이 적은 센터백이 최고라고 말하고 있다. 농담하는 건가? 시대가 이렇게나 바뀌었다!

* * *

비엘사 감독의 에스파뇰 취임이 확정되기 전에 다른 팀으로 이적할 기회가 있었지만, 나는 그렇게 하지 않았다. 그와 다시 만나는 것에 대한 기대 때문이었다. 그는 국가대표팀 감독직을 맡아 다시 떠날 때까지 6개월 정도만 에스파뇰에 머물렀지만, 그와 다시 만난 것은 내게 아주 중요했다. 그와의 만남은 한동안 정체되어 있던 나를 깨어나게 해줬다. 그 무렵 나는 마치 겨울잠이라도 자는 것 같았다. 그는 뉴웰스에서 만났던 포체티노를 기억하고 있었지만, 6년 후 에스파뇰에서 그와 만난 나는 다른 사람이었다. 그 무렵 나는 현재 상태에 너무 만족하고 있었는데 나 스스로는 그걸 느끼지 못하고 있었다.

우리는 비엘사 감독의 지도 아래 프리시즌 중 하루에 세 차례 훈련을 했다. 첫 번째 훈련은 아침 7시 30분부터 산 쿠갓Sant Cugat 하이 퍼포먼스 트레이닝 센터 주변의 오르막길과 내리막길을 45분 동안 뛰는 훈련이었다. 우리는 몸에 심장 박동을 측정하는 기계를 달고 뛰었고, 그로 인해 우리가 얼마나 빨리 달릴 수 있는지 알 수 있었다. 그러고는 훈련장으로 돌아가 샤워를 한 후 아침을 먹고 한 시간 정도 휴식을 취한 다음 체육관에 가서 90분 동안 운동을 했다. 그 후에 다시 한번 샤워를 하고 점심을 먹은 다음 시에스타 시간을 갖고 마지막으로 비엘사 감독과 함께 훈련했다.

우리는 오전에는 비엘사 감독을 볼 수 없었다. 그래서인지 오후에 그와 만날 때면 그는 늘 의욕에 넘치는 모습으로 나타나곤 했다. 그는 우리에게 주로 전술에 대해 지도했지만, 종종 볼을 갖고 훈련할 때도 있었다. 어느 날, 아주 무더운 오후에 훈련하다가 그에게 "마르셀로(그를 성이 아닌 이름으로 부른 것이 큰 실수였다), 아직 많이 남았나요?"라고 물었다.

"5분 더."

그의 말을 듣고 우리는 계속 훈련을 했다. 훈련이 끝난 후에 잔뜩 화가 난 비엘사 감독이 나에게 다가와서 말했다.

"너. 방금 네가 한 짓은 내가 가장 보기 싫어하는 모습이다. 그 모습을 보니 네가 6년 사이에 어떻게 변했는지를 알겠구나."

그는 내게 노발대발했고 나는 결국 눈물을 흘렸다. 누군가의 앞에서 그렇게 당황해본 적이 없었기에 나는 집에 도착할 때까지 눈물을 흘렸다. 그러나 그가 내게 말한 모든 것이 옳았다. 나는 나 자신의 세계에 갇혀 눈이 먼 상태였다. 나는 내가 그 자리까지 갈 수 있었던 모든 것을 잊은 상태였다.

그는 내가 다시 노력하게끔 도와줬고, 이후에는 아르헨티나 국가대표팀에 나를 불러 1999년 네덜란드를 상대로 데뷔전을 치르게 해주었다. 만약 그가 에스파뇰에 오지 않았다면, 나는 결코 국가대표팀 선수가 될 수 없었을 것이다.

* * *

1999-2000시즌, 나는 다른 빅클럽들로부터 영입 제안을 받았음에도 에스파뇰에 남았는데, 그것은 좋은 선택이었다. 그들 중 한 클럽은 발렌시아Valencia였다. 당시 발렌시아 감독이었던 헥토르 쿠페르Héctor Cúper는 여러 차례 전화를 걸어서 나를 설득하려고 했다. 그런데 들으면 들을수록 그의 말은 나를 설득하려는 것이라기보다 "너를 정말 원하는지 모르겠다"는 것처럼 들렸다. 나는 그런 세세한 사항에 예민한 편이다. 나는 이렇게 생각했다.

'클럽에서는 공식적으로 나를 영입하고 싶다고 제안했는데, 그 감독은 내게 전화해서 나를 출전시킬지 그렇지 않을지 모르겠다고 하네. 감독이 나를 영입하는 데 적극적이지 않다니. 흥미로운 일이군.'

그때 그의 접근 방식은 내게 많은 것을 깨닫게 해줬다. 사실, 지금 나는 그때보다 더 많은 것을 이해할 수 있다. 당시 리버풀 이적에 대한 이야기도 오갔지만, 그때 나에게 잉글랜드는 다른 행성에 있는 나라처럼 느껴졌다.

내가 에스파뇰에 남은 이유는 클럽이 재정적으로 어려운 상황에 놓여 있었기 때문이다. 발렌시아의 제안을 거절한 후 나는 호세 마누엘 라라José Manuel Lara로부터 전화를 받았다. 그의 가족은 플라네타Planeta라는 출판사를 운영하고 있었고 에스파뇰의 대주주이기도 했다. 그가 내게 말했다.

"너에게 관심을 보이는 클럽이 많다는 것은 알고 있다. 지금 우리의 재정 상황이 좋진 않지만, 우리는 이 클럽을 빅클럽으로 키울 꿈을 갖고 있고 넌 그 목표를 위해 아주 중요한 선수다. 우린 네가 에스파뇰에서 커리어를 끝냈으면 한다."

그의 말은 아주 설득력이 있었다. 그때 나는 계약 종료까지 1년이 남은 상태였는데, 그들은 내게 급여가 인상된 6년 계약을 제시했다. 나는 구단과 약식 계약서에 서명했지만, 그 계약서는 결국 클럽 간의 합의에 따라 스페인 리그 협회에 제출되지 않았다. 출판사와 연계된 회사는 에스파뇰을 한 단계 더 높은 수준의 클럽으로 키우기 위해 선수들을 영입해서 다른 클럽에 임대하는 방식으로 운영했기 때문이다.

그 시즌에 우리는 발렌시아에서 열린 코파 델 레이Copas del Rey 결승전에 진출해서 아틀레티코 마드리드Atlético Madrid를 상대로 우승을 차지했다. 그 우승은 우리가 60년 만에 처음 차지하는 특별한 우승이었다. 그것은 실로 다른 어떤 것보다도 중요한 성과였다.

그 우승을 차지한 후, 플라네타와 에스파뇰의 관계가 틀어지면서 나는 그 중간에 낀 애매한 입장에 놓이게 됐다. 클럽 측에 이전 회장이 직접 서명했던 계약 기간을 존중해달라고 요구할 수도 있었지만, 그렇게 되면 에스파뇰이 재정적으로 더 어려운 상황에 놓일 처지였다. 그래서 나는 그 이전에 맺었던 계약 기간대로 마지막 시즌을 에스파뇰에서 보냈다. 나의 거취에 대해 많은 이야기가 오가던 1월, 파리 생제르망PSG에서 나를 영입하겠다는 제의를 해왔고 에스파뇰은 내게 그 제안을 수락해달라고 요청했다. 나는 그들의 말대로 했다.

PSG로의 이적은 편안한 생활을 보냈던 내가 잘 아는 바르셀로나라는 도시로부터 언어를 포함한 모든 것을 새로 배워야 하는 도시로의 이주를 의미했다. 나는 PSG에서 클럽이 호나우지뉴Ronaldinho를 영입하는 것을 지켜봤다. 당시 PSG에는 니콜라스 아넬카Nicolas Anelka, 미켈 아르테타Mikel Arteta

같은 뛰어난 선수들이 뛰고 있었다. 그 모든 것이 나에게 큰 영향을 미쳤다. 마치 고속으로 성장 코스를 밟은 것 같다고나 할까. 당시 프랑스 리그는 리옹Lyon, 마르세이유Marseille, 릴Lille, 보르도Bordeaux 등이 번갈아 우승을 차지하는 경쟁이 치열한 리그였다.

PSG에서 뛰던 시절, 비엘사 감독은 나를 2002한일월드컵 대표팀에 선발해 일본으로 데리고 갔다(포체티노가 소속된 아르헨티나는 16강전 조별 리그를 한국이 아닌 일본에서 치렀고, 아르헨티나가 16강 진출에 실패하면서 한국에는 방문할 기회가 없었다. - 옮긴이). 우리는 대회 우승 후보 중 하나로 꼽혔지만 16강에 진출하지 못하고 탈락하고 말았고, 그것은 우리 모두에게 실망스러운 결과였다. 우리 팀에는 바티스투타Batistuta, 아얄라Ayala, 자네티Zanetti, 베론Verón, 시메오네Simeone, 아이마르Aimar, 크레스포Crespo 등이 있었다. 우리는 잉글랜드전에서 0-1 패배를 당했는데, 내가 마이클 오언Michael Owen에게 내준 페널티킥을 데이비드 베컴David Beckham이 성공시킨 골이 결승골이었다. 오언이 볼을 몰고 침투할 때 내가 발을 뻗자 그가 다이빙을 했는데, 그 순간만큼은 오언이 나보다도 더 아르헨티나 사람 같았다. 그 후 나는 2002년에 30세의 나이로 국가대표팀에서 은퇴했다. 그 대회 때문이 아니라, 클럽 축구에 집중하고 싶어서였다.

그로부터 1년 반 동안 PSG에서 뛰면서 70경기에 나서 4골을 넣었다. 그 후 나는 비야레알Villarreal의 제안을 받았지만 보르도로 이적했다. 나는 와인을 아주 좋아했고, 그 사실이 실제로 내 이적 결정의 한 이유이기도 했다. PSG 시절, 나는 파리 교외에 있는 훈련장 근처의 샴부시Chambourcy에서 살았다. 나의 집 주인은 PSG에서 일하는 동시에 대형 와인 회사 영업을 하기도 해서 나에게 종종 좋은 샴페인과 와인을 선물했다. 보르도 회장이었던 장 루이 트리노Jean-Louis Triaud는 포도 농장과 공장을 소유하고 있어서, 나는 다양한 와인 농장을 방문하고 싶었던 꿈을 거기에서 이룰 수 있었다. 나는 보르도 와인이 세계 최고라고 생각한다. 물론 보르도는 사람에게 에너지를 주는 특유의 분위기를 가진 도시이기도 하다.

6개월 후인 2004년 1월, 나는 에스파뇰을 떠난 지 3년 만에 다시 에스파뇰로 돌아왔다. 정확히 말하자면, 에스파뇰을 떠나달라는 요청을 받은 지 3년 만의 일이었다.

* * *

그렇게 에스파뇰로 돌아온 후부터 그 시즌 마지막 날까지가 나의 선수 생활 중 가장 행복했던 시간이었다. 그 시기에 나는 정말 선수로서 모든 것들을 경험했다. 하비에르 클레멘테Javier Clemente 감독이 떠나고 루이스 페르난데스Luis Fernández 감독이 왔다. 아직 시즌의 반이 남긴 했지만, 내가 입단했을 당시 에스파뇰은 강등권에서 승점 9점이 낮은 상황이었다. 에스파뇰에 처음 돌아온 순간 나는 아주 강렬한 감정을 느꼈다. 모든 사람에게서 환영을 받았고, 많은 문제와 분쟁거리를 안고 있었던 팀을 하나로 뭉쳐줄 거라는 기대를 받았다. 이미 각오했던 바였다. 그런 책임감은 내가 에스파뇰에서 중요한 존재라는 느낌을 줬다. 당시 루이스 페르난데스 감독과 늘 함께 의논하며 일했던 경험은 앞으로도 나와 늘 함께할 것이다. 그는 나에게 믿음을 갖고 있어서 나는 늘 감독 및 코치들의 의사 결정 과정에 함께했다. 우리는 모든 중요한 사항들에 대해 함께 논의했고, 나는 그 과정을 통해 축구에 대한 서로 다른 다양한 시각들을 이해하게 됐다. 그런 점에서 나는 그에게 지금도 매우 감사하고 있다.

그 시즌의 마지막 경기를 앞둔 우리는 그 사이에 많은 승점을 얻은 덕분에 강등이라는 악몽을 피할 수 있는 상황에 놓여 있었다. 우리는 존 토샥John Toshack 감독이 이끄는 무르시아Murcia에 승리한다면 라리가La Liga 잔류가 확실하다는 것을 알고 경기에 나섰다. 우리에겐 경험이 많은 베테랑 선수들과 에스파뇰 아카데미 출신 스타들인 라울 타무도Raúl Tamudo, 알베르토 로포Alberto Lopo 등이 있었다. 두 젊은 선수가 모두 골을 터뜨리면서 결국 우리는 잔류에 성공했다.

그 6개월은 정말 감정적으로 많은 것을 겪었던 시간이었다.

* * *

2006년 여름, 에르네스토 발베르데Ernesto Valverde가 에스파뇰 감독에 취임했다. 내가 드레싱룸을 장악하고 있다고 생각했던 그는, 내가 팀에 남길 원치 않았다. 그러나 사실은 완전히 정반대 상황이었다. 나는 전임 감독이었던 미겔 앙헬 로티나Miguel Ángel Lotina를 철저히 옹호했다. 내가 그의 생각에 동의하지 않았던 상황에서도 그랬다. 내가 나를 이끌었던 감독들에게 매우 충성스러운 선수였다는 것은 많은 사람들이 알고 있으며, 그것을 증명할 수 있는 증거들도 있다. 축구계에는 잘못된 사실을 진실로 알고 있는 사람들이 많아서 때로는 누가 좋은 사람이고 나쁜 사람인지를 알기 어려울 때도 있다.

나는 그 일에 대해 발베르데 감독과 대화를 나눴다. 당시에는 받아들이기 힘들었지만, 시간이 가면서 점점 받아들일 수 있었다. 누군가 새로 감독이 된다면, 그 팀에서 영향력이 강한 사람이 누구인지 가려내기 마련이다. 그래서 몇몇 사람들에게 물어보면서 조사하지만, 때로는 잘못된 정보를 받아들이기도 한다. 결국 나는 에스파뇰에서 오래 머물 수 없게 됐다.

나는 이미 에스파뇰을 위해 내가 할 수 있는 모든 것을 한 상태였다. 나는 나의 경험을 활용해 드레싱룸의 동료 선수들을 이끄는 데 도움을 줄 수 있다고 생각했지만, 결국에는 발베르데 감독이 옳은 결정을 내렸다.

훗날 나는 그를 만나서 이렇게 말했다.

"내가 에스파뇰에서 1년 더 지내지 않게 해줘서 고맙습니다."

그때 은퇴를 하지 않았다면, 나는 지금까지도 경기장에 서기 위해 고생하고 있을지도 모른다. 당시에는 받아들이기 어려웠지만 그것이 냉정한 현실이었다.

12년 동안 약 300경기에 나섰고, 그 사이 두 차례 코파 델 레이 우승을 차지한 후(2000년과 2006년) 나는 아주 감정적인 고별 기자회견을 했다. 나의 가족이 모두 그 자리에 있었다. 내가 에스파뇰에서 처음 뛰던 해 태어나 어느새 열두 살이 된 세바스티아노도 참석했다. 나는 결국 눈물을 흘렸다. 내 기억이 맞는다면, 아마도 아들이 우는 모습을 보고 나도 눈물이 났던 것 같다. 혹시 아닐지도 모른다. 나는 울었고, 또 울었다.

결국 나는 5분 동안 기자회견실을 벗어나 안정을 취해야만 했다.

* * *

나는 종종 훈련 시간에 선수들과 론도 훈련을 함께하곤 한다. 거기서 나는 원할 때면 언제든지 원 안에 들어가 선수들의 패스를 뺏는 역할을 하는 특권을 누린다. 나쁜 패스를 한 선수는 마땅히 벌을 받아야 하니까. 가끔 토트넘 훈련장에서 족구를 하기도 한다. 축구 선수는 은퇴한 후에도 결코 축구 선수로서의 삶을 완전히 그만두지 않는 법이다.

2006년에 나는 두바이, 카타르, 그리고 미국에서 영입 제안을 받았다.

당시 몇몇 스페인 팀이 나에게 관심을 두기도 했지만 나와 우리 가족에겐 바르셀로나에서 느꼈던 가족으로서의 안정이 필요했다. 34세의 나이에 은퇴하면서 나는 미래에 대해 고민하면서 다른 일을 시도할 수 있는 시간과 감독으로서의 삶을 준비할 기회를 얻을 수 있었다.

은퇴한 후 내가 처음 한 일은 몇 년 만에 아르헨티나로 돌아가 10대 시절을 보냈던 바릴로체Bariloche에 가보는 것이었다. 그때는 모든 것에서 벗어나고 싶었고, TV도 신문도 보고 싶지 않았다. 그렇게 휴식을 갖는 건 나에게 정말 좋은 일이었다. 그로부터 약 두 달 후, 우리 가족은 아이들의 학교를 위해 바르셀로나로 돌아왔다. 나는 에스파뇰을 인수하길 바랐던 에스파뇰 3.0 그룹과 에스파뇰 클럽으로부터 많은 선물을 받았다. 셀타Celta와의 경기 전에 그들은 내게 금과 다이아몬드로 만든 배지를 선물했다.

EAE 비즈니스 스쿨의 교수이자 나의 친구인 페페 게이Pepe Gay가 내게 스포츠 매니지먼트 부문 석사과정을 공부해보는 것이 어떻겠냐고 제안을 했다. 그래서 나는 월요일부터 금요일까지 매일 아침 그 과정을 공부했다. 나는 그런 새로운 삶이 싫지 않았다. 그리고 그 과정으로부터 단 하나도 놓치지 않았다. 그해 나는 아주아주 행복했다.

그때 무언가가 내 머리에 떠올랐다. 나는 수년 전에 비엘사 감독이 내게 했던 말을 다시 떠올리고는 세상을 보는 방식을 완전히 바꿨다.

나는 작은 스마트카를 한 대 구입해서 이곳저곳을 몰고 다니며 전 세계에서 온 사람들과 함께 시간을 보냈다. 축구 선수로서의 커리어가 끝난 나는 이제 새로운 환경에 나 자신을 완전히 맡기고 도전에 나서기로 했다. 물론 여전히 매주 에스파뇰의 경기를 보러 다니면서 이전에 나의 코치였던 하비에르 아즈카고타Javier Azkargorta와 많은 대화를 나누었다. 그리고 지도자 자격증을 취득하기 위한 과정을 시작했다.

선수 생활을 마감한 지 3년 만에, 나는 이미 1부리그에서 지도자 생활을 시작하고 있었다.

＊ ＊ ＊

내가 처음 감독으로 일했던 것이 에스파뇰 여자팀이라고 말하는 사람들이 가끔 있지만, 그것은 사실이 아니다. 당시에 내가 지도자 자격증을 취득하기 위해 에스파뇰 유소년팀에서 일했다면, 에스파뇰에서의 나의 존재감을 생각할 때 1군 팀 감독이 내가 그의 자리를 노린다고 생각했을지도 모를 일이었다. 그래서 우리는 대안을 생각해냈다. 에스파뇰 아카데미 책임자이자 과거에 나의 피트니스 코치였던 라몬 카탈라_{Ramón Catalá}가 당시 여자팀을 이끌고 있던 에밀 몽타규_{Emili Montagut}를 도와서 여자팀 지도를 도와주는 것이 어떻겠냐고 제안한 것이다. 그래서 그렇게 하기로 했다. 처음에는 일주일에 한 번씩 도와줬지만 시간이 가면서 여자 선수들이 내게 좀 더 자주 훈련을 도와달라고 부탁했다. 결국 나는 거의 매일같이 훈련에 가게 됐다. 나는 그 경험을 정말 즐겼고 종종 건강 관리를 위해 그들과 같이 운동하기도 했다.

그들과 함께 보낸 시간은 정말 값진 경험이었다. 만약 그때 그 여자 선수들이 갖고 있던 열정을 내가 이끌었던 다른 팀들에 이식할 수 있다면, 나의 팀은 아주 많은 우승을 차지했을 것이다. 남자 선수들은 여자 선수들이 열악한 환경에서도 얼마나 열심히 노력하고 축구를 즐기고 있는지를 한번 들여다볼 필요가 있다. 그들이 어떻게 훈련하고, 경쟁하고, 싸우는지, 또 팀 동료가 나쁜 패스를 할 때 그들이 어떻게 반응하고 그들이 얼마나 이기고자 하는지, 또 얼마나 하나의 팀으로서 싸우는지 등등을 말이다. 그때 우리는 산 아드리아_{Sant Adrià}에서 한겨울 밤 10시에 제대로 된 조명이 없어서 잘 보이지도 않는 환경에서 훈련했다. 그런 상황에서도 그 선수들의 헌신은 정말 특별한 것이었다.

나는 토트넘 선수들에게 늘 말한다.

"너희가 훈련하러 나갈 때와 훈련을 마치고 돌아올 때 어떤 표정을 짓는지 알아? 내가 다 녹화해놨으니까 언제 보여줄게. 왜 두 표정이 서로 다른 거지? 왜 훈련을 즐기지 못하는 거지? 왜 훈련을 사랑하지 못하는 거야? 너희는 훈련을 의무적으로 해야 하는 힘든 일이라고만 생각하고 있지? 정말 축구를 좋아하는 게 맞아? 아니면 돈을 버는 직업이라고만 생각하는 거야? 만약 그렇다면 너희는 결코 최고가 될 수 없어. 그건 불가능한 일이야."

선수들에게 그런 이야기를 할 때마다 나는 그때의 여자 선수들을 생각한다.

* * *

위기에 빠져 있던 에스파뇰의 감독으로 취임할 당시 많은 사람들은 나에게 미쳤다면서 오직 안 좋은 결과만 기다리고 있을 뿐이고, 내가 곧 축구계에서 사라지게 될 거라고 말했다. 그때 나는 37세였고 선수로서 은퇴한 지 3년이 지난 뒤였다. 그 기회가 나에게 찾아왔을 때 나의 머리는 '하지 마'라고 말하고 있었다. 에스파뇰을 강등 위기에서 구하는 것은 어려운 상황이었다. 경험이 부족해서 그랬을지도 모르지만 나는 나의 감을 믿었다. 스스로에게 이렇게 말하면서.

"왜? 안 할 이유가 없잖아?"

2009년 1월, 시즌 중반에 에스파뇰은 승점을 15점밖에 얻지 못한 채 18위로 처져 있었다. 나는 그 시즌 중에 에스파뇰을 맡은 세 번째 감독이었고, 몬주익Montjuic 스타디움에서 팀을 이끈 마지막 감독이었다. 새 홈구장이 다가오는 여름에 문을 열 예정이었고, 그 경기장에서의 첫 번째 경기로 라파 베니테즈Rafa Benítez 감독이 이끄는 리버풀과의 친선전이 예정되어 있었다. 그러나 그 무엇보다도 우리는 가장 먼저 강등을 피해야만 했다.

내가 이끈 에스파뇰의 첫 경기는 펩 과르디올라Pep Guardiola 감독의 바르셀로나와의 코파 델 레이 8강전이었다. 메시Messi가 후반전에 교체 출전했지만, 우리는 결국 그들과 0-0 무승부를 기록했다. 그로부터 얼마 지나지 않아 우리는 최하위권의 성적으로 캄프 누Camp Nou 원정을 떠났지만, 이반 데 라 페냐Iván de la Peña의 두 골로 승리를 거뒀다. 그는 그전에 한 번도 한 경기에 두 골을 넣은 적이 없었다. 심지어 유소년팀에서도 말이다. 결국 우리는 후반기의 좋은 성적에 힘입어 승점 47점으로 리그 10위를 기록하며 아주 안전하게 라리가에 잔류했다.

그 후로도 우리는 좋은 시간을 보냈다. 나의 재임 기간 중 스무 명의 아카데미 출신 선수들이 1군 무대 데뷔전을 치렀다. 그리고 재임 기간 중 팀의 레전드인 라울 타무도와 대립을 겪기도 했다. 나의 팀은 이기기도 했고 지기도 했다. 그리고 나는 그 모든 것들 하나하나로부터 배웠다. 그곳에서 팬들의 사랑을 받으며 보낸 다섯 시즌은 나로 하여금 나만의 스타일의 축구를 키울 수 있게 해줬다. 그러던 와중에 내가 지켜보는 앞에서 나의 팀 주장이었던 다니 하르케Dani Jarque가 26세의 나이에 심장마비로 세상을 떠났다. 그때 우리 클럽이 받았던 충격은 지금도 여전히 남아 있다.

잉글랜드로 오기로 한 결정은 상당 부분 나의 아내, 그리고 이미 에스파뇰 시절에 나의 수석코치였던 헤수스 페레스의 영향을 받은 것이었다. 나는 늘 나를 영입할 용기를 냈던 사우샘프턴Southampton의 니콜라 코르테제Nicola Cortese 회장에게 고마운 마음을 갖고 있다. 사실 처음에 나는 사우샘프턴을 맡고 싶지 않았다. 왜냐고? 첫째, 나는 영어를 단 한마디도 할 줄 몰랐다. 둘째, 나는 11월에 에스파뇰을 떠나면서 머리를 정리하고 1월부터 6월까지 영어 공부를 할 계획이었다. 심지어 미리 정해놓은 영어 선생님도 있었다. 나는 5~6개월 정도 가족을 위해서만 시간을 쓰면서 새로운 도전을 위한 준비를 하고 싶었다.

주말에는 아들이 축구하는 모습도 보고 싶었고, 토요일 저녁에는 아내와 함께 근사한 저녁 식사도 하고 싶었다. 일요일에는 영화를 보고 축구 생중계도 보고 싶었다. 그렇게 할 수 있었다면 완벽한 세상이었겠지만 어느 날 갑자기 나에게 다른 기회가 찾아왔다. 그 고민으로 머리가 터질 것만 같았다.

나는 헤수스, 아내와 함께 사우샘프턴의 제안을 받아들여야 할지 말지를 의논했다. 처음에는 그 모든 것이 너무 벅찬 일처럼 느껴졌기에 결국 잉글랜드에 가지 않겠다고 선언했다. 그리고 아래층에 있는 화장실로 내려가는데 집 안 전체에 무거운 침묵이 흘렀다.

나는 그들의 의견이 두렵지 않았다. 나는 모든 일과 모든 사람을 존중하지만 누구도 두려워하지는 않는다. 에스파뇰에서 힘든 4년을 보낸 후 나는 이렇게 생각했다.

'내가 어디로 가야 한다고? 사우샘프턴? 그게 도대체 어디야? 잉글랜드

야? 절대 안 가!'

그즈음 우리는 유럽의 메이저 리그들에 대해 알아보며 정보를 모으고 있었지만, 앞서도 말했듯 최소 6개월은 휴식을 취하고 싶었다.

내가 화장실에서 나오자 두 사람은 나를 노려보고 있었다. 아내가 먼저 말했다.

"사우샘프턴으로 가야 해."

헤수스를 바라보자 그도 내게 말했다.

"그녀의 말이 맞아. 가야 해."

물론 헤수스는 잉글랜드로 가고 싶었을 것이다. 그는 영어를 할 줄 아니까. 나는 생각했다.

'선수들이 나에게 뭐라고 하는지 한마디도 이해를 못 하는데 어떻게 그들과 이야기하라는 거야?'

헤수스는 물러서지 않았다.

"너에게 좋은 기회야."

나의 아내도 그의 말에 동의했다. 아내가 그때 왜 그렇게 생각했는지는 알 수 없지만, 그녀는 내게 잉글랜드행이 좋은 기회가 될 거라고 생각했다. 그래서 나는 사우샘프턴의 제안을 받아들였다. 물론 바로 그 순간부터 사우샘프턴의 경기를 집중해서 보기 시작했다. 나는 곧 사우샘프턴을 비롯한 프리미어리그의 다른 팀들과 그 리그에 빠져들었다.

* * *

열광적인 프리미어리그 시즌을 보낸 후에 맞는 2주라는 휴식 기간이 과연 충분히 긴 것인지 잘 모르겠다. 이는 누구도 알 수 없을 것이다. 다르게 말하자면, 휴가는 절대로 충분히 길지 않다. 이는 우리 모두에게 해당되는 말이다. 완벽한 일주일 휴가를 보내고 나면 일주일 더 그렇게 보내고 싶어진다. 한 달 휴가를 보내면 또 다른 한 달을 원하게 된다. 17년간 선수로 뛰면서 나는 늘 말했다.

"선수 생활을 그만두는 날이 오면 그때 가서 휴가를 제대로 즐겨야지. 정말 영원히 쉴 거야."

하! 과연 그렇게 할 수 있는 사람이 있을까?

미래에 무슨 일이 벌어질지 모를 때 보내는 휴가와 정해진 일정이 있을 때 갖는 휴가는 전혀 다른 느낌이다. 언제 다시 일할 수 있을지, 다른 팀을 구할 수 있을지 모를 때의 휴가는 마냥 안정을 취할 수 있는 것만은 아니다.

토트넘 같은 톱 클럽에서 일하게 된 것은 정말 행운이었지만 나에게 올해 여름은 정말 많은 감정이 교차하는 시기였다. 지난 시즌 마지막 경기였던 뉴캐슬전을 생각할 때마다 지금도 피가 끓는 것 같다. 우리는 그 경기에서 대패한 이유를 계속해서 생각해야만 한다. 물론 우리가 지난 시즌 전체를 통해 이뤄낸 성과는 무시할 수 없다. 유럽의 빅클럽들은 늘 새로운 감독감을 구하고 있고, 새 감독이 팀에 와서 성실하고 흥미롭게 팀을 이끌어주길 바란다. 가능한 한 빨리 성공을 거둬주길 바라는 것은 말할 필요도 없다. 그들 중 한 팀에서 나에게도 전화를 걸어와서 팀 분위기를 바꿔주길 바랐다. 그들은 나에게 여러 차례 접촉을 해왔지만 지금은 팀을 바꿀 때가 아니라고 생각했다. 펩 과르디올라가 맨시티로 왔고, 조세 무리뉴José Mourinho도 맨유 지휘봉을 잡았다. 안토니오 콘테Antonio Conte는 첼시 감독이 됐다. 그들과 경쟁하기 위해서 우리는 정말 잘해야 한다. 그래도 우리는 할 수 있다.

7월 1일, 헤수스, 토니 그리고 미키는 국가대표팀에 소집되지 않은 선수들, 또 지난 시즌 말에 새 시즌이 되면 1군 팀과 훈련할 기회를 주기로 했었던 선수들과 함께 훈련을 가졌다.

나는 유소년 선수들에게 기회를 주는 것을 정말 좋아한다. 그것은 마치 나무를 심고 그 위에 물을 주며 나무가 자라는 것을 지켜보는 일 같다. 그 나무 위에서는 우리가 심은 그대로의 열매가 열린다. 선수들에게 있어 13~14세에 입단해서 마음과 영혼을 바친 팀과 함께 승리하는 것과 비교할 수 있는 경험은 어디에도 없다. 그렇게 어린 나이에 입단해서 1군 팀까지 올라온 선수들은 팀의 정체성에 또 다른 무언가를 더해준다. 지금까지 내가 이끌었던 모든 팀에서 나는 그렇게 해왔다. 마치 내가 이끈 팀에 내 도장을 찍듯이. 그것은 비엘사와 그리파에게 축구를 배웠던 뉴웰스 시절부터 나의 유전자 속에 깊이 각인된 일이었다.

그러나 1군 팀으로 올라서는 것은 자동으로 되는 일이 아니다. 1군 팀에서 뛸 잠재력을 가진 선수들은 그들이 정말로 준비가 될 때까지 3, 4, 5, 6개월 동안 1군 팀과 훈련을 해야 한다. 21세 이하 팀 선수들을 곧바로 1군 경기에 출전시키는 일은 없다. 모든 일이 그렇듯 훈련에 적응하는 시간이 필요한 것이다. 1군 팀 선수들이 유소년 선수들을 1군 팀과 한 그룹이라고 느끼는 것도 필요하다. 그런 과정을 거친 다음 1군 팀에서 선수로서도, 사람으로서도 인정을 받게 되면, 그제야 그는 1군 경기에 나설 준비가 된 것이다.

7월 4일 월요일, 나는 1군 선수단과 본격적으로 새 시즌 준비를 시작했다.

우리는 지난 시즌 봄이 되기 이전부터 이미 선수단 강화를 위해 노력했다. 선수들의 이적, 특히 재정적인 부분에 대해 최종 결정을 내리는 것은 내가 아닌 회장이며, 분명히 그 부분에 있어서 우리에겐 아직 한계가 있는 상황이다. 우리는 이미 영입을 완료한 두 선수, 빅토르 완야마Victor Wanyama와 빈센트 얀센Vincent Janssen을 맞이한 채 차분하게 프리시즌을 시작했다. 그 둘 외에 다른 옵션이 있을지는 이후에 두고 볼 일이다.

완야마는 내가 3년 전에 셀틱Celtic에서 사우샘프턴으로 영입할 때부터 이미 잘 알던 선수다. 그는 우리가 원하는 인성과 자질을 갖춘 선수다. 이미 1번 옵션을 갖고 있는 공격수 포지션에 영입한 얀센도 마찬가지다. 완야마처럼 21세의 나이에도 팀을 위해 뛰고 싶어 하는 분명하고 성숙한 사고방식을 갖고 있는 선수를 찾는 것은 즐거운 일이다. 그런 부분은 쉽게 알아낼 수 있다. 질문지를 이용해서 선수들의 성격을 파악할 수 있는 것은 아니지만 심리적인 부분은 정말 중요하다. 또 팀이 선수를 영입할 때 이미 모든 것을 설명하기 때문에 선수들로서는 뒤늦게 알게 되는 것이 없어서 그들이 불평할 것도 없다.

＊ ＊ ＊

처음 며칠 동안은 선수들의 리듬을 되찾고 컨디션을 조절하기 위한 훈련을 했다. 그러나 아직 팀에 합류하지 않은 선수들이 몇몇 있었기에 우리 플레이 스타일에 중점을 둔 본격적인 훈련은 아직 시작하지 않았다. 우리는 훈련을 시작한 지 6일째 되는 날부터 우리 플레이의 기본적인 개념을 훈련하면서 훈련 개시 10일째 되는 날 가질 첫 친선전을 준비했다.

이 기간에 우리는 1군 팀에 진입할 수 있을 만한 유소년 선수들을 찾기 위해 노력했다. 특히 눈에 띄는 두 선수가 있었다. 조시 오노마Josh Onomah, 그리고 마커스 에드워즈Marcus Edwards가 그 둘이었다. 둘 중 오노마의 경우, 2015년 11월에 알리 대신 교체되어 들어가면서 18세의 나이로 데뷔한 선수였다. 그는 다른 클럽들의 관심을 받으면서 이적에 가까워진 선수였지만, 우리는 설득 끝에 그를 잔류시켰다. 마커스는 번뜩이는 재능을 가진, 작은 메시 같은 선수다.

클럽의 회장, 단장, 감독, 유소년 아카데미 총괄자 등 모든 구성원이 같은 방향으로 나아가도록 하기 위해 노력 중인 우리들로서는 우리가 원하는 선수를 잃고 싶지 않다. 그 부분에 있어 지난해 2월부터 유소년 아카데미 총괄자를 맡고 있는 존 맥더못John McDermott의 역할이 아주 중요했다. 그것은 경기장 위의 결과에만 영향을 받는 것이 아니다. 어린 선수들의 부모도 그들의 아들이 1군 팀에서 기회를 얻을 수 있다는 확신을 가져야 한다.

지난 2주 동안 토트넘의 구단 구조, 또 새로 영입할 선수들에 대한 많은 논의가 오고 갔다. 토트넘에 온 이후 내 근무시간이 늘어난 것은 분명한 사실이다. 나는 사람들과 대화하는 것을 좋아한다. 우리는 훈련장에 하루 종일 비디오를 보러 나오는 것이 아니다. 나는 근무 중 많은 시간을 클럽의 다양한 사람들과 대화를 나누는 데 쓴다.

나는 특정 이슈에 대해 여러 차례 다시 돌아보면서 다른 각도에서 그 일을 생각해보고 또 많은 예상 시나리오를 그려본 후에 최종 결정을 내린다. 선수들의 이적이나 1군 팀 승격, 팀에 대한 열정을 잃은 선수들의 관리에 대해 일방적인 결정을 내리기보다는 종합적으로 상황을 돌아본 후에 결정을 내린다.

우리는 어떤 일에 대해서도 성급한 결정을 내리지 않으려고 노력한다.

＊＊＊

유벤투스Juventus, 그리고 지난 시즌 챔피언스리그 준우승팀 아틀레티코 마드리드와 대결을 가질 ICC 컵 대회International Champions Cup 참가를 위해 호주로 떠나기 이틀 전에 12명의 국가대표팀 소속 선수들이 훈련에 합류했다. 두 팀과 만난 후에는 오슬로에서 인터 밀란Inter Milan과도 경기를 갖는다. 짧지만 강렬한 프리시즌이 될 것이다.

호주로 떠나기 전, 누가 호주로 갈 것인지 최종 결정을 내려야 했다. 토트넘 훈련에 복귀한 지 며칠 되지 않아 아직 준비가 부족한 선수들도 호주에 데려가서 다른 선수들과 훈련을 갖게 해야 할까? 그것은 곧 그들이 이틀 동안 훈련을 전혀 하지 못한 상태로 여름 날씨에서 겨울 날씨로 이동한 다음 그곳의 경기장 상태나 시설에 대해 제대로 알지도 못한 채 7일을 더 보낸 후 다시 이틀에 걸쳐 돌아와야 한다는 것을 의미한다. 결국 그 대회에 참가하는 선수들은 다른 선수들보다 10~12일 뒤에야 제대로 된 프리시즌 훈련을 시작할 수 있는 상황이었다.

그에 대한 대안으로 우리는 그들을 런던에 남겨두고 유로 2016이 끝난 후 갖지 못한 휴식을 취하게 한 뒤 훈련에 복귀하게 하는 방법도 생각했다. 그렇게 한다면, 우리가 호주에서 런던으로 돌아올 때쯤 그 선수들은 제대로 된 훈련을 소화할 컨디션을 되찾을 터였다. 결국 우리는 후자를 선택했다.

처음 토트넘에서 그런 일정을 제안했을 때, 나는 그 일정은 좋아 보이지만 국가대표팀 소속 선수들은 참가시키지 않겠다고 말했었다. 그리고 나는 내 말을 지켰다. 물론 클럽 입장에서는 유명한 선수들을 투어에 참가시키지 않아서 팬들을 실망시키는 상황을 우려한 것도 사실이다. 이사진에서는 처음엔 내 의견에 알겠다는 반응을 내놨지만, 대회 시작을 며칠 앞두고는 다시 한번 그에 대해 논의하길 바랐다.

가장 중요한 것은 선수들의 몸 상태였다. 물론 호주에도 토트넘의 팬들이 많고 그들 모두가 해리 케인, 위고 요리스Hugo Lloris, 델레 알리 등 스타 선수들을 보고 싶어 한다는 것은 안다. 그러나 그들도 축구 선수들이 기계가 아니며, 이후 10개월여의 시즌 동안 경쟁하기 위해서는 우선 휴식을 취해야 한다는 것을 이해할 필요가 있다.

결국 나는 이사진과의 논의 끝에 내 뜻을 관철시킬 수 있었다. 그렇게 런던에 남게 된 선수들은 행복해했지만, 물론 그들에겐 해야 할 숙제들이 많이 있었다.

* * *

전용기가 호주를 향해 출발했다. 우리는 전용기에서 아침 일찍 출발해 다음 날 저녁에 도착하는 이틀간의 일정을 보내야 한다.

어젯밤 저녁 식사 후에 나는 토니, 미키, 헤수스와 함께 우리의 숙소인 멜버른 그랜드 하얏트 호텔의 어느 바에서 한잔했다. 나는 그들에게 선수들의 에너지가 부족해 보인다고 말했다. 사실 선수들은 모두 몹시 피곤한 모습이었다. 그러던 중 갑자기 한 남자가 나타나서 나에게 인사를 했다. 그는 토트넘의 트레이닝복 상의를 입고 있었는데, 내가 토트넘에 온 후로 한 일들에 대해 고맙다고 말했다. 그는 말레이시아의 변호사로 아내와 함께 유벤투스전을 보러 왔다고 했다. 그의 다른 가족들은 리버풀 팬이지만 그는 토트넘의 플레이 스타일이 좋아서 우리를 응원한다고도 했다. 그는 우리를 따라 전 세계를 다니는 팬이었다. 평소에는 여섯 살짜리 아들도 함께 다니지만 이번에는 고향에 두고 왔다고 했다.

그는 보통의 팬들과는 조금 다른 이야기를 들려줬다. 그는 우리가 리그 상위권에서 경쟁하는 것이 고맙다고 말했지만, 보통 간과되기 쉬운 부분에 대해서도 말했다. 축구계에서는 대부분 우승 트로피를 들어 올리는 것에만 관심을 두지만, 이 팬은 우리 팀을 보는 것만으로 그가 얼마나 자부심을 느끼는지에 대해 말했다. 그는 현재의 토트넘이 오지 아딜레스Ossie Ardiles, 리키 빌라Ricky Villa, 폴 개스코인Paul Gascoigne 같은 특별한 선수 없이도 강팀이 됐다며, 토트넘이 그렇게 팀으로서 보여주는 모습을 좋아한다고 말했다.

그는 또 지난 시즌 우리가 스탬포드 브리지Stamford Bridge 원정에서 첼시와 2-2로 비기며 리그 우승 도전을 사실상 마감했을 때 아들과 함께 눈물을 흘렸다고 말했다. 그날 그가 나에게 들려준 이야기들은 묘하게 나의 기억에 남았다. 그날 첼시전 결과는 우리가 바란 것은 아니었지만, 그 경기에서 이기지 못한 것에 대해 보여준 우리의 태도는 토트넘이 비단 최근의 역사만이 아니라, 지난 3~40년 전과 비교해 얼마나 달라졌는지를 보여주는 것이었다.

그 자리에는 우리의 1군 팀 매니저인 앨런 딕슨Allan Dixon도 함께 있었다. 나는 그에게 그 팬의 연락처를 알아봐달라고 부탁해서 이후에 그와 그의 가족을 훈련장에 초대했다. 그리고 그에게, 그가 나에게 했던 이야기들, 그가 그렇게 멀리서 느끼고 생각한 것들, 또 토트넘 선수들의 행동이 다른 나라 다른 대륙에 있는 팬들에게 어떤 영향을 주는지에 대해 조금 더 이야기해달라고 부탁했다. 나는 그런 가치들이 충분한 대우를 받지 못하고 있다고 생각한다.

＊ ＊ ＊

나는 호주에 와서도 잉글랜드에 두고 온 선수들과 거의 매일같이 왓츠앱(영국에서 '카카오톡'처럼 사용하는 메신저 앱 - 옮긴이)으로 대화를 나누고 있다. 대니 로즈Danny Rose에게는 그들에게 유로 대회에서 행운을 빈다고 메시지를 보내는 것이 힘들었다고, 뉴캐슬전에서의 그들의 모습이 실망스러웠기 때문이라고 솔직히 말했다. 그는 선수들 역시 뉴캐슬전에서의 경기력을 창피해하고 있다고 털어놨다.

우리는 이곳에서도, 런던에서도 훈련 장면을 녹화한다. 런던의 훈련 장면은 곧바로 호주로 보내진다. 방금 런던에 남은 선수들이 전날 아침에 했던 훈련 영상을 봤다. 나는 그중 한 부분을 발췌해서 그들에게 다시 보내며 수고했다고 말했다. 감독이 부재중일 때는 선수들의 훈련 강도가 떨어질 때도 있는 법인데, 나의 선수들은 아무도 지켜보는 사람이 없는 상황에서도 전력을 다해 훈련하고 있었다.

유벤투스와 경기 전 그들에 대한 비디오 영상을 틀기 전에, 나는 이곳에 있는 선수들에게 런던에 있는 선수들의 훈련 모습을 보여줄 생각이다. 이들은 방에 들어서자마자 동료들이 어떻게 훈련을 하고 있는지 보게 될 것이다.

아주 작은, 마지막 세부사항을 연구하는 것을 멈춰서는 안 된다. 에릭 다이어Eric Dier는 잉글랜드가 어려운 대회를 치르는 중에도 팀을 위해 골을 넣고 미드필드에서 좋은 활약을 했다. 그는 토트넘에 센터백으로 입단했지만, 이후 맨유가 그를 미드필더로 영입하고 싶어 했다. 국가대표 선수로 데뷔한 후로는 겸손한 마음을 유지하기가 쉽지 않은 법이다. 다이어를 주의 깊게 지켜봐야 한다. 그는 젊고 영리한 선수이며 그를 둘러싸고 아주 많은 것들이 빠르게 벌어지고 있다. 델레 알리 역시 빠르게 많은 사람들의 인정을 받고 있다. 그런 대중의 칭찬은 때때로 선수들을 혼란스럽게 만드는 법이다.

* * *

유벤투스전 하루 전날 밤이다. 아침에 체육관에서 운동하고 점심시간에는 지역 정부 관계자들과 몇몇 행사를 가졌다. 그 후에 우리는 경기를 치를, 전설적인 크리켓 경기장이자 호주 대표팀의 축구장인 멜버른 크리켓 그라운드를 방문했다.

훈련을 시작하기 전에 우리는 새 시즌의 첫 기자회견을 했다. 그 기자회견은 전반적으로 잘 흘러갔다. 기자들은 내게 뉴캐슬전에서 무슨 일이 일어난 것인지, 그 경기에 대한 화는 좀 풀렸는지 물었다. 나는 기자들에게 '아니오'라고 답하며, 선수들이 모두 한자리에 모인 상황에서 그들의 얼굴을 보고 말한 후에야 그 일에 대해 차분해질 수 있을 것 같다고 말했다.

공식 훈련이 시작되기 전에 나는 모든 선수들과 스태프들을 한자리에 불러 모았다. 나는 우리를 보기 위해 찾아온 팬들 앞에 선수들을 일렬로 나란히 서게 하고 잠깐 이야기를 나눈 뒤 그 팬들을 향해 손뼉을 치며 인사했다. 비가 쏟아져서 경기장 일부에 물이 찼지만, 그래도 우리는 조금이나마 수비와 공격 전술 훈련을 수행할 수 있었다.

훈련이 끝난 후, 토니, 헤수스, 미키 그리고 토트넘의 단장과 나는 멜버른의 괜찮은 레스토랑을 찾아갔다. 우리는 모두 캥거루, 와인을 포함한

12종류의 음식(거의 모든 음식)이 나오는 코스 메뉴를 시켰다. 토니는 나처럼 와인을 좋아하는 친구인데 오래전부터 그랬던 것은 아니다. 에스파뇰 시절, 우리는 경기 전날 저녁에 같이 나가서 저녁을 사 먹는 버릇이 있었다. 어느 날 후안 카를로스 호텔에서 와인을 마시던 우리는 토니에게 어떤 와인이 맛있는지 골라보라고 하며 한 와인을 따라줬다. 그가 "이 와인은 별로야"라고 하자 우리는 다른 와인을 달라고 하면서 몰래 똑같은 와인을 다른 잔에 줘보라고 주문했다. 그렇게 새 잔에 같은 와인이 나오자 토니는 한 입 마시고는 "음, 이 와인은 맛있는데?"라고 말했다. 우리는 지금도 그에게 그 일에 대해 말한다. 아마도 그는 그 일을 평생 잊지 못할 것이다.

* * *

7월 26일, 우리는 이탈리아 세리에A 챔피언 유벤투스를 상대로 경기를 치렀다. 유벤투스는 스타 선수들을 대거 출전시켰고, 결국 우리는 1-2로 패했지만 자신감이 충만했다. 특히 후반전이 그랬다. 완야마가 돌파 후에 이어준 패스를 에릭 라멜라Erik Lamela가 골로 성공시켰고, 그 후로 우리는 계속해서 동점골을 노렸다. 그 경기에서 처음 1군 팀 경기를 치른 17세, 18세 선수들도 있었는데 그들에게서도 인상적인 모습이 많이 보였다. 예를 들면 20세 선수이자 늘 헌신적으로 전력을 다해 뛰는 윌 밀러Will Miller는 45분 동안 좋은 활약을 펼쳤다. 나중에 우리는 그가 〈올리버 트위스트(2007년 BBC 방송)〉, 〈런어웨이(2009년)〉 등에 출연했던 주연 배우였다는 것을 알게 됐다. 나는 그에게 왜 연기를 그만뒀냐고 물었는데, 그는 축구가 하고 싶어서였다고 답했다. 축구와 연기 학교에 나가 친구들과 어울리는 것을 병행하는 것이 힘들어서 그는 (언젠가 다시 할지도 모르지만) 당분간 연기를 정리하고 축구에 전념하기로 했다고 말했다. 흥미로운 이야기였다.

* * *

7월 27일 밤 11시. 오늘은 편한 하루였다. 오전에 훈련을 하고 오후에는 꿀맛 같은 낮잠을 잤다. 거의 네 시간 동안이나 잤다.

우리에겐 에너지가 필요하다.

* * *

7월 29일. 아틀레티코 마드리드와의 경기를 마치고 호텔에 돌아왔다. 우리에게는 더 좋은 찬스가 있었지만 고딘Godín에게 골을 내주며 패했다. 얀센이 출전했고 라멜라와 에릭센Christian Eriksen도 뛰었다.

이제 집에 가자.

* * *

7월 30일 토요일 오후, 우리는 호주에서 돌아왔고 몹시 피곤한 상태다. 오늘(일요일)은 모두가 휴식을 취하며 가족과 시간을 보내는 날이다. 내일부터 다시 훈련이 시작된다.

8월

오슬로에서 인터 밀란을 상대로 프리시즌 마지막 경기를 치른 후, 프리미어리그 새 시즌의 막이 올랐다. 토트넘의 첫 경기는 구디슨 파크에서의 에버턴Everton전. 그리고 다음 경기는 피지컬이 강한 크리스탈 팰리스, 그 다음은 챔피언스리그 진출권을 노리는 리버풀이었다. 토트넘은 이적 시장 마감이 끝나기 전에한 명의 선수를 더하는 것을 목표로 하고 있었다.

8월 1일 월요일. 오늘은 좋은 날이었다. 호주 투어를 떠났던 선수들이런던에 남았던 국가대표팀 소속 선수들과 합류했다. 유로 2016에서 좋은성적을 거뒀던 위고 요리스, 벤 데이비스Ben Davies도 훈련장에 합류했다. 앞으로 정리할 일들이 많다. 오늘은 토트넘 '만남의 날'이었다.

내가 하는 일 중 가장 즐겁지 않은 일은 몇몇 선수들을 다시 U-21 팀으로 돌려보내는 일이다. 헤수스, 존 맥더못과 함께 나란히 앉아 프리시즌동안 지켜본 유소년 선수들에 대해 대화를 나눴고 앞으로의 방향에 대해서도 논의했다. 그 선수 중 몇몇은 실망하게 되리라는 것을 알지만, 그래도그들은 다시 1군 팀으로 돌아오기 위해 노력할 것이다. 때때로 적절한 좌절감은 더 큰 꿈을 위해 노력하는 동기 부여가 되기도 한다.

* * *

오늘은 화요일이다. 아직 컨디션 체크가 필요한 몇몇 선수들에게 다양한 테스트를 했다. 코칭스태프도 심장병 전문의로부터 심장 검사를 받았다. 전원이 다 건강에 좀 더 신경을 써야 한다는 조언을 받았다. 아주 간단한 방정식이다. 스트레스 + 부족한 운동은 건강 문제를 일으킨다.

지난 3월 나는 만 44세가 됐다. 호주에서 돌아왔을 때는 이미 내가 나같지 않은 모습이었다. 그곳에서 아침을 너무 많이 먹은 탓이다! 시차로 인해 잠들기가 어려웠기 때문에 우리는 모두 새벽 3시쯤에 아주 일찍 일어났다. 그곳에서 할 수 있는 일이라고는 아침에 레스토랑의 문이 열리길 기다리는 것뿐이었다. 일곱 시가 되면 레스토랑에 가서 아침 식사 대신 간단한 음료수를 마시고, 그 후에는 이틀 동안 아무것도 안 먹어도 될 만큼 먹어치웠다. 오믈렛, 토스트, 버터, 잼, 크루아상, 주스, 과일, 때로는 햄, 치즈, 커피까지. 완전히 미친 식단이다. 그러니 런던에 돌아왔을 때는 모두 살이 찐 것도 당연한 일이었다.

우리는 모두 다이어트를 하고 운동을 할 예정이다. 물론 멋있어 보이기 위해서가 아니다. 걷고 또 조깅을 하고 식단을 조절하면서 천천히 체중 조절을 하고자 한다. 서로서로 도와주면서.

프리미어리그 개막을 일주일 앞두고 우리는 아직도 선수 영입을 마무리하지 못했다. 그것은 곧 앞으로 점점 더 영입에 대한 부담이 커질 것이라는 의미다.

* * *

나는 할 말을 미리 자세히 준비해놓고 말하는 것을 별로 좋아하지 않는다. 몇 가지 전술에 대한 주제를 정하고 그와 관련한 영상을 요청할 때도 있지만 항상 사용하진 않는다. 선수들에게 이야기하기 전에 코치들에게 그것에 대해 미리 알리거나 하는 일도 별로 없다. 회의를 시작하기 전에 내가 미리 준비한 내용을 대략 들려주고 주변 사람들의 의견이나 그들의 느낌에 관해 묻기도 한다. 때로는 뜻밖의 상황이 대화의 방향을 바꿔놓기도 한다.

프리시즌, 토트넘의 첫 팀 토크가 바로 그 경우였다. 선수들은 일주일 동안 훈련을 잘 소화했고 마침내 선수들을 모두 모아놓고 이야기할 순간이 왔다. 늘 그렇듯 미키가 컴퓨터를 들고 내 옆에 앉았다. 보통 나는 그의 옆, 큰 스크린이 있는 곳에 서지만 오늘은 드레싱룸에 앉아서 선수들이 들어오기를 기다리고 있었다.

카일 워커Kyle Walker가 늦게 들어왔다. 좋지 않은 일이다. 그 순간 무언가가 나를 자극했다. 나는 속으로 "오늘은 이 친구들에게 한마디 해야겠군. 뭔가 보여줘야겠어"라고 생각했다.

나는 약 30분 동안 선수들에게 말했다.

* * *

모두 알다시피, 사람에겐 의식과 무의식이 있다. 때때로 감독은 선수들이 생각하는 면에서나 행동하는 면에서 더 발전하도록 자신의 생각을 잘 전달할 필요가 있다. 리그 내 경쟁이 아직 시작되지 않았을 때는 비교적 쉬운 일이지만, 일단 리그가 시작되고 난 뒤로는 제대로 준비하지 않으면 무의식이 의식을 잠식하게 된다. 우리가 해야 하는 생각에 따라 행동하는 것이 아니라 태어났을 때부터 이어오던 사고방식과 행동을 따르는 상황이 벌어지는 것이다.

지난 시즌 그렇게 큰 노력을 쏟아부었음에도 리그 우승의 가능성이 사라졌을 때, 많은 선수가 마치 리그를 2위로 마치는 것은 큰 의미가 없는 것처럼 생각했다. 우리는 리그를 2위로 마치는 것 역시 우승 트로피를 들어올리는 것만큼이나 가치 있는 일이라는 것을 완전히 잊은 듯했다. 그렇게 됐다면 우리는 아스널보다 더 높은 순위로 리그를 마칠 수 있었는데도 불구하고 말이다. 선수들은 집중력을 잃어버렸고, 그 전과는 다르게 불필요한 것들에 영향을 받기 시작했다. 2-2 무승부로 끝났던 그 첼시전 이전까지 우리 중 누구도 휴가에 대해서나, 유로 2016, 여름 이적 시장 등에 대해 생각하는 사람은 없었다. 우리에게 아직 리그 우승의 가능성이 남아 있었을 때까지는 그랬다. 그러나 그 경기가 끝난 후 우승에 대한 희망이 사라지면서 우리가 그동안 잘 관리해오던 무의식의 문이 활짝 열리고 말았다. 갑자기 우리는 남은 두 리그 경기였던 사우샘프턴과 뉴캐슬전에서 이기는 것이 얼마나 중요한지를 완전히 잊어버리고 말았다.

뉴캐슬전에서 보여줬던 우리의 경기력이 그 명백한 증거다.

축구는 팀 스포츠이기에 선수들이 개인 위주의 플레이를 하거나 팀플레이가 안 되기 시작하면, 그런 팀을 상대로는 이미 강등당한 팀이라 할지라도 5골을 넣을 수 있다. 그날 뉴캐슬은 마치 파티를 벌이기라도 한 것 같았고 우리는 그들의 파티를 덩달아 즐긴 격이었다.

그 경기 후 나는 기자회견에서 다소 솔직한 감정을 그대로 표출했다. 잠시 후 라파 베니테즈 감독이 나를 찾아와 위로의 말을 건넸다. 나는 그에게 또렷하게 말했다.

"라파, 너희 팀은 강등당하고 다음 시즌 챔피언십에 참가할 거지만, 우리 팀은 챔피언스리그에 진출했다고. 리그 3위로, 플레이오프도 필요 없이! 작년에 시즌이 시작했을 때 네가 나에게 물었다면 나는 우리의 새 시즌 목표가 웸블리에서 열리는 챔피언스리그에 나가는 거라고 말했을 거야. 라파, 나를 위로할 필요 없어."

그 순간의 나는 진실하지 못했다. 그 경기에 대한 실망감은 마치 선수들을 반쯤 죽여놓고 싶을 정도였다. 혹은 감독인 나 자신을.

나는 그 여름 내내 적절한 순간이 오면 반드시 그 경기에 대해 선수들에게 상기시켜주겠노라고 다짐했다. 카일 워커가 시즌의 첫 팀 토크에 늦게 들어온 것은 드디어 내가 그 이야기를 선수들에게 쏟아부을 최고의 순간이 됐다는 신호였다.

그때 내가 선수들에게 했던 이야기 중 일부는 다음과 같다.

"축구는 너희들이 팀으로써 어떻게 조화되는지를 보여주는 거울이야. 이 비디오를 한번 봐라. 나는 이 영상을 볼 때마다 닭살이 돋는다. 이 영상에서 페르난도 토레스Fernando Torres는 전날 30시간을 비행하고 잠도 제대로 못 잤으면서도, 그리고 친선경기를 뛰고 있는데도 후반전 추가 시간에 터치라인 밖으로 나가는 볼을 잡기 위해 전력을 다해 뛰고 있잖아. 토레스는 그 후에 그 볼을 잡아서 골을 넣기 위해 다시 전력 질주를 했어. 팀이 이미 1-0으로 이기고 있는데도 말이야. 이미 축구계의 모든 대회에서 우승을 차지해본 저 선수가 말이야. 저게 바로 열정이다. 자기 자신이 축구 선수라는 것을 즐기는 것. 너희에게 필요한 것도 바로 그거야. 뉴캐슬전에서 우리의 태도는 팀으로서의 우리를 보여주는 모습이 아니었어. 우리는 마치 경기에 관심이 없는 것처럼 보였어. 우리를 이 자리까지 올라올 수 있게 해줬던 그 느낌, 또 축구라는 것 그 자체와 거리가 먼 모습이었어. 너희 모두 그 경기에 대해 부끄러워해야만 해."

그걸로 끝이었다. 빌어먹을 뉴캐슬전.

* * *

어느 시점에는 뉴캐슬전의 결과와 그에 대한 우리의 감정에 마침표를 찍어야 했다. 그래서 나는 선수들에게 남김없이 하고 싶은 말을 모두 했다. 아니 어쩌면 그 이상을. 나는 그날 있었던 일, 또 축구에서 존중해야 할 것과 삶에 관해 이야기했다. 선수들의 얼굴이 모두 상기된 상태에서 이야기를 마무리했지만, 나는 그런 우리의 모습이 좋았다.

자신의 선수들 앞에서 정직해지는 것은 아주 중요한 일이다. 물론 선수들 모두가 내 말을 믿지 않을 수도 있다. 나의 말과 나의 비전에 동의하지 않는 몇몇 선수들이 자신의 친구나 에이전트에게, 또는 부모에게 이 일에 관해 이야기할 수도 있을 것이다. 자기 생각을 솔직하게 꺼내놓는 것이 언제나 좋은 일이 아닐 수도 있지만, 이 일의 경우에는 내가 지금 선수들에게 솔직히 말해서 그들이 상처를 받는다 한들, 지금 그렇게 하지 않으면 언젠가는 회복할 수 없는 상황이 올 수도 있다는 확신이 있었다.

물론 그날 내가 선수들에게 한 이야기는 내가 매일매일 선수들에게 다시 각인시키지 않는다면 아무 소용이 없을 것이다. 보통 나는 그런 식의 이야기를 선수들에게 들려주고 나면 이후에도 훈련을 하거나 훈련장 건물 안에서 만날 때마다 선수들에게 말을 건네며 이전에 우리가 한 이야기에 대해 다시 상기시켜주곤 한다. 전술 훈련에 대해서도 마찬가지다. 경기를 앞두고 금요일 또는 토요일에 나눈 이야기에 대해 다시 상기시키지 않는다면, 선수들은 금방 잊어버린다.

지금은 축구 선수들을 관리하기 어려운 시대다. 요즘에는 선수들이 팀에서 편하다고 느끼도록 하나부터 열까지 스펠링 읊듯, 마치 모든 것이 이미 지도 위에 표시된 것처럼 알려줘야 한다. 요즘 감독들은 흡사 건축가나 아주 기술이 뛰어난 엔지니어 같다. 축구 선수들이 집중하는 시간은 점점 더 짧아지고 있고, 감독들은 그들이 가야 할 길을 지도 위에 그려주고 설명하는 데 시간을 보내야 한다. 요즘 선수들을 둘러싼 수많은 전자 기기는 선수들에게 계속해서 새로운 자극이 필요한 환경을 만들고 있고, 우리는 그들의 마음을 신선하게 유지하기 위해 다양한 시도를 하고 있다.

지난 시즌 말에 있었던 일들에 대해 분명히 기억하고 있는 선수들이 많지 않았기에 나는 코치진들과 그에 관해서도 이야기를 나눴다. 우리는 지난 시즌 첼시전 이후의 일들로부터 많은 영향을 받았다. 또 그 결과들에 대해 직접적인 책임이 있다. 우리로부터 무언가가 점점 사라지고 있었고, 나와 코치들은 그것이 어떤 것인지를 분명히 알아내기 위해 노력하고 있다. 이후 비슷한 일이 다시 한번 벌어질 때면, 우리는 더 현명하게 그에 대처할 수 있을 것이다.

* * *

목요일. 우리는 오슬로에서 프리미어리그 개막 전 마지막 경기를 준비하고 있다. 클린튼 은지Clinton N'Jie, 빅토르 완야마는 비자 문제로 동행할 수 없었지만, 이번 여름 처음으로 1군 선수단 거의 전원이 한자리에 모였다. 선수들이 점점 한 팀이 되어가고 있다.

월드컵이나 유로 대회 등이 있을 때는 프리시즌을 운용하기가 더 까다롭다. 뒤늦게 돌아오는 선수들도 있고 지쳐서 선수단에 합류하거나 의욕을 잃고 돌아오는 선수들도 있다. 그들을 일단 편하게 해줄 필요가 있다. 우리는 더 발전하겠다는 목표를 낮추지는 않지만, 그렇다고 선수들에게 혹독하게 굴지도 않는다. 우리가 토요일, 일요일을 피해서 친선경기를 갖는 것도 그런 이유다. 그들에게 가족과 보낼 시간을 주기 위해서다. 내일 인터 밀란과의 경기를 치르고 나면 선수들은 리그가 시작되기 전에 마지막으로 자유롭게 가족과 휴식을 취할 수 있을 것이다. 특히 국가대표팀 소속 선수들은 더욱 그렇다.

어제 팀 토크를 한 후에 가진 훈련은 아주 효율적이었다. 선수들도 아주 집중해서 훈련했다. 그래서 우리는 오늘 훈련은 조금 다르게 진행하기로 했다. 육체적으로나, 심리적으로 고된 전술 훈련을 하는 대신 우리가 새 시즌에 새롭게 시도해보고자 하는 변화와 개선 방안 등에 대한 비디오를 보여줬다. 나는 그들에게 우리가 더 발전하기 위해서는 더 파고들어야 한다고 강조하면서, 감독과 코치들이 선수들에게 이를 항상 강조할 필요는 없다고 말했다. 선수들은 그들 스스로 '위닝 멘탈리티'를 찾을 필요가 있기 때문이다.

방금 호텔에 도착했다. 우리의 호텔은 해변을 바라볼 수 있는 아주 좋은 위치에 자리하고 있었다. 인터 밀란의 부회장인 하비에르 사네티Javier Zanetti가 경기장에서 우리를 기다리고 있다는 전갈을 받았다.

* * *

카리나가 장인어른이 돌아가셨다고 전화를 걸어왔다. 마누엘 안토니오 그리팔디Manuel Antonio Grippaldi 어르신 편히 쉬시기를.

그는 결국 오랜 투병 끝에 세상을 떠났고, 나는 외국에서 그 소식을 듣게 됐다. 카리나는 또 한 번 그 어려움을 혼자 견뎌내야 한다. 나의 아들 세바스티아노도 나와 함께 오슬로에 와 있다.

축구는 우리의 일상과 아픔으로부터 우리를 떨어뜨려놓는다. 중요한 소식은 언제나 한발 늦게 우리에게 도달한다. 제대로 작별 인사를 할 시간도 없이.

* * *

잠을 못 이루고 있다. 장인어른을 떠나보낸 슬픔이 모든 것을 잠식하고 있다.

때때로 우리는 어리석은 일들을 반복할 때가 있다. 그러다 보면 순식간에 누군가의 인생이 바람에 꺼지는 양초처럼 사라질 수도 있다. 나의 아내는 늘 20가지의 일들을 동시에 계획한다. 나는 그녀를 보면서 "잠깐만, 좀 진정하고 하나씩 하나씩 하자. 그걸 다 한꺼번에 하다 보면 아무것도 못할 거야"라고 말한다. 그러나 장인어른처럼 가까운 사람을 떠나보내고 나면 인생을 더 충실하게 살고 싶어진다.

우리는 그가 세상을 떠나기 약 한 달 전쯤 바르셀로나에 가서 그를 만났다. 그는 전이된 골암을 앓고 있었다. 지난 몇 달간 그의 상황은 급격히 악화됐다. 그것은 우리 가족 모두에게 힘든 일이었지만, 특히 카리나의 경우가 더 그랬다.

그는 아르헨티나 미시오네스주 출신이다. 더 정확히 말하자면 엘도라도에 살았다. 그는 아주 활동적인 사람이었고, 또 광적인 축구팬이었다. 그런 사람들은 마음대로 움직일 수 없게 됐을 때 종종 삶에 대한 의지를 포기해버리고 만다. 마치 더 살 이유가 없다고 느끼는 것 같다.

6개월쯤 전까지만 해도 그는 직접 축구를 즐기고, 자전거를 타고, 또 파델(테니스와 스쿼시를 혼합한 중남미, 유럽에서 인기가 많은 스포츠 - 옮긴이)을 즐기는 사람이었는데 그 모든 것을 할 수 없다는 것을 깨달은 순간 그 모든 것에 관한 관심을 끊어버린 것 같았다. 마지막으로 그를 만났을 때 나는 그런 것에 대해 그와 이야기하지 않았다. 그때 이미 그는 예전처럼 의식이 또렷하지 않았기 때문이다. 그 후로 의식을 되찾은 순간도 있었지만 그는 많은 고통을 받았다. 치료를 받은 덕분에 그래도 임종 전에 그나마 편한 시간을 보낼 수 있었다.

나의 부모님과 형제를 포함한 가족 모두가 아르헨티나에 살고 있다. 나는 그들과 문자 메시지도 나누지 않고 한 달 넘게 지낼 때도 있다. 그런 일이 별로 드문 것도 아니다. 오히려 아내와 아이들이 나의 부모님에 대해 더 자주 이야기할 정도다. 가끔 불현듯 최악의 상황에 대한 생각이 들 때면 속으로 '오늘 당장 부모님께 전화해야 되는 거 아냐? 멍청아'라고 하면서도 곧장 세상일들에 대한 생각에 빠져 전화를 하지 못한다. 그러다가 어느 날 갑자기 돌이킬 수 없는 일이 발생한 후에야 자책하게 되는 것이다.

나도 아내와 아이들과 보내는 일상이 그리울 때가 있다. 가족과 떨어져 있는 거리는 내가 놓쳐서는 안 되는 일들을 놓치는 것에서 오는 아쉬움을 더 깊게 할 뿐이다. 이런 감정으로부터 나 자신을 보호하기 위해 나는 매일 다양한 감정들을 참고 마음속의 서랍에 담아두는 연습을 한다. 아쉽게도, 그렇게 외부 세상으로부터 자신을 방어하는 방법을 배우지 않으면 시한폭탄이 되고 말지도 모르는 세상이다.

나와 같은 직업을 가진 사람은, 아니 사실 이와 유사한 열정을 갖고 일하는 사람들은 누구나 많은 것들을 희생하게 된다. 이런저런 다양한 것들을. 내가 딱히 그를 부러워한다거나 하는 것은 아니지만, 나는 귀마개를 하고 책을 읽는다거나 골프나 영화, 공연을 즐긴다고 말했던 마누엘 페예그리니Manuel Pellegrini 감독을 이해하기 어렵다. 어쩌면 내가 무언가를 잘못하고 있는지도 모른다. 하루에 12시간 일하는 사람이 하루에 8시간 일하는 사람보다 반드시 더 열정적인 것은 아니다. 젊을 때는 자신이 가진 모든 시간을 무언가에 쏟아붓는 것을 열정이라고 생각할 수도 있지만, 나이가 들고 더 현명해지면서 중요한 것은 '질'이지 '양'이 아니라는 것을 깨닫게 된다.

그러나 지금 이 순간, 나는 나의 거의 모든 것을 축구에 쏟아붓고 있다. 가끔 집에 있을 때나 중요한 일이 있을 때면 정신을 차리고 축구에 대한 생각을 잠시 멈출 때가 있다. 그러나 나의 마음은 축구장과 멀리 떨어져 있는 순간에도 축구에 대해 생각하거나 그 주변을 떠돌고 있다.

* * *

우리는 인터 밀란에 6-1 승리를 거뒀다. 이 경기에 대해서는 많은 이야기들이 나올 수도 있을 것이다. 프리시즌 경기였던 만큼 다양한 관점에서 볼 수 있었으니까. 인터 밀란은 컨디션이 좋지 않은 상태로 경기를 시작했고, 우리는 국가대표팀 선수들이 복귀한 후의 첫 경기에서 인상적인 플레이를 펼쳤다. 우리는 전반전을 2-1로 마쳤고 후반전에는 4골이나 터뜨렸다. 우리가 확실한 플레이 스타일로 경기를 펼치고 있다는 것이 누가 보기에도 명백했다. 그리고 몇몇 언론에서는 우리가 유로 2016에 참가했던 선수들을 런던에 남겨뒀던 결정이 옳은 판단이었다고 보도했다. 그런 평가는 물론 기분 좋은 것이었지만, 인터 밀란을 상대로 거둔 경기 결과는 우리가 상대 팀이 누구든지 간에 겨룰 만한 팀이라는 것을 보여줬다. 우리의 팀 구조 덕분에 말이다.

남은 도전은, 다음 시즌 내내 그런 모습을 이어가는 것이다.

* * *

영국으로 돌아왔다. 이틀간의 휴식 후 나는 선수들과 일대일 면담을 하면서 프리시즌 기간 중에 좋은 모습을 보이지 못한 선수들에게 더 노력하라고 말했다. 때로는 토너먼트 대회에서 좋은 성적을 거둔 것이 선수들의 집중력을 저하하기도 한다. 각종 이적설도 선수들을 흔들어놓는다. 때때로 선수들과 따로 앉아 팀이 그들을 신뢰하고 있다는 것을 보여주는 것도 도움이 된다. 이번 주부터 주말 리그가 시작되기 때문에 이렇게 선수들의 사기를 북돋는 과정이 빠르게 진행됐다. (두 차례 훈련하는) 화요일 훈련과 수요일 훈련에서 팀 훈련과 선수 개인 훈련은 물론 팀 전술에 대해서도 선수들에게 전달했다.

어젯밤, 우리는 선수단 전원과 함께 외식을 했다. 나는 사우샘프턴에서 보낸 첫 시즌부터, 시즌이 시작되기 전에 코치들과 선수들을 모두 초대해서 내 비용으로 시즌 첫 단체 외식을 치르는 걸 의식처럼 해오고 있다. 내가 사우샘프턴에서 처음 그렇게 했을 때는 아직 시즌 중이었고 영국 은행 계좌도 없었을 때여서 스페인 카드로 계산해야 했다. 장소는 선수들에게 직접 고르게 했다. 사실 이론적으로는 이번 외식의 경우 내가 케인과 절반씩 내야 하는 상황이었는데(케인이 지난 시즌 득점왕을 차지했고 그도 선수들에게 한턱내고 싶어 했으므로), 내가 적당히 둘러대면서 케인 모르게 결제했다. 좋은 음식과 훌륭한 와인(니콜라스 카테나 자파타)까지. 팀 전체가 함께 가진 좋은 시간이었다.

오늘은 목요일이다. 우리는 회복 훈련을 하고 나서 토요일 상대 팀인 에버턴의 비디오 영상을 보며 준비하는 시간을 가졌다.

이번 주 초에 언론을 통해 사우샘프턴 시절부터 함께 일해 온 스카우트 팀장인 폴 미첼Paul Mitchell이 토트넘을 떠날 것이라는 보도가 나왔다. 클럽을 대표해 언론을 상대하는 사람으로서 다음 기자회견에서 나는 그에 대한 질문을 받고 답변을 해야만 한다.

우리는 매년 한 차례씩 하는 관례대로 심판들과 미팅을 했다. 그들은 그 자리에서 새로운 규칙 등에 관해 설명해주곤 한다. 특히 시즌 초에는 그런 규칙들이 엄격하게 적용되는 경향이 있다. 심판들이 선수들에게 그런 점에 관해 설명하는 시간이 다 끝난 뒤 나는 그들을 초대해서 잠시 따로 대화를 갖자고 요청했다. 지난 시즌 말의 몇몇 판정 등에 대해 그들과 이야기를 나눠보고 싶었기 때문이다. 나는 그들에게 몇몇 영상을 보여주며 내 생각을 전했다. 나는 언론을 통해서 주심의 판정에 대해 불만을 제기하거나 내 팀이 패배한 것을 그들의 잘못으로 돌리지 않는다. 그러나 나는 그들과 직접 만나 논의하는 걸 좋아한다. 터치라인에서의 행동 같은 소소한 주제로 대화를 나누는 걸 즐긴다.

* * *

국가대표팀 소속 선수 중 몇몇이 다른 선수들과 같은 몸 상태로 컨디션을 끌어올리지 못하고 있다. 그들에게 더 열심히 해야만 한다고 주의를 시킬 생각이다. 그들이 겪고 있는 것은 피지컬적인 문제가 아니라 정신적인 문제다.

우리에겐 거스를 수 없는 명백한 룰이 있다. 문장으로 적혀 있지 않은 것이라도 마찬가지다. 토트넘에 왔을 때 처음 몇 달간 나의 가장 중요한 임무는 선수들의 태도를 개선하고 클럽의 청사진을 제시하는 것이었다.

내가 토트넘 감독직을 맡은 것은 2014년 여름의 일이었다. 그 시즌, 우리는 리그컵 결승전에 진출했고, 2015년 5월에 나는 클럽과 5년 재계약에 합의했다. 두 번째 시즌, 프리미어리그에서 평균 연령이 가장 어린 선수단을 이끌고 레스터 시티Leicester City와 우승 경쟁을 펼쳤다. 당시 잉글랜드 대표팀 코치로 일하고 있던 게리 네빌Gary Neville은 〈더 텔레그라프The Telegraph〉에 쓴 칼럼에서 우리가 하는 일들에 대해 높이 평가하며 이렇게 적었다.

"잉글랜드 대표팀 코치로서, 나는 토트넘 선수들이 대표팀에 합류할 때마다 그들의 마음가짐이나 태도가 다르다는 것을 느낀다. 그들은 팀 훈련이든 다음 경기든 '전투'에 임할 준비가 된 채로 훈련장에 들어온다. 그들은 마치 팀 회의에 자발적으로 참가하고 싶은 것처럼 보인다. 그들은 책임감 있는 선수들에게 기대할 수 있는 모든 것을 갖추고 있다. 아마도 포체티노 감독이 그 젊은 선수들에게 경기장 안팎에서 필요한 자신감을 안겨준 것 같다."

그러나 그렇게 되기까지의 과정은 힘들고 어려운 것이었다.

잉글랜드 특유의 절제된 표현을 사용하자면, 토트넘이 나를 새 감독으로 선임한 것은 모두가 받아들일 만한 선택은 아니었다. 당시 토트넘은 앞으로 어떤 방향으로 나아가야 할지 정확히 알지 못했고, 어떤 일이 벌어질지도 몰랐다. 감독 교체 시기에 대개 그렇듯 팬들은 토트넘이 앞으로 최고의 선수들을 영입해야 하는지, 아니면 유소년 아카데미 소속 선수들을 키워야 하는지 하는 의견으로 분열된 상태였다.

토트넘은 그동안 늘 특유의 스타일이 있는 즐거운 축구를 추구해왔다. 그러나 그런 축구가 늘 효과적이었던 것은 아니었다. 존 맥더못은 나에게 그런 토트넘을 하나의 이미지로 압축해서 설명했다. 토트넘은 늘 '겉에는 모피 코트를 입었는데 안에는 속바지를 안 입은' 이미지에 가까운, 끊임없이 기대 이하의 성적을 내는 클럽이었다. 내가 부임하기 전 7년 동안 토트넘은 11위, 8위, 6위, 5위 그리고 그사이에 두 차례 4위를 차지한 팀이었다.

그에 더해 토트넘뿐 아니라 잉글랜드 축구 전체가 끊임없는 변화를 겪고 있었다. 많은 감독이 왔다가 떠났고, 축구에 대한 새로운 생각들도 마찬가지였다. 클럽들 사이에 새 단장을 선임하는 것이 유행했다가 또 어느 날 갑자기 구태가 되기도 했다.

이런 모든 변화 속에서 토트넘의 다니엘 레비Daniel Levy 회장은 내가 토트넘에 새로운 방향성과 확신을 가져다주길 바랐고, 우리에게 꾸준한 발전을 안겨주길 원했다. 모든 클럽에 통하는 완벽한 약은 없다. 우리에게 통하는 것이 다른 감독, 다른 클럽에서는 통하지 않을 수도 있다. 모든 사람, 모든 그룹이 각자의 책임을 갖고 있고 각자의 세상을 살아간다. 중요한 것은 '무엇'이 아니라 '어떻게'다.

우리는 그때 지도 없는 여행을 떠난 셈이었다. 마법의 공식 같은 건 없었다. 설사 그런 것이 있었다고 하더라도, 그것은 토트넘의 모든 구성원과 선수들의 마음속 아래 감춰져 있었다.

내가 처음 왔을 때의 토트넘은 행복과는 거리가 먼 상황이었다. 나는 창문을 활짝 열고 신선한 공기를 받아들여 클럽의 정신 자세를 바꿔놓아야만 했다. 더럽고 주름진 예전 옷들을 빨아서 깨끗하게 하고 그 위에 새로운 철학을 입혀 다림질해야 했다. 노력을 통해 그렇게 새로운 시스템을 만들어서 클럽의 많은 사람들을 그 시스템 위에서 뛰게 하는 것은 일주일 혹은 한 달 만에 될 수 있는 일이 아니었다.

내가 전임 감독으로부터 물려받은 선수단에는 모든 것이 다 들어 있었다. 그러나 모든 선수가 강등을 피하고자 의지를 불태웠던 사우샘프턴과는 달리, 토트넘의 드레싱룸은 한때 분명히 스타였지만 잠시 길을 잃어버린 선수들로 가득했다. 당시의 토트넘 선수들은 팀을 우선으로 생각하지 않았다.

내가 취임한 지 2주 후에, 요리스가 내게 "제가 여기서 뭘 하는지 모르겠습니다"라고 말했던 것이 기억난다. 사우샘프턴에 있을 때는 정말 가족 같은 분위기에서 일했다. 종종 선수들에게 빨리 집으로 가라고 재촉하기도 했다. 사우샘프턴 시절 우리는 체육관에 버티맥스VertiMax라는 기구를 설치했었는데, 이것은 선수들의 근력과 스피드, 근지구력을 향상하는 운동을 하는 데 도움이 되는 기구였다. 사우샘프턴 선수들이 그 기계를 처음 봤을 때의 그 표정이란! 그들은 처음에 모두 놀란 것 같았지만, 곧 그 기계를 활용해서 운동하는 것을 즐기기 시작했다.

그와 대조적으로, 토트넘 선수들은 체육관에 들어와서 훈련하고는 곧바로 집으로 향하곤 했다. 버티맥스에는 별 관심도 없었다.

나는 추가로 선수를 영입하기 전에 그들이 어떤 선수인지 토트넘의 기존 선수들을 하나씩 하나씩 점검해보기로 했다. 그리고 선수들에게 처음 몇 달은 컨디션을 끌어올리기 위한 훈련이 고될 것이라고 경고하기도 했다.

선수 중 몇몇은 나의 훈련방식을 좋아하지 않았지만 적응하기 위해 노력했다. 몇몇은 첫날부터 내 방식을 거부하기 시작했고 또 몇몇은 무례한 모습을 보이기도 했다. 그들 중에는 내가 원하는 선수로서의 모습을 기대하기 어려운 선수들도 있었다. 그러나 대부분의 선수는 자신의 부정적인 마음가짐을 떨치고 적응해야 한다는 것을 받아들이기 시작했다. 나, 그리고 나와 함께 토트넘으로 온 코치들로서는 빠르게 선수들에게 리더십과 능력을 보여줄 필요가 있었다.

선수들이 나와 코치들을 바라보는 시선에 모든 것이 담겨 있었다. 그들은 새 감독이 온 후 팀이 좋은 성적을 내지 못하면, 늘 그렇듯 우리 또한 팀을 떠나리라는 것을 알고 있었다. 조금씩 거의 감지할 수 없을 정도로 작은 변화가 생기기 시작했다. 모두의 지성과 감각을 동원해 장기적으로 팀을 끌고 갈 계획도 준비했다. 우리에게 더 필요한 것은 한 가지였는데, 어떤 가게에서 그것을 파는지는 알 수 없었다. 그것은 '시간'이었다.

우리는 모든 선수를 테스트했다. 심지어 실전 경기에서 일부 선수를 테스트한 적도 있었다. 당장 눈앞의 경기 그 이상의 그림을 그리고 있었기 때문이다. 몇몇 선수들은 그때의 테스트를 통과하지 못하고 이미 팀을 떠났다. 그들이 떠난 자리는 아직 경험이 부족한 풀백이나, 프리미어리그에서 한 번도 뛴 적 없는 공격수 그리고 유소년 선수들이 채웠다. 그리고 우리는 토트넘을 떠나 그의 일과 삶 전체에 변화를 줘야 하는 것이 아닌지 고민하고 있던 요리스에게 팀에 남도록 설득하기도 했다.

처음 몇 달 동안 토트넘 팬들은 조바심을 냈다. 그러나 그것은 이미 예상했던 바였다.

* * *

나와 코치들은 훈련장에 있는 1군 팀 드레싱룸에 출입하지 않는다. 경기장에 있는 드레싱룸은 선수들과 함께 쓰지만, 안필드Enfield 훈련장에 있는 드레싱룸은 선수들만의 공간이다. 그곳에서 선수들은 감독이나 코치들이 들어오지 않을까 걱정할 것 없이 자유롭게 자신들이 원하는 것을 할 수 있다. 그곳에 들어갈 수 있는 스태프는 물리치료사와 킷맨(유니폼 및 소품담당자)뿐이다. 그럼에도 그곳에서 일어나는 몇몇 비밀 사항들이 우리에게 알려지기도 한다.

예를 들면 나는 엠마누엘 아데바요르Emmanuel Adebayor가 자신의 비용으로 직접 산 생수를 가지고 다니며 마신다는 이야기를 들었다. 선수들마다 각자 가지고 있는 이런 기벽은 흔한 일이다. 그 시기에 돌았던 소문과는 달리 나는 아데바요르와 아무런 문제가 없었다. 오히려 아주 좋은 관계였다. 처음에 그는 말라리아에 걸린 채로 런던에 돌아왔다가 나중에는 선수단 전원이 알고 있었던 가정 문제로 잠시 토고로 돌아가 그 문제들을 해결하고 돌아오게 해달라고 요청했다. 그가 겪은 가장 큰 어려움은 (로베르토 솔다도Roberto Soldado의 경우도 마찬가지였지만) 해리 케인의 등장이었다. 두 공격수는 모두 유명한 스타 선수였고, 자기 자신에 맞춰 플레이하는 팀을 필요로 했다. 그런데 케인이 급성장하면서 두 선수는 모두 자신이 팀에 겉도는 것처럼 느끼기 시작했다.

아데바요르의 기이한 행동은 나와 선수들에게 많은 웃음을 안겨주기도 했다. 하루는 내가 그를 출전 명단에서 제외했다. 그날 오후 나는 다니엘 레비 회장, 프랑코 발디니Franco Baldini 단장, 그리고 헤수스와 함께 회의를 하고 있었다. 노크 소리가 들려서 확인해보니 아데바요르였다. 나는 그에게 5분만 기다려달라고 했다. 레비 회장과 발디니 단장은 도대체 무슨 일인지, 무슨 문제가 생긴 건 아닌지 걱정하느라 표정이 싹 굳었다. 회의가 끝난 후에 헤수스에게 아데바요르를 데려오라고 부탁했더니 그는 타올만 걸치고 회의실에 나타났다.

"무슨 일이야?"

"어제 제가 경기에 안 뛴다는 걸 왜 미리 알려주지 않으셨어요?"

아직 한 차례 훈련이 남은 상황에서 내가 어떻게 미리 알려줄 수가 있단 말인가. 훈련 중에 누가 다치기라도 하면 어쩌려고. 그에게 그렇게 설명하자 그는 이렇게 말했다.

"네. 그래도 확실치 않으면 저에게 말씀해주셔야죠. 운전사를 먼저 집에 보냈단 말입니다. 그럼 제가 택시를 불러야 한단 말인가요? 믿을 수가 없습니다!"

나도 믿을 수가 없다! 나는 그가 경기에 나서고 싶었는데 자기를 제외했다고 화내는 것으로 알았다. 그런데 그는 자기 운전사를 집에 보냈다고 씩씩대고 있었다. 그는 진심으로 기분이 상한 것처럼 보였다. 혹은 내가 그렇게 느꼈거나. 솔직히 말하면 그 둘 중 어떤 쪽인지 잘 모르겠다. 그냥 아데바요르의 유머 감각이 돋보인 순간이었다고 생각하자.

그는 정말 뛰어난 클래스를 가진 공격수였지만, 당시 환경에서는 우리가 함께 토트넘에서 일하는 것이 서로에게 좋지 않을 것이라는 결론을 내렸다. 그에게 나의 새 시즌 구상 속에 그의 자리가 없다고 말하던 날, 그는 내게 솔직하게 말해줘서 고맙다고 말했다. 그는 1년 남아 있던 계약을 해지하고 크리스탈 팰리스로 이적했다.

* * *

어느 날 델레 알리가 나에 대해 이런 말을 했다는 소리를 들었다.

"감독님과 다른 편에 서지 않는 게 좋을 거예요."

나는 그 말이 참 재밌다고 생각했다. 우리는 경찰이 아니고, 나는 절대 팀이 보는 앞에서 선수를 질타한 적이 없기 때문이다. 모든 규칙이 적혀 있는 교과서 같은 건 없다. 상식과 프로페셔널리즘이 있고, 자연스럽게 순리를 따라갈 뿐이다.

토트넘 선수들은 훈련장에 일찍 도착해야 한다. 동료들과 만나면 악수하고 서로 환영해줘야 한다. 동료와 마찬가지로 상대 선수들을 존중해야 한다. 9시 45분 전에는 스포츠 사이언티스트에게 자신의 컨디션과, 지난밤에 어떻게 잠들었는지, 무엇을 먹었고 어떻게 먹었는지 등에 대해 보고해야 한다. 우리는 정기적으로 선수들의 영양 상태를 점검해서 선수들의 컨디션 회복과 경기력 향상에 도움을 주고자 노력한다.

우리는 팀 차원에서 선수들을 위해 필요한 모든 기본적인 것들을 제공하지만 그들이 선수로서 어디까지 발전할 수 있을지는 순수하게 그들에게 달린 문제다. 언젠가 선수들이 토트넘을 떠날 때(혹은 우리가 떠날 때) 그 누구도 토트넘에서 발전할 기회를 얻지 못했다는 말은 할 수 없을 것이다.

우리는 아침 식사를 모두 함께한다. 그것이 팀 전체가 첫 대화를 시작하는 순간이다. 그렇게 하는 것은 팀 분위기를 좋게 하고 훈련 시간을 즐겁게 만드는 데 도움이 된다. 그 후 선수들은 10시 30분까지 훈련 준비를 마무리해야 한다.

식당 내에선 휴대폰을 모두 진동 모드로 바꾸도록 한다. 메시지를 보내는 것은 허용하지만, 전화는 밖으로 나가서 해야 한다. 예를 들면 물리 치료사로부터 치료를 받는 중에 휴대폰을 쓰는 것은 좋지 않다. 자기 자신의 몸 상태나 물리치료사의 조언에 집중할 필요가 있기 때문이다.

그 밖에는 별다른 규칙이 없다. 대개 선수들 재량에 맡기는 편이다. 그들은 성인이다. 나는 단 한 번도 훈련장에 늦는다는 이유로 선수에게 징계를 내리거나 한 적이 없다. 오히려 선수들과 앉아서 그런 문제들에 관해 대화를 나누는 편이다. 강압적인 처벌은 그 외의 다른 방법 말고는 자기 뜻을 관철할 수 없는 사람들, 혹은 자기 자신이 '보스'라고 믿는 사람들이 쓰는 방법이다. 나는 '리더'가 되고 싶다. 그 두 가지는 서로 다른 것이다.

＊＊＊

토트넘에서의 첫 번째 시즌에 나와 우리 모두는 우리가 과연 발전을 향해 나아가고 있는지 확신할 수 없었다. 사실, 앞날을 대단히 걱정하게끔 했던 경기도 있었다.

바로 애스턴 빌라Aston Villa 전이었다. 나는 그 경기를 위해 버밍엄으로 가던 길을 아직도 기억하고 있다. 11월이었고 우리는 선두에 14점이 뒤진 8위에 처져 있었다. 다음 시즌 유럽 대회에 나갈 수 있는 순위까지는 거리가 꽤 먼 상황이었다. 호텔에 도착한 후 코칭스태프는 저녁을 먹기 전에 가볍게 차 한잔을 하러 내려갔다. 11월, 버밍엄의 토요일 밤. 그 호텔의 바는 즐거움과는 거리가 먼 우울한 분위기였다. 그때까지 우리는 그리 좋지 못한 결과를 내고 있었기에(3승 2무 4패- 옮긴이) 나는 다른 코치들에게 이렇게 말했다.

"내일 꼭 이겨야 해. 반드시 이겨야만 해. 그렇지 않으면…."

그 경기를 앞둔 긴장감이 마치 손에 만져질 것만 같았다. 그 경기에서 이기지 못하면 우리는 모두가 두려워하는 다니엘 레비 회장의 '무서운 면'을 보게 될 위기에 처해 있었다.

그 경기를 준비했던 과정과 경기도 생생하게 기억이 난다. 우리는 전반전에 먼저 실점을 내줬다. 그리고 후반전 20분, 애스턴 빌라의 공격수 크리스티안 벤테케Christian Benteke가 라이언 메이슨Ryan Mason을 밀치면서 퇴장을 당했다. 그 시점부터 우리가 경기를 지배하기 시작했다. 나는 아데바요르를 빼고 케인을 투입했다. 그러나 경기 종료를 7~8분 앞두고도 여전히 0-1로 끌려가고 있었다. 나는 벤치를 돌아보고는 토니, 헤수스, 미키에게 말했다.

"얘들아, 오늘 밤에 짐 싸자. 내일 고향에 가게 생겼다."

그리고 그 바로 다음 공격에서 우리는 코너킥을 얻었다. 볼이 나세르 샤들리Nacer Chadli에게 흘렀고, 골! 1-1!

"그래 이거야, 할 수 있어! 우리 목을 지킬 수 있게 됐다고!"

후반전 45분 우리의 프리킥 상황이었다. 그리고 케인의 프리킥… 골!

경기 종료 휘슬이 울린 후 나는 세 사람에게 다시 말했다.

"얘들아, 일단 살았다. 몇 경기는 더 버틸 수 있겠다. 근데 이대로는 안돼. 계속 이럴 순 없어."

그 경기부터 반전이 시작됐다.

그 경기는 나로 하여금 토트넘에서 성공을 거두기 위해서는 내 방식대로 해야만 한다는 확신을 갖게 해줬다. 그 경기는 우리를 무언가로부터 해방시켜줬다. 그 전까지 우리 주변엔 너무 많은 사람들과 그들 저마다의 의견이 있었다. 그 모든 목소리가 나를 혼란스럽게 했고 또 두렵게 만들었다. 그러나 애스턴 빌라전이 끝난 후 나는 이렇게 생각했다.

'이제 뭘 어떻게 해야 할지 알겠어. 어디로 가야 할지도 알겠고, 내가 이 팀에서 성공할 수 있다는 것도 알겠어. 의심할 여지는 없어.'

그리고 코치들에게 말했다.

"이제 됐어. 우리 스타일대로 하자고."

그 시기는 다양한 정보를 받아들이고 더 잘 이해하는 데 필요한 시기였다. 토트넘에서 보낸 첫 몇 달 동안 다른 사람들 모두에게 의견을 구하며 우리가 있는 곳이 어딘지를 찾아 헤매다가 이제 우리는 직접 결정을 내리기 시작했다.

"가보자!"

나는 내가 꿈꾼 이미지대로 나의 팀을 만들기 시작했다. 그리고 무슨 일이 벌어져도 포기하지 않기로 했다. 그저 행운의 여신이 우리 편이라고 믿기로 했다.

그때의 선수들 중 지금까지 토트넘에 남아 있는 선수는 여덟 명뿐이다.

12월 이후로 우리의 결과는 아주 크게 달라졌다. 새해 첫 경기에서 우리는 당시 리그 선두였고 결국 우승을 차지한 첼시를 만나 5-3 승리를 거뒀다. 나는 그날 우리 팬들이 무언가 바뀌고 있다고, 무언가 일어나고 있다고 느꼈을 거라고 생각한다. 그로부터 한 달 후, 우리는 아스널을 2-1로 이겼다. 그 경기에서 케인이 두 골을 모두 터뜨렸다. 그리고 리그컵 결승에서 우리는 첼시에 패배를 당했고 챔피언스리그 진출이 가능한 순위보다는 승점 6점이, 1위보다는 13점이 낮은 순위로 리그를 마감했다. 아르센 벵거Arsène Wenger 감독의 아스널보다 한 단계 아래인 5위였다. 첫 시즌 성적치고는 나쁘지 않은 성과였다.

* * *

8월 13일. 오늘 우리는 새 시즌 첫 경기인 에버턴을 상대하게 된다. 새 시즌을 맞이하는 그 흥분과 그 소리가 다시 돌아왔음을 느낄 수 있다. 오늘의 라인업은 위고 요리스; 카일 워커, 에릭 다이어, 토비 알더바이렐트, 얀 베르통언Jan Vertonghen, 대니 로즈; 에릭 라멜라, 빅토르 완야마, 크리스티안 에릭센; 델레 알리, 해리 케인이었다.

이번 주, 우리는 새 시즌을 맞아 새롭게 시도해보고자 하는 것들을 선수들에게 전달하는 데 집중했다. 아직도 팀을 정비하는 중이다. 이 시점에선 상대 팀에 대한 정보를 전달하는 것이 큰 의미가 없다. 새로 에버턴을 맡은 로날드 쿠만Ronald Koeman 감독조차 자신의 선발 라인업을 아직 확실히 모르는 상황이었기 때문이다. 그래서 새 시즌 첫 경기의 주안점은 상대가 무엇을 하든, 우리 자신의 플레이를 하면서 경기를 지배하는 것이었다.

전반전은 실망스러웠다. 한동안 우리는 유로 2016에 출전했던 선수가 팀의 후유증을 가장 많이 겪는 것처럼 보였다. (아직 경기에 적응할 단계였던)전반 5분 만에 선제골을 내줬고 그 후로 경기는 에버턴의 흐름으로 흘러갔다. 에버턴은 수비적인 경기를 운용하며 이따금 역습을 노리는 플레이를 했다. 아직 새 시즌에 완벽히 적응이 안 된 듯한 우리의 플레이는 엉성했다. 경기 흐름을 뒤집기 위해 너무 집중한 나머지 우리는 경기 시간이 85분이 남은 것이 아니라 5분만 남은 것처럼 굴기 시작했다. 그렇게 인내심 없는, 자신감 없는 플레이를 할 때는 실수가 나오기 마련이다.

하프타임 10분 전에 토니가 내게 와서 말했다.

"요리스가 교체해달라는데."

내가 대답했다. "농담이지?"

이것이 축구다. 아무리 이상적으로 경기를 준비하더라도, 대비할 수 없는 상황이 발생한다.

토니는 요리스의 상태를 정확히 확인하기 위해 드레싱룸으로 들어갔다. 그리고 벤치로 돌아온 뒤 침묵을 지켰다. 지금은 말할 타이밍이 아니라는 듯.

하프타임에 나는 나의 메시지를 명확하게 활용하기 위해 이미지를 이용했다. 에스파뇰 감독 시절에 그랬듯이. 포지션적으로 말하자면 수비 라인이 좀 더 올라와서 우리가 좀 더 넓은 플레이를 할 수 있게 해줄 필요가 있었다. 그러나 그것만이 문제가 아니었다. 우리에겐 에너지와 열정이 부족했다. 나는 선수들에게 그 점에 대해 말하고는 "자, 다시 뛰어보자!" 하고 말했다. 우리는 마치 지난 시즌 마지막 경기 그 시점에 멈춰 있는 것 같았다.

후반전에는 경기 양상이 달라지기 시작했다. 라멜라가 동점골을 터뜨린 후에는 안도의 한숨을 쉴 수 있었다. 이제야 나의 팀다운 모습도 볼 수 있었다. 우리는 그 경기에서 상대 팀 골키퍼 마르틴 스테켈렌뷔르흐Maarten Stekelenburg가 여러 차례 기록한 선방이 아니었다면 승리를 거둘 수도 있었을 것이다. 1년 전에 우리는 에버턴과 동등한 위치였을지 모르지만, 이제는 에버턴과의 무승부가 실망스러운 결과로 다가왔다. 그 점은 분명 긍정적인 부분이었다.

경기가 끝난 후, 나는 심한 근육 부상을 당한 요리스에게 위로의 말을 전했다. 동시에 나는 미셸 봄Michel Vorm에게는 축하한다고 말했다. 팀에서 주전 골키퍼가 부상을 당하는 일은 흔하지 않지만, 그런 일이 발생하게 되면 후보 골키퍼에게 자신의 진가를 보여줄 기회가 찾아오기 마련이다.

＊＊＊

선수들에게 일요일 휴식을 갖도록 휴가를 줬다. 월요일에는 지난 경기를 분석했고 몇몇 선수들과 일대일 면담을 가졌다. 지난 에버턴전에서 우리는 충분히 우리의 실력을 보여주지 못했고, 내가 만족할 수 없는 부분들도 있었다. 그래서 나는 다음 날 선수들에게 동기 부여를 해줄 필요가 있겠다고 생각했다.

이제 막 시즌을 시작했을 뿐이었지만, 몇몇 선수들이 여름휴가로부터 또는 유로 2016 등 국가대표팀 일정으로부터 복귀한 후 제대로 팀에 집중하지 못하는 문제를 하나둘씩 보이기 시작했다. 종종 선수들의 부모나 에이전트들이 선수에게 도움이 안 되는 말을 할 때도 있다(팀보다 자기 자신에 대해 더 생각해야 한다는 등의 이야기들). 선수들의 에이전트들이나 부모가 나에게 그와 유사한 이야기들을 할 때 내가 똑같이 하는 말이 있다.

"선수가 팀을 위해 뛰지 않는다면, 그는 경기에 출전하지 못할 겁니다."

그리고 그 말을 할 때 나는 의도적으로 아주 조금이라도 미소를 짓거나 웃지 않는다. 나의 메시지를 명백하고 확고하게 전달하기 위해서다.

토트넘은 지난 두 시즌 동안 아주 많은 변화를 겪은 젊은 팀이다. 그들 중 몇몇은 2년 전 3부리그에서 뛰었던 선수들이지만 현재는 그들의 지위가 많이 달라졌다.

나는 빅토르 완야마와도 대화를 나눴다. 우리는 모든 것에 관해 대화를 나눴고, 토니 역시 그 자리에 함께 있었다. 그는 우리에게 지난번 국가대표팀 경기에서 실수했던 몇몇 선수들이 경기장에 난입한 팬들을 피해 도망쳐야 했다는 이야기도 했다. 우리는 그 이야기에 폭소를 터뜨렸다. 훈련장에서 우리는 선수 중 누구도 좋아하지 않는 엄격한 테스트를 하곤 하는데 (우리는 그 테스트를 게이콘 테스트_{Gacon Test}라고 부른다. 그것에 대해선 나중에 따로 설명을 해야 할 것 같다), 완야마는 그의 국가대표팀 동료들은 그 훈련이 필요 없다고 말했다. 팬들로부터 도망치려고 뛰다 보면 저절로 건강해지기 때문이라면서.

* * *

오늘은 수요일. 우리는 웸블리의 아주 좋은 날씨 속에서 훈련했다. 나는 16년 전 아르헨티나 대표팀 소속으로 구 웸블리 스타디움에서 뛰었던 적이 있다. 2015년 리그컵 결승전도 이곳 신 웸블리 스타디움에서 열렸다. 우리는 다음 시즌 이곳에서 챔피언스리그 홈경기를 가질 예정이다.

손흥민이 대한민국 대표팀과 함께 올림픽에 참가했다가 선수단에 복귀했다. 그의 나라에서는 모든 남자가 28세 무렵의 나이가 되기 전에 반드시 2년 군 복무를 해야 한다고 한다. 그러나 스포츠 대회에서 인정할 만한 성과를 거둔 운동선수들의 경우 병역에서 면제된다고 한다. 그 관점에서 볼 때 올림픽에서 메달을 딸 수 있었다면 그에게 아주 좋은 일이었겠지만, 아쉽게도 그렇게 되지는 않았다.

　나 역시 군 복무를 했다. 아르헨티나에서 군 복무가 의무사항이었던 마지막 몇 년 중의 일이었다. 당시 아르헨티나에서는 ID 번호(한국의 주민등록번호 - 옮긴이) 마지막 3자리 숫자를 무작위로 돌려서 선정된 사람들이 군 복무를 하게 했다. 결국 나는 육군에 배치받았다. 내가 아직 아르헨티나 1부리그 팀 뉴웰스 소속 선수로 뛰고 있을 때의 일이다. 물론 군 복무 중에도 계속 팀 훈련을 받을 수 있었고 종종 훈련 시간에 맞춰 이동할 수 있도록 조기 퇴근하기도 했지만, 그래도 군복은 늘 입고 있어야만 했다. 머리도 짧게 잘랐다. 그 덕분에 갑자기 센스 있는 긴 머리를 가진 섹시한 남자에서 순진한 학생처럼 변하고 말았다. 새 헤어스타일이 잘 어울렸는지는 잘 모르겠다!

* * *

　화이트 하트 레인White Hart Lane에서의 일상이 다시 시작됐다. 이곳에 들어서자 마치 오랜 친구와 포옹을 하는 것 같은 느낌이 들었다. 이번 시즌은 토트넘이 이곳에서 보내는 마지막 시즌이기에 더 각별한 느낌이 든다.

　오늘 크리스탈 팰리스전처럼 홈구장에서 경기가 있을 때면 우리는 절대 그 전날밤을 함께 보내지 않는다. 예를 들면 경기 시작 시간이 3시라면 경기가 시작되기 4시간 전에 훈련장으로 모인다. 그곳에서 나는 코치들과 다가올 경기에 대한 계획을 다시 살펴보고 식사를 한 다음, 선수들과 짧은 미팅을 하고 마지막 경기 준비를 마친 후 다시 경기장에서 모인다.

가끔은 킥오프를 몇 시간 앞두고 선발 라인업을 미리 선수들에게 알려줄 때도 있다. 또 가끔은 하루 전에 상대 팀 영상을 4~5분 정도 본 후에 (그 이상 영상을 보면 선수들의 집중력이 흐트러진다) 선발 명단을 알려줄 때도 있다. 나는 우리가 어떻게 경기를 시작할지에 대해 분명한 생각을 하고 임하는 편이다. 그 후에 우리는 출전이 확정된 11명의 선수들 중심으로 훈련을 한다. 선발 명단은 내가 팀으로부터 받는 느낌과 우리가 새 경기에서 시도할 일들에 기준을 두고 정해진다. 경기 당일은 선수들에게 동기를 부여하는 일에 더 초점을 두는 편이다. 또는 훈련 중에 중점을 뒀던 영상을 다시 보여주기도 한다. 그 후에 경기를 한 시간 반 정도 앞두고 헤수스가 선수들에게 팀의 공격과 수비 전술에 대해 2~3분 정도에 걸쳐 다시 한번 설명한다. 선수들이 경기를 앞두고 다시 한번 분명히 그 사실들을 상기할 수 있도록. 상대 팀 라인업을 받고 나면 그것을 드레싱룸 한쪽에 있는 게시판에 붙여서 선수들이 모두 확인할 수 있도록 한다. 그 후 몇몇 선수들에게 개인적인 지시를 내리기도 하지만, 그렇게 하는 일이 아주 많은 편은 아니다.

선수들이 경기 전 워밍업을 위해 경기장으로 나가기 전에 우리는 선수들의 몸 상태를 끌어올리기 위해 간단한 운동을 한다. 그러나 나는 그때 이미 드레싱룸에 없다. 선수들이 워밍업을 하는 사이에 나는 스카이스포츠와 경기 전 인터뷰를 가진 후 사무실로 돌아가서 보통 미키와 단 둘이 대화를 나누곤 한다. 축구 경기를 보거나, 음악을 듣기도 하고, 별생각 없이 하루 전날 있었던 일이나 최근에 본 영화, 그리고 상대 팀 라인업 등에 대해서 대화를 나눈다. 그 후에 샤워를 하고 옷을 갈아입은 후 간단히 간식을 먹는다. 종종 그 사이에 클럽 앰버서더인 오지 아딜레스Ossie Ardiles가 찾아와서 함께 시간을 보내기도 한다. 그는 언제 만나도 반가운 사람이다.

그 순간은 말하자면 폭풍 전의 고요라고 할까. 시간이 느리게 가는 것처럼 느껴진다. 몇몇 감독들은 그렇게 아무것도 더 이상 할 일이 없는 순간에 상실감을 느끼기도 한다고 한다. 모든 것의 준비가 이미 다 끝난 45분간의 진공 상태. 그러나 솔직히 말하자면, 그 45분은 내가 가장 즐기는 순간 중의 하나다.

물론, 그 순간에도 경계심을 늦춰서는 안 된다. 갑자기 선수가 구토하거나 복통을 호소하는 경우, 무릎에 고통을 느끼거나 출전할 수 없다고 말하는 경우도 있다. 그러면 누구를 대신 출전시킬 것인지를 항상 염두에 두고 있어야만 한다. 그런 갑작스러운 순간들은 마치 그 마법 같은 45분을 방해하는 불청객처럼 느껴지기도 한다.

경기 전의 그 순간에 어떤 느낌이 드는지에 대해 말하는 많은 사람들의 이야기를 들었다. 나 역시 선수 시절에는 경기를 앞두고 속이 안 좋아 화장실을 두세 차례나 갔던 적도 있었다. 그러나 감독이 된 후로는 정반대가 됐다. 경기 시작 시간이 가까워질수록 나는 더 차분해진다. 그리고 그런 차분한 상태가 경기를 더 명확하게 파악하는 데 도움이 된다.

* * *

크리스탈 팰리스와의 경기 이후 언론 인터뷰에서 나는 선수들의 플레이에 만족한다고 말했다. 우리는 전반전에 많은 찬스를 만들어냈지만 골을 기록하지는 못했다. 나는 기자들에게 또 하프타임에 특별히 한 말은 없었다고 말했다.

그러나 나의 그 말은 백 퍼센트 사실은 아니었다.

팰리스와의 경기는 언제나 까다롭다. 그들을 상대로 이른 시간에 선제골을 기록하지 못하면 그들은 언제라도 상대 팀에 한 방을 먹일 수 있는 팀이다. 우리에겐 몇 차례 확실한 찬스가 있었지만, 그들 역시 마찬가지였다. 하프타임에 나는 중앙 미드필더들에게 더 확실하게 포지션을 지켜달라고 요구했다. 선수들에게 영상을 보여주며 볼을 더 효율적으로 돌리고 공간을 점유해서 크리스탈 팰리스의 역습을 사전에 차단해달라고 요구했다.

하프타임이 끝난 후 우리는 상대 팀보다 더 위협적으로 그들을 몰아붙이기 시작했고 피지컬적으로도 우위를 보였다. 그러나 골은 여전히 기록하지 못했다. 해결책을 찾기 위해서 나는 헤수스, 미키와 계속 대화를 나눴다. 그러나 때로는 정답처럼 보이는 선택도 쓰린 결과로 돌아올 때가 있는 법이다. 상황이 좋지 않을 때 선수를 교체하는 것은 선수들의 자신감을 무너뜨리고 그들로 하여금 남은 시즌 동안 소외감을 느끼게 할 수도 있는 선택이다. 축구 선수였던 나 자신의 경험도 때로는 도움이 된다. 나는 선수들을 낙담시키기보다 인내심을 갖고 믿기로 했다.

결국, 후반전 38분에 우리는 코너킥을 얻어냈다. 페널티 박스 안에 우리 팀에서 제공권이 강한 다섯 명의 선수가 들어섰다. 라멜라가 날카로운 코너킥을 올렸고 완야마가 골을 넣었다. 우리가 시즌 첫 승점 3점을 얻은 안도의 순간이었다.

얀센이 홈 데뷔전을 치렀고 90분 풀타임을 소화했다. 그리고 맨 오브 더 매치에 선정됐다.

오늘 우리는 한 단계 더 올라섰다. 지난주 중에 나는 선수들에게 우리가 몇 가지만 바꿀 수 있다면 모든 것이 저절로 따라올 것이라고 말했다. 수비 라인을 조금 더 끌어올린다면, 그 앞 라인에 있는 선수들이 더 앞으로 나가 압박할 수 있을 것이라고 했다. 우리가 라인을 좁게 쓰면 쓸수록 상대 선수들이 찬스를 만들고 활용할 공간은 줄어든다. 우리는 이 생각을 플레이로 구현하기 위해 노력했고, 그 노력이 결실을 보았다. 이 경기에서의 승리는 우리에게 앞으로 더 나아갈 플랫폼 역할을 해줄 것이다.

경기 후에 기자들은 내게 델레 알리에 관해 물었다. 그는 에버턴전에 선발 출전했지만 오늘 경기에서는 복통으로 인해 선발 출전하지 못했다. 그는 45분 이상 뛸 수 있는 상태가 아니었고 결국 후반전 23분에 교체로 출전했다. 평소에 하지 않는 일을 할 때면 늘 언론에서는 뭔가 문제가 있는 것이 아닌가 하고 여긴다. 그러나 팀 내부에서 일어나는 일을 모두 공개적으로 알려줄 수는 없는 일이다. 또, 우리는 25명의 선수단을 운영하고 있기에 로테이션은 필수적이다. 우리는 새 시즌에 4개 대회에 참가하게 되는데, 그중에는 우리에게 첫 대회인 챔피언스리그도 있었다.

팀 내부적으로도 아주 흥미로운 일이 일어나고 있다. 케인, 알리와 같은 선수들이 1년 전과는 아주 다른 선수가 된 것이다. 불과 12개월 전, 케인은 UEFA U-21 챔피언스리그에서 뛰었다. 그런 그가 이제는 프리미어리그 득점왕이 되어 1군 선수들이 겨루는 챔피언스리그에 출전할 예정이었다. MK 돈스에서 토트넘으로 이적한 델레 알리는 처음 입단했을 때 자기 자신의 능력을 보여주고 싶은 마음에 모든 훈련 시간마다 자신의 모든 것을 쏟아붓는 선수였다. 1년이 지난 지금, 알리는 세 차례 재계약을 맺었는데 물론 그때마다 주급이 인상됐다. 그런 선수들이 자기 자신의 팀에서의 지위가 달라졌다는 것을 느끼는 것은, 또는 그의 주변인들이 그렇게 알려주는 것은 자연스러운 일이다. 그리고 실제로 그들의 지위는 달라졌다. 그들이 팀을 위해 가져오는 결과물이 달라졌기 때문이다. 이런 순간이야말로 그 과정을 모두 지켜본 감독이 더 이상 그 선수들을 1년 전의 성장 중인 유망주처럼 대우하지 않도록 현명하게 행동해야 하는 순간이다.

그것은 우리에게 많은 것을 알려주는 일이기도 하다. 1년 전에는 알리에게 언제든 소리를 쳐도 상관없었지만, 이제는 다른 톤을 취해야 한다. 좀 더 세심하게, 그 전에는 불가능했을 것 같은 방식으로. 물론 이런 것은 미묘한 차이이다. 그러나 그 상황에 맞게 올바른 방법을 취할 필요가 있다. 지금까지 토트넘에서 감독으로서의 나의 권위는 단 한 차례도 도전받은 적이 없다.

* * *

사우샘프턴의 니콜라 코르테제 회장으로부터 전화를 받았다. 저녁을 함께하기로 했다. 영어를 한마디도 할 줄 몰랐던 나에게 처음 감독직을 제안하고 그들을 프리미어리그로 승격시켰던 감독 대신 나를 감독으로 선임한 사람이 바로 그였다. 심지어 그 감독이 좋은 성적을 거두고 있는 상황이었는데도 말이다. 코르테제 회장은 확신을 갖고 행동하는 사람이다. 혹은 반쯤 미쳤거나!

사우샘프턴의 팬들이 이제 나를 적으로 여긴다는 것은 슬픈 일이다.

크리스탈 팰리스전 승리는 우리에게 숨 쉴 틈을 줬다. 그러나 우리는 지난 경기에서 우리가 무엇을 잘못했는지 돌아보며 이번 주를 시작했다. 나는 우리 팀의 두 풀백 워커, 로즈를 포함해 몇몇 선수들과 개인 면담을 가졌다.

내일은 리버풀전이다. 우리는 그들이 우리의 빌드업을 사전에 막고 우리 측면을 철저히 차단하면서 우리의 실수를 노릴 것이라고 생각한다. 그러므로 우리는 그들의 주의를 끌지 않으면서 후방에서 전방으로 볼을 운반할 다른 방법을 마련해야 한다. 이 경우 우리 미드필더들의 포지션이 아주 중요하다. 그들은 우리의 전술을 미리 이해하고 점유율을 유지할 준비를 해야 한다. 롱볼을 구사할 생각은 없으므로 그들의 압박을 탈피할 방법도 찾아야 한다.

경기 하루 전날이므로 나는 이미 기자회견을 했다. 경기 준비를 마친 후 조용한 오후를 기대하고 있었는데 난데없이 온갖 일들이 벌어졌다. 우리는 토트넘의 전설적인 전 감독 케이스 버킨쇼Keith Burkinshaw(1980년대 초 토트넘을 이끌고 두 차례 FA컵 우승, UEFA컵 우승을 이끈 감독 - 옮긴이)와 사진 촬영을 가진 후 그와 한동안 대화를 나눴다. 아딜레스도 그 자리에 함께해서 점심을 같이 먹었다.

사실 그 주는 많은 일이 있었던 한 주였다. 리버풀전을 마치고 나면 이적 시장 마감까지 5일이 남는다. 나는 몇몇 선수들, 에이전트들, 회장과 만나서 가능한 각종 시나리오들에 대해 논의하고 선수들의 계약 문제, 클럽의 주급 제한 등에 대해 살펴봤다. 토트넘으로 이적을 원하는 선수들도 많았다. 나는 누군가 새로운 선수가 오게 될 것으로 생각하고 남은 이적 시장을 지켜볼 예정이다. 레알 마드리드의 선수가 팀을 떠나고 싶어 한다는 말도 들었다. 괜한 트집을 잡으려는 것은 아니지만, 나는 그 선수의 주변인들이 다른 무엇보다도 돈을 위해 움직이고 있다는 느낌이 든다. 레알 마드리드나 바르셀로나 같은 클럽을 떠나는 것은 선수의 커리어에 있어 아주 중요한 결정이다. 왜 그래야 하는지 신중하게 생각해야만 한다. 출전 기회를 찾아 떠나는 용감한 결정을 내리는 선수도 있고, 다시 생각하고 팀에 남는 선수도 있다. 모든 가능성이 열려 있다.

오늘 라이언 메이슨과 대화를 나눴다. 마음이 통하는 구석이 있었다. 메이슨은 내가 늘 곁에 두고 싶은 유형의 선수다. 토트넘에 처음 왔을 때 나는 체육관에 슬픈 표정으로 앉아 있는 그를 봤다. 이유는 잘 모르겠지만 나는 그를 우리의 미국 투어에 합류시켰다. 그는 시카고, 토론토, 시애틀에서 가진 경기에 몇 차례 출전했고 공항에서 이동을 기다리던 중에 나와 대화를 나눴다. 나는 그의 마음을 짐작할 수 있었다. 그는 선발 출전할 기회를 얻기 위해 절실하게 노력 중이었다. 우리는 투어가 끝난 후 다시 대화를 나눴고 나는 그에게 단 한 가지 조건을 걸고 토트넘에 남아달라고 말했다. 그가 자신의 체력을 끌어올리기 위해 많이 노력한다는 조건이었다. 그는 많은 클럽을 옮겨 다니는 동안 그 부분에서 문제를 안고 있었다. 나는 그를 프리미어리그 선수로 만들어주고 싶었다. 나는 그에게 1군 선수단과 함께 훈련하게 될 것이고 종종 21세 이하 팀에서도 그렇게 할 것이지만 앞으로 더 두고 보자고 말했다.

어쨌든 그렇게 메이슨은 팀에 남았고 아직 그의 거취가 오리무중이었던 그 시즌 9월 에미레이츠 스타디움에서 아스널을 상대로 출전했다. 내가 그를 선발 라인업에 포함시켰다. 메이슨을 그의 첫 더비경기에, 그것도 홈이 아닌 원정경기에 출전시키고 대신 파울리뉴Paulinho 같이 경험이 많은 선수를 벤치에 앉히는 것은 많은 사람들이 이해하지 못할 결정이었지만 우리는 그것이 옳은 선택이라는 것을 알았다.

메이슨은 결국 그 시즌에 중요한 역할을 해냈고 선더랜드Sunderland 전에서는 골을 기록하며(그 경기에서 결국 부상을 당했지만), 우리에게 5경기 만에 첫 승리를 안겨줬다. 그러나 무사 뎀벨레Mousa Dembélé가 좋은 모습을 보여주기 시작하면서 그는 다시 선발 출전 기회를 잡기가 어려워졌다. 나는 그가 헐 시티로 떠나기 전에 그와 다시 대화를 나누면서 우리 팀에 남길 바란다고 말했지만 그는 더 많은 출전 시간을 원했다. 프리미어리그에서 주전 선수로 활약할 수 있는 새로운 도전을 원한 것이다. 나는 그가 자신의 꿈을 이루는 데 우리가 도움을 줬다고 생각한다.

그와 작별하는 것은 어려운 일이었다.

* * *

골키퍼는 지난 10년간 축구계에서 가장 많은 변화를 겪은 포지션이다. 과거의 방식으로 배운 골키퍼들에겐 그에 적응하기 위해 아주 많은 노력이 필요해진 포지션이기도 하다. 요즘 골키퍼들의 역할은 과거보다 훨씬 더 중요해졌다. 그들의 의사 결정이 팀의 움직임을 정의할 수 있기 때문이다. 우리는 요리스가 세계 최고의 골키퍼라고 생각한다. 그는 에버턴전에서 부상을 당했고 우리에게 중요한 것은 그의 부재가 지나치게 큰 타격이 되지 않도록 하는 것이다.

우리는 팀의 모든 선수가 필요하며, 어떤 선수도 다른 선수보다 더 중요하지 않다. 요리스가 팀에서 이탈한 사이 미셸 봄이 그 자리를 대신한다. 그뿐이다. 봄은 뛰어난 골키퍼이자 훌륭한 사람이며 특출난 프로페셔널이다. 동시에 이번 부상으로 인해 다른 선수들보다 늦게 팀 훈련에 합류한 요리스는 그 전에 할 수 없었던 체력 단련 운동을 추가로 하게 될 것이다. 우리는 부정적인 상황에서도 긍정적인 면을 찾기 위해 노력해야 한다.

요리스는 특별한 선수다. 부상을 당하면 주변에 동료들이 있을 때도 혼자라고 느끼게 된다. 우리 모두가 겪어본 일이다. 그래서 감독이나 선수는 늘 의사소통하면서 서로의 생각과 감정을 공유하는 것이 중요하다. 우리는 내가 토트넘을 맡은 이후로 축구와 인생에 대해 많은 이야기를 나눴다. 그가 부상을 당한 이후 우리는 그의 경기를 연구하면서 그와 비슷한 사고방식을 가진 다른 골키퍼들을 찾아봤다. 선수들은 부상 중일 때 오히려 훈련장에서 더 긴 시간을 보내므로 우리는 팀의 주장인 그와 자주 대화하며 우리가 미래에 향상시키고자 하는 바에 대해 논의했다. 그는 성숙한 사람이자 뛰어난 프로의식을 가진, 팀의 정신적인 리더이다. 종종 나는 그를 거의 코칭스태프처럼 느낄 때가 있을 정도다. 그는 경기 중에 나와 코치들이 갖고 있는 철학을 경기장 위에서 형상화해주는 선수다. 점유율을 높게 가져가는, 두려움을 모르는 공격적인 축구. 그는 활발하고 용감한, 볼도 잘 다루는 그런 골키퍼다.

* * *

챔피언스리그 조별 리그 추첨식 날이다. 우리의 표정은 실시간으로 녹화되고 있다. 차라리 사무실에서 혼자 보는 편이 나을 뻔했다. 이 추첨은 정말 우리에게 중요한 순간이기 때문이다. 우리는 토트넘에 와서 처음에 유로파리그로 시작해서 올해에는 챔피언스리그에 진출했다. 의미가 큰 발전을 이룬 셈이다. 우리는 늘 이 추첨식에서 어떤 팀이 어떤 팀과 만나게 되는지를 지켜봤는데, 이번에는 우리가 그 안에 포함되어 있었다. 축구계 최고의 대회에.

우리는 AS 모나코AS Monaco, CSKA 모스크바CSKA Moscow, 그리고 바이엘 레버쿠젠Bayer Leverkusen을 상대하게 됐다.

* * *

8월 27일. 오늘 우리는 늘 까다로운 상대인 리버풀을 홈에서 상대하게 됐다. 리버풀에는 내가 사우샘프턴 시절 잘 알았던 선수들이 많다. 나다니엘 클라인Nathaniel Clyne, 아담 랄라나Adam Lallana, 데얀 로브렌Dejan Lovren(그는 이 경기에서 내가 생각하는 맨 오브 더 매치였다) 그 외에도 내가 잘 아는 선수들이 있었다.

경기 시작 전에 우리는 주중에 연습했던 것들을 다시 살펴보며 경기를 준비했다. 그러나 경기 시작 30분이 채 되기도 전에 워커가 고통을 느껴서 그를 교체해야만 했다. 처음에는 그 포지션을 소화할 수 있는 선수를 그 자리에 투입하려고 생각했지만 곧 생각을 바꿨다. 나는 공격수를 한 명 더 투입하고 다이어를 풀백 위치로 옮겼다. 다이어는 이 경기에서 아주 좋은 활약을 했다. 왜 그런지 잘 알 수 없었지만 드레싱룸으로 들어가는 길에 워커 말고도 다른 선수들이 몸 상태가 좋지 않다고 호소했다. 우리는 전반전을 0-1로 뒤진 채 마무리했다.

하프타임에 우리는 점유율을 유지하고 특히 후반전 시작부터 30분 동안 경기를 지배하기 위해 몇몇 조정을 했다. 로즈가 동점골을 터뜨렸고 무승부는 공평한 결과였다. 우리도 그 결과에 만족했다.

이번 시즌은 우리에게 너무 이르게 시작된 감이 있었다. 우리는 아직 제대로 시동이 걸리지 않은 상태였다. 3경기에서 무패를 기록했지만, 많은 부분에서 우리의 계획이 제대로 이행되지 않고 있었다. 케인, 에릭센을 포함한 많은 키플레이어들이 기대만큼의 활약을 하지 못하고 있었다. 다이어와 완야마는 중원에서 새로운 조합을 시도하고 있었다. 우리는 여전히 몇 가지 기본적인 개념을 새롭게 시도하고 있었고(너무 깊이 파고들진 않았지만) 그런 부분들이 바로 이런 경기에서 가장 필요한 점들이었다.

케인은 아직 골이 없었지만 우리는 걱정하지 않았다. 그는 지난해 어려운 시간을 보냈다. 10경기에서 골이 없다가 그 후로 골을 터뜨리기 시작했다. 그는 우리가 그에게 원하는 것들을 보여주기 위해서 다른 노력을 해야 한다고 생각했다. 나는 지난 시즌의 두 번째 주에 그와 따로 앉아서 영상을 보여주며 이야기했었다.

"넌 해리 케인이야. 해리 케인이 해리 케인의 플레이를 하지 않는다면…"

그 대화는 케인의 눈을 뜨게 해준 큰 경험이었다. 결국 그는 맨시티전 세트피스 상황에서 골을 기록했다. 그는 아슬아슬하게 오프사이드를 피했다. 그는 이후로 6경기에서 다시 골을 넣지 못하다가 본머스Bournemouth전에서 해트트릭을 기록한 후 누구도 막을 수 없는 골 행진을 이어갔다.

그는 인터 밀란과의 친선전에서도 아주 멋진 골을 터뜨렸다. 리그 경기에서도 골 기회가 있었지만 살리지 못했다. 우리는 그가 제대로 흐름을 타기 위해서는 시간이 필요하다는 것을 알고 있었다. 그는 스트라이커 아래 공간에서 10번 역할을 하는 것을 좋아한다. 자기 자신에게 공간이 많고 센터백들이 자기 옆으로 따라붙지 않는 상황을. 나의 이런 생각에 동의하지 않는 몇몇 사람들은 그가 최전방에 올라가서 플레이하는 것이 더 좋다고 믿지만, 나는 그의 옆에 공격수를 한 명 더 붙여주는 것이 더 나은 방법이라고 생각한다.

요약하자면, 우리는 잘하고 있다. 에버턴전 전반전을 제외하면 모두가 필요한 일들을 해나가고 있다. 지난 시즌 같은 시점에 우리는 승점 2점만을 얻었다. 이번에는 리그 내 경쟁이 더 심해졌는데도 5점이다. 우리는 아직 패하지 않았고 단 두 골을 내줬는데 한 골은 프리킥, 한 골은 페널티킥이었다. 우리는 현재 6위다.

* * *

나와 아담 랄라나가 포옹을 나누고 있는 다정한 사진이 언론을 통해 공개됐다. 우리는 잠깐 대화도 나눴다. 우리 둘은 늘 사이가 좋다. 우리는 같은 언어를 쓰고(축구라는 언어를) 둘 다 축구에 대해 아주 열정적이다. 축구는 어떤 장벽도 뛰어넘는다. 사우샘프턴을 처음 맡았을 때 내 영어 실력은 끔찍했지만 그래도 우리는 마음이 통했다.

사우샘프턴에 온 지 3개월쯤 됐던 어느 날, 훈련이 끝나고 랄라나와 앉아서 대화를 나눴다. 헤수스도 함께였다.

"무슨 일 있어? 왜 그래?"

그는 그 즈음 편해 보이지 않았다. 자신의 플레이를 즐기지 못하고 있었고, 잠재력도 제대로 발휘하지 못하고 있었다. 내가 그런 말을 하자 그는 나를 보며 다시 물었다.

"그게 무슨 뜻이에요 감독님?"

내가 물었다. "집에 혹시 무슨 일 있니?"

그의 전임 감독인 나이젤 애킨스Nigel Adkins 감독은 시즌을 시작하면서 그를 주장에 임명했다. 어느 날 그는 자기 이름 옆에 주장을 의미하는 'CCaptain' 글자가 적혀 있는 것을 봤다. 제대로 된 아무런 절차 없이. 그는 아직 24세였고 아직 준비되지 않은 상태에서 팀을 이끌어야 한다는 것이 그의 경기력을 저하시킨 요인이 되고 있었다.

그는 우리의 첫 시즌에 부상을 당했고 내 재임기간 중에는 출전과 부상 사이를 오락가락했다. 랄라나와의 대화는 언어적인 문제로 오랜 시간이 걸렸지만 나는 점점 우리가 문제의 핵심을 알아가고 있다는 느낌이 들었다.

"주장이 된 후로 다른 선수들보다 더 많은 것을 해야 한다는 생각이 들었어요. 그리고 모든 선수에 대해 생각하다 보니 다른 것들에 신경을 쓰는 대신 어느새 제 경기력에는 집중을 덜 하게 된 것 같습니다."

사우샘프턴이 강등 경쟁을 하고 있었기에, 그는 더 큰 압박감을 느꼈다.

나는 그의 마음을 이해하게 됐다. 그의 부진에는 부상의 영향도 분명 있었다.

그는 또 나에게 매 경기가 끝날 때마다 회장이 그에게 전화를 해서 "오늘 져서는 안 됐다, 그때 골을 넣어야 했다, 우리는 강등당할 수 없다…" 등등의 이야기를 한다고 말했다.

내가 말했다. "뭐라고? 잠깐 기다려봐."

남미에서는 회장이 감독을 거치지 않고 선수들과 대화하는 것이 익숙한 일이다. 그러나 랄라나의 경우는 이해하기가 어려웠다. 특히 잉글랜드에서는 감독의 권한이 더 크다는 것을 알고 있었기 때문이다. 팀에 대한 책임은 선수가 아니라 감독에게 있다. 물론 코르테제 회장이 팀을 도우려는 의도로 그랬다는 것은 알고 있었지만, 그는 잘못된 선택을 한 것이다.

내가 말했다. "괜찮아. 이제 알겠다. 넌 지금 너무 부담을 많이 받고 있어. 그래서 축구를 즐기지 못하는 거야. 이번 시즌을 잘 끝내자. 다음 시즌에는 모든 상황이 해결될 거다."

세 시간의 대화를 마친 후에야 우리는 훈련장에서 나왔다.

나는 코르테제 회장에게 더 이상 랄라나에게 전화를 하지 말아달라고 부탁했고, 그 후로 그의 경기력은 점점 더 좋아지기 시작했다. 그러나 여전히 한 가지가 더 필요했다. 주장으로서의 역할과 그의 팀 내에서의 입지에 관련된 문제였다.

그다음 시즌이 시작되기 전 우리는 코칭스태프가 지내던 호텔에서 바비큐 파티를 열었다. 그리고 팀의 주장과 리더들을 초대했다. 랄라나, 켈빈 데이비스Kelvin Davis, 리키 램버트Rickie Lambert, 호세 폰테José Fonte 그리고 그들의 가족, 코르테제 회장, 토니, 미키 그리고 헤수스 역시 각자 아내와 함께 참석했다. 모두 함께 식사를 한 후에 남자들끼리만 따로 모인 자리에서 선수들은 갑자기 랄라나가 계속 주장을 맡길 바란다고 말했다. 그들은 랄라나가 주장으로서 팀의 정체성을 잘 보여주고 주장 완장을 명예롭게 하고 있다고 말했다. 그건 아주 감동적인 말이었다. 랄라나는 눈물을 흘렸고, 그 외에도 몇몇 사람들이 함께 울었다. 그 시점에 우리는 모두 하나로 뭉쳐 있었다. 물론, 랄라나는 그 말대로 주장을 맡았다.

* * *

국가대표팀 경기 기간이다. 우리 팀엔 16명의 국가대표팀 선수가 있고 이번 주에 우리는 2명의 골키퍼를 포함해 6명의 1군 선수들과만 훈련을 한다. 유소년팀에서 10명의 선수를 1군 훈련에 참가시켰다. 훈련 분위기는 대표팀에 소집되지 않은 1군 선수들에 의해 결정될 것이다. 아직 이적 시장으로 인한 혼란스러운 분위기도 존재한다.

우연찮게도 리버풀과의 경기 전에, 조르지니오 바이날둠Georginio Wijnaldum 이 언론에 토트넘에 입단했다면 좋았을 것이라는 말을 남겼다. 마치 우리가 이적 시장에 제대로 참여하지 않아서 다른 팀들이 우리보다 앞서 선수들을 영입하는 것처럼 보이는 것 같지만 그것은 사실이 아니다. 우리가 어떤 선수에 관심이 있을 때면 우리는 그 선수를 계속 지켜보고 스카우트한다. 우리는 우리 팀을 한 단계 더 높이 끌어올려줄 선수가 필요하다. 그러므로 우리는 그 포지션에서 1인자인 선수를 원하지, 2인자인 선수를 원하는 것이 아니다.

지난 며칠 동안의 이적 시장은 참기 힘든 정도다. '이 선수가 떠날까' '이 선수는 어떨까' 이런 식의 이적 시장은 진절머리가 난다. 나는 바르셀로나로 갈 예정이다. 지난 몇 년 동안 늘 그랬듯이. 8월 말이 되면 나는 이미 우리 팀에 무엇이 필요한지에 대한 모든 결심이 끝난 상태다. 나는 나의 할 일을 했다. 그 뒤의 일은 나에게 달린 일이 아니다. 만약 우리가 아무도 영입하지 않는다면? 그러면 뭐 어떤가. 그래서 나는 바르셀로나로 갔다.

나는 매번 여름이 끝나갈 무렵마다 가족, 친구들과 함께 휴가를 보낸다. 보통 바르셀로나에 거주하는 아르헨티나 영사이자 나의 친구인 알레한드로와 그의 가족을 만나 대개 이비자 섬에 간다. 그곳은 좋은 날씨와 좋은 음식을 원하는 사람들에게 이상적인 휴가지다. 그것은 내가 앞으로도 계속 이어가고 싶은 일이다. 나는 마지막 순간에 일 처리하는 것을 좋아하지 않는다.

레비 회장은 1군 선수단을 더 강화하길 원했다. 또 나를 위해 전력을 더 강화해주고 싶어 했다. 나는 그것이 그가 좋아하는 일이라고 생각한다. 과거에는 선수 영입 권한을 감독과 단장, 혹은 레비 회장에게 조언하는 측근이 함께 나누는 것이었다. 내가 토트넘에 온 후로는 레비 회장과 내가 직접 논의하는 것으로 그 과정이 더 부드러워졌다. 레비 회장은 뉴캐슬에서 기대 이하의 활약을 했지만 유로 2016에서 좋은 모습을 보인 무사 시소코Moussa Sissoko의 영입을 마무리하는 중이다.

시소코의 이적료는 다른 선수들에 비하면 아주 비싼 편이 아니었다. 특히 그가 최근 7~8년 동안 매 시즌 40경기 이상을 소화했다는 점을 감안하면 말이다. 시즌이 이미 시작된 후에 새 팀에 합류하는 것은 이상적인 일이 아니다. 제대로 준비할 시간이 부족하기 때문이다. 그도 새 팀과 우리의 철학에 적응하는 데 시간이 걸릴 것이다. 그는 챔피언스리그 진출이 가능한 토트넘으로의 이적을 매력적이라고 생각했다. 또 같은 프랑스 대표팀 동료인 요리스와 뛰게 된 것과 우리 팀의 플레이 스타일을 좋아했다.

***

9월 1일. 이적 시장은 이미 닫혔고 시소코 영입은 내가 이비자에서 휴가의 마지막 시간을 보내고 있었던 어젯밤 늦게 확정됐다. 아마도 레비 회장은 이렇게 생각했을 것이다.

"이 친구는 괜찮은 선수야. 포체티노가 더 좋은 선수로 만들겠지."

어찌 될지는 두고 볼 일이다.

9월

새 시즌 경기가 잇따라 다가오고 있었다. 저마다 각자 다른 컨디션을 가진 선수들을 최상의 몸 상태로 끌어올리는 것이 중요한 시점이다. 토트넘은 A매치 기간 후 곧바로 스토크 시티Stoke City 원정을 앞두고 있었고 그 후에는 리그 하위권의 선더랜드, 미들즈브러Middlesbrough와의 대결이 예정되어 있다. 리그컵 첫 상대는 3부리그 팀 질링엄Gillingham이었고 모든 사람의 관심이 웸블리에서 열릴 토트넘의 첫 챔피언스리그 상대인 모나코와의 대결에 쏠리고 있었다.

내가 아주 어릴 적에 찍힌 사진이 있다. 아마도 내가 두세 살 때 사진인 것 같다. 나는 아버지가 지으신 헛간 앞 잔디 위에 앉아 축구공을 꽉 쥐고 활짝 웃고 있다. 저 행복한 아이가 나다. 이제 나는 44세지만 지금도 그때의 사진을 종종 보곤 한다. 매일 거울 속에 보이는 내 모습뿐 아니라, 그 시절의 나를 잊지 않기 위해서.

유년 시절에는 내가 중산층 가정에서 태어났다고 말하곤 했다. 그러나 아르헨티나에 이러한 계층은 존재하지 않는다. 사람들 모두가 중산층이라고 말하지만 실제로는 노동자 계층에 가까웠고, 내게 토요일과 일요일은 존재하지 않았다. 특히 돼지나 소가 분만기일 때는 무슨 요일이든 상관없이 그들을 돌봐야만 했다. 아버지는 홀로 100헥타르에 달하는 땅에서 일하셨고 당시에는 두세 가정이 충분히 생계를 꾸릴 수 있을 만큼 벌이를 하고 돌아오셨다. 이제 그 벌이로는 한 사람 정도 가까스로 먹고 살 수 있는 수준이다.

우리 집은 큰 편이었다. 당시 대부분의 집이 그랬듯 싱크대와 욕실은 집 바깥에 있었다. 추운 날에는 누구도 벽난로에서 떨어지길 원하지 않았다. 우리는 14인치 배터리 충전식 TV 앞에 앉아서 시간을 보냈다. 저녁에 아버지가 트랙터나 다른 기계들을 가지고 집으로 돌아오시면 우리는 그 배터리를 꺼내 TV에 끼운 후 TV 앞에 딱 달라붙어 있었다. 우리가 사는 머피까지 TV 신호가 닿게 하려면 TV 위에 있는 안테나를 손으로 움직여야 했다. 나는 하루에 30분 정도 TV를 볼 수 있었고, 주로 드라마를 봤다. 그 후에 잠이 들었다.

네다섯 살 무렵부터 축구를 했던 기억이 난다. 우리 집 주변에는 축구를 할 수 있는 장소가 꽤 많았다. 일을 마치고 돌아오시는 아버지를 기다리며 온종일 축구를 했다. 오후에 비가 내리는 날은 더 좋았다. 누구도 일하러 가지 않기 때문에 집에 있는 모든 사람이 축구를 할 수 있었기 때문이다.

어린 시절 나는 머릿속으로 미래의 일에 대해 상상해보곤 했다. 아마도 내가 지냈던 곳이 많은 일이 벌어지는 그런 곳이 아니었기 때문일 것이다. 그런 상상을 하는 것이 자연스러운 것인지 또는 그렇게 하라고 배웠던 것인지는 알지 못한다. 그러나 내가 기억할 수 있는 가장 어린 시절부터 나는 그렇게 해왔다. 나는 그 당시에 무엇이 필요한지에 대해서도 상상하곤 했다. 예를 들어 내가 좋아했던 소녀가 있었는데, 그 소녀와 가까워지기 위해 뭘 해야 할지 생각하곤 했고 종종 내 생각대로 일이 흘러가기도 했다. 누군가는 이를 직감이라고 부를지도 모른다. 혹은 미래를 읽을 수 있는 소질이라고 말할지도 모른다. 물론 그런 거창한 것은 아니었다고 확신하지만, 또 나 스스로 그런 능력에 관해 설명하는 것은 불가능했지만 그런 능력에 대한 확신이 있었다. 그리고 그 후로도 올바른 결정을 내리고 세상을 이해하기 위해 그 능력을 사용해왔다.

또, 어린 시절 나는 베켄바우어Beckenbauer 같은 TV에 나오는 선수들의 이름을 듣고 머릿속에 저장하곤 했다. 그의 플레이 스타일에 대해서는 아직 잘 이해하지 못했지만, 나름대로 나만의 방식으로 기억하고 그를 활용했다. 그다음 날, 트랙터의 바퀴 사이에서 공을 차는 동안 나는 이렇게 혼자 말하곤 했다.

"베켄바우어 슛!' '베켄바우어의 헤더… 골!"

나 혼자 볼을 갖고 놀면서 선수들의 이름을 부르는 것이 조금 힘들기도 했다. 그러나 나는 미래에 가장 크고 유명한 경기장에서 뛰는 나의 모습을 상상했다. 그런데 이상하게도 한 번도 팬들을 머릿속에 그려본 적은 없다. 어쩌면 그것이 내가 대중을 두려워하지 않는 이유일지도 모른다. 나는 10만 명의 관중이 나를 보고 있든, 나 혼자 놀든 그런 주변 환경들에 대해서는 신경을 쓰지 않았다.

나는 또한 우연히 일어나는 일은 없으며 모든 것에는 이유가 있다고 믿었다. 어린 시절부터 나는 볼 수 없지만 존재하는 강력한 힘을 알아차릴 수 있는 능력을 갖추고 있었다. 중대한 힘이나 세상을 돌아가게 만드는 에너지 같은, 혹은 사람들에 대해 많은 것을 알게 해주는 그들이 가진 오라aura 등등 말이다. 그런 능력은 내 피부 속에 있어서 나는 그것을 느낄 수 있었다. 카리나와 나는 이를 '우주의 에너지'라고 부른다. 아내 역시 내가 그런 점을 이해하고 더 깊이 알 수 있도록 도움을 줬다. 다른 사람들도 내가 그런 느낌을 더 자세히 알아볼 수 있도록 도움을 줬다. 그것은 미신이거나 흑마술 같은 것이 아니다. 나는 이런 느낌 그 이면에도 과학이 존재한다고 믿는다. 그것은 내가 매일매일을 이해하는 데, 더 나아가 나의 과거를 이해하는 데 도움을 준다.

나는 피에몬테Piedmont에서 온 이탈리아 이민자 가정 출신이다. 증조부께서는 식료품 가게와 술집을 동시에 운영했다. 그는 풍채가 남다르고 다른 사람들이 따를 만한 규칙을 정해주는, 사람들의 존경을 받는 사람이었다. 특히 그가 잘 다루는 칼을 잡고 있을 때는 더더욱 그랬다. 사람들은 그를 '보안관'이라고 불렀다. 누구도 그가 어디에서 왔는지 알지 못했지만, 그는 자신의 별명에 걸맞게 행동했다. 그는 자신이 사는 곳의 권위자였다.

할아버지 역시 증조부의 발자취를 따랐는데, 그러다가 종종 곤경에 처하곤 했다. 내가 14살이었을 때쯤(할아버지께선 이미 60대였을 때), 내가 지역 마을에서 경기를 갖던 중에 실랑이를 당한 적이 있었다. 결국 나의 아버지와 할아버지 모두 다른 사람들과 주먹다짐을 벌였는데 두 사람은 자신의 주변에 있는 사람들의 얼굴에 주먹을 먹이고는 모두를 쓰러뜨렸다.

그날 저녁 나는 할아버지를 보러 그의 집에 찾아갔는데 그는 활짝 웃고 있었다.

"할아버지, 어떻게 된 거예요?"

"어떤 놈이 나를 화나게 해서 때려 눕혀버렸지."

그게 나의 할아버지였다. 나는 할아버지에게서 머피에 관한 이야기를 듣는 것을 좋아했다. 그곳 사람들은 무엇도, 누구도 두려워하지 않았다. 할아버지의 임종을 보기 위해서 아르헨티나로 돌아갔을 당시 나는 유럽에 살고 있었다. 할아버지는 더 이상 나를 알아보지 못했지만, 나는 그에게 작별 인사를 할 수 있었다.

＊ ＊ ＊

머피에서는 종종 있었던 일이지만, 할아버지는 아버지의 꿈을 허락하지 않으셨다. 어린 시절 아버지는 훌륭한 축구 선수였고, 비록 프로팀은 아니었지만 지역팀 몇몇으로부터 영입 제의를 받았다. 할아버지께서는 아버지에게 굉장히 엄격했고, 결국 아버지는 축구 선수로서의 꿈을 계속 이어갈 수 없었다. 아버지는 형제 중에서 가장 나이가 많았기에 할아버지를 따라서 농지 가꾸는 일을 이어받아야 했다.

아버지는 12세까지 학교에 다녔다. 그 이후로는 밤낮으로 일해야 했다. 일하는 시간에 도망치지 않는 이상 영화를 보러 간다거나 놀면서 즐길 수 있는 시간은 거의 없었다. 그런 환경에서 아버지는 어머니를 만났다. 어머니는 이웃 마을에 살고 있었다. 결혼했을 때 아버지는 19세였고, 어머니는 그보다 두 살이 더 어렸다.

나의 할머니, 어머니도 주변 사람들로부터 존경을 받았다. 두 분 모두 각자의 가정을 잘 이끌었다. 요즘 내 자녀들은 엄마랑 싸울 때 "조용히 하세요!"라고 강하게 말하기도 하는데 내가 어렸던 시절 어린이들이 엄마에게 그런 말을 했다면 아마 귀가 먹먹할 정도로 뺨을 세게 맞았을 것이다. 내가 마지막으로 그렇게 혼났던 게 언제였는지 기억나진 않지만, 14살에 로사리오로 이적하기 전에는 몇 차례 그런 일이 있었던 것 같다.

나의 부모님은 내가 넘어서는 안 되는 한계점이 어떤 것인지 분명히 보여주셨지만, 그래도 그때를 돌아보면 나는 조금 못된 아이였던 것 같다. 그래서 이따금 나쁜 일을 할 때는 당시에는 누구나 그랬듯 체벌을 받았다. 어찌 됐든 아버지는 나의 우상이었고, 나는 늘 그를 따라다녔다. 아버지에게는 자녀들이 존중심이 부족한 것처럼 느껴지는 순간에 제대로 된 가치가 무엇인지 가르쳐주시는 능력이 있었고, 어린 시절 그로부터 배운 것들은 지금도 내 안에 깊이 뿌리내리고 있다.

아버지는 내가 축구 선수가 되도록 도와주셨다. 아버지의 지지가 없었다면, 나는 결코 축구 선수가 되고 싶다는 꿈을 이루지 못했을 것이다. 어쩌면 할아버지께서 그에게 축구하는 것을 금지하지 않으셨다면, 아버지께서 다르게 반응하셨을지도 모른다. 그는 나를 훈련장과 경기장에 데려다주기 위해서 일을 그만두셨다. 때로는 나를 로사리오에 데려다주셨다. 그는 나에게 기회를 주기 위해 자신을 희생했다.

만약 그가 나의 로사리오행을 허락하지 않았다면, 나는 아마도 프로 선수가 되지 못했을 것이다. 그 당시에 아르헨티나 선수들이 성공을 거두기 위해 집을 떠나 지내는 것은 매우 흔한 일이었다. 하지만 어린이를 다른 곳으로 보내는 것은 여전히 부모와 아이들 사이에 거리를 만들고, 그렇게 한 해 한 해가 지나고 10년 이상의 시간이 흐르면 물론 여전히 혈연관계지만 마치 낯선 사람인 것처럼 다른 관계가 되고 만다. 그것이 바로 오늘의 내가 치러야 하는 대가였다. 흔히 있는 일이지만, 내가 성장하면서 부모님은 점점 예전처럼 나와 어울리기 힘들어 하셨고 시간이 더 흐른 후에는 그들과 예전 같은 관계로 돌아가는 것이 어려워졌다.

내가 로사리오에 정착한 후, 우리는 주말에만 잠시 통화하곤 했다. 이는 곧 일상적인 일과나 감정, 경험, 새로운 사람이 되어가는 방향성에 대해 제대로 설명할 방법이 없었다는 것을 의미했다. 언젠가는 부모님이 낯선 사람처럼 되는 순간이 온다. 더 정확하게 말하자면, 우리가 그들에게 낯선 이가 되는 것이다. 서로의 거리는 서로에 대한 무관심과 무지를 불러온다. 어린 시절의 에너지는 큰일을 이루는 데 도움이 되기도 하지만, 부모님을 이해하지 못하는 고통을 안겨주기도 한다.

시간은 흐르고 과거는 되돌릴 수 없다. 부모님과의 관계는 마치 거의 파괴가 불가능한, 얇은 케이블들을 모아 구성된 두꺼운 케이블선과도 같다. 하지만 그 얇은 케이블들에 균열이 가기 시작하면, 그것은 갈수록 더 약해지고 고치기 어려워진다. 때로는 불가능하다. 나는 그들의 아들이기도 하지만, 그들이 함께할 수 없는 삶을 살아가는 공인이기도 하다. 그들의 관점에서 자기 아들과 그 공인을 구분하는 일은 쉽지 않을 것이다.

요즘 들어 아버지와 다시 가까워질 방법을 어떻게 하면 찾을 수 있을지 고민했지만, 잘 모르겠다. 이 주제에 관해 이야기하는 것 역시 어렵다. 이는 내게 고통스러운 일이다. 우리 사이의 거리는 거의 되돌릴 수 없는 정도가 됐고, 나는 그에 대한 책임감을 느끼기 때문이다.

나는 두 형제와도 가까운 관계를 유지하지 못하고 있다. 사실 이것은 상상할 수 있는 최악의 상황이다. 나는 형제들보다 친구들과 지인들과 더 많은 유대감을 갖고 있다. 나의 잘못일까? 어떻게 이렇게 된 것일까? 이는 중요한 질문이다. 내 아이들에게는 이런 일이 일어나는 것을 원하지 않기 때문이다. 나는 그들에게 때때로 서로의 이익이 충돌하면 싸울 수도 있지만, 결코 서로에 대한 존경심을 잃어서는 안 된다고 말한다.

나의 또 다른 걱정거리는 아이들에게 가치 있는 것을 물려주는 차원에서 우리가 삶의 여정 중 어디에 있는지도 중요하다는 점이다. 6~7년 전 아들 세바스티아노가 15살이었을 때, 나는 지금과는 전혀 다른 세계에 있었다. 나는 다른 관점에서 삶을 이해했고, 내 인내심의 정도도 달랐다. 또 나는 나만의 방식으로 의사소통했다. 세바스티아노의 동생인 마우리Mauri와 나의 관계는 또 완전히 다르다. 우리는 매우 가깝게 지내고 있지만, 이제 6~7년 전의 나와는 전혀 다른 사람이 된 내가 그들에게 같은 가치관을 전해줄 수 있을까?

다른 모든 부모와 마찬가지로, 우리는 너무 많은 것을 우리 자신에게 요구하고 있다. 그리고 늘 그것을 제대로 하지 못하고 있다.

부모님께 전화부터 드려야겠다.

* * *

어느 날 나는 당시 내가 살고 있던 로사리오의 한 아파트에서 거의 죽을 뻔했다. 마치 어제 일처럼 기억이 난다.

나는 뉴웰스에서의 첫해를 거의 스타디움 근처에 있는 식당에서 보냈다. 아버지께서 내게 작은 방 하나가 있는 집을 구해주셨다. 아침에 훈련하고 저녁 7시부터 11시까지는 학교에 갔다. 그리고 나서 15번 버스를 타고 집으로 돌아갔다. 버스 정거장 맞은편에는 술집이 있었는데, 그곳 주인은 가게 문을 닫은 후에 종종 내게 샌드위치를 만들어주곤 했다. 그러면 나는 그걸 들고 물이나 콜라를 마시면서 집으로 걸어갔다.

로사리오에는 단 두 개의 TV 채널만 나왔지만, 시골에 있던 배터리로 움직이는 것과 같은 14인치 흑백 TV가 있었다. 그 집은 겨울에는 꽤 추웠다. 나는 침실로 가기 전에 좁은 부엌과 욕실 문, 식당 문으로 통하는 문을 닫았다. 그 시기에 나는 잠이 들 때까지 TV를 보곤 했다. 아버지는 내게 항상 방 안에 산소가 부족한 상황을 막기 위해 잠자리에 들기 전에는 꼭 가스히터를 끄라고 말씀하셨고 난 늘 그렇게 했다. 그러나 유독 춥던 그날 밤 방에서 잠시 쉬면서 '잠깐만 누워서 TV 좀 봐야겠다. 히터를 30분만 더 켜두었다가 꺼야지'라고 생각했다.

잠에서 깼을 때는 온몸에서 땀이 뚝뚝 흘렀고 숨을 제대로 쉴 수가 없었다. 본능적으로 히터를 껐다. 근처에 있던 창문을 열고 머리를 내밀었다.

머리에 신선한 공기를 쐬자 정신이 들기 시작했다. 그래서 방으로 돌아가기 전에 다른 창문을 모두 열었다. 머리가 아픈 것인지 몸이 아픈 것인지 알 수 없었고, 내가 무엇을 하고 있는지, 어디에 있는지도 몰랐다. 나는 땀에 흠뻑 젖은 상태에서 다시 잠자리에 들었다.

다음 날 아침에는 뼈가 사무치는 듯한 추위를 느끼며 일어났다. 창문을 다 닫고 샤워를 했다. 엄지발가락에 있는 발톱까지 온몸이 쑤셨다. 병원에 가서 체온과 목, 머리 상태 등을 검사했다. 의사는 이렇게 말했다.

"집에 가서 침대에 들어가 일주일 동안 쉬세요."

그 후로 사나흘 동안 외출하지 않고 집에서 밥과 달걀만 먹었다. 그것이 집에 있던 음식의 전부였기 때문이다. 집에는 전화기도 없었다. 그리고 그 다음 날 구단을 찾아갔다. 다음 주말에 나를 보러 오신 아버지는 아무것도 모르고 계셨다. 그 아파트는 정말 난장판이었다. 심지어 침대 밑에는 오래된 음식이 담긴 냄비도 있었다. 나는 15살이었다. 아버지는 그동안 무슨일이 일어났는지 내게 듣고는 몹시 화를 내면서 집 안에 있던 히터를 모두 버리고, 기름이 들어있는 전기 방열기를 사주셨다.

그때 그 일은 참으로 놀라운 일이다. 나를 지켜보고 있던 누군가가 '어서 일어나서 창문을 열어라'라고 알려줬던 게 분명하다. 그렇지 않다면 어떻게 그때 잠에서 깨어날 수 있었겠는가?

* * *

축구 선수가 되기 위해서는 큰 고통을 경험할 필요가 있는 것일까?

프로축구 선수가 되는 데는 여러 방법이 있다. 인생에 있어서 고생은 반드시 보상으로 돌아오지 않는다. 인생의 목표를 달성하기 위해서는 노력과 소망, 열정 그리고 책임감이 필요하다. 이는 축구에서만 그런 것이 아니다. 만약 나의 아들이 축구 선수가 되고 싶어 한다면, 내가 겪은 일을 그도 반드시 겪을 필요는 없다. 그게 바로 내가 노력하고 있는 점이다. 축구 선수가 되기 위해서는, 마음속 깊은 곳으로부터 축구를 느껴야 한다. 이유는 잘 알 수 없지만 내게는 늘 축구 선수가 되고 싶다는 강한 열망이 있었다. 나의 형도 축구를 좋아했기 때문에 아버지께서는 형에게도 나와 같은 기회를 줬다. 하지만 그는 그 기회를 절실하게 받아들이지 못했는지 축구 선수가 되지 못했다. 그의 마음속으로부터 그러고 싶다는 열정이 없었기 때문이다. 만약 내 아들 역시도 그렇다면, 14살 때부터 축구를 한다는 사실과 관계없이 그는 프로축구 선수가 되지는 못할 것이다.

토트넘 감독직을 수락한 다음 날, 우리는 12살이었던 마우리가 뛰고 있던 사우샘프턴과 미팅을 했다. 코치들은 그가 팀에 남아 있기를 원했고 그에게 계약을 제안했다. 물론 그 제안에 매우 기뻐한 마우리는 우리와 함께 런던에 가고 싶어 하지 않았다. 그 상황에서 우리는 어떻게 해야 했을까? 가족을 반으로 나눠서 생활해야 했을까? 아니면 그 아이를 그곳에 혼자 남겨둬야 했을까?

몇 주 동안 고민에 고민을 거듭한 후, 우리는 사우샘프턴에서 살았던 그 집에 계속 살고 나 혼자 토트넘 훈련장 근처의 호텔에서 지내면서 정기적으로 사우샘프턴의 집으로 돌아와 가족과 함께 시간을 보내기로 했다. 그러나 처음 몇 차례 그렇게 해본 후에 우리는 그 방법이 효과가 없다는 것을 깨달았다. 너무나도 많은 노력이 필요했다. 나는 마우리에게 만약 네가 정말 축구 선수가 되고 싶다면, 어떤 클럽에서도 할 수 있을 거라고 말했다. 결국 우리는 그 집을 사지 않았고 마우리도 우리와 함께 런던으로 왔다.

만일 16세가 된 마우리가 내게 와서 말라가Málaga로 가고 싶다며 이제 자신이 그렇게 할 수 있는 능력을 갖추고 있고 자신이 충분히 컸다고 말한다면 나는 그렇게 하도록 허락할 것이다. 그러나 당시의 그는 너무 어렸다. 꿈을 이루기 위해서 집을 떠나 가족과 멀리 떨어져 지내야 할 필요가 있을까? 나는 그렇게 생각하지 않는다. 사실, 만약 마우리가 나의 10대 시절 같은 경험을 지금 한다면 나를 원망할 것이 분명하다. 요즘 같은 시대에 세상에 첫발을 내딛는 10대에게 그런 고통을 요구할 수는 없다.

나의 아들들이 카리나와 내가 경험한 것처럼 자연을 제대로 즐기지 못하는 것이 아쉽다. 우리가 어릴 때는 많은 가족과 함께 정원에서 꽃을 키우며 행복을 느꼈지만, 이와 달리 요즘에는 아이들이 오직 직접 만질 수 있는 선물을 받을 때만 행복을 느끼는 것 같다(비싸면 비쌀수록 더더욱). 예전에는 아주 간단한, 아주 별 볼 일 없는 것들에도 행복을 느끼곤 했다. 지금 세상은 너무 물질적인 것들로 가득하다.

그런데도 우리 아이들은 잘 자랐다. 바르셀로나에서 태어난 세바스티아노는 항상 예의 바르게 행동해서 어디든 함께 데려갈 수 있었다. 어느 날 우리는 스페인의 후안 카를로스 1세King Juan Carlos I가 자주 찾았던 식당에 갔다. 보통 아이들은 그곳에 가지 않지만 우리는 세바스티아노와 함께 사교 생활을 즐기고 싶었고, 친구들도 그 아이가 함께 온 것에 대해 전혀 신경을 쓰지 않았다. 저녁 식사 중에, 그 아이는 가르시아 로르카Garcia Lorca(스페인의 시인이자 극작가 - 옮긴이)의 시를 낭독하기 시작했고, 레스토랑 지배인은 이를 믿지 못하는 모습이었다. 당시 그 아이는 거우 서너 살이었다. 세바스티아노는 꽤 개성이 있는 아이였다. 그 아이는 어른들과 함께 자랐고 늘 어른들과 함께 있었으며, 어른들의 대화를 들었다. 우리 가족 세 사람이 바르셀로나에서 따로 지내고 있었기 때문에 우리는 장인 장모님이나

고모, 삼촌들의 영향 없이 거의 모든 것을 우리가 직접 교육시켰다.

그 후에 우리는 파리로 이주했다. 그러고 나서 보르도에서 6개월간 머물렀다. 당시 우리는 시내 중심가에 있는 극장 바로 맞은편에 살았다. 마우리는 아주 어렸고 세바스티아노는 아직 파리에서의 삶에 적응하던 무렵에 다시 학교를 옮겨야 했기 때문에 늘 극적인 상황을 겪으며 컸다.

나는 세바스티아노에게 자전거를 사줬던 때를 기억하고 있다. 어느 일요일 오후, 나는 그에게 그가 안전장치를 하지 않고도 자전거 타는 법을 배울 때까지 공원을 떠나지 않겠다고 약속했다. 우리는 그곳에서 3시간 혹은 4시간 동안 있었다. 두 할머니가 내내 우리를 지켜봤는데, 세바스티아노가 마침내 안전장치 없이도 자전거를 타는 순간 그들은 진심으로 행복해하며 박수를 쳤다.

이제 세바스티아노는 자신의 길을 개척하고 있는 스포츠 사이언티스트다. 며칠 전에 그는 자신이 미래에 무엇을 이루고 싶은지에 관해 묻는 질문을 받았다. 그는 이렇게 말했다.

"더 많은 경험을 하고 싶어요. 그리고 포체티노 감독의 아들이 아니라 세바스티아노라는 이름으로 알려지기를 바랍니다."

몇 년 전, 그가 벨기에에 있는 우리 아카데미에서 훈련하고 있었을 때 런던에서 온 몇몇 선수들이 반감을 드러내며 그가 하는 말에 전혀 귀를 기울이지 않은 일이 있었다. 그는 그들로부터 존중을 받기 위해 자신의 성 (포체티노)을 단 한 번도 사용하지 않았다. 최근 그가 독립하고 싶어 한다는 것을 알고 있지만 나는 그가 가족들과 좀 더 함께 있는 편이 나을 거라고 생각한다.

마우리는 매우 수줍음이 많지만, 그는 자신이 처한 장소와 상황에 따라 어떻게 행동해야 하는지에 대해 잘 알고 있다. 자신의 아버지가 감독으로 있는 구단에서 경기를 하는 건 참 힘들 것이다. 그는 자신이 다르게 평가될 것이라는 점을 알고 있으면서도 그것을 감수하면서 침착하게 살아가고 있다. 우리는 그가 클럽에서 학습하고 훈련할 수 있는 장학금을 받는 것이 그를 위해 좋은 일인지에 대해 고민하고 있다. 그는 그렇게 하고 싶어 한다. 자신에게 주어진 기회를 잘 이용하고 그의 가치를 보여주는 것은 그에게 달린 일이다.

나는 마우리와는 세바스티아노와 했던 만큼 축구에 관해 이야기를 나누지 못했다. 세바스티아노는 자신의 삶에서 좀 더 성숙해야 할 단계에 있고 더 많은 해답을 찾아야 하는 일을 직업으로 갖고 있다. 자신이 모든 것을 다 알고 있다고 생각하는 16살짜리 축구 선수와 대화하기는 쉽지 않다. 나 역시도 그 나이 때는 그랬을 것이다. 어린 시절에는 때로 오만함이 미래에 대한 수많은 의문부호로부터 자신을 보호하는 수단이 되기도 한다. 그 후 만일 자기 자신에 대한 한계나 축구 선수가 지녀야 할 잠재력을 키우는 어려움이 너무 크다고 느낀다면 그는 그 순간 노력을 멈출 것이다. 나는 마우리의 아버지이고, 또 축구 감독이지만 그에게 말할 때는 어느 정도 조심하는 편이다.

나는 마우리를 대할 때마다 늘 아버지로서의 감정 없이 상황만을 분석하고자 했다. 항상 내 아들이 최고라고 생각하거나 경기를 잘하지 못할 때 동료들 탓을 하는 대신 그렇게 했다. 마우리가 잘했을 때는 상황 위주로 말했고, 잘하지 못했을 때도 솔직하게 말하려고 했다. 물론 그렇게 하는 게 그의 감정을 상하게 했을 수도 있다. 이제 나는 그런 대화는 되도록 피하려고 한다. 마우리가 경기를 잘하지 못할 때는 아무 말도 하지 않는다. 혹은 "어려운 경기였지?" 정도로만 말한다.

가족과 집은 내가 다시 나 자신이 될 수 있는 휴식처이다. 그것이 무엇을 의미하는지 잊을 때마다 나는 언제나 팔에 축구공을 끼운 채 밝게 웃고 있는 소년의 사진을 본다.

* * *

9월 5일 월요일. 평온한 주말이었다. 잉글랜드는 여전히 바쁜 일정이 진행 중이다. 다가오는 주는 꽤 힘들 것이다. 선수들이 각자 대표팀 일정을 마치고 저마다 다르게 복귀할 것이기 때문이다. 피트니스 코치와 다른 코칭스태프들은 이들을 위해 맞춤형 훈련과 회복 훈련을 계획 중이다. 선수들 중 일부는 어제 도착했고, 손흥민은 오늘 도착했다. 이외의 다른 선수들은 내일 도착한다.

에스파뇰 골키퍼 파우 로페즈Pau López가 며칠 전 임대로 우리 팀에 합류했다. 그는 아주 큰 잠재력을 지니고 있고, 아주 운이 좋은 선수다. 그는 토트넘에서 자신만의 코칭 방법을 만들어 낸 토니와 함께 훈련할 예정이다.

그건 그렇고, 지금은 리버풀에서 뛰고 있지만 이전에 사우샘프턴에서 함께했던 데얀 로브렌으로부터 선물을 받았다. '나의 축구 아버지를 위하여'라는 문구가 새겨진 시계였다. 그것은 불필요한 칭찬이었지만, 동시에 아주 멋진 선물이었다.

이번 주에 이적 시장이 마감됐다. 선수단에는 더 이상의 변화가 없을 것이며, 선수들 역시 그에 맞춰 개인적인 상황들을 조정할 것이다. 그러므로 이번 주는 팀을 안정화하는 데 초점을 맞출 것이다. 우리는 6명의 선수와 새롭게 계약을 체결했다. 레비 회장은 이적 시장이 마감된 후 헤수스와 나 그리고 다른 몇몇 이들과 미팅을 했고 나 역시 바르셀로나와 이비자 섬으로 떠났던 여행으로부터 돌아왔다. 레비 회장은 그 전에 나를 잠시 불러서, 이적 시장에 대한 최종 결정권을 가진 사람은 그와 나 두 사람이라는 것을 나에게 다시 상기시켜줬다. 권위라는 것은 상점에서 돈을 내고 구매할 수 있는 것이 아니라, 다른 누군가가 우리에게 부여하는 것이다.

외국을 여행하는 동안 너무 많이 먹었다. 살을 좀 빼야 해서 운동을 다시 시작했다. 러닝머신 위를 달리면서 나는 바르셀로나에서 본 특별한 '빛'을 떠올렸다.

* * *

나의 아내는 우리가 현재 살고 있는 집과 같은 큰 정원이 있는 집에서 자랐다. 정원뿐 아니라 방들도 넓었다. 그녀는 공간이 많은 집에서 살고 싶어 했다. 우리가 지금 살고 있는 지역을 선택한 이유는 이 집이 훈련장과 학교에서 약 14.5킬로미터 거리에 있었기 때문이다. 그러나 우리는 이 지역에 대해 거의 알지 못한다. 이 지역의 집들은 주로 주거용으로 설계된, 테라스가 딸린 큰 집이라는 특징이 있다. 이곳의 이웃 사람들은 서로 거리를 두는 경향이 있다. 우리는 오직 한 명의 이웃만 알고 지내고 있는데 우연히도 그녀는 토트넘 팬이었다. 우리는 처음에 그녀의 맞은편 집으로 이사했는데, 어느 날 그녀가 주변에 사는 모든 토트넘 팬들을 불러와서 우리에게 소개해줬다. 그날 그 가족의 어린 손주들까지 모두 함께 왔는데 모두 사랑스러웠다. 우리는 그 이후 그곳에서 그리 멀지 않은 곳으로 한 번 더 이사했지만, 여전히 그 이웃은 카리나와 모든 것을 함께하는 사이다.

나는 자연을 아주 좋아하는 사람이지만, 도시 생활을 하면서부터 커피를 마시며 대화를 나누는 문화를 좋아하게 되었다. 런던에도 그런 문화가 있지만 바르셀로나와 비슷한 수준은 아니다. 바르셀로나는 누군가와 우연히 마주쳐도 곧바로 가까워질 수 있고, 친구에게 전화하면 15분 만에 만날 수 있는 곳이다. 그게 바로 우리가 하루 이틀이라도 쉬는 날이면 바르셀로나로 돌아가는 이유다. 우리는 그곳에서 정신적인 휴식을 취한다. 친구들과 시간을 함께 보내면서 런던과는 다른 그 '빛'을 찾는다. 심지어는 두 아들(세바스티아노도 아직 우리와 함께 살고 있다)조차 우리가 몇 달 동안 바르셀로나에 가지 않으면, 가고 싶다고 나를 압박하곤 한다.

카리나의 일과는 대개 마우리를 돕는 것으로 채워진다. 그녀는 아들을 데리러 가서 함께 식사하고, 다시 그를 훈련장에 데려다준다. 그러느라 아내는 매일 차에서 세 시간 정도를 보낸다. 카리나는 요리와 영양학에 관해서도 공부하고 있다. 그 분야는 언제나 새롭게 배울 것이 있기에 아마도 아내는 영원한 학생이지 않을까 싶다. 그녀는 체육관에 운동하러 가기도 하지만 그 외에는 부엌에서 끝없는 시간을 보낸다. 그녀는 모험을 즐기는 훌륭한 요리사다.

우리 가족은 바로 지금이 내가 중요한 결실을 거둘 수 있는 시기라는 것을 이해하고 있고, 나는 지금 아내와 아들들에게 쓸 시간을 일에 전력투구하고 있다. 언젠가는 유럽에서 나에게 감독직 제안이 멈추는 날이 올 것이다. 일본이나 미국에서 나를 원하는 날이 올지도 모른다. 그렇게 되면 나와 아내는 몇 년 동안 새로운 경험을 할 수 있을 것이다. 지금까지 우린 가족으로서 모든 결정을 내렸다. 때로는 내가 아닌 가족을 위한 결정을 내리기도 했다. 심지어 아이들이 어렸을 때도, 우리는 가족이 모두 함께 앉아 논의하며 결정하곤 했다. 앞으로 우리는 어디에서 살 것인가? 학교는 어떻게 할까? 그리고 집은? 우리는 그런 상상을 하며 여행을 하기도 전에 그 여행에 대해 그려보곤 했다.

중요한 결정을 내릴 때면, 만일 내가 그 일에 대해 신중하게 고려한 후에도 여전히 의심이 남을 때면 나는 좀 더 기다리면서 결정을 미룬다. 한 친구가 말했듯, 만약 나에게 하룻밤 더 그것에 대해 생각할 기회가 있다면 나는 하루 더 생각할 것이다. 그사이에 내가 마음을 정하는 데 도움이 될 만한 무언가가 나타날지도 모르기 때문이다. 그것에 대해 정확하게 설명하기는 어렵다. 어쩌면 앞서 말했던 직관 같은 것일지도 모른다. 그렇게 하는 것이 나에게 영감을 주고 옳은 답을 찾도록 도와준다. 그런 뒤에 내가 정답을 발견했다고 느꼈을 때 그 결정이 잘못된 적은 거의 없었다.

그러나 어딘가로 이사를 하는 것은 결코 쉬운 결정이 아니다. 선수로서 나는 바르셀로나라는 도시를 떠날 많은 기회를 거절했다. 때로는 타이밍이 좋지 않았다. 아들이 중학교를 졸업하면 떠나고 싶었을 수도 있지만, 이적이라는 것이 언제나 가능한 것은 아니다. 바르셀로나를 떠나 사우샘프턴으로 떠나는 결정을 내렸을 때 나는 며칠이나 눈물을 흘렸다. 나는 그것이 우리 가족에게 정말 큰 변화라는 것을 알고 있었다.

* * *

토요일. 우리는 오늘 스토크와 경기를 치렀다. 처음 20분간은 출발이 좋지 않았다. 게임을 시작할 때부터 힘들었다는 것을 알고 있었다. 스토크는 우리를 상대로 제대로 된 기회를 만들지 못했지만, 우리도 우리의 패턴을 제대로 보여주지 못했고 경기 흐름 역시 좋지 못했다.

나는 우리의 경기 준비에 대해 생각했다. 금요일에 선수들의 훈련량을 줄인 것은 좋은 결정이었을까? 모든 이가 대표팀 일정을 마친 후 돌아왔다. 그래서 우리는 선수들에게 훈련을 시키는 대신 비디오를 보여줬고, 다양한 운동을 병행했다. 그리고 유소년팀 선수들을 상대로 11 대 11 연습 경기를 치렀다. 손흥민도 그 경기에 뛰었다. 그러나 그는 좀 더 날카로워져야 한다. 스토크전에서 나에겐 다른 선택지가 있었지만, 나는 지금이 바로 내가 손흥민에 대한 믿음을 갖고 있다는 것을 보여줄 때라고 생각했다. 그는 지난여름 토트넘을 떠나는 것에 대해 고려했었다. 하지만 이것이 바로 우리가 그에게 "너는 토트넘에 남을 거다. 다시 시작해보자"라고 말하는 방식이다.

전반 19분, 좋은 경기를 펼치고 있던 손흥민이 페널티박스 안에서 파울을 당했지만, 심판은 휘슬을 불지 않았다. 손흥민은 내가 토트넘에 오기 1년 전에 토트넘에 입단한 라멜라를 상기시킨다. 손흥민과 마찬가지로 라멜라는 비싼 이적료를 지급하며 데려온 선수였고, 이런 젊은 선수들은 강한 압박감을 느낀다. 그들은 언제나 자신들을 증명하고 싶어 하며, 자신이 선발진에 포함되지 않는 것을 받아들이기 힘들어 한다. 누구에게나 적응하는 기간은 필수적이다. 라멜라가 제대로 된 경기력을 보여주기까지는 1~2년의 세월이 걸렸다. 요즘 선수들은 조금 참을성이 부족하다. 당장 모든 것을 원한다. 지금 사회와 마찬가지다. 인터넷에 접속하면 2초 만에 필요한 정보를 얻을 수 있는 세상이다. 하지만 인생에서는, 이 모든 것이 더 성숙해지고 열심히 노력하고 배워나가는 과정이다.

우리는 손흥민이 올림픽을 마치고 돌아온 주에 그와 이야기를 나눴다. 독일의 한 클럽이 그를 원했고 그를 선발로 출전시키겠다고 약속했다고 한다. 나는 늘 '약속'이란 축구 선수에게 사형 선고와 같다고 말한다. 차라리 그 선수가 동료보다 더 잘한다면 경기에 나서게 될 것이라고 믿는 편이 낫다. 만일 그런 일들이 미리 정해져 있다면, 선수들이 현재 상황에 안주하게 될 위험이 있다. 우리는 손흥민에게 우리가 다른 모든 선수에게 말하듯이, 그 역시 출전할 기회를 스스로 얻어내야 한다고 말했다.

그는 토트넘에서 보낸 첫 시즌 동안 어려운 시간을 보냈다. 그래서 팀을 떠나고 싶어 했지만 나는 그에게 그가 여전히 내 계획에 있다고 말했고, 그를 싼 이적료에 떠나보낼 생각은 없다고 말했다. 그는 결국 토트넘에 남기로 결정했다. 그는 그 후 국가대표팀에서 한 경기만 치르고 돌아와 우리와 10일 동안 훈련을 했다. 그리고 스토크를 상대로 선발 출전할 자격을 얻었다.

전반 41분, 그는 선제골을 터뜨렸다.

손흥민은 대리인을 포함해서 주변에 그를 도와주는 사람들이 많다. 그의 아버지가 직접 그를 관리하고 있고 주변에 다양한 스폰서도 갖고 있다. 그렇게 많은 사람을 관리하는 것은 쉬운 일이 아니다. 예전에 손흥민이 한국에서 굉장한 스타라는 말을 들은 적이 있다. 호주 투어를 떠났던 지난여름, 어느 한국 소녀가 내게 사인을 부탁했다. 나는 그녀에게 손흥민이 누군지 알고 있느냐고 물었는데 그녀는 잘 모르겠다고 말하며 누구냐고 물었다. 나는 결국 그녀에게 손흥민의 사진을 보여줘야 했다. 그 한국 소녀는 그를 알지 못했다.

나중에 손흥민에게 그 일을 꼭 들려줘야겠다.

전반전이 끝났을 때 우리는 리드를 잡고 있었지만, 무언가 잘못되었다는 것을 깨닫고 약간의 조정을 했다. 후반 11분, 손흥민은 다시 한번 골을 기록했다. 그는 이후에 어시스트도 하나 기록했고 수비에도 적극적으로 가담하면서 맨 오브 더 매치에 선정됐다. 우리는 4-0으로 이겼고 케인은 그의 시즌 첫 번째 골을 넣었다. 우리는 5위였다.

* * *

챔피언스리그 경기가 있는 주다. 선발 출전 명단은 거의 정해졌고 선수들도 경기를 기대하고 있었다. A매치 데이 이후에 몇몇 선수들과 개별적으로 대화를 나눴다. 우리는 그들의 심리적인 상태를 확인하고 싶었다. 해리 케인도 그들 중 한 선수였다. 그와 함께 그의 계약 상황과 골 가뭄을 극복하는 것 등에 대해 논의했다. 스토크를 상대로 그가 기록한 골은 분명히 긍정적인 일이었다.

가장 최근에는 오전에 에릭 다이어와도 대화를 나눴다. 그가 최근 경기의 몇몇 부분에서 경기력이 저하된 모습을 보인 것에 관해 이야기했다. 그날 오후 그는 내게 다시 이야기를 나누고 싶다고 요청했다. 그날 우리는 웸블리에서 훈련했고, 훈련이 끝난 후 나는 그에게 우리의 이전 경기 영상과 훈련 영상을 보여줬다. 그는 나에게 "저는 그게 그렇게 큰 문제라고 생각하지 않았어요"라며 결국 자신의 문제를 인정했다.

내일은 모나코를 상대로 챔피언스리그 경기를 치를 예정이다. 헤수스는 내게 스토크와의 경기를 준비하는 도중에 예정됐던 마지막 훈련을 바꾸는 방법을 써서 선수들에게 동기 부여를 했다고 말했다. 그는 선수들이 최근 수동적인 것 같다고도 말했다. 내일은 새 경기장(웸블리)에서 9만 명의 팬들이 지켜보는 가운데 뛰는 역사적인 저녁이 될 것이므로 선수들을 좀 진정시킬 필요가 있을 것 같다. 이런 경기는 모든 축구 선수가 어린 시절부터 꿈꾸던 순간이다.

나는 아르헨티나 대표팀 선수로 구 웸블리 경기장에서 뛴 적이 있다. 아마 2000년이었을 것이다. 그 경기에서 나는 선발로 출전할 예정이었지만, 실제로는 선발로 뛰지 못했다. 경기가 시작되고 5분이 지난 후에 비엘사 감독은 나를 보더니 보니니Bonini 옆에서 워밍업을 하라고 지시했다. 나는 동료들을 보면서 "5분 만에? 뭘 봤길래 5분 만에 워밍업을 하라는 거지?"라고 생각했다. 그때까지 우리 팀 중 누구도 다치지 않았고, 누구도 딱히 나쁜 경기를 하고 있지 않았다.

그 후로 약 5분쯤 준비운동을 하고 있을 때 비엘사 감독이 내게 말했다. "교체로 들어가라."

지금 교체라고? 전광판 시계는 고작 10분밖에 지나지 않았다!

"센시니 나오고, 포체티노 들어가."

그날 경기에서 비엘사 감독은 다른 이들이 볼 수 없는 것을 보았다. 나는 그다음에 페르난도 레돈도Fernando Redondo가 했던 일이 정말 마음에 들었다. 그는 다음 프리킥 상황에서 볼을 잡더니 나를 불렀다.

"포치, 포치. 이리 와. 네가 프리킥을 차. 그래, 이제 좀 긴장이 풀리지?"

그건 참으로 경험 많은 선수로부터 나온 아르헨티나인 특유의 빠르고 영리한 생각이었다.

＊＊＊

웸블리. 숨을 곳이라곤 전혀 없는 곳. 자기 자신이 알고 있다고 생각했던 것이 정말로 제대로 알고 있는 것인지 아닌지를 확인하게 되는 곳. 수백 개의 경기장에서 쌓아왔던 모든 경험들이 재현되는 곳.

감독이 되는 훈련은 그가 감독으로서 첫 경기를 치르기 훨씬 전부터 시작된다. 감독들은 하루에 100번의 선택을 해야 하고 그중 대다수가 옳은 선택이기를 바란다. 그러나 그런 결정들은 독립적으로 이뤄지는 것이 아니다. 감독들이 내리는 결정은 그들의 경험, 감정, 상황에 따른 결과물이다.

또 종종 다른 사람들에 의해서도 영향을 받는다. 나의 경우는, 뉴웰스에 뛰어난 선수들을 데려왔고 나에게도 아주 많은 것을 가르쳐줬던 아버지와도 같은 존재인 호르헤 그리파로부터도 많은 영향을 받았다.

무엇보다도, 나는 그리파로부터 인생에서 용감해지는 것의 중요성을 배웠다. 그리파는 내가 처음 그를 만난 순간부터 아무런 두려움이 없는 사람이었다. 그의 에너지와 목소리 그리고 의기양양한 기운은 내게 큰 인상을 심어줬다. 그는 시인처럼 말을 꾸며서 하지 않았다. 대신 매우 직설적이었고 정곡을 찌르는 말들로 나에게 깊은 울림을 남겼다. 그리고 그는 그가 말한 대로 행동했다.

심지어 나는 1부리그에서 뛰는 선수로 자리 잡은 후에도 에이전트가 없었다. 그리파는 내게 말했다.

"마우리시오, 넌 에이전트가 필요 없어. 날 믿어라. 클럽이 너를 속일 리는 없다. 다른 선수들에게 에이전트가 있는지 없는지는 중요하지 않아. 걱정 마라. 에이전트가 없다고 네가 손해를 보진 않을 거야."

그의 말은 사실이었다. 내가 뉴웰스에서 우승을 차지한 후 첫 계약을 하러 간 날, 그리파는 다시 말했다.

"이번이 제대로 된 첫 월급날이지? 지금부터 축구 선수로서 보내는 마지막 날까지 멋진 삶을 살아야 한다. 그러나 기억해라. 은퇴한 뒤에는 더 편안하게 살 수 있어야만 한다."

그는 내게 뿌린 대로 거두는 것이라고 말했다. 돈에 관해서만 얘기하는 것이 아니라 인생에 대해서도. 그는 만약 내가 주변 사람들을 돕는다면 언젠가 그들도 나를 도울 것이라고 말했다.

그가 내게 선수들에게 반복해서 알려주라고 했던 또 다른 말이 있다.

"마우리시오, 축구는 네가 가고 싶은 대로 흘러가는 것이 아니라 축구가 원하는 대로 네가 가게 되는 거야. 그 흐름을 따라가면서 최선을 다하고 믿음을 가져야 한다."

간혹 젊은 선수들이 여러 가지 문제로 중압감을 느끼는 것을 볼 때면 나는 그들에게 말한다.

"축구를 하면서 행복하게 살아라. 축구가 너희를 원하는 곳으로 데리고 갈 거다."

비엘사 감독에게서도 많은 것을 배웠다. 1990년부터 1993년까지 뉴웰스에서 그의 지도를 받았던 많은 선수가 감독이나 코치가 된 것은 우연이 아니다. 스코포니, 감보아, 베리조, 마르티노, 사모라Zamora, 프랑코Franco, 베르티Berti…. 비엘사는 우리로 하여금 축구를 이해하게 해줬고, 그의 열정은 전염성이 있었다. 그렇다고 해서 우리의 축구 철학이 똑같다는 의미는 아니다. 내가 알고 있던 비엘사 감독은 나와 같은 방식으로 경기를 즐겼고 같은 어려움을 겪었다. 그는 상대가 점유율을 확보한 상황에서 어떻게 하면 그 소유권을 되찾는지에 기반을 둔 축구를 하고 있다. 그것이 그의 기조였다. 그 이래로 그의 축구 철학은 진화했지만 내가 늘 그와 함께 있는 것은 아니므로 그의 현재 축구에 대해서는 별다른 의견이 없다.

나의 접근 방식은 그를 비롯한 다른 이들과도 약간의 공통점이 있다. 우리가 볼을 소유하고, 상대가 우리로부터 점유율을 되찾으려고 하는 축구를 구사하는 것이다. 나는 비엘사 감독처럼 상대 팀을 분석하는 데 광적이지는 않다. 그는 심지어 그의 코치들에게 상대 팀 직원처럼 몰래 변장을 하고 들어가서 상대 팀 훈련을 보고 오라고 부탁한 적도 있었다. 그와 나는 모두 우리 팀이 강도 높은, 빠른 템포의 축구를 하길 원한다. 특히 나는 우리가 통제된 상황에서 상대 팀에 혼란을 일으켜 기회를 만들어내길 바란다.

나는 결코 내 선수들에게 축구를 위해 그들의 모든 삶을 맹목적으로 헌신해야 한다고 말한 적이 없다. 뉴웰스 시절을 예로 들자면, 우리는 코파 리베르타도레스Copa Libertadores 대회가 열리는 주요 경기장 주변에서 최대 3개월을 함께 지냈었다. 우리는 목요일 오전에만 자유 시간을 가졌다. 월요일과 화요일에는 훈련하고, 수요일에 경기를 치르고, 목요일 훈련 후에 캠프를 떠났다. 그리고 같은 날 밤에 돌아왔다. 사생활이 거의 없었다. 비엘사는 때로는 우리와 함께 있었지만, 그렇지 않을 때도 있었다. 우리가 지내던 숙소에는 공중전화가 한 대밖에 없었고 그마저도 오후 10시가 되면 전화 연결이 되지 않았다. 여자 친구와 통화를 하고 싶으면 그녀가 전화를 먼저 할 때까지 기다려야 했다. 만약 다른 누군가가 전화를 받으면 남자 친구가 이곳에 없다고 대답했다. 그들도 자기 여자 친구의 전화를 기다리고 있었기 때문이다.

* * *

아이러니하게도, 이후에 내가 에스파뇰의 감독이 되는 데 결정적이었던 전화는 바로 그와 같은 부재중 전화였다.

에스파뇰 클럽 회장인 다니 산체스 리브레Dani Sánchez Llibre는 곤경에 처한 팀을 돕기 위해 보르도에서 나를 데리고 왔다. 그런데 2년이 지난 후 그가 이제는 내가 팀을 떠나기를 원한다는 이야기가 흘러나왔다. 그에게 전화를 걸었지만 그는 받지 않았다. 어느 날 그가 힐튼 호텔에서 점심을 먹고 있다는 연락을 받고 그를 만나러 갔다. "식사 모두 다 하시면 얘기 좀 할 수 있을까요?" 나는 그에게 물었다. 우리는 결국 식사를 따로 했고 이후 대화를 나누었다.

"회장님, 제 전화를 받지 않으신 건 잘못된 방법입니다. 제가 팀에 머물기를 원하지 않는다면, 그렇게 말을 해주십시오. 그러면 2분 안에 모든 게 해결될 것입니다."

결국 그 뒤로 나는 적절한 절차에 따라 은퇴하게 됐다.

선수 생활을 그만두고 얼마 지나지 않아, 이번에는 내가 클럽의 새로운 회장이 되고 싶어 한다는 소문이 나돌았다. 심지어 그에 대한 설문 조사도 진행됐다. 나는 다니 회장에게 다시 전화했다.

"이 일에 대한 모든 보도가 사실이 아니라는 것을 아셨으면 좋겠습니다."

그 후에 그는 내가 그때 그 상황을 바로잡지 않았다면 2009년에 나를 감독으로 추천한 단장의 제안을 결코 받아들이지 않았을 것이라고 말했다. 사실 그때 그와의 대화는 그와 나의 관계를 더욱 굳건하게 만들어줬다.

오랫동안 에스파뇰을 위해 뛰었고 클럽에 대해 속속들이 알고 있지만, 아직 한 번도 감독으로 일해본 적이 없었던 나를 그가 믿어준 것에 대해 늘 감사하고 있다. 나는 그 시즌 에스파뇰 감독에 부임한 세 번째 감독이었다. 그때 나는 강등권으로 처져서 잔류에 필요한 승점보다 5점이 부족한 성적을 기록하고 있던 팀을 이어받았다. 그 당시 에스파뇰은 한 시대의 마지막을 맞이하고 있었고, 드레싱룸에 들어가는 것 자체가 어려운 분위기였다. 누구도 감히 그 당시 팀의 분위기를 바꾸기가 쉽지 않았을 것이다. 그러나 나는 내가 무엇을 해야 할지 알고 있었다. 경험의 부족은 명쾌한 생각으로 보완했다.

감독 부임 첫날부터 나와 스태프들은 훈련장에 일찍 도착했다. 그리고 우리는 점차 변화를 줬다. 동료들과 술도 마시고, 의논도 하고, 수다도 떨었다. 나는 모두가 하고 싶은 말을 듣고 나서야 두 가지를 조합한 최종 결정을 내렸다. 직관과 모든 이들의 의견을 반영한 의견이었다. 지금의 나는

(선수들과 대화하는 기술이 좀 늘어난 것 같긴 하지만) 그때와 아주 크게 달라지지 않았다. 당시 우리는 몇몇 이상한 일도 하곤 했다. 심지어 최면술까지 시도했다!

코파 델 레이에서 과르디올라의 바르셀로나와 무승부를 기록한 이후, 우리는 첫 리그 경기였던 바야돌리드Valladolid 전에서 전날 경기 중 미미했던 부분에 대해 공유했다. 우리의 디렉터였던 파코 에레라Paco Herrera 는 사임했고, 기술 이사였던 라몬 플라네스Ramón Planes 가 그 시즌 말까지 임시로 그의 자리를 메웠다. 그의 포지션은 나중에 검토해도 된다는 것이 중론이었다. 당시 클럽의 모든 것이 공중에 떠 있었다. 우리는 그대로 2부리그로 강등될 것만 같았다.

사람들은 나에게 와서 라몬에 대한 험담을 했다. 라몬도 마찬가지였다. 그것은 축구계에서 자연스러운 일이다. 그러다 보면 회복이 불가능할 정도의 분쟁이 생기고 만다. 나는 라몬과는 거리를 뒀지만 일은 계속해서 함께 했다. 나는 모든 문을 열어둔 채 그를 관찰했다. 그리고 우리는 점점 서로에 대해 알게 됐다. 그의 업무 성과와 인내심, 용기 그리고 그가 보여준 가치 있는 원칙들이 많은 것을 알게 해줬다. 라몬과 나는 처음에 생각했던 것보다 더 많은 공통점을 가지고 있었다. 어려운 시기였지만, 그와 나는 클럽의 잔류를 위해서 힘을 합쳤다. 우리는 많은 것을 바꾸고 인내해야 한다는 것을 알았다. 또 유소년 선수들에게 믿음을 가져야 한다는 것 역시 알았다. 얼마 지나지 않아, 나를 도와줄 사람이 필요했던 상황에서 라몬은 헤수스를 에스파뇰로 데려왔고, 그 후로 나는 헤수스를 나의 오른팔처럼 믿고 함께 일하게 됐다.

그러나 큰 계획을 세우기에 앞서서, 우리는 반드시 그 시즌에 라리가 잔류를 해야만 했다.

우리는 적극적이어야 하고, 자신감을 가진 플레이를 해야 하며, 빠른 템포로 경기를 풀어가야 한다는 것을 느꼈다. 무엇보다도 과감한 플레이를 하는 것이 중요했다. 첫날부터 선수들은 우리의 아이디어를 받아들였다. 만약 누군가가 그런 변화에 동의하지 않는다면 다른 선수가 그 선수 대신 경기에 나서기로 했다.

"이제 우린 분명히 강등을 면할 수 있을 거야."

캄프 누에서 바르셀로나에 승리를 거둔 후 나는 라몬에게 말했다. 우리는 늘 더비전에서 바르셀로나를 괴롭혔고, 그 시즌에는 바르셀로나의 리그 우승을 방해하면서 승점을 얻어냈다.

시즌이 진행되면서 우리는 긴장감에 대처해야 했다. 믿을 수 없을 만큼 강렬한 긴장감. 그래서 스트레스는 심했지만, 좋은 면도 있었다. 에스파뇰을 이끌고 경기에서 승리하기는 쉽지 않았지만, 늘 내게 아주 큰 행복감을 안겨줬다. 그것은 마치 아침에 일어나서 신문을 읽고 산책하러 막 나갔을 때 같은 느낌이었고, 비록 짧지만 순수한 기쁨이었다.

우리는 한때 잔류에 필요한 승점보다 8점이 부족한 상황까지 떨어졌었지만 그 후 19경기에서 32점을 얻어내며 두 경기를 남겨놓고 잔류를 확정지었다. 임무 완수. 에스파뇰은 새로운 홈구장에서 1부리그를 시작할 수 있게 됐다. 순진한 이상주의자들로 가득한 운영진과 함께.

새로운 경기장인 코르네야-엘 프라트Cornellà-El Prat로의 이주는 1997년 9월 클럽의 아이콘이었던 사리아 스타디움Sarria Stadium을 철거한 후 몬주익 구장에서 약 10년간 보냈던 시대의 끝을 의미했다. 나는 여전히 두 개의 메인스탠드를 철거했던 그 토요일을 기억한다. 매우 슬픈 날이었다. 우리는 경기장에서 5분 정도 떨어진 곳에 살았는데, 그날 밤 나는 아내와 아들 세바스티아노와 함께 폐허를 보기 위해 갔다. 경비원에게 들여보내달라고 부탁했다. 경기장 한가운데로 걸어 들어갔을 때는 눈물을 참는 것이 불가능했다. 마치 기운이 서서히 사라져가는 사리아 구장의 마지막 울음을 듣는 것만 같았다. 그곳의 에너지는 서서히 사라져 갔다.

나는 정말로 코르네야-엘 프라트 스타디움에서 열리는 개막전의 감독이 될 날을 꿈꿨다. 운 좋게도 그 꿈은 현실이 됐다. 2009년 8월 2일 우리는 라파 베니테즈 감독이 이끌던 리버풀을 초청했고 4만 명의 팬들이 그 행사에 참여했다.

그리고 이상한 일이 일어났다. 한 마리의 아기 새가 경기장으로 날아왔는데(정확히 기억이 안 나지만 초록색이거나 하얀색이었을 것이다) 내가 안았다가 놔주니까 잠시 후에 날아가 버렸다. 나는 그 새를 꿈에서도 봤다.

우리는 그 경기에서 3-0으로 승리했다.

그리고 6일이 지난 후, 프리시즌 일정이 한창 진행 중일 때, 다니 하르케가 세상을 떠났다.

그의 죽음은 설명하기가 매우 어려운 일이었다. 인생에는 어떻게든 대처해야만 하는 상황들이 있지만 왜 그 일을 겪어야만 하는지 궁금해하지 않을 수 없는 일도 있는 법이다. 특히 왜 그렇게 젊고 건강한 친구에게 그런 일이 일어났는지에 대해서도.

나는 그날 토요일 아침에 일어난 모든 작은 일들까지 다 기억한다. 그날 우리는 피렌체의 코베르치아노Coverciano에 있는 이탈리아 축구 대표팀 훈련장에서 훈련했다. 그때만 해도 그는 완벽할 정도로 평소와 다른 것이 전혀 없어 보였다. 우리는 다음 날 볼로냐에서 가질 경기를 준비하고 있었다. 점심 식사 후에, 나는 선수들에게 낮잠을 자고 싶으면 자고 나서 피렌체 구경을 해도 좋다고 말했다. 다니가 내 옆을 지나가다가 맞은편에 앉아 있던 의사에게 말했다.

"선생님, 아스피린이나 진통제를 좀 주시겠어요? 머리가 좀 아파요."

나는 두 사람 사이에 끼어들어서 "피렌체에 나가서 커피 한잔 하면 괜찮아질걸"하고 말했다.

그는 피곤하다면서 그냥 숙소에 남아 있겠다고 대답했다.

그것이 내가 그에게서 들었던 마지막 한마디였다.

몇 시간 후에 코치였던 펠리시아노 디 블라시Feliciano Di Blasi와 함께 피렌체의 광장에서 시간을 보내고 있었을 때, 우리 팀 최고의 선수였던 이반 데 라 페냐로부터 전화가 왔다. 그는 울면서 다니에게 무슨 일이 생겼으니 호텔로 돌아와 달라고 했다.

우리가 호텔에 도착했을 때, 그의 침실에서는 의사들이 그를 소생시키려고 애를 쓰고 있었다. 그들은 세 시간 동안 심폐소생술을 시도했지만, 다니는 끝내 응답하지 않았다. 그는 심장마비로 세상을 떠났다. 26세의 나이에. 그것은 집단적인 트라우마를 일으킬 만큼 충격적인 일이었다. 의사들이 심폐소생술을 하고 있는 동안 선수들은 바닥에 누워 울고, 머리를 움켜잡으며 괴로워했다. 모두들 제정신이 아니었다. 나는 내가 아무것도 할 수 없다는 것에 무력함을 느끼면서 내 인생의 일부였고 이제 막 주장으로 임명했던, 나에게 내 어린 시절을 떠올리게 했던 이 선수, 이 아이가 세상을 떠나는 모습을 지켜봤다. 내가 할 수 있는 것은 아무것도 없었다. 아무것도. 그는 그렇게 떠나갔다. 나는 절망감을 느낄 뿐이었다.

같은 날 피렌체에서 바르셀로나로 돌아오는 비행기 안에는 오직 침묵만이 흘렀다. 아주 무거운 침묵이.

그럼에도 불구하고 우리는 계속해서 나아가야 했다. 선수들을 보호하고 그들을 하나로 불러 모아야만 했다. 우리는 모든 이의 힘을 한곳으로 모아서 그것을 자신감으로 바꿔야 했다. 다니의 죽음으로 인한 그 고통을 추진력으로 바꿔야 했다. 모든 시선, 모든 단어와 몸짓이 새로운 의미를 지니게 됐다. 그 후 몇 차례 패배를 당한 후에는 그 흐름을 바꾸기 위해 발버둥 쳤다. 다니의 여자 친구 제시카는 그가 죽었을 때 이미 임신 중이었고 9월 23일에 그들의 딸 마르티나를 낳았다. 바로 그날 우리는 새 경기장에서 처음으로 승리를 거뒀다. 우리는 그들에게 승리를 헌정했다.

* * *

그해 여름 우리는 팀에 필요한 개편을 시작했다. 우리는 키코 카시야Kiko Casilla처럼 유소년 아카데미에 있는 많은 선수에게도 기회를 줬다. 현재 레알 마드리드에 있는 그는 임대 중이었던 3부리그의 카디스Cádiz에서 시간을 낭비하고 있었다. 지금은 비야레알에 있는 빅토르 루이스Victor Ruiz도 마찬가지다. 우리가 라싱 산탄데르Racing Santander와의 홈경기에서 0-4로 졌을 때 그는 센터백으로 나왔고, 굉장히 힘든 시간을 보내고 있었다. 그다음 월요일 훈련을 마치고 나서 나는 그에게 말했다.

"너는 두려움 없이 경기를 해야 한다. 그라운드로 가서 아무 마음의 부담 없이 뛰어라."

우리의 다음 경기는 바르셀로나였다. 나는 의심의 여지가 없었다. 빅토르는 뛰어야 했다. 그 경기에서 우리는 거의 승점을 확보할 것처럼 보였다. 그러나 차비Xavi가 페널티킥을 얻어내기 위해 다이빙을 했고, 결국 그 페널티킥으로 바르셀로나는 승리를 거뒀다.

우리의 두 번째 시즌이었던 2009-10시즌 1월 이적 시장에서 다니 오스발도Dani Osvaldo를 영입한 것은 당시 우리가 구단을 운영하는 방식을 보여주는 가장 좋은 예일지 모른다. 우리는 그 무렵 많은 골을 넣지 못했고 재정적으로도 넉넉하지 않았다. 그때 우리는 비엘사 감독이 추천했던, 칠레와 멕시코 양국에서 득점왕을 차지했던 '추페트' 수아소Chupete'Suazo와 계약할 기회를 얻었다. 라몬과 나는 몇 시간 동안 이 문제에 대해 심사숙고했다. 우리를 제외한 모든 사람이 그것을 당연한 선택이라고 생각했다. 라몬과 나 단 두 명을 제외하고 말이다. 그때 내가 라몬에게 물었다.

"2년 전 이탈리아 20세 이하 대표팀에서 뛰었던 아르헨티나 출신 그 아이(오스발도)는 어떻게 됐지?"

라몬은 내게 그가 2년 동안 세 골을 넣었지만 최근 거의 경기에 나서지 못했다고 말했다. 그래도 나는 그가 22살의 나이에 벌써 축구하는 법을 잊지 않았을 것으로 생각했다. 우리는 그를 다시 지켜봤다. 그런 후에 라몬에게 말했다.

"난 정말 저 녀석이 마음에 들어. 그를 영입해서 어떻게 되는지 한번 지켜볼까? 일이 잘못되면 사람들은 우리를 죽이려고 들겠지만 말이야."

당시 에스파뇰엔 공격수 포지션에 이미 클럽의 레전드인 라울 타무도가 있었지만 우리는 결국 오스발도를 영입하면서 우리의 의지를 보여줬다. 그가 입단한 후 가진 첫 번째 훈련을 보던 라몬과 나는 서로를 쳐다보며 말했다.

"망했다. 마치 전직 축구 선수 같아."

그러나 우리는 그가 다시 폼을 찾도록 도와줬다. 그는 이적 후에 가진 첫 다섯 경기에서 딱 한 번 득점했다. 그러나 이후에는 결국 에스파뇰 구단 역사상 최대 이적료의 기록을 남기고 다른 팀으로 이적했다. 우리는 그를 400만 유로에 영입해서 1700만 유로에 팔았다. 딱 1년 반의 시간 사이에 말이다(오스발도는 에스파뇰에서 첫 시즌에 7골, 두 번째 시즌에 13골을 기록했다. 통산 리그 기준 44경기 20골. 포체티노 감독은 이후 2013-14시즌 사우샘프턴에서 다시 한번 그를 영입한다. – 옮긴이).

우리는 수백 번의 유소년 아카데미 경기를 관람했다. 그리고 20명 이상의 선수들에게 1군 무대 데뷔전을 안겨줬다. 그들 중 많은 선수는 지금 유명한 프로 선수가 됐다. 호르디 아마트Jordi Amat, 빅토르 루이스, 디다크 빌라Dídac Vilà, 하비 마르케스Javi Márquez, 알바로 바스케스Álvaro Vázquez, 하비 로페스Javi López, 라울 로드리게스Raúl Rodríguez…. 하지만 아마도 내가 감독으로 성장할 수 있도록 가장 큰 도움을 준 것은 클럽 역사상 가장 뛰어난 선수 중한 명이자 에스파뇰 역대 최다 득점자였던, 당시 은퇴를 얼마 남겨두지 않았던 라울 타무도와의 대립이었다.

에스파뇰에서 나는 나보다 훨씬 더 경험이 많은 다른 감독들이 회피했던 상황과 마주해야 했다. 아무도 감히 그 판도라의 상자를 열지 못했다. 그러나 난 내가 무엇을 해야 하는지 알고 있었고 곧바로 그 일에 착수했다. 나는 내가 하는 일이 옳고 진실된 것이라는 확신이 있을 때면 그 외의 것들은 전혀 고려하지 않는다. 나는 그 문제와 정면으로 부딪쳤다.

에스파뇰 클럽에서 우상으로 여겨지는 영웅을 푸대접하고 싶지는 않았지만, 그때 상황은 분명히 뭔가 조치가 필요했다. 그에 더해서 나는 내 조치가 역효과를 내지 않도록 조심해야만 했다. 그때 나는 초짜 감독이었고 에스파뇰이라는 구단 역시 위험한 상황에 놓여 있었다. 그 전 시즌 우리는 리그에 잔류하는 데 성공했지만 여전히 우리의 예산은 제한적이었고 리그 하위권을 벗어나기가 쉽지 않았다.

라울은 나의 친구였고, 우리는 드레싱룸에서 함께 두 번의 코파 델 레이 우승을 차지한 것을 포함해 많은 즐거운 순간을 함께했다. 그러나 때때로 선수들은 개인의 이익을 팀보다 우선시하는 경향이 있다. 나는 그에게 그가 팀을 위해 적절하게 행동하지 않고 있고, 그와 같은 리더이자 레전드 그리고 베테랑 선수에게는 다른 것을 기대한다고, 그 역시 미래에는 현재 자신의 행동을 자책하게 될 것이라고 수차례 말했다. 그는 에스파뇰 1군에서 13년째 뛰고 있었고 그 기간 동안 팀을 위해 많은 희생을 하고 또 책임을 짊어져 왔다. 그렇다고 해서 그것이 그가 팀을 잊고 자신만을 위해 행동해도 된다는 면죄부가 될 수는 없었다.

그 시즌 초기에, 나의 마음은 여전히 다니 하르케의 갑작스러운 죽음 언저리를 맴돌고 있었지만, 점점 팀에서 겉돌고 있는 타무도에게 관심이 옮겨졌다. 그 문제에 대한 질문을 받았을 때 나는 그가 1군 경기를 뛰기에 적합하지 않은 상태라고 대답했다. 결국 그는 그 시즌을 통틀어 376분만을 소화했다. 38번의 리그 경기 중에서 6경기에 출전했고 선발 출전한 경기는 4차례뿐이었다. 다른 두 경기에서는 30분만을 소화했다.

라울은 그 상황을 이해하지 못했다. 혹은 이해하고 싶지 않았는지도 모른다. 그러나 그런 태도는 당연히 문제를 더 복잡하게 만들 뿐이다.

나는 내가 은퇴하던 날 눈물을 흘리던 그의 모습을 기억하고 있다. 그러나 불과 몇 년이 흐른 뒤에 우리는 논쟁을 벌이며 서로에게 상처 주는 말을 하고 있었다. 몇 차례 상황이 개선되는 것 같던 대화도 있었지만, 한 번 선을 넘으면 돌이킬 수 없는 상황도 있다. 지금 되돌아보면 그때 우리는 두 사람 다 그보다는 더 잘할 수 있었을 것이라는 생각이 든다. 그때 그와 나의 대립은 우리 둘에게만 힘들었던 것이 아니라 우리 주변의 모든 사람에게도 마찬가지였다.

나는 그때 우리에게 있었던 일들을 통해 그 역시 더 성숙해졌을 것이라고 믿는다. 그리고 나 자신도 그 상황을 다루는 과정에서 분명히 실수했다. 사람은 시간이 지나면서 배우고 또 점점 나아진다. 이제 10년 동안 감독 생활을 한 후의 나는 영화 〈브레이브하트Braveheart〉에서 가슴을 드러낸 채 칼을 휘두르고 있는 멜 깁슨Mel Gibson처럼 거대한 창을 휘두르기보다 차분하게 상황을 돌아볼 수 있게 됐다.

요즘 우리는 더 이상 서로 말을 건네는 사이가 아니다. 에스파뇰에 있던 많은 이들이 그 상황에 일조했다. 당시 에스파뇰의 환경은 무언가 하나가 잘못되면 언제나 더 나빠질 수밖에 없는 상황이었다. 그러나 내 마음은 평온하다. 내가 그때 내렸던 모든 결정은 합리적이고 정당한 것들이었기 때문이다. 그 모든 결정에 각각 확고한 근거가 있었다.

이제 그는 에스파뇰을 위해 일하는 중이며, 나는 그가 다른 관점에서 봤을 때 자신이 어떤 결정을 내릴 때 많은 것을 고려해야 한다는 것을 깨달았을 것이라고 믿는다. 그는 아마도 과거의 자신처럼 행동하는 선수들을 비판할 것이고, 만약 그가 자신과 비슷한 상황을 마주하게 된다면 그는 팀을 위한 선택을 내려야 할 것이다. 그렇게 하기 위해서는 진정한 확신과 규율이 있어야 하며 자신이 지키고 싶은 가치가 무엇인지에 대해서 분명히 알아야 한다.

어쨌든 분명한 사실은, 에스파뇰이 힘든 시기를 보내고 있던 시절 3시즌 동안 클럽을 맡았던 나는 많은 악재들로부터 클럽을 지켜냈다. 우리는 한때 유럽 대항전 진출을 노리기도 했다. 나는 에스파뇰에서 150경기 넘게 지휘했다. 그러나 에스파뇰에서의 여정은 2012년 11월에 끝났다.

아니, 어쩌면 그 전에 이미 끝난 것인지도 모른다.

에스파뇰에서 보낸 나의 마지막 시즌, 그리고 그 직전 시즌과 그 사이의 여름은 정말 힘들었다. 구단은 재정적으로 문제가 많았고, 우리는 어떤 선수도 영입하지 못한 채 선수들을 팔아야만 했다. '점점 더 깊은 수렁에 빠지고 있는데 계속해서 나아가는 것이 의미가 있을까?'라고 속으로 생각했던 순간도 있었다. 그 무렵 나는 이탈리아의 1부리그로 돌아온 삼프도리아_{Sampdoria}로부터 감독직 제안을 받았다. 그들은 기꺼이 나의 바이아웃 비용을 내겠다고 했고, 동시에 내가 에스파뇰에서 받던 수입의 두 배를 지불하겠다고도 했다. 내가 에스파뇰에서 막 5번째 시즌을 시작하려던 참이었다. 그 여름 내내 나는 무엇을 해야 할지 고민했다.

마음속에서 나는 라몬에게 '아니, 빌어먹을 그냥 에스파뇰에 남아서 싸우자!'라고 말하는 내면의 목소리를 들었다. 카리나는 지칠 대로 지친 나를 더 이상 지켜볼 수가 없다며 에스파뇰 감독직을 그만두라고 말했다. 그녀는 계속 이렇게 살 수는 없다고 말했다.

결국 나는 "떠나겠다"고 말했다. 삼프도리아 구단주는 바로 다음 날 모든 것을 마무리 지으러 오겠다고 했다.

그러나 다음 날 아침, 나는 삼프도리아 단장에게 전화를 걸어 에스파뇰에 남겠으니, 나를 만나러 오지 말아달라고 말했다. 나는 이 모든 상황에 대해 분석했고 에스파뇰에 재앙이 닥쳐오고 있다는 것을 알고 있었다. 하지만 나의 자부심은 우리가 에스파뇰의 방향을 바꿀 수 있다고 생각하게끔 만들었다. 재정적으로는 열악하지만, 여전히 우리는 무언가를 만들어낼 수 있다고. 나의 낭만적인 생각이 나의 이성을 이겼다. 그 생각이 나의 마음을 사로잡았고, 아무도 나를 설득하지 못했다.

나의 가족은 에스파뇰의 팬이었고 이는 절대로 변하지 않을 것이다. 그러나 우리는 결국 에스파뇰에 대해 품고 있었던 낭만적인 생각을 결국 잃고 말았다. 축구는 생각과 가치를 공유하는 도구다. 감독의 비전이 다른 사람들과 공유되지 않을 때는 결코 그 비전이 결실을 볼 수 없고 감독 역시도 환멸에 빠질 수밖에 없다. 갑자기 나는 그것이 불가능하다는 것을 깨달았다. 일과 감정이라는 영역을 완전히 분리해서 유지하는 것은 너무나 어려웠다. 클럽이 그들 DNA의 일부인 사람들은 실제로 존재한다. 그러나 돈을 벌거나 자신의 이익을 위해 축구를 이용하는 사람들도 존재한다. 그렇게 결과만을 추구하는 것은 축구에 대한 순수한 꿈을 죽이기에 충분하다. 그 정도로 결과가 정말 중요한 것일까?

2012-13 프리시즌 초반, 나는 내가 좋아하지 않는 것들을 보게 됐다. 우리는 경기에서 거듭 패했고 추진력도 부족했다. 나의 입장에서도 내 주변의 입장에서도 두 가지 모두에 대한 피로가 점점 누적됐다. 감독이 결정을 내릴 때면 누군가는 이익을 얻지만, 다른 어떤 이는 피해를 본다. 책임지는 위치에 있는 사람은 모든 사람을 행복하게 할 수 없다. 그 시점에 에스파뇰에는 불행한 사람들의 모습이 점점 보이기 시작했다. 그들에겐 새로운 인물이 필요했다.

클럽에서는 나에게 새로운 회장을 선출할 이사회가 열릴 때까지는 떠날 수 없을 거라고 말했다. 지속적으로 회장직 선출을 위해 내달렸던 가장 영향력 있는 인물 조안 콜렛Joan Collet은 자신의 회장직 도전을 위해 1군 팀에 어떤 큰 변화도 없길 바랐다. 하지만 우리는 정말 너무나도 지쳐 있었다. 나는 콜렛에게 "이제 그만 떠나게 해줘"라고 부탁했다. "제발"이라고도 말했다. 그러나 그는 "안 돼"라고 답했다. 회장 선거가 있기 2~3주 전의 어느 날, 나는 카리나 앞에서 "조안, 제발, 네가 선거에서 이기면 바로 다음 날 떠나도록 해줘"라고 간청했다. 그는 마침내 나의 부탁을 들어줬다. 나는 그에게 또 부탁했다. "조안, 내 계약 기간은 아직 일 년 이상 남아 있어. 내년 급여는 포기할 테니 그 대신 내 스태프들의 급여는 지급해줘야 해. 이건 나의 결정이지 그들과는 관계없는 일이잖아." 당시 클럽을 괴롭히던 재정적인 어려움을 고려하더라도, 이는 무리한 요구가 아니었다. 예를 들어 나의 절친한 친구이자 조수였던 미키는 연봉으로 세전 4만 5000유로를 받고 있었다. 콜렛은 그 부탁도 수락했다.

그렇게 해서 모든 것이 끝났다. 내가 에스파뇰에서 경험했던 것을 다른 클럽에서 경험하려면 평생이 걸릴 것이다. 나는 내가 클럽을 위해 한 것과 클럽으로부터 얻은 것이 균형을 이뤘다고 느꼈다. 우리는 평등한 상황에서 관계를 마감했다. 나는 에스파뇰이라는 클럽과 그 관계자들에게 매우 감사하게 생각한다. 바르셀로나라는 도시로 옮길 수 있었던 것도 그들 덕분이었고, 그들이 있어 선수로서 그리고 감독으로서 멋진 순간들을 경험할 수 있었다.

라몬은 마치 내가 전생에 사무라이였던 것 같다고 말했다. 아마도 그는 내가 가치 있다고 믿는 것들을 위해 싸우며, 두려움 없이 앞으로 나아가는 투사 같은 모습에 대해 언급했던 것 같다. 특히 힘든 시기에는 더욱 그랬다. 또 나는 내 사람들에게 충성하고 정직하며, 그들을 위해 기꺼이 목숨을 바칠 수 있다. 나의 증조부님이나 할아버지가 그랬던 것처럼. 물론 나에겐 칼은 없지만 말이다.

라몬의 말에 어떻게 반응해야 할지 잘 몰랐다. 그러나 나는 내가 에스파뇰에서 아주 가까이 일했고 또 많은 일을 함께 겪었던 사람이 나를 그렇게 생각했다는 것이 매우 자랑스럽다.

* * *

2016년 9월 14일, 우리는 챔피언스리그에 진출한 잉글랜드 클럽 사상 최고 관중인 85,011명이 모인 앞에서 모나코에 1-2로 패했다. 그 경기는 우리가 지는 것이 마땅한 경기였다.

결과보다 더 나쁜 것은 우리가 우리 자신을 크게 실망시켰다는 것이었다. 나의 첫 챔피언스리그 경기에서. 우리의 첫 챔피언스리그 경기에서.

* * *

오늘 밤 나와 내 가족은 감독실에서 간단하게 간식을 먹은 후 11시 20분에 웸블리를 떠났다. 우리는 차 안에서 음악을 들으면서도 아무도 말을 하지 않았다. 평소에는 하고 싶은 말은 다 하는 편인데도 그랬다. 집에 도착하자마자 우리는 침실로 향했다. 나는 스페인 라디오 방송을 틀었고 오라 25Hora 25, 코페COPE, 온다 세로ONDA CERO, 엘 라구에로El Larguero까지 이런저런 방송을 들었다.

늘 그렇듯, 나는 잠들기 전에 침대에 있는 아이패드로 그날 경기를 마지막으로 한 번 더 돌아봤다.

나는 화가 났다. 오늘은 역사적인 밤이었다. 9만 명의 팬들이 응원해주는 경기를 몇 번이나 경험할 수 있을까? 그리고 그 챔피언스리그 주제가. 그 음악이 당신을 흥분시키지 않는다면….

우리는 UEFA 챔피언스리그에서 뛰는 열정과 흥분을 제대로 보여주지 못했기 때문에 패했다. 축구적인 문제가 아니라 꼭 필요한 자질을 갖추고 있지 못한 것이 문제였다. 우리는 정신적으로 그 경기를 치를 준비가 되어 있지 않았다. 그것이 나를 가장 괴롭게 했다.

감독으로서 나는 책임을 지고 모든 것에 대해 질문을 받아야 한다. 축구에서 어려운 것은 메시가 하는 플레이다. 볼을 잡고 다섯 명의 수비수 사이로 드리블 돌파를 하고 골을 넣는 것 말이다. 그러나 달리면서 공격적으로 움직이고, 상대 팀을 경계하고, 자리에 맞춰서 정해진 움직임을 취하는 것은 절대 어렵지 않다. 이는 적절한 동기 부여로도 분명히 가능하기 때문이다. 때로는 경기가 계획대로 풀리지 않을 수도 있지만, 절대로 숨어서는 안 된다. 우리는 이런 종류의 경기에서 요구되는 정신 자세를 보여주지 못했다.

그 경기를 준비하는 내내, 나는 꿈속에서 살고 있었다. 그래서 우리가 전반전에 두 번이나 학생들이나 하는 실수를 하며 실점을 내준 것은 뼈아픈 타격이었다.

그 결과, 하프타임에 나는 많은 말을 쏟아부었다. 말하는 것을 멈출 수가 없었다. 사실 나는 아무것도 말하고 싶지 않았다. 지금 이곳에서 일어나고 있는 일들은 모두가 이해할 수 있을 만큼 단순했다.

"도대체 지금 뭘 하고 있는 거지?"

"어떻게 그런 식으로 실점할 수가 있지?"

"너희는 피가 끓지 않아?"

나는 선수들에게 그 이상을 말했다. TV를 주먹으로 쳐서 거의 부술 뻔했다. 그들은 그런 내 모습을 보는 것을 조금 두려워했던 것 같다. 내가 토트넘에 온 후로 그렇게 선수들에게 화를 낸 것은 그때가 처음이었다.

나는 선수들에게 나가서 팬들을 존중하는 모습을 보여주라고 말했다. 나는 그들에게 우리가 이기든 지든 상관하지 않겠지만, 우리 자신을 버려서는 안 된다고 말했다. 용감하고, 공격적이고, 헌신적이고, 응집력이 강한 축구를 하는 팀. 전술이나 선수들의 위치에 대해서는 말할 필요가 없었다. 경기 전날 이미 그 모든 일을 했다. 어느 측면에서 공격할 것인가, 어떻게 그들을 막을 것인가. 스로인 상황에서 내준 두 번째 골은 정말 굴욕적이었다! 우리는 볼을 너무 빨리 내보냈고 너무 깊숙한 곳에서 되찾았다. 모든 상황이 좋지 않았다. 한 명의 선수가 부진했다거나 혹은 센터백들이 실수한 상황이었다면 차라리 더 쉬웠을 것이다. 그러면 내가 그 선수만 교체할 수도 있으니까. 그러나 그 전반전에서 우리의 문제는 더 광범위한 것이었다. 그리고 그 상황에서는 신중하게 결정을 내려야만 한다. 그 결정이 나머지 시즌에 영향을 미칠 수 있기 때문이다.

하프타임 이후에는 우리가 좀 더 공격적인 모습을 보였지만, 여전히 부족했고, 또 너무 늦었다. 그 경기에서 우리는 상대 팀보다 7킬로미터나 더 달렸고, 15개의 슈팅을 기록했고, 점유율을 지배했다. 그러나 우리는 더 잘한 상대 팀에 패했다.

기자회견장에서 기자들의 질문을 받으면서 나는 그들에게 웸블리에서 경기를 갖는 것(기자들 스스로가 애써서 원인으로 지목하려고 했던)은 아무런 변명거리가 되지 않는다고 말했다. 나는 우리에게 열정이 부족했다고 말했다.

나는 다른 방식에 대해서도 상상해봤다. 선수들에게 브레이크를 걸고 지나치게 공격적으로 플레이하지 않도록 하는 경기 운용에 대해서 말이다. 나는 실수라는 것이 지나친 흥분에서 비롯된다고 생각한다. 나는 이 경기에서의 패배가 그토록 고통스러운 이유가 내가 다시는 보고 싶지 않았던 어떤 것이 어렴풋이 확인되었기 때문이라는 것을 눈치 채고 있었다. 결코 인정하고 싶지 않았지만, 그 패배는 저 멀리 뉴캐슬에서 당한 패배와 연결되는 면이 있었다. 누군가는 그저 우연이라고 말할 수도 있겠지만, 결코 그렇지 않다.

훈련에 열심히 임하더라도 개선할 수 없는 것들이 몇 가지 있다. 어떤 일부분, 어떤 선수들의 개성들이 모이고 나면 팀 전체에 영향을 미친다. 팀에 좋은 철학과 방법론을 갖추기 위해서는 훈련으로는 충분하지 않을 때가 있다. 때로는 그 문제가 되는 부분을 대체해야만 할 때도 있다.

나는 심지어 가족 앞에서도 불쑥 말했다. "뉴캐슬전은 정말 끔찍했어. 오늘 경기도 마찬가지야."

이 경기에서의 패배는 내게 많은 걸 가르쳐줬다. 감정에 휩쓸려 눈이 멀어서는 안 된다.

나는 이번 시즌을 잘 보내는 데 필요한 모든 결정을 내릴 마음의 준비를 할 것이다. 우리는 우승하기 위해 경쟁하고 있기 때문이다.

* * *

마침내 나는 잠이 들었다. 서너 시간밖에 자지 못했지만.

다음 날 아침, 나는 여느 때처럼 오전 7시 30분에 훈련장에서 토니, 미키, 헤수스와 만났다. 모나코전에서 벌어진 장면들을 세 번째로 지켜보던 중에 레비 회장이 사무실로 들어왔다. 우리는 그 경기에 대해 대화를 나눴고 왜 우리가 그렇게 아쉬운지에 대해 이야기했다. 우리 일의 일부는 회장에게 팬들이 보지 못하는, 텔레비전에서는 볼 수 없는 것들을 보여주는 것이다. 종종 이런 일이 가장 중요할 때가 있다. 회장과 나눈 대화는 매우 흥미로운 것이었다. 그 후에 그는 왜 그가 나를 보러 왔는지 설명했다.

"몇 년 전에 내가 영입했던 선수, 데이비드 벤틀리David Bentley를 기억하나?" 그가 말했다.

"나는 그에게 많은 돈을 썼고 그는 첫 경기에서 아스널을 상대로 골을 넣었지. 지금 그는 마르베야Marbella(스페인 안달루시아 지역에 있는 휴양지 – 옮긴이)에 있는 레스토랑을 운영하고 있는데, 알리의 에이전트와 좋은 관계를 유지하고 있는 것 같아. 자네가 한번 벤틀리를 만나보는 것이 좋을 것 같아. 그가 어린 선수들에게 조언을 해줄 수 있을 것 같거든. 요즘 어린 선수들은 에이전트들의 말을 너무 많이 들어. 그러다가 나쁜 결정을 내리기도 하고. 벤틀리가 그랬던 것처럼."

좋은 의도가 담긴 좋은 아이디어였다. 그러나 내 일의 일부는 선수들을 돕기 위해 언제 어떻게 전술을 사용할지를 결정하는 것이다. 회장이 직접 우리를 돕고 싶어 하는 것은 좋지만, 우리는 조심해야 할 필요가 있다. 세상은 매우 빠르게 변하고 있고, 다른 세대에 바람직한 영향을 미칠지 확실하지 않은 상태에서 과거의 예를 사용하는 것은 현명하지 못한 일인지도 모른다. 우리가 10년 전에 현명하다고 여겼던 것들은 지금 어린 선수들에게서 같은 반응을 불러오지 않는다. 이것이 감독에게 주어진 도전이다. 우리는 선수들의 친구이자 심리학자이자 트레이너이며 우리가 선수였을 때 사용했던 해결책과는 다른 해결책을 찾아야 한다.

얼마 후, 우리는 이적 협상을 마친 후 약 한 달 동안 호텔에서 머물며 모든 것이 정리되기를 기다리던 조르주 케빈 은쿠두Georges-Kevin N'Koudou와도 이야기를 나눴다. 그는 비싼 집으로 이사를 한 후 고급 자동차를 끌고 훈련장에 왔다. 그 모습은 축구를 통해 세계 정상에 오르겠다는 의지를 가진 사람의 모습처럼 보이지 않았다. 그는 이제 막 새 팀에 발을 디뎠다. 그는 자신의 가치를 보여줘야만 한다. 우리는 그와 많은 이야기를 나눴다.

토트넘의 커뮤니케이션 팀장인 사이먼 펄스타인Simon Felstein이 어제 교통사고를 당했다. 그는 부지런하며 재미있는 훌륭한 남자다. 심각할 수도 있는 상황이었지만 그는 다치지 않고 돌아왔다. 우리는 모두 그가 운 좋게 다치지 않은 일을 축하했다.

* * *

모나코전으로부터 이틀이 지난 후, 선더랜드전을 앞두고 분위기가 다시 고조되기 시작했다. 오늘 우리는 선수단 그룹을 모나코전에 뛴 선수들과 그렇지 않은 선수들로 나눴고 나는 후자와 함께 몇 가지 전술 훈련을 했다.

모나코전을 통해 무엇을 개선해 나가야 할지는 비디오 영상을 통해 보고할 필요가 없었다. 이미 말로 확실하게 메시지를 전달했기 때문이었다. 그러나 나는 우리가 무엇을 해야 하고 어떻게 해야 하는지에 대해 설명하기 위해 몇몇 선수들과 미팅을 했다.

프리미어리그 경기에 앞서 열린 기자회견에서, 나는 내가 전에 말했던 것을 반복해서 이야기했다. 우리는 열정이 부족했다. 또한 우리는 젊은 팀이고 선수들이 성장하도록 돕는 것이 우리의 일이라고 언급했다. 그러고 나서 갑자기 비엘사가 에스파뇰 감독으로 부임한 후 그와 내가 가졌던 대화들이 떠올랐다.

"지난 시즌의 네 경기력을 어떻게 평가하고 있나?"

비엘사 감독이 내게 물었다. 그해 나는 리그 최고의 센터백 상을 받았다.

"10점 만점에서 9점이나 10점을 주기는 어려울 것 같고, 7점 정도는 줄 수 있을 것 같습니다."

"이봐." 그가 내 눈을 똑바로 바라보며 말했다.

"나는 네 모든 경기를 다시 봤다. 내가 감독이었다면 너는 출전하지 못했을 거야. 네가 과거에 하던 플레이를 더 이상 하지 않고 있기 때문이야. 너는 내가 과거에 알던 그 선수가 아니야."

물론 나는 그의 말에 반응했다. 체중을 줄이고 훈련량을 늘렸다. 그 후로 나는 국가대표팀에 소집됐고 PSG로 이적한 후 월드컵에 출전했다.

그것이 바로 말의 힘이다.

점심 시간에 해리 케인이 나와 대화를 하고 싶다고 다가왔다. 나는 그를 피했다. 모나코전에 대한 분노가 아직 완전히 가라앉지 않았다. 식사를 마친 후 나는 간단한 테스트를 해보기로 했다. 나는 자리에서 일어나서 발코니 옆에 있는 팔걸이의자에 앉았다. 누가 오는지 보자고 생각하면서.

곁눈질로 나는 케인이 식당에서 과일 한 조각을 잡은 모습을 봤다. 그는 자기 테이블로 돌아갔다. 잠시 후, 그는 식사를 마친 접시를 소파 근처의 선반에 올려둔 후 내 옆으로 와서 앉았다. 우리는 결국 오후 3시까지 이야기했다. 나는 그날 비엘사가 내게 솔직한 이야기를 했을 때 눈물을 흘렸다고 그에게 말해줬다.

내일은 선더랜드전이다. 모나코전 패배 이후 첫 번째 경기다. 우리는 선발 라인업에서 두 명의 선수를 바꿀 것이다. 그 중 한 명인 뎀벨레는 6경기 출전 정지 처분을 마무리한 후 다시 출전이 가능해졌다. 모나코전과 비슷한 팀이 경기에 나서게 될 것이다.

귀가 조금 아팠다. 의사는 그것이 가벼운 염증이라고 말했다.

* * *

토요일이다. 경기가 있는 날이라는 뜻이다. 아침에 열이 좀 나서 이를 식히기 위해 훈련장에서 샤워를 했다. 운동복을 입고 화이트 하트 레인으로 향했다. 불평할 시간조차 없었다. 오늘은 18일이고 우리에겐 모스크바전을 마치고 돌아오는 28일까지 쉴 수 있는 날이 없다.

하프타임 스코어는 0-0이었지만 별로 바꿀 것이 없었다. 나는 골이 터질 거라고 생각했고 선수 교체를 일단 미뤄보기로 했다. 그리고 그것은 좋은 결정이었다. 케인이 후반 14분에 결승골을 터뜨렸지만, 가벼운 부상도 당했다. 사실 이 경기에서 우리는 교체 카드 세 장을 모두 부상 때문에 써야 했다. 이건 흔히 있는 일이 아니다. 뎀벨레와 다이어는 큰 부상이 아니었지만 케인은 몇 달 동안 뛸 수 없을 것 같다.

* * *

질링엄과의 리그컵 맞대결에 앞서, 나는 캄덴Camden 출신의 재능 있는 17세 선수인 마커스 에드워즈가 메시를 떠올리게 한다고 말했다. 그는 메시와 같은 방식으로 움직이고, 달리는 동안에도 볼을 여러 번 터치하며, 복잡한 상황에서도 비교적 쉽게 빠져나오는 능력을 갖췄다. 나는 우리가 그에 대해 인내심을 가져야 하며 그가 스스로 자신의 미래를 개척할 수 있어야 한다고 말했다. 그 스스로 자신의 일에 대해 인지하는 방식과 그 일과의 관계가 그가 미래에 어떤 선수가 될 것인지를 결정할 것이다.

어쩌면 그것이 관중석이 꽉 찬 이유였던 것 같다. 마커스는 그가 볼을 잡을 때마다 관중들을 자리에서 일어서게 만드는 드문 선수 중 한 명이었다. 그런 선수들은 많지 않다. 데뷔전을 치렀을 때 그는 자신의 능력을 언뜻 보여줬다. 한번은 그가 측면에서 볼을 잡은 후에 중앙으로 치고 들어오면서 동료 선수와 원투 패스를 주고받은 다음 슈팅을 날렸는데, 그 장면은 만약 골이 됐다면 모든 스포츠 방송에 나올 만한 멋진 장면이었다.

얀센은 페널티킥을 성공시키며 구단 이적 후 첫 골을 터뜨렸다. 에릭센은 주장 완장을 차면서 자신감이 배가된 모습을 보여줬다. 은쿠두도 번뜩이는 모습을 보여줬지만, 전반적으로 이날은 유소년 아카데미 출신 선수들을 축하해줘야 하는 날이었다. 우리는 5-0으로 승리했고, 어린 조시 오노마는 1군 팀에서 첫 번째 골을 터뜨렸다. 그와 함께 그 순간을 축하했던 모든 사람은 토트넘 유소년 아카데미가 배출한 자원들이었다.

***

오늘 우리는 미들즈브러 원정에 나서는 선수들을 뽑아야 했다. CSKA 모스크바와의 UEFA 챔피언스리그 맞대결에 나설 선수 명단과 그 다음 경기인 맨체스터 시티전에 나설 선수진에 대해서도 생각해야 했다. 우리는 위험을 감수하는 대신 로즈와 뎀벨레, 다이어를 명단에서 제외했다. 손흥민이 두 골을 터뜨렸고 우리는 리그 2위로 올라섰다. 2-0이 된 후 세 번째 골을 터뜨릴 수도 있었지만 마지막 한 방이 부족했다. 프리미어리그에는 쉬운 경기가 없다. 우리 팀은 결국 2-1로 승리를 거두었다.

경기가 끝난 후 우리는 라스 로자스Las Rozas에 있는 스페인 축구 협회 본부에서 토니, 그리고 나와 함께 지도자 자격증을 취득한 아이토르 카랑카Aitor Karanka 감독과 대화를 나누었다. 그의 일은 결코 간단하지 않다. 그는 새로운 인물들이 많이 합류한 승격팀 선수단을 관리해야 하기 때문이다.

마커스는 비록 경기에 나서지 못했지만, 1군 팀과 함께 가는 새로운 경험을 했다. 내일 그와 다시 이야기할 것이다. 질링엄을 상대로 그가 데뷔한 후에 내가 그의 목 부근을 잡고 그를 안고 있는 사진이 찍혔다. 그것은 내가 마라도나와 함께 찍었던 사진(마찬가지로 목 부근을 잡고 있는 사진)을 생각나게 한다. 그 사진을 마커스에게 보여줄 생각이다.

***

미들즈브러전을 마친 다음 날, 우리는 훈련을 하고 이야기를 나누었다. 나는 선수들이 규칙적으로 마시고 있는 에너지 드링크에 대해 한마디 하고 싶었다. 우선 그 음료수는 몸에 좋지 않다. 둘째로 필요도 없다. 나는 그들이 뭘 원해서 그것을 마시는지 알고 있다. 자신감과 안정감이다. 때때로 축구 선수들은 두려움 때문에 어떤 일에 매달리고 또 마음속의 약점을 해결하기 위해 이상한 해결책을 찾는다.

PSG에서 뛸 때 나는 스트레스 수치를 확인하기 위한 테스트를 받았다. 게임 시작이 가까워지면서 호나우지뉴와 아르테타 같은 기술적으로 재능 있는 선수들은 상대적으로 긴장을 덜 했다. 반면에 기술적인 능력이 부족한 선수들의 스트레스는 증가했다. 선수들은 근심, 걱정에 대해 관리하는 방법을 알아야만 한다. 그리고 클럽은 선수들의 자신감을 높일 방법도 알려줘야 한다.

우리는 두 명의 선수와 그들의 체중에 대해 논의했다. 현재는 경기가 너무 많아서 그만큼 훈련을 할 수 없고 추가로 다른 운동을 할 수도 없다. 그럴 때는 선수들이 스스로 체중이 늘지 않게 하기 위해 스스로를 통제하고, 자신이 먹는 음식을 돌아보며 긴장을 풀어야 한다.

경기 준비 과정에 시소코가 머리에 부상을 입었는데, 팀 닥터는 그가 경기에 나설 수 있을지 확신할 수 없다고 말했다. 우리는 늘 팀 닥터들의 의학적인 조언을 진지하게 받아들인다. 그는 내일 모스크바로 떠나지 않을 것이다.

＊＊＊

우리는 붉은 광장Red Square 입구 근처에 있는 포시즌스 호텔에 머물렀다. 경기장으로 향하기 전 호텔에서 얼마간 머물면서 가벼운 훈련을 했다. 이 훈련에서 우리는 토요일에 경기에 나섰던 선수들과 그렇지 못했던 선수들로 그룹을 나눴다. 경기 전 기자회견을 하는 동안 나는 러시아 기자들이 자신감에 차 있다고 느꼈다. 그들은 외국 팀들이 모스크바에서 얼마나 자주 어려움을 겪는지에 대해 말했다. 그래서 나는 2005년에 에스파뇰이 로코모티브Lokomotiv를 어떻게 이겼는지 상기시켜줬다. 나중에는 레드 스퀘어에서 에스파뇰 선수들이 승리를 자축하고 있는 사진을 찾아보기도 했다.

그 후에 우리는 저녁을 먹기 위해 호텔로 돌아갔다.

이번 주 초에 토니는 우리 팀원이었던 드미트리 쿠즈네토프Dmitry Kuznetsov로부터 전화를 받았다. 쿠즈네토프는 현재 루빈 카잔Rubin Kazan의 수석 코치다. 우리는 호텔 바에서 만났고, 나는 그가 유럽 선수가 아니어서 에스파뇰에 입단했을 때 난처한 상황이 있었다고 말했다. 당시 스페인 클럽들은 외국인 선수를 5명까지 등록할 수 있었고, 경기에는 3명의 선수만 뛸 수 있었다. 호세 안토니오 카마초José Antonio Camacho가 감독이었는데 나는 대개 선발로 출전했다.

그러나 우리가 지고 있을 때면 감독은 나를 빼고 종종 다른 외국인 선수였던 쿠즈네토프를 투입했다. 그가 그렇게 여러 번 교체하던 어느 날 나는 맥이 풀렸다. 카마초가 무슨 일이냐고 내게 물었을 때 나는 왜 경기에서 교체되는 사람이 항상 나인지 물으면서 이는 공평하지 않다고 생각한다고 말했다. 그는 내게 외국인 선수는 세 명만 경기에 뛸 수 있기 때문이라고 말했다. 하지만 그 대화가 있은 후 그는 더 이상 나를 교체하지 않았다.

평소보다 늦게 잠자리에 들기 전에 나와 코치들은 붉은 광장을 보고 싶었지만 이미 문이 닫혀 있었다(붉은 광장 관람은 통상 오후 10시까지 가능하다 - 옮긴이). 그래서 호텔 입구에서 봐야 했다.

아침 식사 후, 나는 헤수스, 토니, 미키 그리고 우리의 지압사인 사비에르Xavier와 함께 광장으로 갔다. 우리는 보안요원과 동행해야 했다. 유로

2016 이후 잉글랜드 팀이 러시아 팀과 마주친 것은 이번이 처음이었기 때문이다. 우리 팬들은 잉글랜드 사람이라는 사실로 이목을 끌지 말아달라는 요청을 받았다. 그런데 도대체 어떻게 그러라는 말일까? 나도 궁금하다.

몇 장의 사진을 찍은 후, 쇼핑센터에 들렀다가 경기를 준비하기 위해 호텔로 돌아갔다. 점심을 먹은 후에 차를 마시고 잠시 휴식을 취한 후 선수들과 미팅을 했다.

라멜라가 선발 라인업으로 돌아왔다. 지금까지 한 경기밖에 뛰지 못했던 키에런 트리피어Kieran Trippier도 마찬가지였다. 우리는 상대편 팀의 세트피스 영상을 보여줬다. 킥오프 시간이 다가왔다.

그리고 우리는 승리했다. CSKA 0-1 토트넘. 모든 것이 우리의 계획대로 되었다. 우리는 경기를 장악하고 있었고, 여러 차례 상대방 페널티박스 부근으로 침투했다. 그러나 마무리가 좋지 않았다. 후반전 그들은 더 많은 기회를 만들어냈고 우리는 변화를 주기로 결정했다. 우리는 얀센을 전방에 올려놓고 은쿠두를 통해 윙에서의 속도를 높였다. 라멜라는 중앙으로 이동했고 그는 진짜 '9번' 역할을 하진 않았지만 팀 공격에 에너지를 더해주면서 상대 팀 중앙 수비수들을 자기 포지션에서 끌어내는 역할을 했다. 그렇게 해서 골이 나왔다. 골 상황에서 라멜라는 깊은 위치로 빠졌고 그때 손흥민이 다시 한번 골을 터뜨렸다. 우리는 만족했지만 골문 앞에서는 좀 더 치명적이어야 한다는 것을 깨달았다.

전세기를 이용했음에도 불구하고, 런던으로 돌아가는 여정은 끔찍했다. 무엇보다도 시차가 문제였다. 모스크바는 런던보다 두 시간 앞서 있다. 모스크바에서 낮이 저물 무렵 비행기를 타고 런던에 도착하면 긴 하루가 남아 있다. 1군 팀은 퍼스트 클래스로 비행을 하는데 이는 유소년팀 선수들은 아직 누리지 못하는 특권이다.

　좌석이 완전히 침대처럼 바뀌는 것은 아니지만, 그래도 편안하다. 테이블은 기내식을 먹거나 아이패드를 놓고 활용할 수 있을 만큼 충분히 크다. 조금 전에 코치들과 그 경기에 대해서 논했지만, 크게 깊이 있는 논의는 아니었다. 여전히 새로운 기분이고 경기에서 느꼈던 감동들은 그대로 남아 있다. 지금 이 시점까지 1군 팀의 세 번째 골키퍼를 제외한 모든 선수가 경기에 나섰다. 우리는 우리 스타일대로 플레이해왔지만 앞으로는 더 나아질 수 있다. 선수들도 이제는 이적 시장이 닫혔기 때문에 더욱 집중할 수 있다. 우리는 리그에서 2위에 올라 있다. 모든 경기에서 우리의 기록은 6승 2무, 그리고 단 한 차례의 고통스러운 패배만 있을 뿐이었다.

　와인을 좀 마시고, 한숨 잘 생각이다. 우리는 새벽 5시 전후로 런던에 착륙할 예정이었다. 그래서 나는 선수들에게 하루 휴가를 주었다.

10월

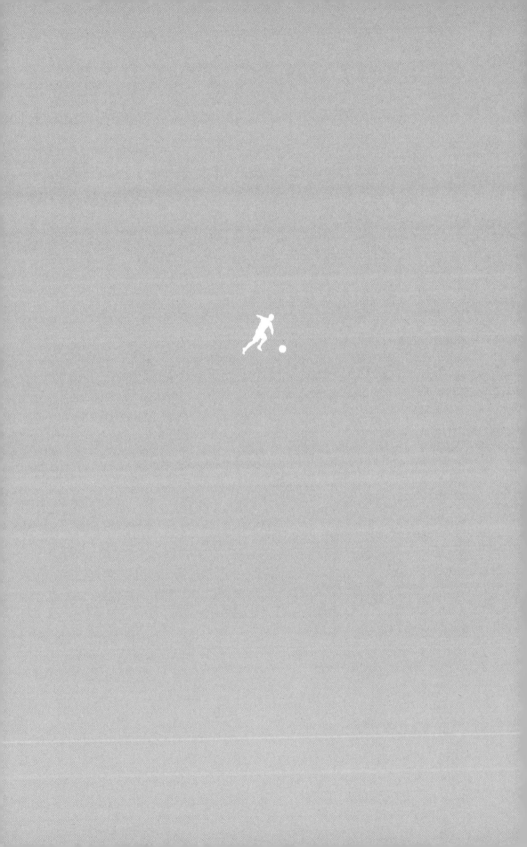

10월에는 여러 가지 난제가 있다. 우선 네 번의 리그 경기가 있는데, 이 중 첫 번째 경기는 화이트 하트 레인에서 펩 과르디올라가 이끄는 맨체스터 시티를 상대하는 경기다. UEFA 챔피언스리그에서는 독일 원정을 떠나 다시 팀을 정상 궤도로 올려놓을 기회를 맞고 리그컵 4라운드에서는 리버풀을 상대한다. 그 와중에 다니엘 레비 회장은 토트넘 코칭스태프와 함께 알프스로 출장을 떠났다.

9월 29일 목요일. 우리는 모스크바에서 런던으로 돌아온 수요일 새벽 5시(모스크바 시간으론 더 늦게)에 선수들에게 휴가를 줬고 오늘 다시 훈련장에 모였다. 선수들 대부분이 지쳐 있어서 훈련량을 줄였다. 우리는 모스크바와의 경기에 출전하지 않은 교체 명단에 있었던 선수들, 모스크바 원정에 동행하지 않았던 선수들 그리고 로즈, 다이어처럼 부상에서 돌아온 선수들을 한 팀으로 묶어 21세 이하 아카데미 팀을 상대로 45분간 11 대 11 연습 경기를 치렀다.

나중에 나는 완야마와 진지하게 대화를 나눴다. 그가 경기장에서 하고 있는 몇몇 플레이들을 바꿀 필요가 있었기 때문이다. 예를 들자면, 우리가 완야마에게 그의 플레이 영상을 보여주기 전까지 그는 흥미롭게도 미들즈브러와 CSKA를 상대로 자신이 좋은 모습을 보여줬다고 생각했다. 완야마는 모든 것을 진지하게 받아들이는 감정이 풍부한 아주 특별한 선수다. 나는 그가 갖고 있는 정신적인 고귀한 부분 때문에 그를 정말 좋아한다. 내가 처음 셀틱에서 뛰던 그를 사우샘프턴으로 데려왔을 때, 그는 그저 나이만 21살인 덩치 크고 힘이 센 아기 같았다. 그런 그에게 쓴소리를 하는 것은 나에게도 기분 좋지 않은 일이지만, 나는 그렇게 해야만 했다. 나는 이제 그를 관리하기 위해서는 언제 어떤 버튼을 눌러야 하는지, 또 내가 어디까지 그를 밀어붙일 수 있는지를 알고 있다.

금요일에 우리는 나머지 팀원들과 회복 훈련을 할 예정이다. 토요일에 더 많은 세부적인 것들을 수행할 수 있도록 신체적으로나 정신적으로 좋은 컨디션을 만들어주기 위해서다. 경기를 앞두고 선수들의 컨디션 체크를 했다. 이 결과에 따라 누가 출전할 수 있는지가 결정될 것이다. 해리 케인이 아직 경기에 나서지 못할 것이라는 점은 확실하다. 발을 다친 뎀벨레도 다음 경기에 나서지 못할 것이다. 요리스는 다시 1군 팀과 훈련을 시작했다.

* * *

30일 금요일, 오늘 기자회견에서 내가 전하고자 하는 메시지는 명료했다. 다가오는 경기는 1위 팀 대 2위 팀의 경기였다. 리그 테이블 꼭대기에 있는 맨시티는 승률 백 퍼센트를 기록 중이며 리그 내 최고의 공격력을 보여주고 있는 팀이다. 반면에 우리는 리그에서 가장 단단한 수비력을 보여주고 있다. 커뮤니케이션 팀장인 사이먼이 내게 언론에서 '과르디올라 vs 포체티노', 혹은 '바르셀로나 vs 에스파뇰'에 초점을 맞춘 질문들이 나올 것이라고 미리 조언해줬고, 그의 말은 옳았다. 잉글랜드 축구계는 선수나 감독 개개인을 조명하는 것에 사로잡혀 있다. 이는 왜 팀 스포츠인 축구가 개인들에 관한 이야기로 바뀌었는지, 왜 골을 넣은 선수는 박수갈채를 받고, 실수를 저지른 선수는 모두 비판대에 오르는지, 그리고 그 반대급부로 종종 더 깊이 있는 분석은 전혀 이뤄지지 않는지 그 이유를 잘 보여준다. 매주 미리 준비된 영웅과 악당에 관한 이야기가 쏟아지고 있는 것이다.

그래도 나는 카탈루냐 더비에 좋은 기억이 있다. 바르셀로나가 우세하다는 것을 이미 알고 있었던 우리는 늘 그들을 당황시키기 위해 경기를 준비했다. 그들이 익숙하지 않은 방식으로 경기를 치르는 작전으로. 만약 어떤 팀이라도 바르셀로나가 그들의 계획대로 경기하게 내버려둔다면, 문제는 더 이상 바르셀로나가 이기느냐 아니냐가 아니라 그들이 몇 골 차로 이기느냐로 변하고 말 것이다. 이번 주 초 스카이스포츠에서는 내가 에스파뇰을 맡았던 첫 번째 시즌에 바르셀로나와 상대하며 우리가 승리하는 경기를 보여줬는데 그걸 보는 것은 꽤 흥미로웠다. 당시 우리는 하위권에 있었지만, 과르디올라 감독의 바르셀로나를 상대로 시즌 중에 첫 홈 패배를 안겨 주었다. 많은 선수들은 에스파뇰을 바르셀로나의 이웃 팀 정도로만 생각한다. 나는 바르셀로나의 '이웃 팀'을 이끌고 메시의 바르셀로나를 이겼다! 에스파뇰에도 이런 일이 가능하다는 점을 보여준 것은 좋은 일이었다. 그 경기에서 거둔 승리의 의미는 이제 내가 과르디올라의 팀과 맞설 수 있다는 것을 증명한 것이었다.

펩과 나는 항상 서로를 존중하는 관계였다. 우리는 스페인에서 8~10경기 정도 더비 경기를 치렀다. 스페인에서는 전통적으로 경기를 앞둔 감독들이 미리 경기장에서 만난다. 그와 너무 많이 만나서 어느 순간부터는 더 이상 그렇게 하지 않아도 될 순간이 왔다. 그러나 우리의 만남은 늘 전반적으로 우호적이었다. 게다가 우리는 바르셀로나에서 서로 가까운 곳에 살고 있었다. 그래서 종종 집 근처에서 우연히 만나기도 했다.

나와 코치들은 사무실에 있는 TV를 통해 펩이 나에 관해 이야기하는 것을 들었다. 인터뷰 전체를 듣지는 못했지만 내가 들은 부분은 꽤 흥미로운 내용이었다.

"만약 내가 좀 젊은, 이제 막 경력을 시작하는 감독이었다면 나는 토트넘을 보면서 '저 팀처럼 플레이하고 싶다'고 말했을 것이다. 나는 그가 잉글랜드 최고의 감독 중 한 명이라고 생각하지 않는다. 그는 세계 최고의 감독 중 한 명이다."

그는 나에 대해 진심으로 말하는 것 같았다. 축구에서의 전투가 단지 경기장 위에서만 이루어지지 않는다는 것을 우리 모두 알고 있다. 대개 그 전투는 기자회견에서 시작된다. 누군가 나에 대해 이런 식으로 좋게 말하는 것이 이상했다. 또 칭찬은 상대를 안주하게 할 수 있기 때문에 나와 코치들은 그의 인터뷰를 보면서 '그가 뭘 노리는 거지?'라는 생각을 하기도 했다. 그러나 솔직히 말해서 나는 그가 진심으로 상대에 대한 존중심을 보여준 것이라고 생각한다.

나는 기자회견에서 그의 말에 대한 나의 생각을 분명히 밝혔다. 펩은 단지 그가 보여준 결과뿐만이 아니라 그의 철학과 축구 스타일 때문에 세계 최고의 감독 중 하나이며, 그의 스타일은 나의 스타일과도 비슷한 부분이 많다고.

경기 전에 그와 만나 인사를 나누는 것은 즐거운 일이다. 맨시티의 피트니스 코치이자 나의 좋은 친구인 로렌조 부에나벤투라Lorenzo Buenaventura, 또 새로운 모험을 시작한 미켈 아르테타와도 인사를 나눌 것이다. 나는 아르테타를 아주 좋아한다. 그는 아주 훌륭한 감독이 될 것이다.

10월 1일 토요일. 우리는 사람들이 뭐라고 부르든 상관없이 우리의 시스템과 방식을 계속 유지하면서 앞으로 나아가고 성장하기 위해 노력하고 있다. 우리는 늘 우리의 생각을 고수하고 다음 상대에 따라서 약간씩 훈련 방식을 조정한다. 맨시티전은 이전에 우리가 플레이했던 방식과는 다른 함축적인 의미를 지니고 있으며, 선수들도 그렇게 느끼고 있다. 그들에게 따로 동기 부여를 할 필요는 없다. 아마도 우리의 원칙을 지키는 것 정도가 필요할 것이다.

해리 케인과 몇 차례 대화를 나눴던 것이 생각난다. 그와 만난 첫날부터 늘 그렇게 해왔다. 나는 케인이 선수 생활 초기에 정말 힘들었다는 것을 알고 있다. 선수들이 경기장을 계속 뛰어다니고 꾸준히 압박하기 위해서는 마음과 정신 외에도 신체적 요인들을 이겨내야 할 필요가 있다. 그러나 나는 선수들이 더 발전할 수 있다는 사실에 의구심을 품는 것을 늘 거부해왔다. 나는 케인에게도, 그의 동료들에게도 늘 말한다.

"노력하고, 또 노력해서 언젠가 너무 피곤하다고 느낀다면 걱정하지 마라. 너희 대신 그 일을 할 선수를 데려오면 된다. 그러나 그 전에 우선 너희가 할 수 있는 전력을 다해라."

내가 토트넘을 맡기 전, 케인이 보여준 플레이는 주로 골문을 등지고 볼을 지켜내며 자신에게 기회가 오길 기다렸다가 박스 안으로 침투하는 것이었다. 반면에 지금 그는 항상 전방에서 상대 팀을 압박하기 위해 노력한다. 그리고 우리가 볼을 갖고 있을 때 그는 더 이상 자신에게 볼이 오기를 기다리는 것이 아니라 자유로운 움직임을 보여준다. 그는 항상 활력 있게 움직이며 플레이해야 한다.

이것이 우리가 프리미어리그의 톱 10 팀들 중 최악의 수비력을 갖고 있던 팀을 리그에서 가장 탄탄한 수비력을 갖춘 팀으로 바꾼 방법이다. 수비적인 축구를 하지도 않으면서 말이다. 사실은 오히려 수비와 먼 몇몇 선수들을 변화시키면서 가능했던 일이다.

중요한 것은 용감해지는 것이다. 나는 'Brave(용기)'라는 영어 단어를 정말 좋아한다. 오늘날 축구에는 정신적인 준비가 매우 중요하기 때문에 우리는 항상 용감한 플레이를 보여줘야 한다. 우리는 매일 다양한 형식과 포장으로 그 용기를 표현하는 것이다.

오늘 우리는 경기장에 오르기 전에 선수들에게 맨시티 경기의 몇 가지 측면, 특히 그들이 어떻게 볼을 전방으로 끌고 가는지를 알 수 있는 5분짜리 영상을 보여줬다. 그들은 지금까지 매 경기에서 승리했지만, 우리는 어떻게 압박을 해야 그들의 빌드업build-up을 방해할 수 있는지에 대한 좋은 사례를 발견했다. 나는 팀 브리핑 시간이든 전술에 대해 논의하는 시간이든 선수들과 토론하는 것을 좋아한다. 선수들의 아이디어가 새로운 해결책을 만들어 낼 수도 있기 때문이다. 또 그렇게 하는 것은 선수들로 하여금 그들이 팀과 함께하는 과정에 참여하고 있다는 것을 느끼게 해준다. 우리는 모든 것을 녹화한다. 심지어 우리는 선수들이 운동하는 체육관에서 무슨 일이 일어나는지에 대해서도 녹화하고 이후에 영상을 보여주면서 선수들이 잘못하고 있는 점을 바로잡아 주기도 한다.

우리는 수요일에 맨시티가 셀틱을 상대로 치른 UEFA 챔피언스리그 경기를 분석했고, 그 후 나는 그들이 우리를 상대로 페르난두Fernando와 페르난지뉴Fernandinho를 중원에 배치할 것이라고 확신했다. 그들이 무엇을 노리는지 알았기에, 경기장 한가운데에서 그들보다 수적 우위를 갖는 것을 우리 플레이의 핵심으로 잡았다. 그들을 괴롭히면서 그들이 후방에서부터 빌드업할 수 있는 시간을 없애는 것이다. 마지막으로, 우리가 소유권을 잡고 나면 아무런 두려움 없이 과감하게 전방으로 밀고 나가는 계획을 세웠다.

나는 선수들에게 그런 사항들을 강조한 후에 그들에게 알리칸테Alicante에서 잉글랜드가 스페인을 상대했던 경기에 대해서도 상기시켜줬다. 그 경기의 전반전 스코어는 0-0이었지만, 최종 스코어는 스페인의 2-0 승리였다. 잉글랜드 대표팀 선수들은 그날 후반전에 두 골을 실점하기 전에 그들이 보여준 전반전 모습만 생각하면서 만족한 채 집으로 돌아왔다. 나는 그들에게 이렇게 말했다.

"미안하지만, 나는 이해할 수 없다. 단 한 순간도 잉글랜드가 용기 있는 모습을 보여주거나 앞서는 모습을 보여주지 못했기 때문이다. 솔직히 말하자면, 이미 워밍업을 하는 순간부터 스페인이 이길 것이 명백해 보였다. 유일한 관건은 스페인이 전반 1분에 골을 넣느냐 후반 45분에 넣느냐는 것이었다. 그 경기는 이미 정해진 것이나 다름없는 경기였다. 축구는 태도에 달린 것이다."

내가 전하고자 한 메시지는 분명했다. 우리가 흐름을 잡고 경기를 지배해야 한다는 것. 나는 선발 라인업을 결정했다. 종종 나는 선수들이 마지막 순간까지 라인업을 추측하도록 내버려둔다. 실제로 그렇게 함으로써 선수들을 심리적으로도 감정적으로도 집중하게 만들 수 있다. 그러나 이 경기의 경우에는 아침에 선수들에게 미리 라인업을 알려줬다. 그리고 내가 아직 고민 중이었던 선수들은 맨시티의 경기 방식을 그대로 활용한 아카데미 팀을 상대로 연습 경기를 치렀다. 우리는 우리가 만들 수 있는 가장 공격적인 팀을 가동하기로 결정했다. 전방에서부터 빠른 속도와 움직임을 활용하여 그들이 마음대로 경기를 전환하지 못하도록.

손흥민은 폴스 나인false nines('가짜 9번') 역할을 수행할 것이다. 그는 레버쿠젠과 함부르크에서도 그 역할을 수행했던 적이 있으며, 지난 시즌에도 도르트문트Dortmund 등을 상대로 몇 차례 뛴 적이 있다. 그는 맨시티 수비수들을 압박하고, 알리, 시소코, 라멜라 그리고 에릭센의 움직임에 따라 빈 공간을 파고들 수 있는 선수다. 우리는 깊은 위치에서부터 맨시티를 위협할 것이다.

그게 우리의 계획이다. 나는 좋은 느낌을 받고 있다. 우리는 모스크바에서 좋은 경기를 펼쳤고 자신감에 차 있다. 훈련을 마친 후에 우리는 선수단에 휴식 시간을 줬다.

＊ ＊ ＊

10월 2일 일요일, 경기 당일. 우리는 훈련장에서 만났다. 경기에 출전하지 않을 선수들은 아침에 도착했고, 경기에 나설 선수들은 점심시간에 도착해서 경기에 대한 브리핑을 했다. 나는 전날 선수들에게 전달했던 메시지를 다시 한번 강조했다. 상대의 약점을 찾아서 상대를 괴롭혀야 한다고.

우리는 킥오프 한 시간 반 정도 전에 경기장에 도착했다. 시소코와 완야마, 알리 그리고 에릭센에게 어제 훈련에서의 몇몇 영상을 보여줬다. 그들에게 우리의 계획에 대해서, 또 포지션상의 수정사항에 대해 다시 상기시켜주기 위해서였다. 우리는 경기 직전에 변화를 갖는 부분에 대해서도 개방적이다. 이미 라인업은 정해진 상태였지만, 우리는 마지막 순간에 영상 분석을 통해 한 선수의 포지션을 약간 조정해서 그가 자신의 퀄리티를 최대한 발휘할 수 있도록 했다. 경기 전 인터뷰에서, 한 기자가 우리에게 전형적인 '9번' 스트라이커가 없는 상태에서 어떻게 플레이할 예정이냐고 물었다. 나는 일부러 애매하게 답변했다.

오지 아딜레스는 우리가 홈에서 경기를 치를 때마다 드레싱룸을 찾아와 우리에게 인사를 한다. 그는 내게 펩이 나를 칭찬했고 그 내용이 아르헨티나 언론의 헤드라인을 장식했다고 말했다. 또한 그것이 나의 평판을 높이는 데 도움이 될 거라고 했다. 나는 운동복을 갈아입고 샤워를 한 후에 경기에 나설 때 입는 클럽 정장을 입었다. 두 아들이 도착해서 감독실에서 잠시 시간을 함께 보냈다.

* * *

경기 후 기자회견에서 나는 이렇게 말했다. "맨시티 같은 팀을 상대로 거둔 우리에게 아주, 아주 좋은 승리다. 그들을 상대하는 것은 늘 어렵다. 축구에선 계획대로 경기가 흘러갈 때도, 그렇지 않을 때도 있다. 그러나 맨시티처럼 훌륭한 팀을 상대로 우리의 계획대로 경기를 했다는 것이 정말 만족스럽다."

"오늘 우리가 했던 것처럼 열정적이고 공격적인 경기를 한다면, 언제나 승리할 기회가 있을 것이다. 이것은 심리적인 상태에 달린 것이다. 그 심리적인 상태가 우리를 달리게 하고 우리가 원하는 대로 플레이하게 해주는 것이다. 국가대표팀 소집 기간이 끝난 후에도 이렇게 플레이할 필요가 있다."

이날은 정말 즐거운 날이었다. 나는 우리의 경기가 아주 흡족했다.

***

경기 전, 침착한 분위기 속에서도 뭔가 느껴지는 것이 있었다. 우리는 모두 그 경기가 얼마나 중요한지 알고 있었다. 그리고 우리는 제대로만 한다면 이길 수 있다는 것을 알고 있었다.

우리는 출발선에 있었다. 우리가 경쟁에서 승리할 수 있을지 없을지는 선수들과 그들의 결정에 달려 있었다.

맨시티전 우리의 라인업이다.

요리스; 워커, 알더바이렐트, 베르통언, 로즈; 완야마; 시소코, 에릭센, 델레 알리, 라멜라; 손흥민.

이 경기에서 우리는 정말로 진형을 잘 짰다. 우리에겐 그들을 상대로 경기하는 방법에 대한 뚜렷한 비전이 있었다. 우리는 그들이 방심한 틈을 잘 활용했다. 그들이 계속 후방에서 빌드업을 할 수는 없었다. 그래서 점점 그들은 롱볼을 활용하기 시작했고 이는 곧 그들의 공격력을 우리가 무마할 수 있다는 것을 의미했다. 우리는 경기장에서 압박의 강도를 높였고 재빨리 볼을 되찾을 수 있었다. 그로 인해 우리에겐 경기를 전개할 때 많은 선택권이 있었고, 상대 선수들의 진형에 혼란을 일으켰다. 그리고 그들이 실수하게 만들었다.

결국 그 덕분에 우리는 전반 9분 만에 이른 선제골을 터뜨릴 수 있었다. 우리는 경기 초반부터 경기를 지배하는 모습을 보여줬다. 거기에 콜라로프Kolarov가 대니 로즈의 크로스를 자신의 골대 안으로 집어넣는 운도 따랐다. 처음 25분 동안 우리는 어지러울 정도로 빠른 속도를 유지하면서 계속해서 우리의 영역을 넓혀 나갔다. 그들이 계속해서 전술적인 지시 사항들을 재조정하도록 했고, 우리도 몇 분에 걸쳐 전술을 조정했다. 전반전

37분, 손흥민이 알리에게 패스를 내줬고 알리는 클라우디오 브라보Claudio Bravo 골키퍼의 오른쪽으로 슈팅을 꽂아 넣으며 골을 기록했다. (많은 사람들의 우려와는 달리) 우리는 케인 없이도 골을 넣을 수 있었다.

나는 펩보다 더 많이 벤치에서 일어났지만, 평소보다 많이 일어나진 않았다. 그 경기는 나 자신이 가장 차분하다고 느낀 경기 중 하나였다. 나는 우리의 경기 준비와 선수들의 집중력에 강한 자신감이 있었다. 보통 이런 경기에서는 더 불안하기 마련임에도 말이다. 나는 오히려 하위권에 있는 팀들과 경기를 할 때 더 긴장하는 편이다. 그런 팀들을 상대할 때는 선수들이 지나치게 자신감을 갖고 플레이할 때가 있다.

하프타임, 우리는 2-0으로 앞서 있었다. 몇 가지 세세한 부분을 다듬고 우리는 똑같은 마음가짐으로 힘차게 후반전에 나섰다. 맨시티는 계속 선수들의 포지션과 포메이션을 스위칭하면서 우리를 혼란에 빠뜨리고자 했다. 스털링Sterling이 아구에로Agüero 옆 센터포워드 자리로 이동했고 미드필더 지역이 다이아몬드 대형으로 바뀌었다. 그러나 우리는 여전히 빈틈없는 대형을 유지했다.

우리에게 페널티킥이 주어졌다. 케인이 경기에 뛰었다면 그가 찼을 것이다. 그가 없는 상황에서는 손흥민, 라멜라 중에 한 사람이 찬다. 그들이 자유롭게 결정할 수 있다. 결국 라멜라가 페널티킥 기회를 가져갔지만 그의 페널티킥은 막히고 말았다. 그 후에 아구에로가 여러 차례 요리스가 지키는 골문을 노렸지만, 한 차례만 골대를 맞히는 데 그쳤다.

84분 은쿠두를 교체로 투입하려고 했을 때 재미있는 일이 일어나서 우리 둘 다 웃음을 터뜨리고 말았다. 문제는 그가 영어를 할 줄 모른다는 것이었다. 그는 스페인어를 이해할 수는 있지만, 직접 말할 수 있는 것은 프랑스어뿐이다. 보통 나는 미키가 모든 것을 불어로 통역해 주도록 했다. 어찌 됐든, 그가 경기 투입 전에 마지막으로 나의 지시를 받으러 왔을 때, 나는 영어로 그에게 말하기 시작했고, 그는 완전히 당황한 표정으로 나를 쳐다봤다. 그래서 나는 그에게 물었다.

"어떤 언어로 이야기하는 것을 원하니? 스페인어?"

"좋아요, 물론이죠." 그가 웃으며 말했다. 나는 그가 이해하고 있는지 아닌지 알 수도 없는 상태에서 그에게 몇 가지를 설명했다. 완전히 어리둥절한 상태였다. 내가 말을 다 마친 후에야 그는 내게 말했다.

"미겔 코치가 이미 다 말해줬어요!"

나는 선수들에게 영어를 배우라고 강요하지 않는다. 처음 내가 영국에 왔을 때도 누구로부터 강요받지 않았다. 그러나 선수들은 빠르게 영어를 배운다.

승리가 확정된 후 우리는 너무 크게 축하하지는 않았지만, 마음속으로는 크게 만족했다. 모든 것이 계획대로였다. 우리는 단지 승리했다는 사실뿐 아니라, 승리를 쟁취했던 방식에 대해서도 만족했다. 코치들은 맨시티 드레싱룸 근처를 지나면서 우리가 이길 만한 경기였다고 말했다. 우리가 정말 잘했고 맨시티는 제대로 플레이하지 못했다면서.

나는 그때 이미 기자회견을 하고 있었다. 기자들은 우리를 칭찬했다. 그 회견의 중요한 주제는 이미 결과로 드러났기 때문에 기자들의 주요 질문 주제 중 하나는 라멜라와 손흥민 사이에 벌어진 페널티킥 키커 논란이었다. 언론은 논쟁을 일으키는 것을 정말 좋아한다! 나는 그날 각종 인터뷰와 기자회견을 갖는 데 거의 한 시간을 보냈다. 방송사들이 내는 돈을 감안하면 그들이 독점 콘텐츠를 원한다는 것은 이해하지만, TV, 라디오, 일간지, 주간지 기자들과 인터뷰한 다음 기자회견을 하고 그 후에 토트넘 자체 TV 기자와 다시 인터뷰해야 하는 일은 너무 피곤하다. 그건 정말 미친 것 같지만 나는 그것이 우리가 반드시 해야 하는 의무사항이라는 것을 알고 있다.

마지막 인터뷰를 마치고 돌아왔을 때 헤수스와 나는 맨시티 쪽 사람들인 페란 소리아노Ferran Soriano, 치키 베히리스타인Txiki Begiristain 그리고 펩과 복도에서 마주쳤다. 우리는 선수들이 대표팀에 소집되는 동안 앞으로 무엇을 할지에 대해 그리고 우리의 UEFA 챔피언스리그 상대에 대해서 3~4분가량 이야기를 나눴다. 일반적인 수다였다.

스페인에서는 경기를 마친 후 감독들이 와인을 같이 즐기는 전통은 존재하지 않는다. 나도 별로 그런 일에는 관심이 없다. 원정경기마다 그런 일을 하지 않은 것 같다. 나의 코칭스태프는 나보다는 그 일에 좀 더 관심이 있었고 상대 팀 코치들이 우리를 찾아오기도 했다. 경기가 끝나고 나면 보통 한쪽은 화가 나 있고 다른 한쪽은 만족한 상태이기 때문에 그건 특이한 일이었다. 그럼에도 그것은 감독이나 코치들이 어떤 상황에 있든 같은 일을 하고 있다는 관계 형성의 일환인 것 같다. 실제로 그 자리에서는 각각의 팀 문제에 대해 표면적으로 논의하거나 다음 경기에서의 선발진에 대해 서로 묻거나 최근의 이적 시장 등에 대해 언급하는 식으로 이어진다. 그것은 그저 전통을 이어가기 위한 의례적인 대화일 뿐이다.

경기가 끝난 후 레비 회장이 드레싱룸으로 내려왔다. 사이먼이 내게 이건 처음 있는 일이라고 말했다. 그는 와인을 가져왔다. 그 와인은 우리가 이미 감독실에서 마신 것보다 훨씬 더 좋은 와인이었다. 우리는 승리를 자축했다. 회장도 기분이 좋아 보였다.

활력 넘치는 경기력을 보여준 손흥민이 맨 오브 더 매치에 이름을 올렸다. 그 외에도 내가 생각하기에 좋은 경기를 펼친 선수는 너무 일찍 옐로카드를 받았음에도 좋은 경기를 했던 빅토르 완야마였다. 그는 진취적이고 적극적인 모습으로 상대의 흐름을 막아냈고 팀의 두 번째 골에 기여하기도 했다.

나는 경기가 끝난 후에 그를 보지 못했다. 그래서 헤수스에게 그를 데려와 달라고 부탁했다. 그가 감독실에 들어오자마자 나는 그에게 달려들었다.

"거기 앉아. 너한테 정말로 화났어. 어떻게 그렇게 빨리 경고를 받을 수가 있어? 말도 안 된다고!"

자리에 앉은 그는 심각한 표정으로 금방이라도 울음을 터뜨릴 것 같았다. 그래서 나는 일어나서 그를 꼭 껴안았다. 그는 순간 무슨 일이 일어나고 있는지 이해하지 못한 듯 어색한 모습이었다.

"빅토르, 오늘 너는 왕 같았어. 네가 곧 경기장의 지배자가 될 수 있다고 말했었잖아. 이제 넌 진짜 '왕'이야."

그제야 내 말을 이해한 그는 온 힘을 다해 나를 안았다. 그러고 나서 소년 같은 수줍은 미소를 지으며 웃기 시작했다. 그는 오늘 사람들에게 그가 얼마나 훌륭한 선수인지를 똑똑히 보여줬다.

그 이외의 축하 파티는 없었다. 그것은 대단한 승리였지만 우리는 상황을 균형 있게 봐야 했다. 게다가 우리는 3주 동안 7번의 경기를 치르면서 모두 지친 상태였다.

그래서 모두 집으로 돌아갔다. 아직 몇 가지 일이 남아 있어서 나는 차를 몰고 온 세바스티아노에게 동생을 집에 데려다 달라고 부탁했다. 헤수스, 미키, 토니 그리고 나는 나중에 미니밴을 타고 훈련장으로 돌아갔다. 그 후에 헤수스가 나를 집까지 태워줬다. 집에 돌아온 후 나는 와인 한 잔을 마시고 간식을 먹었다. 그러고 나서 에스파뇰과 비야레알의 경기를 봤다. 그 경기에는 제대로 된 축구라고 할 만한 것이 별로 없었다.

아내는 집에서 TV로 우리의 경기를 봤고 재방송을 보면서 축구 전문가들이 그 경기에 대해 한 얘기를 다시 들었다. 나는 경기 준비 과정과 경기 중에 일어난 일, 그리고 경기 후의 이야기들을 아내에게 들려줬다.

* * *

7번의 리그 경기를 치른 후 우리는 맨시티에 승점 1점 뒤진 2위에 올라 있었다. 우리는 그 경기에서 맨시티보다 약 9킬로미터를 더 달렸다. 우리는 이번 시즌에 다른 어떤 팀보다 스프린트(전력 질주)를 많이 했다. 그리고 지금까지 리그 내에서 무패를 기록한 유일한 프리미어리그 팀이다. 우리는 7경기에서 단 두 골만 실점했는데 이는 토트넘 클럽 역사상 50년 만에 일어난 가장 좋은 출발이었다. 이번 시즌에 치른 모든 대회에서 7경기를 이겼고, 2번 비겼다.

우리는 딱 한 차례 패했다. 그 빌어먹을 모나코전에서.

우리는 어제 하루 휴식을 취했고, 나는 하루의 대부분을 집에서 보냈다. 오후에는 마우리의 학교에 가서 그를 데리고 함께 훈련장에 갔다.

이번 주는 편안한 한 주가 될 것 같다. 오늘 우리는 클럽에 남아 있는 5명의 주전 선수들과 함께 훈련할 것이다. 완야마도 그들 중 한 명이다. 그는 대표팀 차출 요청을 받았지만, 케냐가 치러야 할 예선전 경기가 없었기 때문에 건강상 문제가 있다며 양해를 구했다. 트리피어와 캐롤Carroll, 그리고 윙크스Winks와 은쿠두를 위해서는 중요한 한 주다. 근력을 키우고 신체적으로 향상할 수 있는 기회다. 부상당한 뎀벨레와 해리 케인도 점검할 예정이다.

우리의 순위를 고려하면 지금 시간을 최대한 활용하고 즐겨야 한다. 지금이 아니라면, 언제 또 그렇게 하겠는가? 앞으로 꽉 차 있는 일정과 관련한 계획을 짜는 동안 우리는 훈련을 좀 완화할 예정이다. 3주간 7번의 경기를 치러야 하고 그 사이에 3개 대회에서 경쟁할 예정이다. 프리미어리그, UEFA 챔피언스리그, 그리고 안필드에서 가질 리버풀과의 리그컵 맞대결. 그중 네 번이 원정경기다.

그 전에 헤수스와 나 그리고 몇 명의 이사들과 레비 회장은 며칠 동안 함께 출장 겸 여행을 떠날 예정이다.

* * *

레비 회장은 우리를 몽블랑Mont Blanc 근처에 있는 프랑스 알프스 지역 근처의 별장으로 초대했다. 이 자리는 토트넘 내부의 핵심 인력인 8명이 알프스의 장관을 배경으로 한자리에 모이는 모임이었다. 그러나 회장과 있을 때는 종종 대가가 있다. 그와 있을 때는 결코 '공짜'가 없다. 나는 종종 그에게 그 점에 대해 농담하기도 한다.

그 모임의 주최자로서, 그는 우리를 편안하게 대해줬다. 그는 따뜻하고 자상했다. 만일 우리가 지난번 맨시티전에서 졌더라도 그렇게 했을까? 다른 사람들처럼 그 역시 지는 것을 좋아하지 않지만, 그는 언제나 차분하다. 적어도 나한테는 그렇다. 그는 결코 슬퍼하거나 좌절하거나 조금이라도 공격적인 기색을 표출하지 않는다. 그는 늘 우리에게 협조적이고, 대화에도 개방적이며, 해결책을 찾기 위해 열심이다.

오전에 우리는 산책을 즐겼다. 점심과 저녁에는 그의 요리사가 준비한 근사한 식사를 즐겼다. 그러나 우리가 어떻게 옷을 차려입고 있었는지와 상관없이 그 모임은 근본적으로 비즈니스 모임이었다. 우리는 토트넘의 현재 상황과 미래를 위한 각자의 비전에 관해 이야기를 나눴다.

내가 감독에 부임한 후 2년 반이 지난 지금도 우리는 여전히 토대를 구축하고 있다. 모든 전문적인 분야에서는 긴밀한 관계를 구축하는 데 시간이 걸린다. 우리가 일하는 세계는 훨씬 더 그렇다. 축구계에는 불신의 분위기가 감돌고 있다. 모두가 자신이 가장 잘 알고 있다고 생각하기 때문이다.

그러나 결국 가장 중요한 것은, 결정을 내리는 것은 클럽 내부 사람들이며 그 결정들은 늘 쉽지 않다는 사실이다. 예를 들어, 감독 혼자 손가락만 까딱하면 클럽이 그가 원하는 선수를 데려오는 걸 기대할 수는 없다. 그렇게 간단한 일이 아니다. 우리가 늘 우리에게 필요한 정보를 갖고 있는 것이 아니며, 우리가 알고 있는 것들이 모두 현실이 되는 것도 아니다.

마찬가지로, 클럽 회장이나 구단주가 25명의 선수와 직원을 다루는 것이 쉽다고 생각하는 것이나 팀을 지도하고 선수를 선발하는 것이 간단하다고 생각하는 것은 착각이다. 가끔 우리는 서로의 역할을 존중하지 않는 실수를 하기도 한다. 회장이 감독을 신뢰하는 것도 쉽지 않고, 그 반대도 마찬가지다. 모두가 자기 사람들과 자신만의 생각을 갖고 있다. 하지만 레비 회장과 나는 장기적인 관계에서 필수적인, 서로를 이해하기 위한 길에 함께 나섰고 서서히 그 지점을 향해 나아가고 있다.

토트넘의 전직 스카우트 팀장이자 이전에는 사우샘프턴에서 일했던 폴 미첼은 내게 생각할 거리를 줬다. 토트넘의 현재 상황 덕분에, 우리는 다른 팀에 간다면 좀 더 많은 연봉을 벌 수 있는 선수들을 영입할 수 있다. 그러나 미첼은 레비 회장이 곧 문제를 겪게 될 것이라고 주장했다. 예를 들어 크리스탈 팰리스처럼 우리보다 명성이 낮은 구단들도 선수들에게 우리보다 더 나은 연봉을 줄 수 있기 때문이다. 그러므로 시간이 갈수록 나의 영향력이나 나의 방식, 토트넘의 플레이 스타일을 점점 덜 중요하게 생각하는 선수들이 나올 수 있다는 조언이었다. 과연 그 다음에는 어떻게 될까?

미첼은 내게 다니엘이 우리와 함께 일하는 것은 행운이라고 말했다. 그는 나와 내 동료들이 토트넘을 이끌게 된 것이 클럽의 정체성을 회복하기 위한 과정의 일환이었다고 말했다. 우리는 팬들이 좋아하는 플레이 스타일을 구현했고, 유소년 아카데미 선수들을 고취시켰고, 우리 자신의 철학에 기초해 팀을 재정비했다. 이것은 단순한 하나의 과정이 아닌, 정신적인 강인함과 클럽 정체성의 조화와도 같은 것이었다. 그중 하나는 토트넘이라는 클럽이 갈구하던 것이고 다른 하나는 우리가 토트넘으로 가지고 온 것이다.

경기가 있는 날이면 나는 항상 회장이나 이사들이 쓰는 사무실을 피하려고 노력했다. 왜냐하면 그런 날 마주쳤다가는 회장이 감독에게 자신의 의견을 전하려고 할 것이고, 또 감독의 의견을 구하려고 할 것이기 때문이었다. 그러면 코치들과 이야기를 나눌 시간을 뺏기게 된다. 그것은 현명한 일이 아니다. 그런 정보들이 반드시 유용한 것은 아니며, 그들도 팀의 모든 사정을 모르는 상황에서 결정을 내리게 되기 때문이다.

나는 클럽 회장들이 종종 나를 이용해 자신의 영향력을 행사하려고 했던 경우에도 당시 감독에게 충실했다고, 가슴에 손을 얹고 말할 수 있다. 심지어 내가 감독과 사이가 좋지 않았을 때도 말이다. 나는 할 말이 있을 때면 직접 그를 만나서 말했다. 나는 직접 만나서 갈등을 풀고 문제를 해결하는 방식을 좋아한다. 나는 문제를 내버려뒀다가 1년이 지난 후에 다시 그 문제와 만나는 그런 사람이 아니다. 지난 일에 대해 앙심을 품지도 않는다.

나와 관련된 논란 중 하나는 굉장히 널리 알려진 일이다. 에스파뇰에서 뛸 때, 몬주익 경기장에서 카디스에 패한 후 당시 감독이었던 미겔 앙헬 로티나는 경기장 한가운데에서 선수들에게 설교했고, 당연히 TV 카메라가 그 장면을 포착했다. 나는 그 경험에서 많은 것을 배웠다.

홈경기에서 진 후, 나는 단 한 번도 사람들이 보는 앞에서 미팅 여는 것은 꿈도 꾸지 않았다. 하루는 감독이 우리에게 와서는 우리가 돈 버는 것에만 관심 있는 선수들이라고 비난했다. 나는 그에게 일부러 선수들에게 나쁘게 말하는 것이냐고 물었다. 그는 대답했다.

"그래, 이 말은 해야겠다. 나는 기자들을 상대해야 한다고."

그의 말은 내겐 충격이자 일종의 선동처럼 다가왔다. 나와 동료들은 경기에서 패한 후에 단 한 번도 감독의 전술이 좋지 않았다고 그를 탓하거나 하지 않았기 때문이다. 승리도, 패배도 팀과 함께하는 것이다.

그래서 나는 그에게 그의 말은 해결책을 찾는 데 도움이 되기는커녕 감독과 선수 사이를 갈라놓는 것이라고 말했다. 나는 모든 선수들 앞에서 이렇게 말했다.

"감독님, 만일 제가 관중석에서 아들을 데리고 경기를 보고 있는 부모 중 한 명인데, 감독님이 언론에 대고 우리 선수들은 팀이 이기든 지든 아무런 관심도 없다고 공개적으로 말하신다면, 저는 모두의 얼굴에 주먹을 날리고 싶을 겁니다. 그렇게 말하시는 의도가 도대체 뭔가요?"

카탈란 TV의 TV3에서는 시청자들이 그 장면을 놓치지 않도록 자막까지 입혀서 방송하기도 했다. 그 결과 감독은 나를 내부의 적처럼 여겼고, 그 이후 나에 대한 날조된 이야기가 만들어졌다. 사람들은 타무도, 데 라 페냐, 루이스 가르시아Luis García 그리고 나를 '악의 축'이라고 부르며 우리가 내부적으로 팀을 흔들고 있다고 말했다.

어쨌든 우리가 코파 델 레이에서 우승한 것은 사실이지만, 그런 나쁜 분위기는 결국 우리를 강등 위기로 내몰았다. 분위기가 나쁜 결과를 이끈 것이다. 마지막 경기, 마지막 순간에 코로미나스Corominas 가 레알 소시에다드 Real Sociedad를 상대로 골을 넣어준 것은 신께 감사할 일이었다.

* * *

오늘은 금요일이다. 우리는 런던으로 돌아와서 지난 여행을 돌아보고 있다. 나는 그 여행이 단지 축구적인 측면만이 아닌 토트넘이라는 클럽의 모든 측면에서 우리로 하여금 더 연대감을 느끼게 해주려는 레비 회장의 방식이었다고 생각한다. 회장의 사무실은 내 사무실 바로 옆에 있다. 우리 는 매일 왓츠앱으로 의사소통한다. 알프스에서의 휴가 겸 출장은 우리 상 호간의 이해를 더 높이 끌어올렸다. 오늘은 대부분의 시간을 훈련장에서 새로 나올 축구 게임 〈챔피언십 매니저 17〉의 광고 촬영을 위해 보낼 예정 이다. 나는 그와 비슷한 많은 제의를 받지만 대부분 거절한다. 너무 많은 외적인 활동으로 주의가 산만해지고 싶지 않다.

* * *

선수들에게 주말 휴가를 줬다. 나는 일요일에 샘 앨러다이스Sam Allardyce 의 후임으로 잉글랜드 대표팀 사령탑을 맡게 된 가레스 사우스게이트 Gareth Southgate 감독을 만나러 갔다. 잉글랜드 국가대표팀은 우리 훈련장을 정기적으로 사용한다. 나는 사우스게이트 감독과 첼시의 코치이자 대표 팀 코치를 겸직하고 있는 스티브 홀란드Steve Holland와 이야기를 나누며 시간 을 보냈다. 대표팀의 월요일 공개 훈련도 보러 갔지만 방해하고 싶지 않아 조용히 돌아왔다.

1군 팀 선수들이 A매치 기간을 마친 후 복귀하고 있다. 마지막으로 돌아온 사람은 라멜라와 손흥민이었다. 이들은 선수들이 회복 훈련을 시작하고 난 후인 어제 돌아왔다.

목요일이다. 오늘에야 1군 팀 전원이 팀 훈련을 하게 된다. 우리는 조심스럽게 다시 선수들의 폼을 끌어올려야 하며, 토니 풀리스Tony Pulis 감독이 이끄는 웨스트브롬West Bromwich Albion 과의 원정 경기에 나설 선수들을 선발하기 전에 먼저 선수들의 상태가 어떤지 살펴봐야 한다.

풀리스 감독의 팀은 항상 거칠고 상대하기가 어렵다. 이번 달에는 아직 세 번의 원정경기가 남아 있다. 레버쿠젠, 본머스 그리고 리버풀. 우리는 훈련량을 관리하고, 필요할 경우에는 테스트를 실행하면서 로테이션을 가동해야 한다. 그러면서 가장 컨디션이 좋은 선수들을 출전시켜야 한다.

A매치 기간 동안 선수들은 시차 적응에 따른 피로와 수면 부족으로 피해를 받을 뿐만 아니라, 일상생활에서도 지장을 받는다. 우리는 그들을 다시 원래 컨디션으로 끌어올려야 한다. 그들의 몸 상태가 빨리 돌아올수록 선발로 출전할 수 있는 기회가 더 많아진다. 특히 웨스트브롬전에서는 경기장을 많이 커버하면서 싸워야 하기 때문이다.

BBC에서 나에게 인터뷰를 요청했고, 나는 적절하게 응했다. 3일에 한 번씩 기자회견을 하기 때문에 인터뷰를 많이 하지는 않는 편이다. 그러나 이번 BBC 인터뷰는 좋은 인터뷰였던 것 같다. 나는 나의 열정에 대해 말하면서 어린 시절 축구에 대해 품었던 열정을 성인이 되어서도 그대로 유지할 필요가 있다고 말했다.

어린 시절, 우리는 순수한 즐거움 때문에 공을 차고 놀았다. 젊은 프로 선수들이 그렇게 할 수 없다고 말하는 사람은 누구인가? 그들은 왜 그렇게 일찍 축구를 사랑하는 마음과 멀어진 것일까?

영국 대표팀에 속한 우리 팀 선수들이 클럽으로 복귀한 후, 나는 그들과 대표팀 감독으로 단 한 경기만 치르고 팀을 떠난 앨러다이스 감독에 대해 이야기를 나눴다. 그는 어쩌면 비밀리에 금전적인 행위에 관해 이야기하는 장면이 찍힌 그 순간, 범죄를 저지른 것이 아닐지도 모른다(앨러다이스 감독은 잉글랜드 대표팀 감독이 된 지 2개월 만에 불명예스럽게 대표팀을 떠났는데, 에이전트로 위장하고 그를 만난 잉글랜드 탐사 보도팀 앞에서 FIFA가 금지하는 이적 방식에 대해 알려주겠다고 발언한 것이 결정적인 이유였다 – 옮긴이). 그러나 잉글랜드 대표팀 감독 같은 높은 지위에 있는 사람은 단순히 자신만 깨끗하다고 되는 것이 아니라 그렇게 보이도록 행동해야 한다. 안타깝게도 앨러다이스 감독의 행동은 권력을 쥐고 있는 사람이 개인의 이익을 위해 분별력 없이 행동한다는 인상을 줬다. 감독이라는 같은 직업을 가진 사람이자 같은 울타리에 속한 구성원으로서 그 일련의 일들은 나를 아주 슬프게 했다. 많은 팬들이 모든 축구 감독을 의심의 눈으로 보게 됐기 때문이다.

어쨌든, 이것은 단지 한 개인의 의사 결정 문제만은 아니다. 그것은 축구라는 산업 전체가 운영되는 일에 관한 것이며, 그 사건은 축구 선수들을 마치 상품인 것처럼 보이게 만들었다. 감독은 선수들의 미래를 결정짓는 열쇠를 쥐고 있는 경우가 대부분이기 때문에, 그런 일은 선수들로 하여금 자기 자신이 사고 팔 수 있는 상품이라는 느낌을 갖게 할 뿐이다.

감독으로 일하면서 온갖 종류의 접근을 경험했지만, 나는 에이전트나 비즈니스맨들에게 결코 쉬운 타깃이 아니다. 우선 감독이 된 이후로 나는 에이전트를 둔 적이 없다. 에이전트 자체에 대해서 반대하는 것은 아니다.

그러나 나는 내 스스로가 나의 운명과 실수를 비롯한 모든 것의 주인이 되고 싶다. 그 결정은 나의 직감으로부터 비롯된 것이었고, 그 덕분에 에이전트의 숨겨진 의도에 의해서 악용당하는 걱정이 없어졌다. 선수 시절 나는 레알 마드리드와 AC 밀란AC Milan이 나를 영입하고 싶어 했다고 들었다. 그러나 나의 에이전트는 그들에게 너무 많은 돈을 요구했거나, 혹은 그들의 단장들과 사이가 별로였던 것 같다. 그 일이 사실인지 아닌지 정확히 모르겠지만, 이런 일들 자체가 의심의 싹을 스스로 키우는 것과 다름없다.

에스파뇰에서 감독으로서의 커리어를 시작한 이후로 나는 헤수스와 토니 그리고 미키의 계약뿐 아니라 내 계약에 대해서도 직접 협상했다. 이제는 이러한 상황이 너무나도 편하게 느껴진다. 내가 직접 하는 방식을 취했기 때문에 누구에게도 빚을 지지 않았다. 누군가 내가 무엇을 원하는지 어떻게 생각하는지 알고 싶을 때면, 그들은 나와 직접 이야기하거나 내 사람들과 대화를 해야만 한다.

* * *

10월 15일. 웨스트브롬전은 우리가 우려했던 대로 진행됐다. 우리는 경기를 압도했지만 또 한 번 상대 진영에서의 무자비한 플레이가 부족했다. 상대 골키퍼인 벤 포스터Ben Foster는 맨 오브 더 매치를 받을 만한 플레이를 했다. 우리는 82분에 실점을 내줬고, 경기 종료 1분을 남기고 델레 알리가 동점을 만들었다. 그들은 우리를 경기 막바지까지 위협했지만, 우리는 꼭 필요한 시간에 잘 반응했다.

우리는 손흥민을 교체 명단에 포함시켰다가 경기 20분을 남기고 투입했다. 그는 지난 A매치 기간에 대표팀의 첫 경기에서 발목을 다쳤는데도 불구하고 두 번째 경기에도 출전했다. 그는 관절이 부은 상태로 돌아왔다. 그래서 우리는 무리해서 그를 선발 출전시키지 않았다. 국가대표팀들은 종종 선수들을 제대로 보호하지 않는다. 그리고 그 대가를 치르는 것은 클럽들이다. 그의 컨디션이 괜찮아진다면 그는 다음 주 중에 레버쿠젠과의 경기에 선발 출전할 것이다.

나는 지난여름 이후로 손흥민에 대해 여러 가지 물음표가 있었음에도 그가 보여준 성숙한 모습에 만족한다. 우리는 그에게 말했다.

"손, 우리는 바보가 아냐. 우리는 네가 무엇을 할 수 있는지 알고 있고 넌 우리의 지지를 받으면서 다음 단계로 올라설 수 있어. 너도 그걸 원한다면 축구에 집중하고, 축구를 즐기며, 매일 더 발전하는 데 초점을 맞춰."

나는 스토크전에서 그가 두 차례 놀라운 골을 기록한 후 그를 유심히 관찰했다. 그런 골은 선수들을 자만하게 만들 수도 있는 법인데, 다행히도 손흥민에겐 계속 발전하는 데 꼭 필요한 겸손함이 있었다.

* * *

사람들은 제때 맞춰서 하루를 시작해야 한다고 말한다. 그러나 나는 급하게 일어나는 것을 좋아하지 않는다. 나의 알람 시계는 아침 6시 30분에 처음 울린다. 그리고 나는 10분 더 침대에 누워 있다. 내가 느끼는 가장 간단한 즐거움 중 하나다. 그냥 아무것도 하지 않은 채 조금 더 누워 있는 것. 6시 40분경에 다시 알람이 울리면 그때야 일어난다. 어떤 날은 일어날 때 등이나 목, 무릎이 아파서 선수 시절을 떠올릴 때도 있다. 축구 선수들에게 있어 고통이란 충실한 동반자 같은 존재다.

아내도 나와 같은 시간에 일어나고, 잠시 후에 마우리도 일어난다. 세바스는 우리 집에서 항상 자지는 않는다. 내가 마테차를 준비하는 동안, 카리나는 마우리와 함께 마시는 초록색 스무디를 만든다. 그리고 나서 그녀는 7시 15분경에 그를 버스 정류장으로 데리고 가는데, 나도 그쯤에 훈련장으로 떠난다.

완벽하게 자연스러운 순서다. 물론 항상 그런 것은 아니다. 가끔 아들이 늦잠을 자거나, 아내가 아들에게 소리를 지르거나, 아들이 학교에서 필요한 넥타이나 가방, 책을 못 찾는 경우도 있다. 집 안 분위기가 그럴 때면, 평소보다 일찍 훈련장으로 갈 때도 있다.

차를 향해 가면서 자갈 위를 걷는 것을 좋아한다. 이 소리는 내 하루의 시작을 알리는 소리다. 어느 차를 탈지는 그날 내 기분에 달려 있다. 기분이 좀 명랑할 때는 스마트카를 타고, 빨리 가고 싶을 때는 사륜 자동차를, 때로는 레비 회장이 선물로 준 벤틀리를 타고 간다. 어느 차를 타든 나는 자동차를 적당히 준비시키기 위해서 10분 정도 시동을 켜둔다. 모든 것은 적절한 준비가 필요하다.

토니, 미키, 헤수스 그리고 나는 주차장이 아직 거의 텅 비어 있는 7시 30분쯤 훈련장에 도착한다. 2층에 있는 사무실로 가는 길은 차분하고 또 조용하다. 사무실에 올라와서는 훈련장을 바라본다. 지난번에 가족들끼리 만났던 이후로 토니는 마테차 만드는 법을 숙달한 것 같다. 그는 우리가 마지막으로 만났던 이후(그러니까, 어젯밤 이후로) 서로의 가족이 잘 지내는지 이야기 나누는 사이에 아주 좋은 마테차를 따라준다.

TV에 나오는 뉴스나 이런저런 소식들에 관해 이야기하다가 우리 중 한 명이 오늘 해야 할 일에 관해 이야기하면 그때부터 슬슬 하루를 준비하기 시작한다. 선수들 개개인에 대해 논의하기도 하고 영상을 보며 작업하기도 한다. 우리는 다른 사무실들이 점점 아침의 혼잡함으로 활기를 띠는 사이에 모든 것을 분석한다.

그것은 마치 모든 것이 하나로 합쳐진 것 같은 느낌이다. 친구들과의 만남, 비즈니스적인 대화, 그리고 매일 하는 일과. 여름휴가 때는 그 매일 같이 하던 일들이 그리워질 정도다.

9시 정도까지 그날 하루에 대한 모든 계획이 정리되면 같은 층에 있는 식당으로 간다. 나는 소파에 앉아서 선수들이 들어오는 것을 기다리다 인사 나누는 것을 좋아한다. 그것이 우리의 그날 첫 번째 대화이자, 첫 번째 만남이다. 나는 그들이 어떤 상태인지 직접 볼 필요가 있다.

때로는 더 빨리 식당으로 가는 날도 있다. 모나코와의 경기 다음 날 나는 8시가 조금 지난 후부터 그 소파에 앉아 있었다. 평소보다 일찍 온 사람이 있는지 관찰하고, 그들의 표정을 지켜봤다. 나는 선수들이 아직 아침을 먹고 있는 사이에 커피나 마테차를 마시면서 자질구레한 일들을 마무리 짓기 위해 사무실로 돌아갔다. 나의 사무실 문은 언제나 열려 있다. 나와 이야기 나누고 싶어 하는 사람이 있으면 따로 약속을 잡을 필요가 없다. 단, 아내는 나와 만날 일이 있을 때 미리 약속을 잡는다. 그녀는 나를 만나기 위해 훈련장에 들렀다가 끝없는 회의가 끝나기를 기다리는 것에 진저리가 난 것 같다.

우리 팀에 대해서라면 늘 모든 것을 알고 있는 헤수스는 팀 닥터들과 미팅한 후 나에게 와서 최신 소식을 업데이트해준다. 지난밤에 어떤 선수가 잠을 잘 못 잤는지 혹은 누가 통증을 느끼고 있는지 등등의 소식이다. 우리는 훈련의 세부사항을 마무리하고, 따로 누군가와 이야기 나눌 필요가 있는지, 계획을 변경할 필요가 있는지를 점검한다. 그 후에 훈련장에 나간다.

훈련이 끝나고 나면 점심을 먹은 다음 더 많은 회의를 하고 또 대화를 나누고 여기저기에 전화를 하고 그 후에 체육관에 들러 운동을 한다. 훈련장에서는 시간이 빨리 간다. 훈련장 뒤에 있는 나무들을 보니 색깔이 달라지고 있다. 지금 막 가을이 왔다는 것을 깨달았다. 평소와 거의 다를 것 없는 날을 보내고 나니 어느새 벌써 오후 3시였다.

* * *

새벽 2시쯤 런던에 도착했다. 지금 나는 머릿속이 아주 복잡하다. 레버쿠젠과의 경기에서는 많은 일들이 있었다.

우리는 이번에도 충분히 날카롭지 못했다. 우리에게는 분명한 기회가 있었지만 골을 기록하지 못했고 골대만 한 번 맞췄다. 자신의 인생 최고의 폼을 보여준 요리스가 우리를 구했다. 그는 세계 최고의 골키퍼 중 한 명이다. 전반전은 우리가, 후반전은 그들이 지배했다. 0-0 무승부는 공정한 결과였다. 만약 챔피언스리그 경기가 지금부터 다시 시작된다면 우리는 더 나은 경기를 할 수 있을 것이다. 우리의 경기력과 태도는 전에 비해 향상됐고, 우리는 두 번의 원정 경기에서 승점을 얻었다. 우리가 속한 그룹의 1위와 4위 사이에는 오직 승점 3점 차이만이 존재한다. 우리는 승점 4점으로 2위에 머물게 됐다.

레버쿠젠전에서 우리는 전방에서의 속도가 부족했다. 그것은 부분적으로 웨스트브롬전이 매우 힘들어서 그로 인해 선수들이 지친 탓도 있었다. 또 다른 이유는 벤치에서 대기하는 선수들이 아직 선발 출전할 만큼 충분히 준비되지 않았다는 점도 있었다. 경기 전에 우리는 여러 상황들을 살펴봤고, 은쿠두를 윙어로 선발 출전시키려고 생각했다. 팀에 속도와 생기를 더하기 위해서다. 그러나 때때로 선수들은 그들 스스로 기회를 저버린다.

독일 원정을 떠나기에 앞서 우리는 팀을 두 그룹으로 나눠 한 그룹은 회복 훈련을 했고, 다른 그룹은 7인 1조 경기를 가졌다. 나는 그 팀들 중 한 팀에서 뛰었다. 가끔은 내가 더 이상 스무 살이 아니라는 것을 잊는다. 나는 경기에 아주 몰입했고 슬라이딩 태클을 하며 몸을 던졌다. 내 몸은 더 이상 계속할 수 없었지만 나의 마음은 여전히 굶주려 있었다. 그런데 은쿠두의 모습은 마치 마음이 다른 곳에 가 있는 사람 같았다. 우리는 그가 왜 그렇게 무기력한지 알고 싶었고, 그 문제에 대해 그에게 말했다. 그런 모습을 보고도 그를 챔피언스리그에 출전시킬 수는 없었다. 결국 그는 레버쿠젠전 선발 명단에서 제외됐다.

나는 그가 어떤 반응을 보일지 몹시 보고 싶었다. 은쿠두는 가방과 헤드폰을 쓰고 경기장에 나타났는데, 킥오프 바로 직전까지 헤드폰을 벗지 않았다. 결국 나는 그를 따로 불렀다. 그것은 이제 곧 시작될 전투를 준비하는 동료들에 대한 존중심이 결여된 행동이었다. 그러나 그는 그날 나머지 선수들과는 완전히 다른 생각을 하고 있었다. 내일 훈련장에서 그가 어떻게 할지 한 번 더 볼 것이다. 오늘 런던으로 돌아온 후에는 모두가 피곤할 것이기 때문에 쉽지는 않을 것이다.

우리는 두 명의 선수를 더 잃었다. 대니 로즈는 경기 도중에 부상을 당했다. 아직은 그 부상이 무엇인지 모른다. 어제 훈련 중에는 마커스 에드워즈가 발목을 다쳤다. 그는 1군 팀과 함께 원정에 동행했고 훈련을 받았지만, 오늘 19세 이하 유스 리그에서 동료 선수들과 경기에 나설 예정이었다.

때로는 내가 그를 메시에 비유한 것이 현명한 일이었는지 의문이 든다. 그는 아직 17살이다. 같은 나이에 메시는 호나우지뉴가 뛰고 있던 바르셀로나 1군 팀에서 데뷔했다. 그들은 다른 가족, 배경, 문화를 가지고 있다. 그들 중 한 명은 아르헨티나인처럼 생각하고 다른 한 명은 영국인처럼 생각한다. 마커스는 아직도 프로가 되기 위해 적응하고 있는 과정이다. 그는 아직 규율적인 부분이나 행동에서 문제가 있고 우리는 더 큰 그림을 보고 근본적인 원인을 찾아야 한다. 그에게도 한때 프리미어리그는 물론 프로 데뷔도 불가능할 것처럼 보였던 때가 있었다.

우리의 도전 과제는 그로 하여금 우리가 그를 위해 계획한 과정을 받아들이고 따라오게 하는 것과 그가 (프로로서의 모든 규율과 의무를 포함하고 있는) 1군 팀과 함께 훈련할 때도 스스로 잘 처신할 수 있도록 하는 것이다. 그의 재능은 부족함이 없지만 그에겐 앞으로 채워야 할 부분들이 많다. 그는 더 많이 달리고, 더 헌신하고, 그리고 때로는 완벽하거나 깨끗하지 않은 플레이로도 골을 넣는 방법을 배워야만 한다.

내가 그를 '우리의 메시'라고 불렀던 이유는 그의 목표가 메시였기 때문이다. 마커스에게는 자신이 최고의 프로 선수가 될 수 있다는 자신감과 자신의 목적지를 향해 떠나는 여정에 대한 확신이 필요하다. 부상으로 인해 그 과정이 잠시 중단되어 유감이다.

* * *

오늘 은쿠두는 훈련을 잘 소화했다. 그는 자신이 선발 라인업에 들어가기 위한 유일한 방법은 훈련에 열심히 임하는 것이라는 메시지를 받아들였다. 그리고 항상 팀을 우선시해야 한다는 것도.

* * *

10월 22일. 또 한 번의 득점 없는 무승부. 이번 상대는 본머스였다. 이제 우리는 9경기를 치른 후 승점 19점을 기록해서 5위로 밀려났다. 우리가 리그 우승에 도전하고 싶다면 이번 경기를 반드시 이겼어야 했지만 우리는 다시 한번 골을 만들어내지 못했다. 우리는 최근 들어 그 마지막 한 방이 부족한 모습을 노출하고 있다.

우리는 이른 점심시간에 경기를 치렀기 때문에 승리했다면 두 시간 동안이라도 리그 1위에 오를 수 있다는 점을 알고 있었다. 그러나 우리는 본머스를 상대로 정말 좋지 않은 출발을 했다. 팀의 집중력도 강도도 부족했다. 경기 초반에는 오히려 본머스가 이 경기에서 가장 좋은 기회를 만들어 냈다. 최근 우리는 훈련장에서 준비했던 우리의 경기를 하기 위해 노력하고 있다. 우리는 이 경기에서 중앙보다는 양 측면에서 더 공격하기를 원했지만 전반전과 후반전 내내 각각 한쪽 측면 침투 플레이만 해냈다. 우리는 엉성했고, 충분히 날카롭지 못했다. 빌드업 과정과 마무리 모두에서 그런 허점이 드러났다.

지난주에 치렀던 세 경기는 험난했다. 그리고 우리는 이제 3일 내로 리그컵 경기에 대비한 우리의 라인업을 완전히 재정비해야 한다. 작년에 우리는 리그 외의 다른 대회, 특히 유로파리그에서 9명 또는 10명의 선수들을 로테이션할 수 있었다. 그러나 이번 시즌에는 챔피언스리그에 진출하면서 그 숫자가 1~2명 많아야 3명 정도까지 떨어졌다. 게다가 지금까지 우리는 한 번도 우리가 보유한 최고의 선수들로 팀을 운영할 수 없었다.

평소 차분한 성격의 무사 시소코가 본머스의 해리 아터Harry Arter를 팔꿈치로 가격했지만 주심은 그 장면을 보지 못했다. 나는 이후에 FA가 그 판정을 소급 적용할 수 있다는 이야기를 들었다. 우리는 그가 그 장면에서 팔꿈치를 사용하는 것을 분명히 봤기 때문에 항소할 근거가 없다. 그는 3경기 출전 정지를 받게 되겠지만, 그가 1군 선수들 중 마지막으로 프리시즌 일정에 합류했고 여전히 컨디션이 정상이 아니라는 점을 감안해보면 그 징계는 그에게 유리하게 작용할 수도 있다.

* * *

오늘 나는 토니와 헤수스를 초대했다. 그들은 우리 집 뒤편에 살고 있다. 외식을 하고 돌아왔기 때문에 와인과 초콜릿을 좀 가져왔다. 세바스도 자리를 함께했다. 우리는 레알 마드리드의 경기와 마르세유 대 PSG 경기를 본 다음 로사리오 더비인 센트럴과 뉴웰스의 경기를 봤다. 두 팀의 경기는 1분을 남겨놓고 동점이 됐고, 최근 10경기, 11경기에서 이기지 못했던 뉴웰스가 마지막 코너킥 기회를 잡았다.

누구였는지 정확히 기억은 안 나지만, 그때 우리 중 누군가가 분명히 이렇게 말했다.

"경기 마지막 순간에, 더비에서, 그것도 코너킥으로 골을 넣으면 정말 엄청날 거야."

그리고… 골! 뉴웰스가 정말로 코너킥 상황에서 역전골이자 결승골을 넣었고 세바스와 나는 마치 아르헨티나가 월드컵에서 우승한 것처럼 기뻐서 방방 뛰었다.

.

* * *

오늘 치른 리그컵 리버풀과의 경기는 어린 선수들이 얼마나 성장했는지를 볼 수 있는 좋은 기회였다. 우리 팀의 주전 선수들의 부상 상태를 고려하면 만원 관중을 자랑하는 안필드에서의 승리는 그들이 이제 1군에서 뛸 준비가 됐음을 알릴 수 있는 아주 멋진 기회였다. 우리는 네 번 연속으로 원정 경기를 치러야 했기 때문에, 선수들이 하루라도 집에서 보낼 수 있도록 경기 당일 리버풀로 떠났다. 리버풀에 도착한 후 잠시 휴식을 취한 뒤에 경기장으로 향했다. 안필드에는 최근 증축된 스탠드와 새로 지어진 드레싱룸이 있었다.

우리 팀의 잠재력 있는 센터백 카메론 카터 빅커스Cameron Carter-Vickers가 데뷔를 했다. 해리 윙크스Harry Winks는 90분 풀타임을 소화했다. 스터리지Sturridge가 두 골을 넣으면서 우리는 0-2로 밀렸지만, 얀센이 페널티킥에 성공했고 막판에는 셰언 해리슨Shayon Harrison이 동점골을 넣을 수 있는 절호의 기회를 잡았다. 하지만 결국 우리는 1-2로 패했다. 모든 부분에서 조금씩 모자란 모습이었다. 이는 흡사 어른 대 소년의 경기 같았다(첼시처럼 리버풀도 유럽 대항전에 진출하지 못했기 때문에 그들은 리그컵에서도 꽤 강한 라인업을 들고 나왔다).

우리는 프리미어리그에서 가장 젊은 선수층을 지녔고, 팬들은 이를 자랑스러워해야 한다. 그러나 우리는 또한 선수들에게 더 많은 것을 요구해야 한다. 최근 축구는 신체적, 기술적인 부분 외에도 점점 심리적인 부분을 요구하고 있다. 우리는 정신적으로 강해져야 한다. 다음에 해리슨에게 비슷한 기회가 주어지면 어떻게 되는지 지켜볼 예정이다. 은쿠두가 경기 막판이 될수록 좋은 모습을 보여줬고, 오노마도 나쁘지 않은 플레이를 펼쳤다. 그들 모두 지금보다 한 걸음 더 앞으로 나아가야 한다. 숫자나 결과를 만들어 내는 것이 전부가 아니다. 뭔가 다른 것을 보여주어야 한다.

경기 중에 또 다른 일이 있었다. 리버풀에서 데뷔전을 치른 트렌트 알렉산더 아놀드Trent Alexander-Arnold는 전반 초반부터 의욕적이었다. 퇴장을 받을 만한 장면도 있었지만, 아마도 데뷔전이었기 때문에 심판이 그에게 퇴장

명령을 내리지 않기로 했던 것 같다. 우리는 불평하지 않았다. 경기 막판에 우리 선수들이 리버풀 선수들에게 몇 차례 흔한 태클을 했다. 그러자 클롭Klopp의 코치진 중 한 명과 피트니스 코치가 벤치에서 일어나 펄쩍 뛰었다. 그들은 과장된 반응을 보이며 나에게 입을 다물라는 듯 무례한 제스처를 취했다.

경기가 끝났을 때, 헤수스는 터널 쪽으로 걸어가면서 그들의 피트니스 코치에게 가서 이렇게 말했다.

"이봐. 우리는 코치야. 우리가 상대 팀 감독을 향해 이러쿵저러쿵해선 안 돼."

그러자 그 코치는 화가 난 듯 독일어로 헤수스를 모욕하기 시작했다.

그날 기자회견의 마지막 질문은 "리버풀이 퇴장당한 선수 없이 11명으로 경기를 끝낸 것이 행운이었다고 생각하느냐"였다. 나는 그 어린 선수(아놀드)에 대해 직접 언급하고 싶지 않았다. 누구나 데뷔전에는 흥분할 수 있고 실수도 할 수 있기 때문이다. 그래서 난 이렇게 대답했다.

"전반전에 리버풀의 풀백은 아마도 퇴장을 당했어야 한다고 생각한다. 그것이 내가 후반전에 리버풀 코치들이 우리에게 불평하는 것을 이해할 수 없었던 이유다."

선수들에게 모든 것을 자세하게 설명하진 않았지만 그런 것이 바로 훈련에서는 배울 수 없는 또 다른 축구의 일부다.

* * *

오늘은 목요일이다. 리버풀전 이틀 후이자, 레스터 시티와의 리그 경기 이틀 전이다. 미키, 헤수스, 토니 그리고 나는 맨시티와의 경기에서 승리한 이후로 우리에게 일어나고 있는 일들에 대해 진지하게 고민 중이다. 우리는 그로부터 다시 추진력을 내지 못하고 있었다. 팀내 세 포지션의 중요한 선수들이 부상을 입었다. 알더바이렐트, 케인 이제는 라멜라까지. 원정경기를 연이어서 치러야 하는 바쁜 기간이었고 그런 상황이 선수들에게도 영향을 미쳤다. 그래서 우리는 레스터 경기를 앞두고 오늘과 내일 회복에 기반을 둔 훈련을 할 예정이다. 부상을 당한 아홉 명의 선수들의 상태가 나아졌는지를 보기 위해서는 속도를 조절해야 한다. 레스터전에 나설 선수들의 선발 라인업은 마지막 순간까지 미룰 계획이다.

그런 많은 문제에도, 우리는 이번 시즌을 치르면서 딱 한 번 안 좋은 경기를 했다고 느꼈는데 그것이 바로 모나코전이었다. 레버쿠젠과의 경기에서 우리는 후반전에 고군분투했다. 그 경기는 우리가 못했다기보다는 그들이 우리를 압박했던 경기였다.

라멜라의 상황은 걱정스럽다. 그는 지난 시즌 우리 팀의 핵심 선수였다. 내가 리버풀전에서 그를 벤치에 앉힌 것은 부분적으로는 그가 지난 일요일 이후 엉덩이에 문제가 있었기 때문이다. 심각한 건 아닌 것 같다. 후반전에 그는 교체로 투입되어 경기를 마쳤다. 다음 날, 우리는 그의 훈련 일정을 조정하고 싶었지만, 그는 그럴 필요가 없다고 했다. 그리고 팀 훈련에도 참여할 준비가 됐다고 말했다. 하지만 그 훈련이 끝날 무렵, 그는 우리에게 컨디션이 좋지 않아서 레스터전에서 뛸 몸 상태가 될지 모르겠다고 말했다. 어떤 부분이 문제인지가 분명하지 않았기 때문에 상세한 조사가 필요했다.

어두운 분위기가 조성되고 있었다. 그래서 이번 주 훈련 중에 영상을 보고 분석하는 시간을 준비했다. 나는 선수들, 구단 직원들, 그리고 코치들과 미팅을 열었고 팀을 위해 일하는 사람들이 얼마나 중요한지에 대해서 이야기했다. 나는 로즈와 주장인 요리스에게도 이 주제에 대한 각자의 생각을 이야기해달라고 요청했다. 미키가 주변에 있던 트로피를 들어서 나에게 줬고 나는 즉흥적으로 우리 장비 담당자에게 '이번 주 토트넘 최고의 퍼포먼스 상'을 수여했다.

"스탠, 넌 정말 대단한 일을 했어. 자신의 안전을 돌보지 않고 팀을 위해 희생했다고!"

나는 아주 진지한 얼굴로 말했고 모두들 놀란 얼굴로 나를 봤다. 나는 "이 영상을 좀 봐"라고 말했다.

우리는 영상 속에서 스탠이 카트를 운전하며 훈련장에서 사용하는 마네킹을 제자리에 두기 위해 노력하는 모습을 지켜봤다. 스탠이 잠시 운전석에 뒀던 마네킹이 액셀러레이터를 건드렸는지 카트가 갑자기 저절로 움직이기 시작했다. 스탠은 그 카트를 멈춰 세우기 위해 뛰어다녔고 결국 다른 사람들이 다치기 전에 카트를 세우는 데 성공했다. 우리는 그 모습을 보며 모두 웃음을 터뜨렸다. 스탠은 자랑스럽게 내가 건넨 트로피를 받아서 들어 올렸다.

모두의 예상대로, 이 시간은 우리의 분위기를 끌어올려줬다. 우리는 그 회의실에 들어오기 전보다 더 많은 에너지를 안고 방에서 나갔다.

캐나다 출신의 전 NBA 선수인 스티브 내시Steve Nash가 우리를 방문했다. 그는 토트넘 팬인데 우리는 이미 토론토에서 만난 적이 있다. 그는 우리 훈련장에 찾아와서 론도 훈련도 함께했다. 나도 그 훈련에 참가했지만 등이 별로 좋지 않았다. 에릭센과 완야마가 그들의 농구 실력을 뽐내기 시작했는데, 솔직히 말하면 그들은 농구보다는 축구를 하는 게 훨씬 나은 것 같다.

* * *

10월 29일, 경기가 있는 날이다. 우리는 마침내 화이트 하트 레인으로 돌아왔다. 우리는 레스터전에 출전할 선발 멤버를 결정하기 위해 훈련장에서 만났다. 레스터는 지난 시즌 리그 챔피언이지만 두 번째 시즌 증후군을 겪으며 지난 시즌에 그들이 거뒀던 누구도 예상하지 못한 성과를 이어가지 못하고 있었다. 프리미어리그에서 우승하는 것은 대단한 성과지만, 그 우승을 계속 이어가는 것은 쉽지 않다.

부상당한 선수들은 컨디션 조절을 위해 나머지 선수단과 떨어져서 훈련장에 남았다. 경기 브리핑을 하면서 나는 전술적인 부분과 세트피스에 집중했다. 꽤 긴 시간이 걸렸다. 레스터의 공격에 대해, 특히 막기 까다로운 그들의 롱볼을 어떻게 대처할지에 대해 자세히 설명하고 싶었다. 우리는 이미 이슬람 슬리마니Islam Slimani가 경기에 나서지 못할 것이라는 것을 알고 있었다. 그 선수의 가까운 소식통으로부터 정보를 받았기 때문이다. 정보란 때론 가장 예기치 못한 곳으로부터 나올 수 있다. 이날 우리는 사우샘프턴의 이사였던 로스 휠러Ros Wheeler와 그녀의 남편을 만났다. 로스는 아마도 잉글랜드 1부리그 축구계에서 가장 오래 일한 사람 중 한 명일 것이다. 그녀는 우리가 처음 잉글랜드에 왔을 때 아주 많은 도움을 줬다. 그들을 만나는 것은 반가운 일이었다.

레스터전에 대해서 말하자면, 우리는 그 경기에서 승점 2점을 잃었다. 적어도 나는 그렇게 느꼈다. 그들의 골키퍼 카스퍼 슈마이켈Kasper Schmeichel이 막아낸 몇 차례의 좋은 기회가 있었고 한 차례 골대를 맞추기도 했다. 우리는 알리, 에릭센, 손흥민이 골을 기록하지 못할 때도 더 많은 골을 만들어낼 필요가 있다. 특히 케인이 부상 중일 때는 더더욱. 경기는 1-1로 끝났다. 레스터는 올 시즌 처음으로 원정에서 승점 1점을 따냈다.

경기가 끝난 후 기자들이 내게 팀 상황에 대해 물었다. 우리가 맨시티전 승리 이후 긍정적인 분위기 속에서도 네 번의 무승부와 한 번의 패배를 기록했기 때문이다. 다음은 웸블리에서 열리는 바이엘 레버쿠젠전과 아스 널과의 더비가 기다리고 있다. 나는 기자들에게 우리는 침착한 상황이며 팀은 계속 경기를 지배하고 있다고 말했다. 다만 스케줄이 너무 빡빡하고 팀 상황상 로테이션을 많이 가져갈 수 없는 문제가 있다고 말했다.

우리는 중요한 시기를 맞이하고 있다. 피로가 점점 문제가 되는 시기다. 피로가 늘어날수록 선수들이 자잘한 부상을 당하거나 질병에 걸릴 위험 이 커진다. 면역 체계에도 문제가 생길 수 있다. 그러나 우리의 기록은 우 리가 아직 괜찮다고 말하고 있었다. 우리는 리그에서 무패를 기록 중이며, 순위는 5위지만 맨시티, 아스널 그리고 리버풀에 겨우 승점 3점 뒤진 상 태다. 10경기 정도를 거치며 그 어느 때보다도 치열한 경쟁을 펼치고 있는 와중에도 우리 팀은 톱 5에 들어 있다.

우리는 또한 우리 자신에 대해서도 더 잘 이해하게 됐다. 우리는 과거에 최선을 다하자고 희망하던 팀에서 이제는 반드시 경기에 이겨야만 하는 팀으로 성장했다. 피트니스 코치나 의사들이 주는 세세한 정보들, 우리가 과거에는 별로 중요하게 여기지 않았던 정보들이 이제는 중요한 일이 됐 다. 그 작은 것들이 아주 결정적일 수 있기 때문이다. 성적에 대한 압박감 은 점점 더 올라가고 있다. 앞으로 쉴 시간은 줄어들고 더 많은 원정에 나 서야 할 것이다.

레버쿠젠전에서 승리한다면, 우리는 UEFA 챔피언스리그 16강 진출에 거의 성공할 것이다. 아스널을 상대로 좋은 모습을 보여준다면, 우리는 우 승 경쟁자로서의 입지를 강화할 수 있고 그로부터 우승을 향해 도전해 갈 수 있을 것이다.

우리는 과연 그렇게 할 준비가 되었을까?

11월

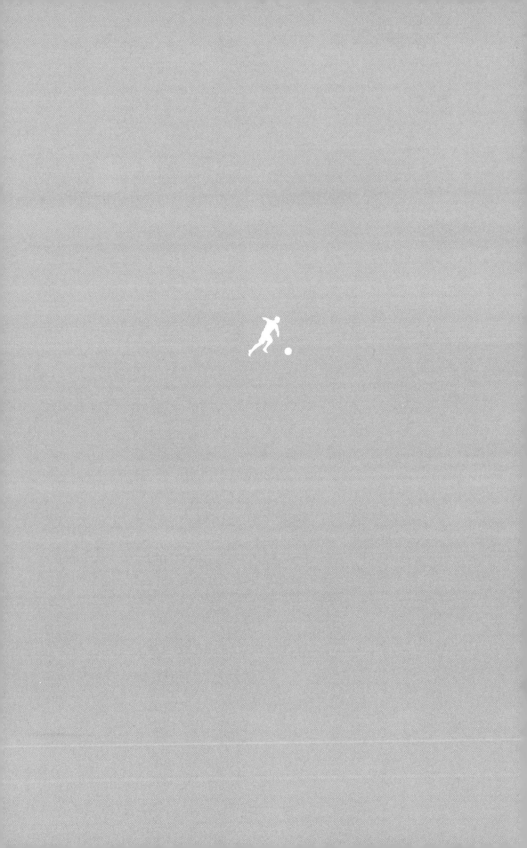

이번 시즌의 아주 중요한 시기다. UEFA 챔피언스리그 조별 리그가 끝나가는 상황에서 토트넘은 16강 진출을 위해 모나코와 레버쿠젠을 상대로 승리할 필요가 있다. 게다가 그들은 세 차례의 런던 더비를 치러야 한다. 아스널, 웨스트햄 그리고 경기장 안팎에서 점점 경쟁 관계가 깊어지고 있는 첼시를 상대로.

사이먼이 방금 그의 아들 세바스찬과 함께 와서 인사했다. 나는 그 아이가 태어난 후 한참 지난 뒤에야 그가 우리에게 아들을 소개해줬던 걸 여전히 기억한다. 나는 사이먼에게 몇 번이나 "아들 좀 데려와! 우리 가족에게 맡기고 와이프랑 저녁 먹고 와도 된다니까?"라고 말했었다. 그는 내 말이 농담이라고 생각한 모양이다. 그의 아들은 아주 명랑한 꼬마다.

* * *

우리는 웸블리 구장에서 열린 레버쿠젠과의 챔피언스리그 경기에서 후반전에 골을 내주며 0-1로 패했다. 그 경기 결과와 경기장은 전혀 상관이 없다. 정말로 무관하다. 웸블리가 화이트 하트 레인보다 더 넓은 경기장인 것은 사실이다. 하지만 나는 우리를 상대하는 팀들이 바로 그 웸블리 구장의 넓은 공간에 버스를 세웠으면 하고 바란다. 완벽한 것은 어디에도 없다. 적응하기 위해 해결책을 찾으면 되는 것이다.

우리는 오늘 형편없었다. 정말 당혹스러운 경기력이었다. 하찮은 변명 뒤에 숨어서는 안 된다. 패배의 원인은 우리 안에 있다. 우리는 이번 시즌에 세 번이나 졌다. 한 번은 리버풀과의 리그컵 경기였는데, 이는 챔피언스리그에서 당한 다른 두 패배와는 달리 어느 정도 이해할 수 있는 패배였다. 우리는 더 앞으로 나갈 수 있는 분위기가 무르익었던 바로 그때 6경기 연속으로 승리를 거두지 못했다. 이제 우리는 남아 있는 UEFA 챔피언스리그 조별 리그 경기에서 두 번 다 이겨야만 한다. 그렇지 않으면 그대로 탈락이다. 두 경기에서 다 이기더라도 자력으로 진출할 수 없는 상황이다. 우리는 레버쿠젠에 3점, 모나코에 5점 뒤진 상태다.

레버쿠젠전을 준비하는 과정이 순조롭지 않았던 것은 사실이다.

* * *

3경기 연속으로 리그에서 무승부를 기록했던 레스터전 이후 우리는 하루 휴식을 취했고, 그건 우리 모두에게 좋은 일이었다. 그러나 챔피언스리그 경기 하루 전날인 화요일, 믿기 힘든 일이 생겼다. 나는 경기에 나설 11명의 선발 라인업을 이미 결정했고, 훈련도 거의 끝낸 상태였다.

아스널과의 더비에 맞춰 복귀하는 것을 목표로 개인 훈련을 하고 있던 케인을 보러 갔다. 그 사이 나는 헤수스에게 선발 출전할 선수들과 함께 세트피스 훈련을 해달라고 부탁했다. 그 후, 훈련의 마지막 과정이었던 짧은 6 대 6 미니게임의 마지막 공격 상황에서 헤수스가 이제 막 종료 휘슬을 불려고 할 때, 한 선수가 다른 선수를 향해 날다시피 태클을 했다.

태클을 당한 선수는 넘어지면서 태클한 선수의 무릎에 코가 부딪혔고, 옆에 있던 동료와도 부딪혔다. 몇 초 후에는 다른 두 선수 사이에서 또 한 번 심한 태클이 나왔다. 순식간에 네 명의 선수가 쓰러졌다. 그들 중 한 선수는 선발 출전이 예정된 선수였다.

헤수스와 나는 결국 선발 라인업을 정하기 전에 4~5시간 정도 그 선수들의 몸 상태를 지켜보기로 했다. 케인은 아직 준비가 안 됐고, 라멜라는 여전히 훈련에 복귀하지 않았다. 시소코는 리그에서는 징계로 뛸 수 없었지만, 챔피언스리그에서는 뛸 수 있었다. 우리가 쓸 수 있는 선수를 최대한 활용해야 하는 상황이었다. 그래서 우리는 가장 몸 상태가 좋은 선수들을 선택했다.

웸블리에서 열린 경기는 답답하게 흘러갔다. 전반전에 우리는 우리다운 플레이를 하지도, 게임을 지배하지도 못했고, 많은 선수들이 실수를 저질렀다. 우리는 볼을 잡은 상황에서 역동성이 부족했고 움직임도 아주 좋지 않았다. 우리가 볼을 잡고 나오려 하면 그들은 곧바로 우리를 압박했다.

그런 상황에서 가장 중요한 점은 노련한 경기 운용을 하면서 경기에서 우위를 점하는 것이다. 우리는 그런 훈련을 천 번은 했지만, 실전에서는 그 플레이를 보여주지 못했다.

한편, 우리의 공격 시도들은 모두 엉성했다. 그러나 적어도 하프타임까지는 스코어가 0-0이었다. 하프타임에 나는 선수들에게 우리가 어떻게 후방으로부터 빌드업을 해야 하는지 몇 개의 영상을 보여줬고, 수비수들에게는 그들이 더 과감하게 플레이하고 높은 라인을 유지하는 것이 중요하다고 강조했다.

우리는 종종 선수들에게 비슷한 상황에서 좋은 플레이를 했던 영상과 그렇지 않은 영상을 보여준다. 미겔은 매 경기마다 비디오 편집을 담당하는 직원에게 경기 중에 우리가 벤치에서 이야기했던 것들을 전달한다. 그러면 하프타임이 되어 드레싱룸에 들어갔을 때 이미 필요한 영상 자료들이 준비되어 있다. 선수들이 몇 분 정도 휴식을 취한 후에 나는 그 영상을 보여주면서 후반전에는 무엇을 바꿔야 할지 설명한다.

그러나 이 경기의 경우, 전반전 45분 내내 영상으로 보여줄 만한 좋은 장면이 단 한 장면도 없었다.

후반전, 우리는 쉽게 막을 수 있는 상황에서 골을 내줬다. 레버쿠젠은 '슈퍼 클럽'이 아니다. 사실 그들은 우리 선수단보다도 젊은 편이다. 하지만 그들은 우리보다 챔피언스리그 경험이 많고, 톱클래스 선수들도 있다. 어쩌면 우리는 일주일에 두 번이나 최고 수준으로 경기할 수 있는지 자문해봐야 한다. 그렇게 하기 위해서는 모든 선수의 컨디션이 좋아야 한다. 지난 시즌의 경우 우리는 선수들 개개인이 자신의 능력 이상을 보여준 덕분에 팀으로 뭉쳤을 때 선수들 개개인의 역량을 모두 더한 것 이상의 경기력을 보여줄 수 있었다. 그러나 이번 시즌은 현재까지 그런 모습이 나오지 않고 있다.

우리가 할 수 있는 것은 우리 자신의 원칙을 고수하고, 우리가 하는 것에 대해 일관성을 유지하면서 객관적으로 상황을 분석하는 것이다. 그러면서 이 어려운 시기를 지나는 동안 우리의 실수를 최소한으로 줄여가야 한다.

나는 헤수스, 미키, 토니, 사이먼과 경기가 끝난 후 모여서 기자회견 때 우리가 언론에 전할 메시지에 대해 논의했다. 기자회견과 인터뷰가 모두 끝난 이후에 나는 감독실로 향했고, 우리는 그곳에서 11시가 조금 지날 때까지 남아서 지난 경기에 대해 돌아봤다. 우리는 리그 1위에 겨우 3점 뒤진 상태고 여전히 경쟁 중이었지만, 사기가 너무 가라앉아 있었다.

이런 비디오 분석이나 전술 훈련 그리고 여러 방식의 대화를 2년 반이라는 시간 동안 반복했는데도 불구하고 같은 문제가 계속 되풀이되고 있다면, 이는 어쩌면 그 문제에 해결책이 없다는 것을 의미하는지도 모른다. 그렇다면 화를 낸들 무슨 소용이 있겠는가? 그럴 때 해야 할 일은 그 시즌의 끝에 옳은 결정을 내리고, 클럽의 모든 이들이 그 결정에 대해 충분히 용기 있는 행동을 보이길 바라는 것뿐이다.

집에 도착한 후, 헤수스로부터 몇 개의 메시지를 받았다. 그는 경기 후에 내가 선수들과 기자들에게 잘 대응한 것 같다고 말했다. 내가 침착한 모습으로 불필요한 변명을 대지 않아서 더 큰 피해를 막을 수 있었다고 했다.

그런 침착한 모습은 단지 보여주기 위한 것은 아니었다. 그러나 나는 아스널과의 더비까지 모든 것을 바꿔야만 한다는 것을 알고 있었다. 우리에겐 4일이 남아 있다.

* * *

피곤은 사람의 모든 것을 장악하는 폭군과도 같다. 사람을 지치게 하는 것은 단지 격렬한 경쟁뿐만이 아니다. 팀을 움직이는 사람으로서 끝없이 내려야 하는 의사 결정도 사람을 지치게 만든다. 감독은 매일 그런 결정을 수백 가지나 내려야 한다. 그것은 우리가 되고 싶은 것에 대한 기대와 그렇지 못한 현실 사이에서 오는지도 모른다.

사람이 피로를 느낄 때는 부정적인 생각이나 기분이 들고, 그러다 보면 냉철하지 못한 판단을 내리기도 한다. 선수가 무엇을 할 수 있는지 없는지도 더 이상 제대로 보지 못하게 된다. 문제 해결 능력은 엉망이 되고, 일관성을 유지하지도 못한다. 50명 이상의 사람들을 이끌 때는 일관성이라는 요소가 핵심인데도 말이다.

피곤하면 평범하게 보이는 것에서 비범함을 발견하는 일 또한 힘들어진다. 그것이야말로 우리를 다른 사람들과 다르게 만들어주는 것인데도 그렇다.

나는 내 스스로 자신을 잘 관리하고 있는 편이라고 생각한다. 카리나와 헤수스도 늘 내 곁에서 함께하며 내 삶을 질서 있게 유지하고 불필요한 것들을 배제할 수 있도록 도와주고 있다. 내가 해야 할 일들은 끝이 없다. 회장, 에이전트는 물론 아카데미의 지도자들과도 연락을 취해야 한다. 최근에 나는 선수들과의 개별 면담이 매우 생산적이라는 결론을 내렸다. 미키, 헤수스, 토니와 내가 같은 생각을 하면서 같은 방향으로 가고 있는지도 늘 점검해야 한다.

아르센 벵거 감독은 "감독의 얼굴은 그의 팀이 행복한 정도를 보여주는 거울"이라고 말했다. 알렉스 퍼거슨Sir Alex Ferguson 감독은 과거에 자신을 돌보기보다는 사람들을 돌보는 데 더 많은 시간을 보냈다면서, 때때로 그것을 후회한다고 말했다. 그는 감독의 첫 번째 책임은 자기 자신을 관리하는 것이라고 말하기도 했다. 잘 먹지 않고 건강하지도 않다면 감정을 안정시킬 수가 없어서다.

말은 쉽지만, 행동으로 옮기기는 어려운 법이다. 그래서 나는 스스로 우리 팀의 의사 결정 방식을 정립했다. 어떤 결정이든 모두 함께 의논하지만, 최종 결정은 내가 내리기로 한 것이다.

물론, 내 마음이 문제에 봉착한 것처럼 느껴질 때도 있다. 그럴 때는 나 자신이 더 이상 창의적이지 못하다는 느낌을 받기도 한다. 수많은 회의를 거치면서 그룹의 일원들과 함께 새로운 방식을 구상해내는 능력이 악화된 것 같이 느껴질 때도 있다. 최근 유소년 아카데미 총괄자인 맥더못이 그레이엄 테일러Graham Taylor(잉글랜드 출신 사령탑, 왓포드, 애스턴 빌라 등을 지도했고 1990년부터 1993년까지 잉글랜드 대표팀을 이끌었다. - 옮긴이) 감독에게 들었던 말을 내게 해줬는데, 그 말은 지금까지도 내 뇌리에 남아 있다.

"너무 피곤해서 생각조차 할 수 없게 되지 않도록 주의하라."

그레이엄 감독은 시즌 중에도 그의 스태프들에게 일주일간 휴가를 주며 훈련장 근처에 얼씬도 하지 못하게 했다. 그는 구단의 모든 이들이 4~5월까지 충분한 에너지를 갖도록 하는 것이 필수적이라고 생각했다. 그런 모범적인 사례를 행동으로 옮기려면 강한 지도력이 필요하다. 어쩌면 나는 6년이나 7년 후에는 이 일을 그만둬야 할지도 모른다. 나는 거의 아이들 같은 열정을 품고 이 일을 즐기고 있지만, 너무 정신없이 빠르게 일어나는 일들이 때로는 생지옥 같을 때도 있다.

그렇게 정신적인 고비가 시작되어 지칠 대로 지친 상태에서 제대로 된 결정을 내릴 수 있을까? 이는 단순히 휴식을 가져야 하는 차원의 문제가 아니다. 집에서 쉴 때도 일 생각만 하고 있다면 실제로는 쉬는 게 아니라 죽음을 기다리고 있는 것일 수 있다. 그렇다면 피로와 싸우기 위해 원기를 회복할 수 있는 장소를 찾을 필요가 있다.

훈련장은 우리의 본부이자 매우 편한 곳이지만, 불가피하게도 신체적이고, 심리적이며, 정서적인 많은 일이 오고 간다. 그래서 가끔 재충전을 위해 다른 곳에 가야 할 때도 있다.

유소년 아카데미 총괄자의 사무실에 불쑥 찾아가 사람들 눈에 잘 띄지 않는 창문 옆 소파에 털썩 앉으면, 그는 내가 긴장을 풀러 왔다는 것을 이미 알고 있다. 그럴 때면 우리는 짧은 대화를 나누기도 하고 어떨 때는 아무 말도 하지 않는다.

가끔 모든 것을 잊게 하는 다른 방법들도 있다. 나는 TV 시리즈인 〈하우스 오브 카드House of Cards〉(미국의 정치 스릴러 드라마 - 옮긴이)를 즐겨 보는데, 주변 모든 사람들에게도 추천하고 있다. 나와 내 아내는 이 드라마를 정말 좋아한다. 이 최고의 TV 시리즈는 선과 악 양면에 걸친 리더십과 전략 그리고 정치의 모든 면을 교과서처럼 보여준다. 이 드라마에 출연하는 클레어 언더우드Claire Underwood(《하우스 오브 카드》의 여주인공 - 옮긴이)는 한마디로 모든 남자의 꿈이다. 토트넘의 모든 스태프가 그녀의 팬이 되었다.

레비 회장이 에미레이트 스타디움에서의 북런던 더비 이후 아르헨티나로의 여행을 주선했다. 그렇게 다른 곳에 다녀와서 분위기를 전환하는 것은 모두에게도 좋을 것이다. 우리가 과연 좋은 분위기 속에서 아르헨티나로 갈 수 있을지, 그 반대일지는 더 두고 봐야 한다. 마치 한밤중의 도둑처럼 나의 휴식 시간을 잡아먹는 이 일기장은 남겨두고 가야겠다.

* * *

우리가 우리 수준의 경기를 하기 위해 애쓰고 있었던 반면, 아스널의 컨디션은 좋았다. 그들은 지난 12경기 중 11경기에서 승리했다. 그들은 순위표에서도 우리보다 승점 3점을 앞서 있었다. 나는 현재까지 토트넘의 성적이 프리미어리그 역사상 가장 좋은 출발에 해당한다는 것과, 우리가 4대 리그에서 유일한 무패 팀이라는 말을 들었다. 나는 토트넘을 이끈 뒤로 지금까지 아스널과의 네 번의 리그 경기에서 한 번도 패하지 않았다. 그리고 토트넘 감독 중 아스널에 5경기 연속으로 패하지 않은 감독은 아무도 없었다. 이런 관점에서의 시각, 또 통계 자료를 해석하는 것도 때로는 도움이 될 때가 있다.

경기를 앞둔 상황이 좋지 않아서 우리는 변화를 줄 수밖에 없었다. 벤 데이비스는 발목이 삐었고 이전에 선발로 뛰어난 모습을 보여줬던 에릭 라멜라는 여러 가지 어려움을 겪으면서 당분간 돌아오기 힘든 상황이다. 이것이 다가 아니다. 레버쿠젠과의 경기 후 나는 우리 선수들이 활기를 되찾을 필요가 있다고 판단했다. 그럴 때면 전술의 변화를 줘야 한다. 우리는 그 이상 앞으로 나아가는 데 어려움을 겪고 있었고, 늘 비슷한 공격을 시도하고 있었다. 풀백들도 내가 그들에게 기대했던 모습을 보여주지 못하고 있었다. 그래서 나는 이 시점에서 전술에 변화를 주는 것이 좋은 아이디어라고 생각했다.

우리는 아스널의 경기 장면을 분석한 후 선발 라인업을 결정하고, 경기 중에 일어날 수 있는 상황을 준비하기 위해 전술 훈련을 가졌다. 그리고 새로운 시스템이 어떻게 작동하는지 선수들에게 설명했다. 그런데 경기 시작을 얼마 남기지 않고 알리가 부상을 당했다. 그런 상황에서는 제대로 대응하는 것이 중요했기에, 나는 다른 열 명의 선수들에게 계속 새로운 전술에 대해 연습을 해달라고 요청했다. 그것은 그들이 잘 하고 있으며 바뀐 것은 없다는 것을 보여주는 내 방식이었다.

좋은 소식도 있었다. 해리 케인이 돌아왔다. 나는 그를 선발 출전시킬 예정이다. 우리 선수단에는 신선한 공기가 필요하다. 경기 전 기자회견에서 나는 벵거 감독에 대한 모든 비판에도 그는 칭찬받아 마땅하다고 강조했다. 아스널은 세계 축구계에서 가장 꾸준한 구단 중 한 팀이다. 그들은 지난 20년 동안 거의 비슷한 지위를 계속 유지했기 때문이다. 반면에 우리는 클럽으로서도 팀으로서도 완전히 다른 단계에서 계속 발전하고 있는 중이다.

한 가지 더 말하고 싶은 게 있다. 미키, 헤수스, 토니와 나는 벵거 감독과 그의 모든 스태프들에게 경의를 표한다. 축구라는 관점에서 볼 때 아스널은 우리의 가장 큰 적일지 모르지만, 우리는 벵거 감독을 비롯한 그의 사람들과 아무런 문제도 없었다. 그들은 터치라인에서도 훌륭하게 행동한다. 20년 동안 한 팀을 이끈 감독이라면 터치라인에서 거만하게 굴거나 그가 다른 감독들보다 우월하다는 티를 낼 법도 하지만, 벵거 감독은 우리를 존중하는 모습만을 보여줬다.

* * *

11월 6일. 지금 막 아스널과의 경기가 끝났다.

델레 알리는 자신의 몸 상태가 괜찮다고 말했지만, 우리는 그를 두고 어떤 위험도 무릅쓰고 싶지 않았다. 선수들 중 한 명은 잠을 잘 자지 못했고 다른 한 명은 복통이 있었으며 또 다른 한 명은 발에 통증이 있었다. 우리는 해리 케인이 한 시간 이상 뛸 수 있을지도 확신하지 못했다. 킥오프는 오후 1시였는데 그날 아침까지도 우리에겐 많은 의문부호가 달려 있었다. 선수들 중 일부는 워밍업을 하는 도중 명단에서 제외됐다. 그 사이 우리는 내부적으로도 다른 사람들이 보기에도 침착함을 유지해야 했다. 우리는 우리가 좋은 경기를 펼칠 수 있다는 것을 알고 있었다.

결국 모든 것이 우리가 바라던 대로 됐다. 우리는 강하게 나서면서 물러서지 않고 기회를 만들어냈다. 반면에 그들은 기회를 많이 만들어내지 못했다. 경기 중 그들이 가진 찬스는 대부분 우리의 실수에 따른 결과물들이었다.

우리는 아스널전에서 3백 시스템을 가동했다. 라멜라가 빠진 이상 우리에겐 측면에서 공격을 전개해줄 자원이 부족하다. 알리와 알더바이렐트의 부상 탓에 우리의 중앙에도 문제가 발생했다. 로즈와 워커는 완벽하게 윙백 역할을 해낼 수 있다. 게다가 3-5-2 포메이션을 쓴다면 케인이 혼자 고립될 이유도 없었다. 그의 옆에 손흥민을 활용할 수 있기 때문이다. 후방의 허점이 노출될 위험은 소유권을 잃을 때마다 빠르게 전방 압박을 하는 것으로 최소화했다.

우리의 새로운 포메이션은 썩 괜찮았다. 이제 사람들은 우리가 플랜 B, 심지어 플랜 C까지 구사할 수 있다고 말하기 시작했다. 이전에는 사람들이 우리를 보며 늘 같은 방식으로 경기에 나선다고 비판했지만, 그것은 사실이 아니다. 처음 경기를 시작하는 포메이션은 4-2-3-1일지 몰라도 우리는 경기 중에 수시로 이동하며 포지션을 변경했고, 상대에 맞춰 공격하는 방식에도 변화를 줬다.

우리는 하프타임 직전에 실점을 내주며 끌려가기 시작했지만, 상대에게 압도당하고 있다는 느낌을 받지는 않았다. 결국 이날 73분 동안 경기를 소화한 케인이 후반 초반 페널티킥으로 동점골을 터뜨렸다. 그 후에 우리는 이 경기에서 승리할 확실한 기회를 잡았다. 어쨌든 가장 중요한 것은 이 경기에서 우리가 레버쿠젠에서의 실망스러운 경기력보다 훨씬 나은 경기를 했다는 것이다.

경기 후 기자회견에서, 나는 지난 UEFA 챔피언스리그 경기에서는 전반전에 교체됐지만 오늘 경기에서는 굉장한 활약을 했던 무사 뎀벨레에 대해 한마디로 말해달라는 요청을 받았다. 그는 자신의 플레이를 할 때면 언제나 팀에 특별함을 안겨주는 선수다. 그래서 나는 '천재'라는 단어를 썼다. 이제 그가 다음 훈련에서 너무 거만하게 굴지는 않는지 지켜봐야겠다. 다음에 훈련장에서 만나면 볼을 한 대 살짝 쳐줄 생각이다.

＊ ＊ ＊

앞으로 며칠간 이 일기를 쉬기 전에 하고 싶은 얘기가 있다. 나는 내 사람들과 함께 어울리는 것을 좋아한다. 언젠가 비행기에서 토니, 미키, 헤수스가 깜빡 졸고 있는 모습을 보면서, 사우샘프턴 시절 우리가 처음 6개월 동안 함께 살았던 호텔에서의 어느 밤이 떠올랐다. 그것은 치열하면서도 즐거웠던 일종의 견습 기간에 생긴 일이었다. 우리의 하루 일과는 아침 7시에 식당에서 시작해 밤 9시나 10시에 끝났다. 호텔에 위성 TV가 없었기 때문에, 우리는 축구 경기를 보기 위해 수상한 웹사이트를 이용해야만 했다. 와이파이 신호도 좋지 않아서 때때로 컴퓨터가 있는 레스토랑을 찾아가 네 명이 빙 둘러 축구를 보면서 무슨 일이 벌어지고 있는지 확인하려고 노력하기도 했다. 우리는 가능한 한 많은 축구 경기를 봤다. 어느 목요일에 유로파리그가 지상파 텔레비전에서 방영되고 있었다. 그래서 나는 내 방에 가서 같이 보자고 했다. 헤수스는 소파에 앉았고, 미겔은 의자에, 토니는 침대 위 내 옆에 누워서 축구를 보기 시작했다. 그러다가 5분 후에 모두 다 잠이 들어버렸다. 눈을 떠보니 이미 다른 세 명은 사라진 뒤였다. 이 일은 우리의 그 시절이 어땠는지를 단적으로 보여주는 일화다.

헤수스는 우리 그룹에 마지막으로 합류한 사람이었다. 모든 감독들은 그들이 전적으로 신뢰할 수 있는 코치를 필요로 한다. 드레싱룸, 훈련장, 체육관 그리고 일상적인 삶에서도 감독을 대신할 수 있는 그런 사람들, 하지만 그런 관계는 순전히 일을 통해서만 만들어지기 어려운 법이다. 라몬 플라네스가 헤수스를 에스파뇰로 데려온 첫날부터 나는 내가 알고 있는 것과 미래에 대한 내 비전을 그와 공유하는 일이 즐거웠다. 그 후로 그는 내 감독으로서의 커리어 중 가장 핵심적인 사람이 됐다.

처음에 그는 유소년팀과 21세 이하 팀을 도와주는 역할을 하기 위해 에스파뇰에 왔다. 그러나 그는 얼마 지나지 않아 이제 막 부상에서 회복했거나 추가 훈련이 필요한 1군 선수들과 일하기 시작했다. 그 다음 시즌 초에 상대 팀의 영상 분석을 맡았던 담당자가 바르셀로나로 떠났다. 나는 내 사비를 들어서 카메라 촬영 기능이 있는 분석 프로그램을 구입하고 헤수스에게 나를 좀 도와달라고 부탁했다. 조금씩 조금씩 나의 사고방식이 그에게도 옮겨졌다. 그 당시 헤수스는 아직 축구에 대한 사랑이 부족했다(그는 축구를 직업으로만 받아들였다). 나는 그와 일을 하면서 그가 훌륭한 직업윤리관을 갖고 있고 새로운 것들을 이해하는 데 매우 능숙하다는 것을 곧바로 알게 됐다. 그 무렵, 나와 PSG 시절 함께했던 피트니스 코치 펠리시아노 디 블라시가 팀을 떠나게 됐다. 나는 그 역할을 헤수스에게 맡기면서 그에게 물었다.

"급여는 얼마를 원해?"

그는 대답했다. "네가 주고 싶은 대로. 너는 나를 좋게 평가할 거라고 생각해. 너한테 얼마를 원한다고 금액을 말하고 싶진 않아."

그 후로 우리는 늘 함께 일하고 있다.

헤수스는 우리 그룹과 함께 어울리게 된 후 우리가 이미 전부터 잘하고 있었다고 겸손하게 말했지만, 나는 그를 만난 후로, 특히 우리 네 사람이 함께 뭉친 후로 많이 성장했다고 생각한다. 아니, 우리 네 사람 모두 전과는 전혀 다른 레벨까지 성장했다. 그들의 헌신적인 태도와 지성이 나로 하여금 나 자신을 더 발전시키는 길로 도전하게 한다. 우리는 자존심을 세우지 않는 겸손한 사람들이며, 이는 지속적으로 발전하기 위해 필수적인 자세이다. 축구에서는 결코 어떤 것도 이상적인 시나리오대로 흘러가지 않는다. 언제나 뭔가 잘못된 것이 있기 마련이다. 그것이 바로 우리가 현재 가진 것에 적응해야 하는 이유이며, 그들은 내가 그렇게 할 수 있도록 많은 도움을 주고 있다.

물론, 그룹의 리더란 다른 사람들과 길을 함께하기 이전에 스스로 길을 만드는 사람이다. 그러나 중요한 것은 '마우리시오 포체티노의 방법'이 아니라 '우리의 팀'으로서의 노력이다. 우리는 훈련과 플레이 방식 그리고 삶의 방식을 가장 중요하게 생각하는 지도자들의 그룹이다. 우리의 목표는 안전하게 보호받으며 안주하는 것이 아니라, 지금 우리가 하는 일을 즐기며 서로 감정과 아이디어를 공유하는 것이다. 그리고 그런 일들을 하는 데 있어 최종 결정을 내가 하고 있을 뿐이다. 이런 원칙을 매일 지켜나가는 것이 가장 중요하다.

사람들은 종종 내게 새로운 자극을 위해, 또 계속 같은 철학만 고집하는 상황을 피하기 위해 코칭스태프를 바꾸는 것이 더 낫지 않겠느냐고 물어보기도 한다. 그러나 나는 이미 늘 계속 배우고 있고 더 나아지기를 갈망하는 세 사람과 함께하고 있다. 그래서 나는 코치진을 바꿀 필요가 없다.

미키는 10대 시절부터 나의 좋은 친구였다. 우리는 17~18살 때 뉴웰스의 유소년팀에서 만났다. 우리는 둘 다 꿈을 꾸는 사람들이며 많은 순간을 공유했다. 나중에는 서로의 여자 친구와 모두 함께 만나기도 했고, 함께 축구를 하고 농구를 하며 시간을 보내기도 했다(그 당시는 시카고 불스 Chicago Bulls의 전성기였다). 나는 차가 있어서, 훈련하러 가는 길에 그를 데리고 가기도 했다. 미키는 우리가 살았던 로사리오 중심부에서 벨라비스타 Bella vista(부에노스아이레스 주 지역 이름 - 옮긴이)로 가는 여정이 늘 재미있었다고 말한다. 늘 내가 고른 음악을 들어야 했었는데도 말이다. 어느 날 그는 내 피아트 우노Fiat Uno(이탈리아 피아트의 미니 자동차 - 옮긴이)의 문을 부수기도 했다. 우리가 막 차에서 내리려고 할 때, 내가 그에게 "조심해, 미키.

바람이 세다고"라고 말했는데, 그가 문을 열자마자 강한 바람이 불어서 문을 날려버렸다! 사실 그 차의 문은 장난감 차처럼 약했지만, 그 후로 나는 몇 년 동안이나 농담 삼아 그에게 어떻게 내 차 문을 부숴놓고 보상도 하지 않느냐고 놀리곤 했다.

그도 (우리가 경기에 나서기 위해 떠났던) 로사리오 외곽에 있는 푸네스 군사 대학 시설에서 마르셀로 비엘사 감독이 이끌었던 훈련 캠프를 경험했다. 우리는 피트니스 코치들과 많은 이야기를 나누곤 했다. 우리는 늘 선수들의 몸 관리에 흥미를 갖고 있었고, 나는 항상 우리 팀에 주의를 기울였다. 우리가 가장 좋아하는 취미는 탁구와 몇몇 다른 게임들이었다. 당시에는 TV와 VCR의 사용도 제한적이어서, 영화도 아주 가끔씩만 볼 수 있었다. 그렇게 오랫동안 가족과 떨어져 지내는 것은 쉽지 않았다. 요즘 나는 선수들이 집에서 가능한 한 오래 머물 수 있게 해주려고 노력하고 있다. 자기 침대에서 잠자는 것만큼 편안한 것은 없다고 생각하기 때문이다.

그 피트니스 코치들은 (선수들에게 벌을 주는) 옛날 스타일 코치들이었다. 그들과 함께한 훈련은 너무 힘들었다. 당시 비엘사 감독이 지도하고 있던 뉴웰스 리저브팀으로 올라갔을 때 트루센디Trusendi라는 피트니스 코치의 지도를 받았었는데, 그는 내가 통통한 편이니 셔츠 상의가 땀으로 젖을 때까지 훈련하라고 지시했다. 프리시즌인 1월의 로사리오는 아주 덥고 후덥지근한 시기였다.

지금도 나와 미키는 그 감옥 같던 시기를 이야기하며 웃곤 한다.

카리나와 나는 그의 결혼식에서 증인 역할도 맡았다. 그 후에 그와 나는 각자의 길을 걸었다. 그는 그 후 에콰도르와 멕시코 그리고 프랑스에서 시간을 보냈다. 그러나 언젠가 함께 일하고 싶다는 마음은 우리 마음속에 늘 자리 잡고 있었다. 적절한 기회가 오자 나는 그에게 에스파뇰에서 일할 것을 제안했다. 그리고 그에게 우리의 훈련 영상을 촬영해달라고 요청했다. 우리는 공사장에서 사용하는 비계飛階를 훈련장에 설치해서 미키가 훈련을 촬영할 수 있도록 만들었다. 그 시설은 지금도 에스파뇰 훈련장에 있다. 비바람이 치고 돌풍이 불 때도 미키는 그 위에서 필사적으로 촬영을 했고 그렇게 위험을 무릅쓰고 헌신적으로 일한 것에 대한 보상으로 우리와 함께 사우샘프턴까지 가게 됐다.

헤수스는 토트넘의 스포츠 과학, 메디컬 분야에 대한 모든 정보를 수집하고, 이 모든 것을 이해하기 쉬운 방식으로 내게 전달하는 일을 맡고 있다. 또한 그는 내가 이해할 수 없는 질문이 있을 경우에 대비해 늘 나와 기자회견에 동석하고 있다. 그는 클럽 스태프들과 대화를 가질 때도 거의 나와 함께한다. 한편, 미키는 팀 분석과 스카우팅 일을 맡고 있고, 토니는 골키퍼 훈련을 포함한 골키퍼와 관련된 모든 일을 맡았다.

나와 토니의 관계는 전혀 다른 경우다. 그와 있었던 우여곡절에 대해서는 좀 더 나중에 이야기할 생각이다.

토니는 그의 아내 에바와 함께 훈련장 근처에서 살고 있다. 그에게는 32세의 아들 엔릭이 있는데, 그는 그라노예르스(바르셀로나 주에 위치한 도시명 - 옮긴이)에 살고 있다. 또 다른 아들인 22살의 토니 주니어는 사우샘프턴에 살고 있다. 16살 딸 크리스티나는 부모님과 함께 런던에서 살고 있다. 미키의 아내 카리나와 그들의 일곱 살 난 아들인 티아고는 둘 다 영국에서 미키와 함께 지내고 있다. 헤수스도 그의 아내인 올가와 아홉 살, 열네 살 난 두 딸 폴라, 마타와 함께 이주했다.

삶이 우리를 런던으로 불러 모았다.

당연히 토니도 우리와 함께 아르헨티나에 갈 예정이다. 우리는 라고 에스콘디도Lago Escondido로 향한다.

＊ ＊ ＊

월요일이다. 지금까지의 여행 중에서 가장 특별했던 여행 하나를 마치고 이제 막 런던에 돌아왔다. 아스널과의 경기에서 무승부를 기록하긴 했지만, 우리는 힘든 한 달 반을 보낸 뒤 지친 상태로 여행을 떠났다. 그러나 아르헨티나에 있는 동안, 주변 사람들과 함께 쉬면서 에너지를 얻고 더 가까워질 수 있었다. 그곳에서 우리는 이번 시즌 그리고 앞으로 우리가 이룰 모든 것들에 대해 서로 이야기했다. 나는 이번 시즌, 또 가까운 미래에 우리가 무엇을 이루던 그 모든 것은 이번 라고 에스콘디도 여행을 통해 나눈 대화의 결과일 것이라고 생각한다.

그걸로도 충분하지 않았는지, 미키는 여행 도중에 거의 죽을 뻔했다.

언젠가 라고 에스콘디도에 꼭 가보자고 제안했던 사람은 레비 회장이었다. 이곳은 조 루이스Joe Lewis의 소유다. 레비 회장과 조는 ENIC이라는 회사의 소유주이고, ENIC은 토트넘 지분의 85퍼센트를 소유하고 있다. 조는 라고 에스콘디도에 별장을 갖고 있는데, 레비 회장에게 우리가 들러서 이용해도 좋다고 말했다고 한다. 그건 꽤 오래 전의 일이었다. 나는 그 제안에 좋다고 말했고 레비 회장은 우리가 부진을 겪기 전인 몇 개월 전에 그 이야기를 다시 꺼냈다. 나는 그에게 11월이 아르헨티나를 방문하기 좋은 시기라고 말했다. 왜냐하면 아르헨티나에서는 11월이 봄이 시작되는 시기이고 날씨도 좋아지기 때문이다. 우리의 여행에는 나를 포함한 네 명의 친구들, 레비 회장 그리고 1군 팀의 여러 일을 도와주는 앨런 딕슨이 함께했다. 아스널과의 경기에서 무승부를 기록한 그 일요일 밤 10시, 우리는 브리티시 에어웨이 비행기를 타고 런던에서 부에노스아이레스로 떠났다. 그 경기를 앞두고 나는, 만약 우리가 경기에서 진다면 여행 가는 분위기가 좋지 않을까 걱정하기도 했다. 그러나 우리는 졌지만 거의 이길 뻔한 경기를 했고, 이 여행은 회장과 함께 7일의 시간을 보내면서 잠시 시간을 멈추고 그동안 우리가 해왔던 일을 돌아볼 수 있는 좋은 기회가 됐다.

우리는 비행기 안에서 영화를 보거나 마테차를 마시면서 시간을 보냈다. 사람들은 우리를 이상한 표정으로 쳐다봤다. 비행기에서 마테차를?

우리는 월요일 아침에 아르헨티나에 도착했다. 마중 나온 사람들이 있어서 우리는 패스트트랙을 이용해 보안 검사를 일찍 받고 개인 터미널로 이동한 후 다시 전용기를 타고 바릴로체(산 카를로스 데 바릴로체의 줄임말, 아르헨티나의 리오네그로 주의 도시 - 옮긴이)로 이동했다. 그리고 그곳에서 두 개의 미니밴을 이용해 라고 에스콘디도로 향했다. 우리가 지낼 별장을 관리하는 니콜라도 우리를 맞이하기 위해 나왔다. 나는 그에게 라고 구티에레스Lago Gutierrez 호수 주변에 있는 아레라우쿠엔Arelauquen에 내가 소유하고 있는 땅에 관해 이야기를 했다. 그 곳은 바릴로체에서 라고 에스콘디도로 가는 길에 있는 많은 호수들 중 하나다. 나는 또 머피에 있는 500헥타르 정도 넓이의 내 목장에 관해서도 이야기했다. 그곳은 3000마리의 소가 살고 있고, 가족끼리 바비큐 파티를 하며 지낼 수 있는 평화로운 안식처다. 내가 그곳에 마지막으로 발을 들인지도 벌써 5년이 지났다.

우리는 오너의 저택에 머물렀다. 집에 도착하자 오너의 조수이자 그곳에 살고 있는 실바나가 우리를 환영해줬다. 그녀와 니콜라는 우리가 그곳에 지내며 했던 대부분의 활동에 함께했다. 우리는 많은 이들의 도움을 받았다.

나는 아침 7시에 일어나 아름다운 경치를 바라보며 몇 시간 동안 산책을 했다. 산책 후 돌아와서는 크로아상과 달콤한 둘세데레체dulce de leche(설탕이 든 따뜻한 우유로 만들어지는 과자류의 일종 - 옮긴이)로 아침을 먹었다.

그 후에 우리는 낚시, 래프팅, 승마, 쿼드바이크 타기를 하거나 페인트볼, 파델 등을 했다. 점심시간에는 산이든, 호수든 어디로든 소풍을 갔다. 집에서 저녁을 먹었지만, 매번 다른 장소에서 먹었다. 그러고는 몇 시간이고 축구에 관한 이야기를 주로 나눴다. 레비 회장과 나는 좋아하는 와인에 대해 서로 이야기했다. 그와 나는 훈련장에서는 그동안 이야기하지 못했던 것들에 관해서도 이야기했다(레비 회장의 부인은 나를 그들 가족의 세 번째 멤버라고 이야기하곤 한다).

그러나 우리 대화의 주요 주제는 여전히 축구였다. 종종 클럽의 회장과 이사진은 감독의 이력서를 보고 감독을 임명하지만, 진정한 관계가 형성될 때까지 자신이 데려온 사람에 대해 제대로 이해하지 못하는 경우가 많다. 레비 회장은 그렇게 많은 시간을 우리와 함께 보내면서 나와 코치들에 대해 더 잘 이해하게 됐다. 우리는 어떻게 하면 팀 전술이 더 발전적이고 더 효과적이고 더 경쟁적이 될 수 있는지에 대해 이야기했다. 또 왜 내가 선수 영입보다는 아카데미 선수들을 육성하는 것을 선호하는지, 필요하지 않은 선수를 영입하면 어떤 문제가 생기는지에 대해서도 이야기를 나눴다. 밖에서 영입해온 선수를 벤치에 남기는 것과 아카데미를 거쳐서 올라온 선수를 벤치에 앉히는 것은 전혀 다르다고 이야기했다.

우리는 최근에 시작한 정말 흥미로운 게임을 반복하기도 했다. 우리는 프리미어리그 선수단을 훌륭한 선수들, 아주 뛰어난 선수들 그리고 스타 플레이어로 분류했다. 그렇게 함으로써 각각의 카테고리에 대해 갖고 있던 우리의 서로 다른 생각이 분명히 드러났고, 거기에서부터 건설적인 토론을 시작할 수 있었다.

회장과 감독은 보통 축구에 대해 피상적인 수준에 대해서만 말한다. 그러나 나는 그에게 왜 선수의 플레이 스타일이 확실할수록 이적 시장에서 선수를 영입하는 것이 어려운지 자세히 설명할 수 있었다. 이적 시장에서 영입한 선수들이 그 팀에 부족한 부분을 분명하게 채워주지 못한다면 아예 아무도 영입하지 않는 것이 낫기 때문이다. 한편 우리는 토트넘이라는 클럽에 대해서도 더 잘 이해할 수 있었다. 토트넘은 지금 선수용 숙소와 새 스타디움을 짓고 있다. 우리는 매년 이익을 내는 몇 안 되는 클럽 중 하나이며, 그를 통해 새로운 프로젝트에 드는 비용을 스스로 충당하고 있다. 이 여행 중의 대화를 통해서 코칭스태프의 역할에도 흥미로운 변화가 있었다. 토니와 미키 그리고 헤수스와 나는 늘 모든 것에 대해 논쟁을 벌인다. 모두가 자신의 의견을 자유롭게 낸다. 그러나 우리가 클럽 측에, 혹은 회장에게 무언가 이야기할 때는 우리의 목소리는 하나가 된다.

두 번째 날, 우리는 배를 타고 호수를 건너 3시간 정도 숲으로 도보 여행을 갔다. 그곳에서 우리는 개울물을 건넜고, 그 물을 마시고 걷다가 멈춰 서서 3000년 된 나무들을 안기도 했다. 우리는 다시 배로 돌아와서 작은 섬으로 갔다. 그리고 그곳에서 바비큐 파티를 했다. 돼지고기와 그릴로 구운 프로볼레타 치즈 그리고 엠파나다empanadas(밀가루 반죽 속에 고기나 야채를 넣고 구운 스페인과 남미의 전통요리 – 옮긴이), 새끼 염소 구이 등등.

나는 최선을 다해서 보트를 운전해보기도 했다. 그런데도 우리는 여전히 더 많은 것을 하고 싶었다. '쿼드바이크를 타고 한 바퀴 도는 건 어떨까?' 브레이크 없이 가파른 비탈길을 내려올 때쯤 되자 그 생각이 별로 좋은 생각이 아니었다는 걸 깨닫게 됐다.

도시에서 멀리 떨어져 이런 시간을 보내는 것은 사람의 생각과 감각을 예리하게 만들어준다. 그렇게 기발한 아이디어가 아닐지 몰라도, 그 당시에는 그렇게 느껴진다. 나는 우리가 모두 함께 보낸 그 시간을 정말 즐겼다. 조용하고 매혹적인 부두로 혼자 나들이를 했던 것도 마찬가지다. 어느 날엔 자전거를 타다가 혼자 조깅을 하고 있던 헤수스를 우연히 만났다. 우리는 같이 가기로 했다. 나는 계속 자전거를 탔고 그는 내 옆에서 달리기를 했다. 우리는 엄청난 에너지를 느꼈고 아무 말도 할 필요 없이 계속해서 움직였다. 그때 우리의 환경은 우리가 우리 자신보다 훨씬 큰 무언가에 속해 있다고 느끼게끔 해줬다.

금요일에 우리는 그 지역 주민센터에서 강연을 했다. 우리는 지역 축구 현장에서 일하는 사람들을 모아서 그들에게 우리가 어떻게 일하는지 설명해줬다. 다른 일들이 있어서 그렇게 오랜 시간 동안 했던 것은 아니었다. 점심 식사 후에 우리 8명은 안전요원과 함께 만소 강에서 래프팅을 했다. 총 18킬로미터를 이동했는데, 처음 시작 지점은 비교적 순탄했다.

"어떤 지점에서는 빠지는 사람도 생길 거예요." 안전요원들이 말했다. "그래도 걱정 마세요. 여러분을 두고 가진 않을 테니까요."

첫 번째 급류에서 가장 먼저 물에 빠진 사람은 헤수스였다. 가이드가 그의 다리를 잡고 그를 보트 안으로 끌어올렸다. 다음 급류에서 헤수스는 또 한 번 물속에 머리를 박았다. 우리는 모두 그를 보고 웃음을 터뜨렸지만, 얼마 안 가 우리 모두 고생하기 시작했다. 그러나 마지막 급류까지 모든 것이 큰 탈 없이 순조롭게 마무리되는 듯했다.

그러다가 갑자기 보트가 뒤집혔다. 몇몇 사람이 노를 젓는 대신 보트 밖으로 튕겨져 나갔고, 헤수스는 다시 한번 허공 위를 날았다. 이번에는 (가운데에 앉아 있었던) 레비 회장, 니콜라, 토니, 미키도 같은 운명을 맞이했다.

그들은 모두 다른 방향으로 뿔뿔이 흩어졌다. 헤수스는 우리 바로 앞쪽으로 떨어졌고, 우리를 따라오던 안전보트가 그를 데리러 갔다. 우리 뒤쪽으로 떨어진 토니는 안전요원의 눈에 띄었다. 오른쪽에는 니콜라와 레비 회장이 있었다. 다른 모든 이가 니콜라를 끌어올려줬고, 나는 레비 회장에게 그가 물속에 빠지면 내가 직접 구해주겠다고 말한 약속을 지켰다.

나는 물속에 빠져 심각한 표정으로 나를 바라보고 있던 레비 회장을 봤다. 그의 손을 잡고 끌어올린 후에 나는 그러기 전에 먼저 재계약을 요구했어야 했는데, 하고 농담했다. "다니엘, 내 연봉을 두 배로 올려주지 않으면 안 구해줄 거예요"라는 식으로.

미키는? 우리는 처음에 그가 사라졌다는 사실도 깨닫지 못했다.

그리고 15초에서 20초 정도가 지났다. 우린 모두 수면 위를 살피면서 눈에 보이는 사람들을 구하느라 정신이 없었다. 그래서 몇 초 동안 숨도 쉬지 못하며 보트 아래쪽에 빠져 있던 미키를 생각하지 못했다. 그러다가 배 왼쪽에 그가 나타났다.

"이러다 익사하겠어!" 그가 계속 소리쳤다. 결국 그를 보트 위로 끌어올렸지만, 우리 모두는 극도로 겁먹은 상황이었다.

나는 선수들에게는 절대 래프팅을 추천하지 않을 것이다.

다음 날 아침에는 일찍 산책을 나갔다. 갑자기 일주일간의 휴가가 거의 끝나가고 있다는 생각이 들었다. 우리 모두는 그 시간이 아주 특별한 경험이었다는 데 동의했다. 산책에서 돌아온 후 아침을 먹고 짐을 쌌다.

그런데 정말 이상한 일이 일어났다. 지난 며칠 동안 우리와 함께하며 우리를 반겨주고 따뜻함과 관용을 베풀었던 15~20명의 사람과 작별 인사를 할 때, 나는 그만 울음을 터뜨리고 말았다. 누군가 나에게 왜 그랬는지 묻는다면 제대로 대답하지 못했을 것이다. 우리는 여행 중에 그룹 채팅방을 열고 대화를 나눴는데, 나는 그 방에 '라고 에스콘디도에서는 아무것도 숨길 수 없어'라고 적었다. 자연 앞에서는 누구도 자기 자신을 숨길 수 없다. 모든 가면이 벗겨지는 것이다.

내 아내가 이 일에 대해 아름다운 말을 한 적이 있는데, 나는 그 말로부터 영감을 얻었다.

"당신이 왜 그렇게 기분이 좋았는지, 왜 울게 됐는지 알고 싶어요? 자연은 사람을 판단하거나 심판하지 않기 때문이에요. 그래서 당신은 자기 자신으로부터 7일 동안이나 자유로울 수 있었어요."

그것은 정곡을 찌르는 말이었다. 우리는 모두가 판단을 내리는 세상 속에 살고 있다. 이웃에서부터 오토바이를 타고 지나가는 사람들까지. 공항에서도 사람들은 우리를 바라보고 마음속으로 판단을 내린다. 궁극적으로 내가 일하는 세상의 우리 모두는 무대 위의 배우와 같다. 우리가 라고 에스콘디도에서 느낀 것은 자유였다.

우리는 부에노스아이레스의 산 페르난도 공항을 향해 날아갔다. 밴 한 대가 우리를 데리러 왔는데, 올 때와는 달리 모든 게 삐걱거렸다. 밴은 너무 비좁아서 여행 가방을 넣기에도 충분해 보이지 않았다. 심지어 차 안에는 페인트 통을 비롯한 여러 물건들이 어지럽게 나뒹굴고 있었다. 차는 더럽고 금방이라도 부서질 것 같았다. 우리는 호텔에 도착한 우리에게 지배인이 "몇 분이시죠? 혹시 오케스트라에서 오셨나요?"라고 묻는 것을 상상하면서 웃었다. 호텔에서 잠시 동안 담소를 나눴고, 훌륭한 와인과 함께 음식을 먹었다.

저녁 식사 후에는 다시 산책을 했다. 앞서서 걷고 있던 토니와 앨런이 대화를 나누다가 서로 포옹을 했다. 그런데 갑자기 누군가가 차를 몰고 옆을 지나가다가 "푸토스putos"라고 외쳤다. 앨런은 그가 들은 말이 무슨 뜻인지도 모른 채 그 차를 향해 돌아서서 인사했다. 토니는 아직도 앨런의 어깨에 팔을 두르고 있었다. 내가 그들에게 방금 지나간 차에 탄 젊은 친구가 한 말에 대해 설명해줬다.

"너희들 보고 '매춘부' 같다고 한 거야, 앨런."

그러자 앨런은 갑자기 온 힘을 다해서 토니의 팔을 밀쳤다. 그 반응이 너무나도 재밌었다.

우리는 잠자리에 들기 전에 실컷 웃었다.

* * *

우리는 월요일 오전 5시에 런던에 도착했다. 집에서 잠시 휴식을 취한 후 훈련장에서 다시 만났다. 케인과 에릭센 그리고 얀센은 각자 대표팀의 두 번째 경기에는 나서지 않았기에 이미 훈련장에 돌아온 상태였다. 나머지 선수들은 이번 주에 천천히 돌아올 것이다. 나는 훈련을 유심히 지켜본 후에 팀의 공격, 수비, 위치 선정 등에 관해 이야기했고 골키퍼들과 함께 세트피스 훈련도 진행했다. 심지어 나는 최근에 온라인에서 유행하고 있는 마네킹 챌린지에 선수들을 투입시켰다. 아주 재밌었다. 오늘은 11월 18일이다. 우리는 웨스트햄과의 홈경기를 앞두고 훈련을 모두 소화했다. 선발 라인업도 미리 정했다.

끝없이 내리는 비에 교통 체증. 모든 것이 금세 일상으로 돌아왔다.

* * *

비록 이기지는 못했지만, 아스널전은 만족스러웠다. 이제 우리는 웨스트햄전을 치르며 다시 승리하는 길로 나아가야 했다. 그러나 우리는 89분까지 그들에게 지고 있었다.

나는 토트넘에서 8년을 보내 클럽에 대해 하나부터 열까지 속속들이 알고 있는 토트넘 팬이자 토트넘 아카데미 출신인 해리 윙크스에게 1부리그에 출전할 기회를 줬다. 우리는 두 명의 공격수를 배치하는 다이아몬드 형태의 약간 다른 시도를 했다. 전날 훈련 때는 잘했는데, 실전에서는 잘 풀리지 않았다. 우리는 경기 중 단 한 번도 원하는 대로 플레이하지 못했다. 그리고 코너킥으로 한 골을 내줬다. 그래서 나는 전통적인 4-4-2 포메이션으로 전술을 변경했다. 그 후로 우리의 경기력은 더 좋아졌지만, 스코어는 여전히 0-1이었다. 나는 하프타임에 전반전 영상을 보여주는 대신 공격 라인을 조정했고, 후반전에 우리가 어떻게 나아가야 하는지 설명해줬다. 후반전에 우리는 좋은 출발을 보였고, 결국 윙크스가 그의 풀타임 데뷔전이자 그의 첫 더비 경기에서 동점골을 터뜨렸다.

그 후로 괜찮아 보였지만 우리는 다시 한번 실점했다. 그 후 우리 포메이션 중 잘 통하지 않던 몇몇 부분을 조정했다. 손흥민은 투입된 후 처음 다섯 번의 터치에서 볼을 놓쳤지만, 89분에 케인에게 정확한 크로스를 올렸고 케인은 동점골을 터뜨렸다. 그리고 2분 후, 케인은 자신이 당한 파울로 얻은 페널티킥을 직접 성공시켰다.

경기 종료 휘슬이 울렸고 최종 스코어는 3-2였다. 우리에게는 너무나도 절실했던 승리였다.

경기가 끝나고 해리 윙크스가 드레싱룸에 들어와 인사를 했다. 그는 내가 자신을 믿어준 것에 대해 아주 고마워했다. 우리는 다른 선수들이 들어오기 전에 포옹을 나눴다. 우리가 웨스트햄 관계자들과 함께 있을 때, 레비 회장도 내려왔다. 그들은 형식적인 인사를 나눴고, 웨스트햄 관계자들이 떠난 뒤 레비 회장은 나를 거의 땅에서 들어 올릴 정도로 세게 껴안았다! 그 경기는 오래 참고 기다려야 했던 감정적인 경기였다.

다음 날 어깨가 아팠다. 솔직히 말하면 온몸에 통증을 느낄 정도였다. 긴장의 수준도 높았다. 그 경기는 우리가 아주 잘한 경기는 아니었을지 모르지만, 나는 웨스트햄이 우리보다 더 잘했다고는 생각하지 않는다. 우리는 인내심을 갖고 경기에 임한 덕분에 결과를 뒤집을 수 있었다. 해리 케인은 우리가 상위권과의 승점차를 3점으로 유지할 수 있도록 두 골을 터뜨리며 팀에 승점 3점을 안긴 구세주가 됐다. 케인 같은 스트라이커를 10경기 동안 쓰지 못하고도 그를 그리워하지 않는 것이 가능할까?

오늘은 월요일이다. 우리는 매우 중요한 챔피언스리그 일전이 될 모나코로 떠난다. 선수들 중 일부가 부상에서 돌아오고 있다. 케인이 90분을 소화할 수 있을지 지켜볼 예정이다. 격렬했던 더비전 직후인 만큼 뎀벨레와 알리, 베르통언의 몸 상태도 체크해야 한다. 지난해 우리는 적어도 겉으로 보기에는 부상의 영향을 크게 받지 않는 것처럼 보였다. 그러나 이번 시즌에는 부상이 많은 편이다. 예를 들어, 케인과 알더바이렐트는 이미 챔피언스리그에서 3경기나 나서지 못했다. 그러나 그것은 다른 어떤 팀도 마찬가지일 것이다.

내일, 우리는 반드시 승리해야만 한다.

* * *

11월 22일, 우리는 모나코에 패했다.

전반전에 우리는 모나코의 공격을 잘 막았다. 손흥민이 한 차례 결정적인 기회를 놓쳤다. 지난번 웸블리에서 가진 모나코전에서 그와 케인이 그랬던 것처럼. 레버쿠젠전에서는 알리가 기회를 놓쳤다. 챔피언스리그 수준에서는 기회를 놓친 대가를 치르게 된다.

몇 가지 전술적인 조정을 했음에도 우리는 후반전 시작 직후에 실점했다. 그 다음 공격에서 우리는 페널티킥을 얻어냈고 동점골에 성공하며 대응했다. 모나코의 경우 조별 리그를 통과하기 위해서는 승점 1점만 얻어도 충분했기에 그들이 유리한 상황이었다. 그 이후에 이어진 상황은 유럽 대항전에서의 우리의 지금 상태를 요약해서 보여주는 것이었다.

우리가 동점을 만든 직후, 그들이 킥오프를 했다. 그리고 4번의 패스를 거친 후 53분에 토마스 르마Thomas Lemar가 그 경기의 결승골을 터뜨렸다. 우리는 볼 뒤에 11명의 선수가 있는 상황에서도 실점했다. 정말 이해하기가 어려웠다. 그 중요한 순간에 집중력을 잃었던 것일까? 이것은 선수들 개개인의 실수 탓일까, 아니면 팀 전체의 문제일까? 이것은 퀄리티의 문제일까, 아니면 정신 상태의 문제일까?

우리는 그 후로도 더 많은 기회를 만들어냈지만, 승리할 팀처럼 보이진 않았다. 우리는 모나코가 수차례 보여줬던 공격에서의 적극성이 부족했다. 그들이 전방으로 나올 때마다 우리는 문제를 겪었다. 우리는 마치 볼을 잡을 때마다 뒤로 물러서는 것처럼 보였다.

벤치에서 그 경기를 지켜보는 게 너무도 힘들었다. 나는 마지막 20분 동안은 테크니컬 에어리어에 서서 평온한 모습을 보여주기 위해 노력했다. 무언가가 잘못 돌아가고 있을 때는 그것이 더 악화되는 것을 막는 것이 중요하다.

챔피언스리그에서는 신체적이거나 전술적인 부분보다 정신적인 부분이 더 중요하다. 압박감이 높아질 때는 특히 승리에 필요한 것이 무엇인지 아는 것이 중요하다. 우리 선수들의 능력이 부족한 것이 아니다. 단, 며칠 동안 휴식을 취하지 않고도 최고 수준으로 경기하는 데 필요한 정신력이 부족했다. 우리는 이번 시즌 챔피언스리그 중 오픈 플레이에서 고작 한 골을 넣었다. 손흥민이 CSKA전에서 기록한 결승골이 그 골이다. 나머지 두 골은 프리킥, 패널티킥에서 나온 골이었다. 그리고 우리는 5번의 경기 중 3번을 패했다. 우리가 경기하는 방식을 바꾸는 방법, 또는 우리 선수들의 능력을 최대화하고 약점을 보완하는 최고의 방법에 대한 많은 토론이 오고 갔다.

아르헨티나 여행 중에도 레비 회장과 함께 그 문제에 대해 많은 논의를 했었다. 젊은 선수들이 더 성숙해지고, 우리 팀이 최고 레벨을 유지하면서 계속해서 경쟁을 이어나가기 위해서는 창의성과 용기, 그 두 가지 요인이 필수적이다.

나는 사이먼, 헤수스와 함께 기자회견을 준비했다. 비록 지금까지의 모든 패배가 예상하지 못한 상황에서 나온 실점에 의한 것이었지만, 나는 가능한 차분하게 우리가 누구인지 제대로 보여주지 못했다고 말해야 했다. 우리는 앞으로 나아가고 있었지만, 분명히 선수들을 더 발전시켰어야 했다. 나를 포함해서 모두가 이 경험을 통해 배워야만 한다.

어쩌면 우리의 두뇌가 팀의 진화 속도보다 빠르게 움직이고 있는 것인지도 모른다. 우리는 우리 스스로에 대해 비판적이어야 한다. 오늘 밤 나는 헤수스에게 우리가 선수들에게 (이미 대부분이 전력을 다하고 있는 상황에서) 많은 압박을 준다고 생각하는지 물었다. 그는 이렇게 대답했다.

"어쩌면 그들이 더할 수 있는 부분은 없을지도 몰라. 하지만 압박이 없을 때는 자신의 전력을 다하지 않는 선수들이 있을지도 모르지."

* * *

모나코에 패하며 챔피언스리그 조별 리그에서 탈락한 것은 내가 예상하지 못했던, 내 삶의 많은 충격들 중의 하나였다. 무언가를 강렬히 원하는데 그것이 손아귀에서 빠져나간다면 무언가를 잃어버린 느낌을 받게 된다. 이 일로 인해 나의 힘이 줄어들진 않았지만, 나는 그 무엇보다도 이 문턱을 넘어갈 방법을 찾지 못한 나 자신이 가장 실망스러웠다. 우리가 조기 탈락한 책임은 내게 있다. 어쩌면 우리는 충분하지 않았을지도 모른다. 선수들에게 이 대회가 주는 중요성과 그에 대한 알맞은 방법을 찾아주지 못했다. 나는 머릿속으로 그 경기를 분석해서 다시 돌아봤다. 어디서부터 잘못된 것인지를 생각하면서.

그렇게 지난 경기를 돌아보며 새로운 것을 생각하려고 노력하던 중에 내가 나 스스로를 고립시키고 있다는 것을 알아차렸다.

심지어 가족들로부터도 거리를 뒀다. 집에 돌아오면 나는 보통 음악을 듣거나 경기를 본다.

터널의 끝을 비추는 빛처럼, 나는 흥분이 가득하고 에너지가 넘치는 밝은 것들을 찾는다.

내가 그 노력을 그만두는 순간, 모든 것이 무너질 것이다.

* * *

모나코와의 맞대결에서 패배한 이후, 우리는 리버풀과 함께 리그에서 최고의 모습을 보여주고 있는 첼시로 우리의 관심을 돌려야 했다. 개인적인 의견이지만, 그 시즌에는 첼시와 리버풀 모두 챔피언스리그라는 족쇄로부터 자유로워 보였다. 우리는 그들보다 순위표에서 한 단계 아래에 있었지만, 여전히 그들을 이기고 싶었다. 하지만 경기를 위해 준비할 수 있는 시간이 겨우 하루밖에 남아 있지 않았다. 이미 금요일이었고, 우리는 지난 경기 이후 여전히 많은 의문을 품고 있었다. 그럼에도 나는 우리가 그들을 곤란하게 만들 방법을 알고 있다고 생각했다.

나는 선수들에게 말했다. "다들 고개 들어라. 11대 11의 경기야."

5일 전, 우리는 스탬포드 브리지에서 첼시를 제대로 괴롭혔다. 그 경기 이후 오늘은 목요일이다. 이번 주는 많은 감정이 교차한 한 주였다.

지난 일들을 돌아보기가 쉽지 않을 정도다.

우리는 첼시를 상대로 전반전에 놀라운 모습을 보여줬다. 우리는 그들이 경기를 지배하도록 두지 않았다. 전반전부터 지금까지 보여줬던 것보다 더 강한 압박과 적극적인 모습을 보이며 더 높은 수준의 경기를 했다. 전방으로 나아갈 때도 확신을 갖고 있었고, 몇 차례 번뜩이는 장면을 만들어내기도 했다. 결국 11분에 크리스티안 에릭센이 골을 기록했다. 첼시는 단 두 번의 기회를 잡았는데, 그중 하나는 요리스가 잘못 찬 골킥에서 나왔고, 나머지 하나는 전반전 추가 시간 2분 뒤에 나왔다. 그리고 그 상황에서 그들은 첫 골을 기록했다. 우리는 동점 상황에서 하프타임을 맞이했지만, 그것이 불공평한 결과라는 느낌을 지울 수 없었다.

후반전, 우리가 거의 실점할 뻔한 장면에서 며칠 전에 헤수스가 내게 보여줬던 영상이 떠올랐다. 그것은 특정 상황에서 수비수가 어떻게 반응해야 하는지를 보여주는 영상이었다. 그 영상은 나를 당황하게 했고, 내 마음속 깊이 남았다. 내가 열심히 노력하는 것 중 하나는 경기 중에 내 감정을 통제하는 것이다. 그런데 우리가 그 영상과 비슷한 실수를 하는 것을 본 나는 완전히 경기에 집중하고 있던 헤수스를 향해 소리치고 말았다.

"거봐, 그 영상에 나온 녀석 말이 맞았잖아!"

헤수스, 미키, 토니 모두가 자신의 귀를 의심했다. 감독인 내가 경기 도중에 며칠 전에 본 영상 이야기를 하고 있다니. 헤수스가 내가 하는 말을 전혀 이해하지 못한 것을 보고 나는 그의 옆에 앉아서 농담처럼 내가 언급한 것에 대해서 상세하게 설명하기 시작했다.

"자! 헤수스 아까 내가 한 말의 의미는…."

우리는 둘 다 웃음을 멈출 수 없었다. 잠시나마 경기의 긴장을 잊을 수 있었던 그런 순간이었다.

후반전 초반 빅터 모제스Victor Moses가 골을 넣었고 우리는 1-2로 패했다. 그러나 뭔가 좋은 부분이 있었다. 우리는 10경기 중에 고작 한 경기만 승리했지만, 나는 우리가 이제 막 좋아지려고 하는 터닝 포인트에 와 있다는 것을 확신할 수 있었다. 그리고 그것은 단지 우리가 리그에서 승리할 수 있는 팀들과 맞설 예정이기 때문만은 아니었다. 나는 무언가를 깨달았다. 계속 같은 것을 생각하고 존재하지 않는 무언가를 찾으려고 노력하는 것은 불필요한 일이다. 해결책은 과정에 대한 지속적인 믿음을 갖는 것에 있다. 그리고 그 안에서 어떠한 장애물이든 극복할 수 있는 열정과 해답을 찾아야 한다. 그것이 바로 라고 에스콘디도로 떠났던 여행이 우리에게 가르쳐 준 것이었다.

팀 전체가 훈련 중이었고 우리는 오랜만에 주중 경기를 치르지 않았다. 우리는 선수들의 출전 시간에 대해 공유했다. 월요일에는 몇몇 선수들의 경기력을 보여주는 영상을 활용해 그들과 이야기를 나눴다. 화요일에도 두 차례의 훈련에 앞서 비슷한 일을 했다.

수요일에는 두 개의 다른 영상을 준비했다. 하나는 수비수들을 위한 영상이었고, 다른 하나는 좀 더 공격적인 역할을 맡은 선수들을 위한 것이었다. 나는 늘 미키, 헤수스 그리고 토니와 함께 내가 할 이야기에 대해 미리 검토하는데 때로는 어떤 말이 불쑥 튀어나올 때도 있다. 첫 번째 그룹의 선수들에게 영상을 보여주고 두 번째 그룹에게도 그렇게 하려고 준비하던 도중에 나는 몇몇 선수들에게서 내가 싫어하는 표정을 봤다.

화가 났다. 나는 그들에게 축구에 대해서는 많은 말을 하지 않았다. 삶에 대해, 프로페셔널이라는 것에 대해 그리고 자기 자신의 직업을 존중하는 것에 대해 말했다.

돈을 벌기 위해서 이 일을 시작한 사람은 많지 않다. 축구를 사랑했기 때문에 시작한 것이다.

나는 계속 그와 관련된 이야기를 했다. 미키, 헤수스, 토니조차 내가 그렇게 화난 것을 본 적이 없을 것이다. 믿기 힘들겠지만, 화가 나면 날수록 내 영어 실력은 더 좋아진다.

우리는 늘 선수들을 보호하기 위해서 노력을 기울인다. 코칭스태프들은 경기장 위에서뿐만 아니라 밖에서도 선수들을 돌보고, 개선시키고, 그들을 도울 방법을 생각하면서 24시간을 보낸다. 어쩌면 경기장 위보다 경기장 밖에서 더 그럴지도 모른다. 축구 선수가 축구를 존중하지 않을 때, 그는 그 자신과 그를 위해 일하고 있는 사람들을 존중하지 않는 것이다. 나는 내가 조치를 취해야 한다고 생각했다.

만일 어떤 축구 선수가 축구에 대한 열정이나 공을 만지는 것 혹은 경기장의 냄새를 좋아하는 마음이 사라진다면, 만일 축구를 다른 것들(돈을 벌고, 언론인이 되거나, 이런저런 특전을 누리거나, 수백만 명의 트위터 팔로워를 두는 것)을 성취하기 위한 수단으로 생각한다면, 만일 팀원들과 훈련하고 그 순간을 공유하는 것보다 앞에서 말한 다른 것들을 더 좋아한다면, 뛰거나 연습하는 것이 지루하다면, 먹는 음식이나 휴식의 양에 대해서 신경 쓰는 것을 그만두고 싶거나 자기 몸 관리를 제대로 하고 싶지 않다면, 그는 그가 하는 일에 대해 다시 생각해봐야 한다.

몇몇 선수들은 작은 것을 받으면 더 큰 것을 바란다. 그런 태도는 내 마음을 아프게 할 뿐 아니라 더 나아가 자기 자신을 다치게 한다. 나는 문제를 해결하기 위해 노력하고, 선수들에게 경고하고, 또 다시 경고한다. 처음부터 강하게 나가는 것이 아니다. 적당한 때가 되어야 한다. 내가 선수들과 대립을 피하는 것은 내가 약해서 그런 것이 아니다. 단지 더 먼 앞을 내다보기 때문이다.

그러나 때로는 좀 더 멀리 가야 할 때가 있다. 나는 자신에게 필요한 일을 하지 않는 선수들에게 분명한 예시를 들어줬다. 경기에서 범하는 실수들은 곧 그들이 인생을 사는 방식 그리고 그들이 자기 자신에게 요구하는 것에서 비롯되는 것이라고 말했다. 전술과 감정은 분리된 것이 아니다. 그것은 모두 연결되어 있는 것이다. 나는 그 전까지 모두가 보는 앞에서 선수 개개인에 대해 언급한 적이 없었다. 그러나 선수들 중 몇몇은 지난 시즌 최종 라운드 뉴캐슬전에서 일어났던 일이나 그 이후로 그에 대한 이야기를 나눈 이후에도 전혀 달라진 것이 없었다. 아무것도. 우리 팀이 조직으로서 갖고 있는 원칙들에 대해 선수들에게 다시 한번 상기시켜줘야만 했다.

"너희들이 훈련장에 도착하기 전인 아침 7시부터 집에 갈 때까지 모든 것을 준비해주겠다. 나는 그 대가로 너희들에게 경기에서 이기라고 하는 않을 것이다. 그러나 우리는 너희가 선수로서 그리고 팀으로서 요구되는 기본적인 기준은 지켜주길 바란다. 예를 들어, 우리가 후방에서부터 빌드업을 하고 미드필드로 볼을 옮기는 중에 공격수들이 팀을 무시하고 숨어서는 안 된다. 나는 너희들이 세 명의 수비수를 제치고 득점하길 원하지 않는다. 팀이 미리 정해준 포지션에 있기를 바란다. 수비수들도 마찬가지다. 팀에서 요청할 때는 위험을 감수하고 용감한 플레이를 해야 한다. 좀 더 적극적이어야 한다. 너희들은 지금 현재에 안주하고 있다. 나는 너희가 아무것도 하지 않는 것보다 오히려 실수를 하길 바란다. 그것이 이기는 것과 지는 것 그리고 평범한 선수가 되는 것과 훌륭한 선수가 되는 것의 차이다. 중요한 것은 너희가 스스로에게 요구하는 것과 위험을 무릅쓰고 도전하는 것이다."

이것은 매주 할 수 있는 대화는 아니었다. 그렇다고 해서 1년에 두세 번 정도 할 만한 대화도 아니었다. 그러나 그 상황에서는 필요한 것이었다. 나는 각 그룹과 15분씩 대화할 계획이었으나 결국에는 1시간이 걸렸다. 나는 선수들을 포함한 모두가 기분이 좋았을 것이라고 확신한다. 나는 그랬다.

그 후, 우리는 공격을 전개하는 세 가지 계획과 수비 라인에 대해 훈련했다. 공격수들과도 몇 차례 강렬한 연습을 했다. 우리는 선수들이 그들 최고의 폼에 이를 수 있도록 스트레스 수준을 끌어올렸고 그런 상황에서 어떻게 반응해야 하는지를 보여줬다. 선수들은 훌륭했다.

그 대화를 가진 후의 반응은 즉각적이었다. 이는 기적적인 효과를 낳았다. 선수들에게 축구가 단순히 그들의 직업이 아니라 과거에 그들이 사랑했던 것이었다는 점을 상기시켜줬기 때문이다. 그를 통해 선수들은 마음 속 깊은 곳으로부터 자각했다. 그들이 얼마나 먼 과거로 돌아갔는지는 알수 없지만(아버지, 친구들과 축구를 했던 때 혹은 덴마크나 아르헨티나 대표팀에서 뛰었던 어떤 경기로), 그 대화는 그들로 하여금 더 어렸던 시절의 자신을 떠오르게 만들었다. 축구를 좋아했던 소년 시절 그리고 그때의 모습과 다시 만난 현재의 자신. 그 일이 있고 난 후 다시 훈련장에 갔을 때, 선수들은 다시금 즐겁게 웃으며, 많은 노력을 기울이기 시작했다. 그들은 좀 더 깨어났고, 다른 사람들의 의견을 받아들이게 됐으며 열린 마음을 갖게 됐다. 정말 놀라웠다. 우리의 목표는 선수들이 그러한 감정을 가능한 오래 유지하게 하는 것이다.

이번 주에는 그 모든 이야기를 압축한 노래인 로비 윌리엄스(영국의 대표 싱어송라이터, 축구 게임 FIFA 시리즈의 삽입곡 〈It's only us〉를 부른 가수로도 유명하다 - 옮긴이)의 〈Love my life〉 비디오를 선수들에게 보여줄 생각이다. 이 노래는 듣는 사람들에게 무언가를 할 수 있다고 믿게 하는 느낌을 주고 또 삶을 사랑하게 한다. 이 노래는 또 자기 자신에게 평온함을 주는 찬가이다. 그것이 모든 것의 시작이다.

* * *

목요일이다. 어제 육체적으로나 정서적으로 롤러코스터를 타고난 이후라서 오늘은 그 모든 것을 회복해야 하는 날이다. 기자회견도 해야 한다. 일관성을 갖고 진실을 말하는 동시에 선수들을 보호해야 한다. 그 모든 것을 한자리에서 해내야 한다.

나는 기자들이 내게 시소코에 대해 질문할 것을 이미 알고 있다. 우리는 전술적인 이유로 시소코를 첼시전 스쿼드에서 빼기로 했다. 그리고 그들은 아마 안토니오 콘테 감독의 한 코치와의 일(2016-17시즌 프리미어리그 13라운드 첼시와의 경기 전반전 이후 첼시의 코치가 콘테 감독과 사이드라인에서 대화 중인 포체티노 감독을 제재한 일 - 옮긴이)에 대해서도 질문할 것이다. 또 우리는 지난 10경기 중 고작 한 경기에서 승리했다. 그동안 우리를 잘 대해줬던 언론도 이전보다는 우리에게 더 가혹해질 것 같다. 어디 한번 보자. 지금 기자실을 향해 내려가고 있다.

* * *

모나코전 라인업을 후회하느냐고? 천만에. 내가 콘테에게 무엇을 말했냐고? 후반전 도중 그의 피트니스 코치가 내게 입을 다물라는 제스처를 취했다. 경기가 끝나기 전에 나는 콘테 감독을 불렀다. 그와 나는 그가 이탈리아 대표팀 감독을 맡고 있을 때 훈련장에서 만나 흥미로운 대화를 나눈 적이 있었다. 나는 그의 어깨에 손을 올리고 다시는 그의 코치들이 나에게 접근하지 말도록 하라고 말했다. 나는 또 평소 내 코치들은 다른 팀 벤치를 향해 말하지 않는다고 했다. 나의 말을 들은 콘테는 즉시 그의 코치들에게 입 닥치라고 말했다.

그리고 시소코? 왜 그가 첼시와의 경기 스쿼드에 없었냐고? 챔피언스리그에서 탈락한 이후 내가 TV 인터뷰에서 했던 말(우리는 좋은 경기를 하지 못했고 일주일에 두 개의 대회에서 높은 수준을 유지하지 못했다)은 진심이었다. 나는 또 우리 팀이 지난 2년 반 동안 옳은 방향으로 나가고 있다는 것을 보여줬다고 말했다.

시소코는 믹스트존에서 이렇게 말했다. "웸블리에서 뛰는 것보다는, 화이트 하트 레인으로 돌아가야 할 것 같아."

어떻게 그가 화이트 하트 레인에 대해 말할 수 있지? 그는 이제 막 팀에 온 선수다. 그리고 부상과 출장 정지 처분 탓에 그는 아직 화이트 하트 레인에 제대로 발을 들여놓지도 못했다! 그 발언과 그가 경기 도중 범한 실수들은 그가 토트넘이 필요로 하는 집중력을 갖추고 있지 못하며, 우리 축구에 적응하지 못하고 있다는 것도 보여줬다. 그래서 우리는 그에게 축구식의 벌칙을 줬다. 축구가 없는 일요일.

나는 언론에 그가 축구적인 이유로 스쿼드에 포함되지 않았으며, 그는 더 많은 것을 해야 한다고 말했다.

기자회견에는 다음 상대 팀인 스완지 시티Swansea City에 대한 이야기는 거의 없었다.

* * *

나는 우리 앞에 있는 것들에 대해 자신감을 갖고 있다. 첫째, 무엇보다도 우리는 결과로 비춰지는 것보다 훨씬 더 잘하고 있다. 둘째로, 아르헨티나에서 보낸 시간은 내게 휴식을 주는 대신 다시금 정상 궤도에 올라서도록 해줬다.

12월

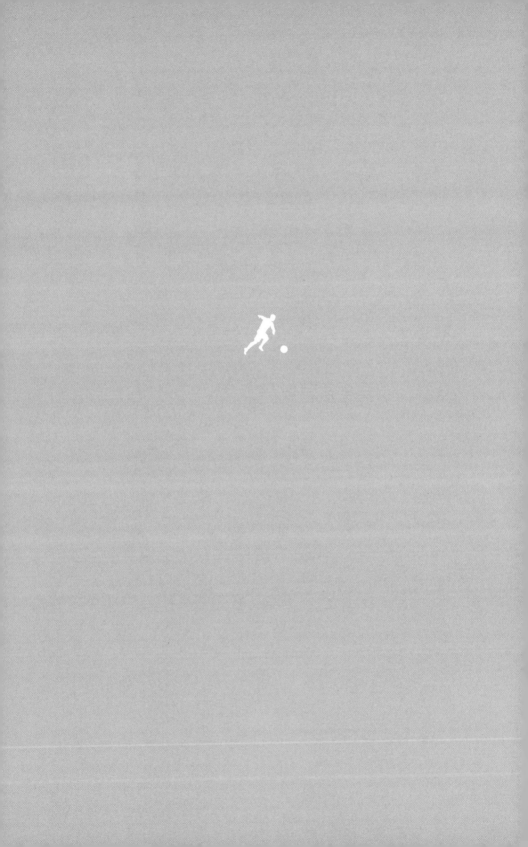

토트넘은 리그에서 5위를 기록하고 있었고, 20경기에서 8승 7무 5패를 기록 중이었다. 클럽의 유로파리그행은 12월에 펼쳐진 CSKA와의 챔피언스리그 조별 예선 최종전에서 결정될 예정이었다. 유로파리그 32강에 올라가기 위해서는 챔피언스리그 조별 리그에서 3위를 차지해야 한다. 토트넘 앞에는 5경기가 놓여 있었다. 올드 트래포드 원정경기에서는 조세 무리뉴의 맨체스터 유나이티드를 상대할 예정이었고, 친정팀 사우샘프턴과의 경기는 포체티노로 하여금 엇갈린 감정을 불러일으켰다.

아르헨티나 친구 한 명이 내게 레몬이 부정적인 에너지를 흡수하고 공기를 깨끗하게 한다고 말해줬다. 그래서 나는 사무실에 레몬이 담긴 접시를 뒀다. 우리는 모두 사물과 사람을 둘러싼 에너지를 볼 수 있는 잠재력이 있다. 그러나 모든 사람이 그러한 감각을 연마하는 것은 아니다. 어떤 이유에인지 나는 다른 사람의 오라를 볼 수 있는 능력을 키울 수 있었다. 내가 신을 믿느냐고? 그렇다. 나는 부모님의 영향으로 세례를 받았고 첫영성체도 받았다. 하지만 나는 가톨릭에서 말하는 신과는 다른 외적인 힘이 있다고 믿는다.

나는 종종 나의 아들들에게 이렇게 말한다.

"잠이 들기 전에 생각하고 그 생각을 우주로 던져라. 그리고 별을 믿어라. 잠을 자고 편히 쉬어라."

나는 어렸을 때부터 우주가 사람들의 꿈을 이룰 수 있도록 도와준다고 확신했다. 그것이 내가 느끼는 에너지의 원천이다. 좋든, 나쁘든, 크든, 작은, 많은 결정과 개인적인 관계 그리고 다른 모든 것들은 결국 에너지와 관련되어 있다.

나는 선수 시절에도 그것을 느꼈다. 내가 PSG 주장이었을 때, 훗날 에스파뇰에서 나의 수석 코치가 된 피트니스 코치 펠리시아노 디 블라시와 많은 시간을 보냈다. 펠리시아노는 사람들의 기운을 북돋아주는 기술이 있었고, 오라를 통해 사람들을 분석하곤 했다. 그는 자신의 경험을 나와 공유했는데 나는 그것에 매료됐다. 그 경험으로부터 나는 점차 육감을 발전시키는 방법을 터득했다.

나도 물론 데이터를 분석하고 실험을 하지만, 내가 내리는 결정에 가장 영향을 미치는 것은 알맞은 에너지가 흐르는지 여부다. 나는 앞으로 일어날 일들과 그와 관련된 결과들, 또는 선수 개개인이 앞으로 어떠한 길을 선택하게 될지를 예측할 수 있다. 그들의 오라를 볼 수 있기 때문이다.

나는 사람에게 아직 개발하지 못한 많은 정신적인 능력이 있다고 확신한다. 그러나 그런 것을 알고 있다는 것이 우리를 특별하게 만들어주거나, 매번 올바른 선택을 하게 하거나 경기에서 승리하게 해주는 것은 아니다.

축구는 우리가 통제할 수 없는 예상하지 못한 순간들로 가득하다. 우리는 모나코 원정경기를 잘 준비했지만, 결과적으로는 패했다. 내가 감독으로 일한 짧은 시간 동안 잘 준비해서 기대대로 흘러간 경기도 있었고 그렇지 않은 경기도 있었다. 선수들의 정신 상태는 늘 중요하다. 그것은 그가 어떻게 잠을 자는지, 그의 아이가 건강한지 아닌지, 그가 아내와 말다툼을 했는지에 따라 달라질 수 있다. 이런 부분은 결코 관리하기가 쉽지 않다.

통제할 수 없는 것을 이해하고 통제하기 위해 시도하는 것이 내가 가진 직업이 가진 마법이다.

＊＊＊

내가 존경하는 유형의 선수들이 있다. 언제나 준비가 되어 있고, 자기 자신을 의심하지 않으면서 상대에게 주는 법과 받는 법을 아는 선수들. 해리 케인이 바로 그런 선수다. 그의 재계약 사진 속 나의 모습이 얀 베르통언, 위고 요리스의 재계약 사진과 함께 팬들 사이에서 화제가 됐다. 나는 대니 로즈, 델리 알리, 해리 윙크스, 에릭 다이어 그리고 크리스티안 에릭센이 이번 시즌 새로운 재계약을 맺었을 당시와 같은 옷을 입고 있었다. 톰 캐롤과 카일 워커의 재계약 사진에서는 운동복을 입고 있었다. 마지막 사진은 내 표정이 너무 심각해 보였다.

우리 팀은 좋은 방향으로 가고 있다.

＊＊＊

1991년, 나는 뉴웰스 소속으로 피게레스와의 친선 경기에 나섰다. 그 경기에서 피게레스의 골키퍼는 부상을 당했고, 한 어린 선수가 부상을 당한 골키퍼 자리를 대신했다. 그 선수는 시즌이 끝날 때쯤 스페인 올림픽 대표팀에 들어갔다. 급기야 그는 산티아고 카니자레스_{Santiago Cañizares}를 제치고 바르셀로나 올림픽에서 금메달을 땄다. 내가 에스파뇰과 계약했을 때, 당시 에스파뇰의 골키퍼 토니 히메네스가 내게 처음으로 한 말은 "너와 네 팀 덕분에 올림픽 금메달을 땄어"였다. 그 남자는 지금 나의 좋은 친구이자 토트넘의 골키퍼 코치이다. 우리 둘은 처음부터 잘 어울렸다. 때때로 그가 어려운 동료처럼 여겨질 때도 있었지만 그와 나의 관계는 영원히 지속될 것이 틀림없다.

토니는 특히 수비수들에게 많은 것을 요구하는 골키퍼였다. 실제로 그는 수비수들에게 큰 소리를 치기도 한다. 모두가 그의 그런 방식을 잘 받아들인 것은 아니었지만, 나는 그와 눈만 한 번 마주쳐도 서로의 마음을 이해할 수 있었다. 그것은 센터백과 골키퍼 사이에서 필수적인 부분이다. 누군가가 그에게 손이라도 대려고 할 때면, 늘 나는 그를 보호하기 위해 나섰다.

우리의 강한 유대감을 확인해준 순간은 아마도 우리가 상대 팀 소속으로 만난 2000년 코파 델 레이 결승전이었을 것이다. 그는 아틀레티코 마드리드에 입단해서 힘든 한 해를 보내고 있었다. 팀은 성적이 좋지 않아서 결국 강등당하고 말았다. 그는 축구에서뿐 아니라 가정생활에서도 불운한 시절을 겪고 있었다. 그의 아버지가 매우 편찮으셨기 때문이다. 그는 2주에 한 번씩 바르셀로나에 돌아왔고 나에게 전화를 걸었다. 그러면 나는 그의 아버지가 입원하신 병원에 찾아가서 토니와 그의 아버지와 함께 도미노 게임을 했다. 그것이 그의 아버지가 세상을 떠나기 전 마지막 몇 달을 보낸 방식이었다.

결승전에서 토니는 그의 삶뿐 아니라 축구 인생까지 바꾼 무언가를 경험했다. 타무도는 토니가 볼을 바닥에 튕기는 순간 머리로 그 볼을 빼앗어낸 후 골을 성공시켰는데, 그 골은 에스파뇰의 우승에 결정적으로 작용했다. 이후 골키퍼 보호 규정이 강화되면서 그런 플레이는 허용하지 않게 되었으며, 이후 그러한 플레이는 파울로 간주되고 있다.

토니는 대회가 끝났을 때 눈물을 흘렸다. 그는 후안 카를로스 국왕이 그에게 메달을 주면서 안아주는 순간에도 울고 있었다. 드레싱룸으로 가는 길에도 울었다. 그는 깊은 슬픔에 잠겨 있었다. 누구도 그를 위로할 수 있는 상황이 아니었다.

나는 클럽이 60년 만에 처음으로 들어 올린 트로피에 행복했지만, 완전히 기쁘지만은 않았다. 나는 그를 만나기 위해 아틀레티코 마드리드의 드레싱룸으로 찾아갔다. 그곳의 분위기는 끔찍했다. 나는 그의 옆에 앉았지만 많은 말을 할 수는 없었다. 그럴 필요도 없었다.

PSG, 보르도를 거쳐 에스파뇰로 복귀해서 뛰는 동안 토니도 다시 에스파뇰로 돌아왔지만 그는 내가 전에 알던 그 선수가 아니었다. 나는 그에게 정상이 아니라고 말했다. 그는 자신만이 옳고 다른 사람들은 모두 틀렸다고 생각했다. 그는 더 이상 선발 자원이 아니었으며, 축구에 대한 열정도 식은 상태였다. 내 생각엔 요즘의 그가 그때의 그보다 훨씬 더 자신을 잘 이해하는 것 같다.

우리는 같은 시기에 은퇴하고 지도자 자격을 얻었다. 그는 지로나Girona에서 일을 시작했지만, 우리는 우리의 축구 철학에 대해 논의하기 위해 한 달에 한 번씩 계속 만났다. 골키퍼는 팀의 움직임을 시작하는 선수이고 팀의 빌드업 역시 골키퍼가 손으로 수비수에게 볼을 내줬는지 혹은 멀리 롱볼을 찼는지에 따라 달라지게 된다. 우리는 함께 이야기를 나누면서 어떻게 하면 골키퍼를 팀에 더 깊이 포함시킬 수 있을지 논의했다. 내게 기회가 생기자마자 나는 이미 골키퍼 코치가 있었음에도 그를 내 코치로 임명했고 1년 반 후에 함께 사우샘프턴으로 향했다.

나는 골키퍼를 상대로 슛을 하는 것이나 그 훈련 과정에 참여하는 것을 좋아한다. 내가 토니와 그 훈련을 할 때도 우리는 여전히 서로를 한눈에 이해할 수 있다. 그는 가끔 나를 도발하기도 하고, 훈련 분위기를 바꾸거나 따뜻하게 유도하는 말을 하기도 한다. 그는 주변 사람들을 웃게 하고 늘 기운 나게 하는 능력을 지니고 있다.

게다가, 그는 선수들을 강하게 압박하는 유형의 코치이기도 하다. 사우샘프턴에서 간 지 3일 만에 그는 이미 골키퍼에 대해 마음에 들지 않는 점을 바꾸고자 했다. 그는 내게 "감독, 우리 이 문제를 해결해야 해"라고 말했다. 그는 그 골키퍼와 이야기하러 갔고 그가 알고 있는 세 가지 영어 단어 중 하나인 '왜냐하면Because'이란 말을 끊임없이 했다. 나는 그가 결국에는 그 골키퍼에게 자신의 뜻을 이해시켰다고 생각한다. 그는 결국 니콜라 코르테제 회장이 가장 좋아하는 사람이 됐다. 코르테제 회장은 사우샘프턴의 골키퍼 훈련장을 그의 이름을 따서 바꾸길 원하기도 했다.

그의 영어 실력은 향상되고 있지만 그리 진도가 빠르지는 않다. 스퍼스Spurs TV에서 토니의 인터뷰를 녹화했던 날, 재미있는 아이디어가 떠올랐다. 헤수스가 토니 뒤에 숨어서 영어로 대답하고, 토니는 입술만 움직이기로 했다. 그러나 이것은 불가능한 미션이었다. 녹화를 시작한 후 처음 토니가 입을 열고 헤수스가 대답을 하자마자, 우리는 모두 폭소를 터뜨렸다. 결국 그는 직접 자기 입으로 영어를 말해야 했다. 그 인터뷰 영상을 본 누군가가 토니의 영어 실력에 대해 분명히 아스널 팬일 거라는 코멘트를 남겼다.

＊ ＊ ＊

첼시에 패배하고 강도 높은 브리핑을 한 뒤 1주일 만에 치른 스완지와의 경기는 우리에게 긍정적인 결과를 안겨줬다. 우리는 경기를 완전히 압도했고 5골(케인과 에릭센 2골, 손흥민 1골)을 넣었다. 하지만 훨씬 더 많은 골을 넣을 수도 있었다. 통계 자료에 따르면 프리미어리그 역사상 그렇게 일방적인 경기는 단 한 번뿐이었다고 한다. 우리는 28번의 슈팅을 기록했는데, 이 중 15회가 유효 슈팅이었다. 반면 원정팀 스완지는 단 한 차례도 요리스를 시험하지 못했다(당시 스완지의 슈팅수는 1개였고, 유효 슈팅의 경우 0개를 기록했다. – 옮긴이).

나는 우리 센터백들의 플레이를 즐겼다. 집중력이 한층 높아진 베르통언과 다이어는 강도 높은 수비를 하면서 상대의 움직임을 미리 예상하는 인상적인 경기를 했다. 수비 라인도 잘 조절했고 서로 간에 소통하는 모습도 좋았다. 지난 두 차례 가진 팀 토크에 대한 선수들의 반응은 전반적으로 만족스러웠다.

최근의 부진에 따라 변화가 필요한 상황이었음에도 우리는 지난 시즌 같은 시기보다 승점 2점이 더 높은 5위였다. 선두권과의 경쟁에서는 나름대로 선전하고 있었지만, 선수들은 더 잘할 필요가 있었다. (지난 시즌보다 승점 19점이 높은) 첼시와 (작년보다 7점이 높은) 리버풀의 페이스를 따라잡아야 했기 때문이다. 레스터 시티, 맨체스터 유나이티드의 부진을 비롯해 아스널, 맨체스터 시티 그리고 에버턴이 작년과 같은 승점 수준이라는 사실은 우리에게 좋은 일이었다. 전반적으로 볼 때 우리가 못했다고 보기는 어렵다. 우리는 우리 그대로의 모습을 보여주고 있었다. 우리에 대한 기대치가 그만큼 더 커진 것이다.

경기가 끝난 후 기자들은 내게 케인이 경기 분위기를 바꾼 것과 델리 알리가 페널티킥을 얻기 위해 넘어진 상황에 대해 물어봤다. 나는 마이클 오언이 아르헨티나와의 경기에서 다이빙한 것과 비교하며 조금 농담을 했다. 지금 인터넷을 보니 온라인에서 많은 언론들이 그 발언을 문제 삼고 있는 것 같다. 기자회견의 마지막 단계는 늘 조심해야 한다. 긴장을 풀고, 질문에 질려버려서 나도 모르는 사이에 결국 말하지 말아야 할 예전 일을 떠벌리게 될지도 모르기 때문이다.

아직도 피곤하다. 지난달에는 아르헨티나 여행으로 분위기를 좀 바꿨지만 휴식 시간은 제한적이었다. 나는 피곤할 때 먹어야 하는 양보다 더 많이 먹는다. 체육관에서 운동을 한 지도 오래전의 일이다.

* * *

현재 유럽에서는 잉글랜드 팀이 주도권을 잡지 못하고 있다. 우리는 CSKA 모스크바와의 경기를 앞두고 왜 그런지에 대해 토론했다.

프리미어리그는 다른 어떤 유럽 대회보다도 큰 수준의 신체적, 정신적 에너지가 필요하다. 또 몇 가지 두드러지는 특징이 있다. 독일, 이탈리아, 포르투갈, 스페인 리그의 2주(혹은 그 이상)가량 되는 겨울 휴식기는 신체적으로도 심리적으로도 에너지를 다시 충전할 수 있는 기회를 준다. 이것은 특히 시즌 중 아주 중요한 일정이 몰려 있는 2월과 3월에 중요하게 작용한다. 또 FC 바르셀로나, 레알 마드리드, 아틀레티코 마드리드, 유벤투스는 리그에서 적절하게 로테이션을 할 수 있다. 그러나 잉글랜드 팀들은 그렇게 할 수 없다. 리그가 최우선 순위로 간주되기 때문이다. 게다가 유럽에서 경쟁하는 팀들은 경기 일정을 짤 때 어떤 특혜도 받지 못한다. 결국 우리는 종종 상대 팀들보다 휴식을 덜 취하고 유럽 대항전에 나서야 한다.

CSKA 모스크바와의 경기는 최고의 경기를 펼치며 우리의 컨디션을 끌어올릴 수 있는 기회였다. 승리할 경우 유로파리그행이 결정될 것이고, 웸블리에서의 승리도 경험해보고 싶었다. 우리는 긍정적인 경기 내용을 보여줬고, 여러 번의 기회를 만들었다. 하지만 그들은 첫 번째 공격 상황에서 바로 골을 터뜨렸다. 델레 알리와 해리 케인이 골을 넣고, 상대방의 자책골이 더해지며 겨우 결과를 반전시켰지만, 훨씬 더 일찍 끝낼 수도 있는 경기였다. 어쨌든 이는 첼시, 스완지를 상대로 좋은 경기를 펼친 후 한발 더 나아간 결과였다. 우리의 이런 경기력은 팀에 부상자가 알더바이럴트(회복 중)와 라멜라밖에 없다는 것과 결코 무관하지 않았다.

우리 선수들이 2016년에 각자의 소속 국가대표팀에서 뛴 시간이 유럽에서 유벤투스 다음으로 많은 두 번째라는 통계 자료가 발표됐다. 이것은 성공의 징표인 동시에 팀을 신선하게 유지하는 데에는 장애 요소로 작용하기도 한다.

* * *

내가 토트넘을 맡은 지 얼마 안 된 어느 날, 사이먼과 대화를 나누고 있는데 한 선수가 문을 두드렸다. 사이먼이 내게 "나가 있을까요?"라고 물었다.

나는 그에게 "우리 이야기가 다 끝나면"이라고 대답했다. 그는 우리 클럽의 다른 누구보다 중요한 일을 하고 있으며, 그가 이 일의 일부라는 사실을 아는 것이 중요했다. 나는 사이먼이 클럽과 언론과의 관계를 중재하며, 팬들에게 정보를 제공해주는 역할을 하기 때문에 우리가 일하는 방식을 이해했으면 했다.

내가 토트넘에 처음 왔을 때 사이먼은 내게 영어로 기자회견을 할 수 있는지 물어봤다. 이는 내가 사우샘프턴에서는 하지 못했던 일이다. 나는 그렇게 할 수 있고 이미 다니엘과 그 일에 대해 논의했다고 말했다. 처음으로 TV로 중계되는 인터뷰를 할 때는 긴장이 됐다. 에스파뇰 시절 스카이 스포츠의 레비스타 데 라 리가Revista de la Liga(스카이스포츠에서 진행하는 라리 가 관련 프로그램 - 옮긴이)에 한 번 출연했는데, 그들은 내게 마치 밥을 먹 여주듯 천천히 한 단어 한 단어를 말했고, 내가 대답하는 것도 한 문장 한 문장을 따로 녹화했다. 그건 내가 봐도 웃겨 보였다.

헤수스도 언론과 관련된 문제를 처리하는 필터 역할을 한다. 그는 아주 사소한 일까지 감시한다. 며칠 전에 그는 해리 케인이 기자회견에 슬리퍼 를 신고 간 것 때문에 사이먼에게 한마디 하기도 했다.

나는 우리와 함께 가장 많은 곳을 다니는 기자들에게 시간을 주고 싶 다. 지난 시즌에 아제르바이잔Azerbaijan에 갔을 때, 우리는 그곳까지 따라온 기자들과 커피를 마시며 오프 더 레코드(보도하지 않기로 약속하고 갖는 대 화 - 옮긴이)로 무려 45분이나 이야기했다. 그들은 그 시간을 아주 좋아했 다. 여름 프리시즌 중에는 호주에서도 비슷한 일이 있었다. 나는 선수들이 없는 사이에 기자들을 선수들이 쓰는 공간으로 초대했다. 나는 컴퓨터와 스크린을 활용해서 우리가 어떻게 볼을 소유하지 않고도 압박하는지를 설명했다. 그것은 그들이 우리의 플레이 스타일을 이해하는 데 도움이 됐 을 것이다. 우리는 거의 한 시간 반 동안이나 담소를 나눴다.

가끔은 나 자신의 목소리에 싫증이 날 때도 있지만, 감독은 클럽의 대변 인이다. 물론 나는 기자회견에서 큰 혼란을 일으키는 타입은 아니다. 내가 선수들이나 기자들에게 말하는 내용은 대부분 놀라울 만한 게 없다. 기 자들은 주목할 만한 헤드라인을 찾기 위해 애를 쓴다. 나는 언론과의 인 터뷰에서 항상 좋은 답변과 코멘트를 할 수 있어야 한다고 선수들에게 강 조한다. 나는 동시에 감독이 어떤 말을 할 때는 그것이 훨씬 더 큰 무게를 갖는다는 것도 알고 있다.

나는 기자들에게 도를 넘지 않도록 요구한다. 그들은 내가 토트넘에서 첫 시즌을 치르는 동안 주전 선수였던 나빌 벤탈렙Nabil Bentaleb에 대해 물었다. 나는 벤탈렙이 더 이상 우리와 함께하지 않을 것이라고 결정했다. 그래서 그는 새로운 클럽을 발견하기 전까지 U-21팀 선수들과 훈련을 받았다. 나는 그것을 두고 '우리의 규칙은 명확하다'고 설명했다.

"어떤 선수가 우리와 함께 뛰지 않을 거라면, 그 이유가 무엇이든 간에 왜 우리와 함께 훈련을 받아야 하는가?"

그다음 날 기자들은 내가 무자비하고 동정심 없는 사람이라고 썼다. 나는 그들의 그런 시각이 오히려 앵글로색슨 문화의 긍정적인 속성이라고 생각한다. 그러나 그들은 나에 대해서는 조금 부정확한 시각을 갖고 있었다. 나는 내가 언제 어디서 어떤 결정을 내려야 하는지 잘 알고 있을 뿐이었다. 내가 그를 무자비하게 대한 것이 아니다.

나는 두 번째 시즌에 특히 벤탈렙과 많은 대화를 나눴다. 그의 경기력이 점점 떨어지고 있었음에도 말이다. 나는 종종 말했다.

"그는 아직 젊은 선수야. 실수할 수도 있어. 그에게 기회를 더 주자."

결국 구단과 선수 모두가 서로 헤어지는 것이 더 낫겠다고 생각하는 시점에 이르렀다. 내가 그런 결정을 내릴 때는 그 일에 대해 확신이 있고 또 충분한 이유가 있을 때다.

우리의 다음 상대는 대중에게 보내는 메시지를 누구보다 잘 관리하는 감독, 조세 무리뉴의 맨유였다.

* * *

나는 늘 무리뉴 감독에 대해 좋게 말한다. 그를 감독으로서 존경하기 때문이다. 그것은 단지 그가 레알 마드리드 감독 시절 산티아고 베르나베우Santiago Bernabéu에서 나를 환영해줬다거나, 에스파뇰 감독 시절이나 내가 잉글랜드로 온 후에 친절히 대해줬기 때문은 아니다. 그 어떤 것도 내가 그를 과르디올라, 시메오네와 함께 최고의 감독이라고 생각하는 데에는 영향을 미치지 않았다.

지난여름 나는 무리뉴 감독과 몇몇 선수들에 대해 몇 차례 대화를 나눴다. 내가 그에게 전화를 걸거나 메시지를 보낼 때마다 그는 내게 답장을 보냈지만 시즌 중에는 연락을 많이 하지 않았다.

나는 누군가에게 부탁을 잘하는 사람이 아니다.

* * *

나는 항상 사람들에게 충실했고 그것이 상호적이기를 기대했다. 우리는 맨유에 승점 6점이 앞선 채 올드 트래포드에 도착했고 우리 팀은 다시 정상 궤도에 오른 상태였다. 언론에서는 맨유가 무리뉴 감독보다 나를 감독으로 더 원했다고 보도했는데, 그건 내가 어찌할 수 없는 일이었다. 그러나 그런 보도는 무리뉴 감독 안에 잠자고 있는 야수를 깨우고 말았다. 우리 팀엔 공격 옵션이 많지 않았다(라멜라와 얀센은 아직도 부상으로 빠진 상태였다). 그리고 나는 에릭 다이어를 스타팅 라인업에서 제외했다. 이것은 모두가 이해할 수 없는 일이었다.

우리는 이 경기에서 우리가 경기를 못했거나 기회를 만들지 못해서 진 것이 아니다. 우리가 진 이유는 특히 전반전에 우리에게 날카로운 경쟁력이 부족했기 때문이다. 나는 좌절감을 느꼈다. 경기 시작 후 처음 3, 4번의 움직임에서 우리는 마치 미키타리안Mkhitaryan에게 '우리 라인 사이에서 뛰어 봐, 우리는 아무 제재도 하지 않을 거야'라고 말하는 것처럼 보였다. 30분 만에 우리는 집중력을 잃어버렸고 맨유의 공격에 제대로 대응하지 못했다. 결국 맨유의 골이 나왔다. 그들의 골은 더 일찍, 혹은 더 늦게 나올 수도 있었다. 우리에게도 동점골을 넣을 기회가 있었지만, 경기 시작 시점부터 우리가 충분히 과감하지 못하다는 것이 분명해 보였다. 경기는 1-0으로 끝났다.

기자들은 나에게 왜 우리가 아스널, 첼시, 맨유를 상대로 승점 1점밖에 못 얻었는지 물었다. 우리는 이미 내부적으로 상황을 분석했었지만, 나는 애매하게 답변하려고 노력했다. 이번 시즌 우리는 전술적으로 그 어느 때보다 더 다재다능하다. 우리는 상대편 진영에서 다양한 형태의 움직임을 가져가는 세 가지 다른 포메이션을 가동해왔다. 주요 선수들의 대표팀 소집 그리고 이들의 부상으로 우리가 로테이션할 수 있는 여지가 제한됐다. 완야마를 제외하고는 새로 영입한 모든 선수들이 아직 적응기를 겪고 있었다. 빅클럽의 관심을 받고 있는 젊은 선수들을 관리하기는 쉽지 않다. 이 것들은 현재 우리를 붙들고 있는 문제들의 일부일 뿐이었다.

오늘 밤 레비 회장과 좌절과 실망이 담긴 꽤 과열된 메시지를 주고받았다. 우리는 또 한 번 중요한 경기에서 부족한 모습을 보였다. 사실 지금 시점부터는 지금까지와는 다른 무언가가 필요하다.

* * *

우리는 내가 토트넘에 온 후 첫 여름 이적 시장에서 스무 살의 에릭 다이어와 계약했다. 그는 첫 시즌에는 주로 풀백으로 기용됐다. 많은 어린 선수들이 그러하듯, 그는 시즌 중에 경기력이 떨어졌고 결국 선발 라인업에서 밀려났다. 그러나 그는 여전히 총명한 선수이며 계속해서 열심히 팀 훈련에 임했다. 그는 그가 포르투갈에서 경험한 것과 비슷한 우리의 방식을 이해했고, 첼시를 상대로 한 리그컵 결승전에 선발 출전했다. 우리는 그해 여름에 완야마와 계약하기 위해 노력했지만, 사우샘프턴은 그를 팔지 않았다. 나는 헤수스와 대화를 나눈 후 다이어를 친선경기에서 홀딩 미드필더로 써보기로 했다. 그는 결국 경기의 절반은 수비수로, 나머지 절반은 미드필드에서 뛰었다. 우리는 그의 활약에 흡족해했다.

그해 여름 미국 투어를 하는 동안 레비 회장은 걱정하며 말했다. "홀딩 미드필더가 필요해."

나는 그에게 말했다. "회장님, 걱정하지 마세요. 다이어를 그 자리에 쓸 겁니다."

내 생각에 그는 아마도 "이 사람 천재 아니면 완전 엉터리군"이라고 생각했을 것이다. 물론 후자에 더 가까웠겠지만. 나는 이적 시장에서 회장, 수석 스카우트를 포함한 모든 사람들과 싸워야 했다. 그들은 모두 홀딩 미드필더를 영입해야 한다고 주장했지만, 나는 다이어가 그 역할을 해낼 수 있다고 믿었다.

그는 미드필드에서 좋은 활약을 하고 있지만, 그곳이 그에게 가장 적합한 포지션은 아니었다. 나는 다이어에게 잉글랜드 최고의 중앙 수비수가 될 자질을 갖추고 있다고 격려하며, 그 자신이 그 사실에 대해 믿음을 가져야만 한다고 말했다. 그는 결국 홀딩 미드필더로서 좋은 활약을 한 덕분에 국가대표팀에 합류했고 대표팀에서 몇 차례 중요한 골을 터뜨리기도 했다.

완야마를 영입한 후, 다이어는 우리가 그를 배려하지 않았다고 느꼈다. 자기 자신을 미드필더라고 생각하고 있었던 그는 완야마가 영입되면 자신의 기회가 제한될 수도 있다고 생각했던 모양이다. 이번 시즌 그의 경기력에 기복이 생기기 시작했다. 최근 몇 달 동안 그와 많은 이야기를 했지만 나는 그가 나에게 모든 것을 터놓지 않는다는 느낌을 받았다. 2주 전에, 나는 그가 왜 자신의 족쇄를 벗지 못하는지에 대해 이야기하면서 필요한 것은 무엇이든 도와주겠다고 말했다. 그는 아무것도 아니라고 말했다. 그 후에 나는 맨유가 그를 영입하기 위해 접근한 것 때문에 그가 흔들리고 있다는 것을 알게 됐다. 맨유가 아직 구체적으로 어떤 것도 약속하거나 제안하지 않은 상황에서 다이어 주변의 사람들은 그에게 계속 압력을 가했다.

무리뉴 감독과 나는 올드 트래포드에서 방금 기자회견을 끝냈다. 선수들은 경기장에서 정리 운동을 하고 있었다. 무리뉴 감독은 기자회견을 끝낸 후 선수들이 들어오는 입구에 서 있다가 시소코와 인사를 나눈 뒤 다이어를 껴안았다. 그들은 포르투갈어로 대화를 나누고 웃으면서 드레싱룸으로 향하던 내 옆을 지나갔다. 아마 그것은 무리뉴의 흔한 전략이었겠지만, 그는 다이어를 난처한 상황에 빠트렸다. 경기에서 패한 선수가 그래서는 안 된다.

나는 다이어에게 물었다. "무리뉴와 친하니?"

그는 대답했다. "아니요. 하지만 포르투갈에 있을 때부터 오랫동안 알고 지냈어요. 제 코치 중 한 분이 그의 대자godson이기도 했고요. 그는 나를 보면 늘 인사를 해요."

매주 이맘때면, 선수들이 누군가와 개별적으로 만나는 일이 급격히 증가한다. 최근에 나는 내 자신에게 여러 번 반복해가며 선수들이 나를 실망시키지 않았으면 좋겠다고 말했다. 나는 물론 팀과 팀 동료 그리고 팬들에 대해서도. 우리는 선수들이 잘하지 못했을 때도 늘 그들에게 믿음을 보여줬다. 나는 그 어떤 실수에 대해서도 공개적으로 비판한 적이 없다. 지금

이 바로 그 믿음에 대한 대답을 들을 때다. 이런 대화에서 선수들은 종종 누군가의 말을 듣기보다 자기 자신을 보호하려 하고 약점을 보이는 것을 두려워하며 자신의 속마음을 노출하길 꺼린다.

나는 월요일 점심 식사 후에 다이어와 함께 앉아서 그의 에이전트와 가족 그리고 그가 현재 느끼는 혼란에 대해 4시간 동안 이야기를 나눴다. 무리뉴와의 일에 대해서 그는 내게 "제가 그때 뭘 어떻게 했겠어요?"라고 묻기도 했다. 그는 내게 맨유가 지난여름부터 그에게 관심을 보였다고 말했고 나는 그에게 그 상황을 명확히 설명했다.

"다이어, 넌 지난 8월에 우리와 5년 계약을 맺었기 때문에 팀을 떠날 수 없어. 넌 22살의 나이에 토트넘에서 가장 높은 연봉을 받는 선수 중 한 명이야. 넌 우리에게 중요한 선수고 미래에 프리미어리그 최고의 센터백이 될 수 있어."

그 대화 이후로 다이어는 무리뉴를 기다리지 않고 그가 돌아간 후에 드레싱룸으로 갈 수도 있었다고 인정했다.

* * *

두 아들과 집에서 다트 시합을 했다. 당연히 내가 이겼다. 나는 사우샘프턴으로 이사했을 때부터 월드 다트 챔피언십을 보기 시작했다. 우리는 모두 다트를 좋아하고 다트가 정말 흥미롭다고 생각한다. 그 게임의 설정부터 모든 것이 마음에 든다. 다트에는 정말 재능이 필요하다.

카리나를 위해 몰래 뭔가를 준비했다. 내일 O2 아레나에서 우리는 로드 스튜어트Rod Stewart(영국의 싱어송라이터 - 옮긴이)의 공연을 볼 것이다. 올해는 우리가 따로 많은 시간을 보내지 못했다. 날씨도 안 좋았다. 그 사이에 몇 차례 함께 보낸 일요일마다 비가 내리거나 추웠다. 또는 우리가 너무 게을러서 외출을 안 했는지도 모른다. 다른 감독들은 어떤지 모르겠지만, 나는 경기 결과에 따라 기분이 많이 달라지는 편이다.

* * *

헐 시티와의 경기를 앞두고 오늘 가진 훈련에서 우리는 상대 팀의 비디오를 보지 않았고, 맨유 경기에서 나온 실수도 따로 짚고 넘어가지도 않았다. 대신 우리는 선수들이 재량껏 회복 훈련을 하도록 했다. 기자회견에서 한 기자가 우리의 경기력 향상을 위해 새로운 공격 방법을 고려할 수도 있다고 제안했다. 나는 내 생각을 말했다.

"우리는 지난 시즌 이 시점보다 승점 1점을 더 얻고 있고, 지난 시즌과 마찬가지로 아직 유로파리그에서 경쟁하고 있다. 그런 반응은 다시 한번 내게 우리 팀에 대한 기대치가 올라가고 있다는 것을 확인시켜주는 것이다."

요리스의 친구 중 한 명인 슬로베니아팀 코치가 찾아와서 우리와 함께 오후를 보냈다. 왈테르 젱가Walter Zenga(이탈리아와 인터 밀란의 전설적인 골키퍼 현재 크로토네의 사령탑이다. - 옮긴이)와 파코 아예스타란Pako Ayestarán(스페인 출신 감독, 발렌시아와 리버풀에서 베니테스의 수석 코치로 11년간 한솥밥을 먹었다. - 옮긴이) 또한 최근에 우리를 방문했다. 다음 주에는 오지 아딜레스와 함께 일하는 일본인 코치가 올 것이다.

카리나는 종종 내게 언제 일본에 갈 거냐고 물어본다. 나는 언젠가 일본에서 살고 있을지도 모른다. 나는 지금까지 일본을 세 번 방문했는데, 그 중 한 번은 2002한일월드컵 때였다. 악명 높은 마이클 오언의 페널티킥

사건이 있었던 바로 그때다.

나는 그날 어리석게도 함정에 빠졌다. 나는 늘 선수들에게 말한다.

"그건 반칙은 아니었지만 그것이 왜 페널티킥으로 선언됐는지는 알고 있어. 오언처럼 빠르고 똑똑하고 날렵한 공격수와 마주했을 때 그렇게 순진하게 수비를 하면 안 되는 거였어. 그에게 기회를 주면 그는 너를 죽일 거거든. 나는 그때 태클을 하려고 다가서지 말았어야 했어. 그의 의도를 더 잘 읽었어야 했던 거지."

영국에서 보낸 4년 동안, 그 주제는 여러 차례 회자됐고 나의 선수들도 물론 그 비디오를 봤다. 나는 그 영상을 모든 센터백들에게 보여줬다.

"나도 분명히 실수를 했어"라고 나는 그들에게 말했다.

우리는 모두 잉글랜드전 이후 침울했지만, 나의 동료들이나 코칭스태프 중 누구도 그 일에 대해서 나를 비난하지 않았다. 축구에서는 이런 일들이 종종 일어난다. 우리가 월드컵에서 그렇게 탈락한 후 언론에서는 일주일 동안 그 일에 대해 계속 떠들어 댔지만, 그 후로는 그 일에 대해 언급하지 않았다. 내가 영국으로 오기 전까지는 말이다.

* * *

12월 14일. 우리는 헐 시티전에서 3백을 쓸 생각이다. 미드필드에는 에릭센이 출전할 것이고 시소코에게도 또 한 번 기회를 줬다. 우리는 작년에도 아스널전을 포함해서 몇 차례 3백을 썼다. 우리는 공격을 전개할 때 보통 두 명의 센터백과 한 명의 홀딩 미드필더 총 세 명을 남겨둔다. 깊게 수비진을 펼치는 헐 시티 같은 상대 팀과 경기할 때는 당연히 풀백들이 위까지 올라온다. 우리의 풀백들이 더 열심히 해줄 필요가 있다.

우리는 경기를 잘 통제했고 많은 기회를 잡았지만, 볼 배급이 좋지 못했다. 전반전에 우리의 윙어들은 일시적으로만 경기에 관여했을 뿐이다. 1-0 상황에서 우리는 헐이 에릭센에게 범한 상황에서 페널티킥을 부여받지 못했고 헐도 그들의 최고 기회를 놓쳤다. 3-0 승리를 거두긴 했지만 이 경기는 너무나도 아슬아슬한 승부였다. 두 골을 넣은 에릭센은 한동안 잃어버렸던 공격력을 되찾았다.

라이언 메이슨이 헐 벤치에 있는 것을 보니 이상한 기분이 들었다. 애정과 슬픔이 섞인 느낌일 것이다. 경기가 끝난 후에 나는 또 한 번 풀타임을 소화한 다이어에 대한 질문을 받았다. 나는 이렇게 대답했다.

"소문이 무성하다는 것을 알지만 그는 백 퍼센트 우리 선수다. 그는 우리에게 매우 중요한 선수다. 그는 유로 2016 이후 팀과 재계약을 맺고 클럽에 대한 헌신적인 자세를 보여주었다. 그의 미래가 화이트 하트 레인에 있다는 것은 의심할 여지가 없다."

나는 이 말도 해야 했다.

"그리고 다음 시즌에 새 구장을 지을 때까지 쓸 웸블리 구장과, 그 이후에 사용할 뉴 화이트 하트 레인 스타디움에서도."

겉에서 보기엔 작은 문제로 보이지만 이런 사소한 일들은 정말 피곤한 부분이다. 이런 일들은 나로 하여금 내가 하는 일들이 정말 제대로 이해되고 있는지 궁금하게 만든다. 우리가 계속 이기고 있을 때는 부담이 좀 줄어들지만 솔직히 말해 이런 일들은, 경기 사이의 많은 미팅을 포함해서, 이 일에 관여될 필요가 없는 사람들의 노력까지 필요로 한다. 선수들과 깊은 정서적 교류를 하는 것은 좋은 생각일까? 그들로부터 잠재력을 최대한 이끌어낼 다른 방법이 있을까? 기대하는 것을 얻지 못했을 때나 감정의 교류가 상호적인 것이 아닐 때는 피로가 극심해진다. 그들로부터 같은 감정적 반응을 기대하는 것은 공평한 일일까?

그만 생각해야겠다. 잠이 필요하다.

* * *

부임 초기 토트넘에서 어려운 시작을 했을 때, 나는 코치들과 지금도 계속하고 있는 의식을 했다. 훈련 후 샤워를 하고 나올 때마다 나는 늘 이렇게 말한다.

"왜 우리가 사우샘프턴을 떠나 토트넘으로 왔지?"

그리고 나서 나는 벽에 수건을 걸어 놓고 머리를 기댄다. 나는 오늘도 그 의식을 다시 했고 동료들과 함께 웃었다. 종종 농담처럼 하기도 하지만 어떤 때는 아주 심각할 때도 있다.

한편, 레비 회장과 나의 관계는 계속해서 좋아지고 있다. 그는 점점 더 다가가기 편해졌고 우리의 의견도 갈수록 일치해가고 있다. 우리가 처음 토트넘에 온 후 처음 몇 달 동안 있었던 의심들이 사라졌다. 라틴 아메리카 사람과 잉글랜드 사람 사이에는 생각보다 더 많은 공통점이 있다. 다니엘의 진지함을 무관심으로 오해해서는 안 된다. 그는 이제 내가 어떤 유형의 감독인지 그리고 왜 토트넘에서 과거와 다르게 일이 진행되는지를 이해한다. 그는 모든 것은 시간을 두고 판단해야 한다는 것도 알고 있다.

회장의 아내인 트레이시Tracey와 나의 충실하고 유능한 개인 비서 수잔Susan이 오늘 밤 모든 코칭스태프의 부인들을 위해 저녁 식사를 마련했다. 그들은 마술사도 고용해서 참석한 모든 사람에게 즐거운 시간을 안겨줬다. 그건 트레이시가 감독, 코치들의 아내가 파트너로서 한 희생에 대해 감사를 표현하는 방식이었다. 우리가 하루 종일 훈련장에서 보내는 것이 사실이고 우리도 때때로 불평할 때가 있지만 우리는 우리가 하는 일을 즐긴다. 그러나 우리가 집으로 돌아간 후에 우리는 이미 피곤한 상태고 그래서 가장 고생하는 것은 우리의 아내들이다.

* * *

12월 18일, 오늘 우리는 번리Burnley와 경기를 치렀다. 어제 선발 라인업을 결정했고, 좀 더 세부적인 수비와 공격 플랜을 짰다. 그러나 알더바이렐트가 다시 부상을 당하고 말았다. 우리에게는 선택의 여지가 있었다. 알더바이렐트의 역할을 할 수 있는 선수로 교체를 할까? 아니면 아예 경기의 접근 방식을 다 바꾸는 것이 좋을까? 결국 우리는 시스템을 바꾸기로 결정했다. 선수들은 90분 내내 경기 방식을 바꿀 수 있어야 하고, 또 즐길 수 있어야 한다. 하지만 때로는 육체적, 정신적으로 많은 것이 요구되기 때문에 더 깊이 파고들어야 할 때도 있다. 번리는 전형적인 4-4-2로 플레이한다. 그들은 롱볼 게임을 주로 하는, 강한 힘을 가진 팀이다. 세트피스도 매우 날카롭다. 번리에 대한 우리의 대응은 짧게 말하자면 불필요한 프리킥이나 코너킥을 내주지 말고, 가능한 상대 공격수들과 요리스를 멀리 떨어뜨려서 수비하는 것이었다. 우리는 두세 차례 소유권을 잃은 후에 튀어나온 볼에 실점하는 불운을 겪었다. 하지만 인내심을 잃지 않았고, 전반전이 끝나기 전에 그에 대한 보상을 받았다. 델레 알리가 카일 워커의 어시스트를 이어받아서 골을 성공시킨 것이다. 하프타임에 우리는 선수들에게 공간을 확보하기 위해 상대 진영의 측면을 이용해야 한다는 것을 강조했고, 풀백의 공격성을 충분히 활용할 수 있도록 조치했다.

이번 주 초, 나는 왼쪽 풀백 대니 로즈와 사적인 대화를 나눴다. 그의 플레이 중 몇 가지를 바로잡고 그에게 더 큰 역할을 맡아 달라고 부탁하기 위해서였다. 전반전 우리가 위협적인 장면을 많이 만들어내지 못했음에도 로즈는 오늘 돋보이는 활약을 펼쳤다. 그는 미드필더들을 커버하며 대담하게 전진했고, 몇 번이나 날카로운 크로스를 날렸다. 그리고 후반전에는 스스로 결승골을 기록했다. 27개의 슈팅과 9번의 유효 슈팅을 시도한 후에 얻은 결과였다. 우리에겐 승리할 자격이 있었다. 우리는 챔피언스리그 출전권 티켓을 두고 경쟁중인 리버풀과의 대결을 앞두고 2위에 3점차, 4위에 1점차로 뒤진 5위다. 한숨 돌릴 틈도 없다.

터치라인에서 벌어지는 '다른 게임'도 볼만했다. 미켈이 하는 말도 들어야 하고, 온갖 욕설이 담긴 상대 팀 코치들의 말도 들어야 하는 네 명의 부심이 불쌍하다고 느껴질 정도였다. 번리는 시소코가 퇴장당해야 한다고 주장했다. 번리 감독이 기자회견에서 직접 퇴장 문제에 대해 이야기하자 다른 모든 사람들도 그 문제에 편승했다. 반면에, 전반전에 뎀벨레에게 퇴장을 당했어도 할 말 없는 파울을 범한 반스Barnes에 대해서는 누구도 언급하지 않았다. 나도 마찬가지였다. 나는 축구 분석이라는 것이 감독의 말에 의해 촉발되는 논란이 될 만한 상황에 국한되지 않는 세상을 꿈꾼다. 그렇게 될 가능성은 높아 보이지 않지만.

우리는 그 후로 모두에게 이틀간의 휴가를 줬다. 나는 바르셀로나에서 가족과 함께 시간을 보낼 것이다.

* * *

재미있는 일이다. 우리는 바르셀로나에서 쉬지 못했다. 친구들과 계속 만나서 모임을 갖고 식사를 하고 산책을 하면서 시간을 보냈다. 그러나 마음이 편해지는 기분이 든다. 아마도 우리가 일상에서 벗어났기 때문일 것이다. 이번 여행에서 가장 기억에 남는 것은 정원에서 직접 키운 야채를 이용해 음식을 만드는 카탈루냐 식당에서 먹었던 식사이다.

런던으로 돌아오는 비행기 안에서, 나는 우리가 선수들과 맺어 온 관계와 그에 따른 문제에 대해 진지하게 돌아봤다. 선수들과 어울리는 방법은 여러 가지다. 그러나 아무리 많은 경험을 해도 그 부분에 대한 나의 방식은 바뀌지 않았다. 나는 나와 함께 일하는 사람들과 정서적인 유대감을 형성하는 것을 좋아한다.

솔직히 말해서, 올해는 나의 인생에서 가장 힘든 해는 아니다. 나의 가장 어려운 시기는 에스파뇰 시절이었다. 그때는 모든 결정과 모든 결과가 나와 나의 가족들에게 세상의 마지막인 것처럼 다가왔다. 그러나 잉글랜드 축구는 그 당시보다 다섯 배 정도 더 경쟁이 심하다. 코치보다는 감독일 때 팀을 운영하는 것이 더 복잡하다. 게다가 경기 사이 간격도 더 짧고 그래서 더 쉽게 지친다. 경기가 끝난 후에는 한 시간 동안 언론을 상대하면서 같은 질문에 다른 대답을 하기 위해 생각해야 한다.

역설적이게도, 나는 승리할 때보다 패배할 때 더 침착하다. 패배의 원인을 분석하고 해결책을 찾기 위해 냉정한 마음을 유지하려고 하기 때문이다. 항상 이기고 있고 모든 것이 잘 되고 있는 것처럼 보일 때 개선하기 위해 노력하는 것이 더 힘든 법이다.

경기에서 패한 후 집에 돌아오면 가장 하고 싶은 것은 잠자리에 들기 전 와인 한 잔을 마시는 것이다. 가끔은 아내나 아이들에게 화풀이하기도 한다. 그녀가 하는 아무런 악의 없는 말에도 신경이 곤두서서 폭발하고 말 때도 있다.

이달 23일이 우리의 결혼기념일이다. 우린 24년을 함께하고 있다. 나의 인내심 많은 카리나….

* * *

우리는 21일 수요일에 훈련을 재개했다. 오늘은 훈련을 두 번 했다. 아침에는 경기장에 나가서 그룹 훈련을 했는데, 너무 많은 경기를 뛴 선수들은 회복 훈련을 계속했다. 오후에는 체육관에서 운동을 했다. 4시 경에 선수들과 코칭스태프의 가족들이 간단한 행사를 위해 훈련장에 왔다.

오늘은 요리스가 최소한 35세까지 이 팀에 머물기로 한 재계약에 서명한 날이다. 나는 이제 팬들 사이에 화제가 된 정장을 입고 그의 옆에 앉아 포즈를 취했다. 많은 선수들이 팀을 위해 헌신하는 모습을 보여주는 것이 자랑스럽다. 지난 1년 반 동안, 다른 클럽들이 노리는 선수들과 우리만큼 많은 재계약을 체결한 클럽은 없다. 그것은 그 사실 자체로 내가 할 수 있는 어떤 말보다도 더 많은 것을 말해준다.

요리스와의 재계약은 순조로웠다. 우리는 그에게 장기 계약을 제안하고 싶다고 말했고, 어느 날 그는 회장과 만나 면담을 했다. 그리고 그 자리에서 모든 것이 해결됐다. 그는 재계약 발표 인터뷰에서 토트넘은 큰일을 할 수 있고 우리가 옳은 방향으로 가고 있다고 믿는다고 말했다. 나는 요리스의 재계약에 맞춰 스카이스포츠를 통해서 "우리의 꿈은 프리미어리그에서 우승하는 것이다"라고 말했다.

또 한 가지 좋은 소식이 있다. 사우샘프턴과의 경기가 26일에서 28일로 변경되면서 많은 외국인 선수들이 크리스마스 시즌을 자신의 나라에서 보낼 수 있게 됐다. 왓포드Watford와의 경기를 준비할 시간이 줄어들긴 하지만 말이다. 그래서 우리는 토요일인 24일에 훈련장에서 같이 밥을 먹고 각자 시간을 보내기로 했다.

나와 나의 코치들이 크리스마스에 휴식을 취하는 것은 4년 만의 일이다.

＊ ＊ ＊

우리의 다음 상대는 사우샘프턴이다. 나는 가끔 우리가 왜 그곳을 떠났는지 자문한다. 우리가 잉글랜드에서 지낸 4년 동안 가장 꾸준히 좋은 축구를 한 팀을 선택한다면, 그것은 2013-14시즌의 사우샘프턴이다. 그 시즌은 우리가 처음으로 처음부터 끝까지 함께 보낸 시즌이었다. 그 시즌 우리의 가장 주목할 만한 결과는 거의 우승을 차지할 뻔했던 리버풀 원정에서의 승리였다. 그들의 팬들조차 우리에게 박수를 쳤다. 우리는 그 팀을 떠나서 토트넘으로 왔다.

그때 우리가 얼마나 잘했는지 나조차 잘 알지 못했던 것 같다. 우리에겐 자신의 축구에 대한 생각을 바꾸고 팀을 위해 헌신했던 13~14명의 선수가 있었다. 우리는 그 시즌을 8위로 끝냈지만, 우리에겐 더 높은 순위를 기록할 자격이 있었다. 그것은 놀라운 성취이자 열정과 학습의 산물이며, 팀 정신의 승리였다. 그리고 우리에겐 시너지 효과도 있었다.

그 모든 것은 니콜라 코르테제 사우샘프턴 회장이 코르네야-엘 프라트를 방문하면서 시작됐다. 우리는 그날 세비야와 경기를 하고 있었고 사우샘프턴은 필리페 쿠티뉴Philippe Coutinho를 관심 있게 지켜보고 있었다. 그는 내가 테크니컬 에어리어에서 선수들을 지휘하는 모습과 열정적이고 적극적인 축구를 보여주는 젊은 에스파뇰에 매력을 느꼈다.

11월에 우리가 에스파뇰에서 나왔을 때, 헤수스와 나는 우리 집에 작은 사무실을 차리기로 결정했다. 그 후로 6개월간 우리는 수시로 만나 우리가 그동안 했던 일을 돌아보고, 우리의 훈련 자료를 정리하고 축구 철학을 향상시킬 계획을 세웠다. 우리는 새해에 새 일을 시작하기로 했다. 그래서 그 사이에 우리는 함께 모여서 달리기도 하고, 잡담도 나누고, 뭔가 좀 먹기도 하는 등 쉬면서 시간을 보냈다. 그러는 사이 몇 가지 제안이 들어왔다. 우리는 심지어 디나모 키에프Dynamo Kyiv와 올림피아코스Olympiacos의 관계자들도 만났다. 나는 12월 중순에 크리스마스를 보내러 아르헨티나로 갔다.

아르헨티나에 있는 동안 에이전트 한 명이 나에게 전화를 했다. "사우샘프턴 회장이 구단을 정비하고 싶어 한다. 그리고 그는 당신이 에스파뇰에서 한 일에 깊은 감명을 받았다"라는 내용이었다.

나는 헤수스에게 전화를 했다. "와! 나 방금 잉글랜드에서 제안을 받았어." 그리고 얼마 후 회장과 직접 통화를 했고 다시 헤수스에게 전화를 했다. "방금 그 회장과 전화를 했어! 나를 만나고 싶대. 준비해. 1월 6일에 런던에 갈 거야."

우리는 가능한 많은 사우샘프턴 경기를 보고 분석했는데, 그중에는 FA컵에서 1-5로 패한 경기도 포함되어 있었다. 그리고 헤수스는 짧은 보고서를 작성했다. 우리는 준비가 되어 있었다. 우리는 호텔에 일찍 도착해서 코르테제 회장의 자동차가 바깥에 주차된 것을 봤다. 그러나 그는 약속한 시각인 4시 전에는 차에서 나오지 않고 제시간이 되서야 나왔다. 그는 클럽의 단장인 레스 리드Les Reed와 함께 나타났다.

니콜라는 영어로 말했고 나는 스페인어로 대답했다. 헤수스는 두 가지 언어로 동시에 통역을 하며 대화를 이끌었다. 우리는 사우샘프턴, 축구 그리고 축구의 정체성 등에 대해 이야기하면서 세 시간을 보냈다. 그들은 클럽의 비전과 함께할 야심찬 감독을 찾고 있었다. 그리고 그들의 플레이에 높은 에너지와 대담한 경기 방식을 도입시키고 싶어 했다. 나는 헤수스에 게 우리가 좋아하는 축구 스타일이 잉글랜드 리그에 잘 어울릴 것이라고 설명해달라고 했다. 후방에서부터 찬스를 만들어가는 것, 점유율을 높이 가져가면서 압박하는 것 그리고 경기를 지배하는 것 등등. 이와 더불어 잉 글랜드의 정신력, 신체 능력, 팀워크 같은 적합한 다른 요소들을 결합한 유형의 축구에 대해서도 설명하라고 했다. 우리는 성공을 갈망하는 선수 들을 마치 '사자처럼 용맹한' 선수들이 될 수 있도록 도와줄 거라고 했다. 나는 그 표현을 처음 쓴 사람이 나였다고 생각한다. 잉글랜드의 심판들은 경기 흐름을 끊지 않고 내버려두는 편이다. 그래서 우리 팀은 극도로 강 렬하게 경쟁해야 했다. 다른 어떤 곳보다도 플레이 시간이 길고 볼이 양쪽 사이드를 쉴새없이 오갔기 때문이다.

미팅이 끝나갈 무렵 코르테제 회장은 완벽한 스페인어(이런 나쁜 놈!)로 이렇게 말했다.

"당신이 한 말이 마음에 들어. 우리 감독이 되어줬으면 좋겠어."

우리는 바르셀로나로 돌아갔고 그곳에서 두 번째로 코르테제 회장을 만 났다. 우리는 나와 함께 내 코치들이 함께 사우샘프턴으로 가는 협상을 시 작했지만 합의에 도달하지 못했다. 그래서 나는 모두 없던 것으로 하자고 말했다. 그로부터 2~3일이 지났고 그 계약에 대한 건은 잉글랜드와 스페인 의 차이에 대한 합의점을 이끌어내지 못하면서 취소될 것 같아 보였다.

바로 그때가 앞서 소개했던, 헤수스와 내 아내가 나에게 결정을 내리도 록 나섰던 때였다.

우리를 태우기 위해 전용기가 바르셀로나로 왔다. 전용기 안에는 고급 와인병과 과일 등이 놓여 있었다.

"아무것도 건드리지 않는 게 좋겠어." 내가 말했다.

미키, 토니, 헤수스도 동의했다. "놀려고 잉글랜드에 왔다는 인상을 주고 싶지 않아."

2013년 1월 17일, 우리가 공항에 도착했을 때, 그곳은 눈이 3피트나 덮여 있었다. 우리는 거래를 성사시키기 위해 공항에서 호텔로 직행했고, 클럽의 여러 부서에서 온 직원들과 저녁을 먹었다.

우리는 다음 날 첫 훈련을 시작했다. 모든 것이 흰 눈으로 덮여 있어서 훈련장 관리인이 경기장의 눈을 치워주는 데 상당한 시간이 걸렸다. 그러고 나서 약 200명의 선수들이 나타났다! 혹은 그 정도 되는 것처럼 보였다. 가벼운 대화나 자기소개 시간 같은 건 없었다. 나는 직접 워밍업 운동을 이끌면서 어색한 분위기를 깨고 몇 차례의 론도 훈련과 미리 정한 몇몇 시나리오를 갖고 연습 경기를 했다. 모든 것이 순조로웠다. 회장과 스카우트 팀장인 폴 미첼이 우리를 만나러 왔다. 둘째 날에는 통역사 일까지 두 배의 일을 소화하게 된 호세 폰테의 도움으로 전술 작업과 설명을 좀 더 오래할 수 있었다.

우리가 도착한 지 4일 만에 치른 에버턴과의 홈경기를 앞두고 나는 우리의 첫 경기가 팬들의 항의 때문에 방해받을 수도 있다는 경고를 받았다. 팬들은 클럽의 승격을 이끌었던 나이젤 앳킨스 감독의 경질에 불만이 많은 상태였다. 팬들은 영어도 못하고 프리미어리그 경험도 없는 사람이 그 자리에 임명됐다는 것도 별로 좋아하지 않았다. 많은 사람들이 코르테제 회장을 미쳤다고 생각했다.

첫 번째 경기를 지휘하기 위해 경기장에 들어서면서 나는 그런 생각은 전혀 하지 않았다. 우리 구장의 잔디는 밝은 초록색이었고, 그 냄새가 나를 사로잡았다. 조명등이 켜진 경기장은 마치 큰 무대 같은 분위기가 났다. 경기장을 가득 채운 관중들이 내는 소리가 에스파뇰 홈구장과는 달리 잔

잔하면서도 강력한 파도를 연상시켰다. 1미터는 더 키가 큰 것 같은 느낌이었다. 그때 비로소 나는 우리가 완전히 새로운, 놀라울 정도로 재미있는 세상에 들어섰다는 사실을 실감했다.

우리가 상대했던 에버턴은 데이비드 모이스David Moyes 감독이 이끄는 좋은 팀이었다. 그리고 우리는 환상적이었다. 우리는 그들이 숨을 쉬지 못할 정도로 빠르게 전진하고 공격했다. 우리에게 부족한 한 가지는 골이었다. 경기는 0-0으로 끝났다. 드레싱룸으로 가는 길에, 나는 헤수스에게 말했다. "3일 훈련 후에 선수들이 이렇게 반응한다면…"

잠시 후에 리키 램버트가 내게 다가와서 말했다. "실망시켜서 죄송합니다, 감독님. 우리가 이겼어야 했어요."

나는 무승부 이후에 선수가 그런 식으로 말하는 것을 본 적이 없었다. 나는 그것이 그들이 우리를 맞이하고 환영하는 방식이라고 느꼈고, 그들의 그런 모습에는 진심이 담겨 있었다.

에버턴전이 끝난 후 A매치 기간에 맞춰 나는 선수단을 바르셀로나에 데려갔다. 그리고 FC 바르셀로나 훈련센터에서 훈련을 진행했다. 나는 그때 우리와 선수들, 선수들과 우리가 서로 사랑에 빠졌다고 생각한다. 바르셀로나의 많은 사람들이 나를 반기고 나와 사진을 찍기 위해 다가오는 모습도 선수들에게 '이 사람이 대단한 사람이구나'라는 느낌을 줬을 것이라고 생각한다. 그곳에서 가진 첫 번째 훈련에서 우리의 진짜 업무가 시작됐고, 이는 매우 강도가 높았다. 우리가 원하는 수준까지 올라오기 위해서는 선수들에게 할 일이 아주 많았다. 사우샘프턴의 회장, 단장, 스카우트 팀장 모두가 그 모습을 지켜보고 있었다.

나는 모든 면에서 그것이 마치 '첫눈에 반한 사랑' 같았다고 느꼈다. 혹은 이전에 있었던 피상적인 훈련들과 우리의 첫 번째 경기까지 합친다면,

'네 번째에 반한 사랑' 정도가 아닐까 생각한다. 선수들은 내가 가장 걱정했던 부분인 영어로 대화하지 못한다는 것을 알고 나의 말에 아주 집중해줬고, 우리를 열정적으로 바라봤다. 선수들은 때때로 아주 잘 이해하지 못한 것이 있었음에도 전력을 다해 훈련했다. 나는 헤수스와 미키를 보고 미소를 주고받았다. 그때부터 씨앗이 심어진 것이다.

우리는 마치 몇 년 동안 해외에서 비슷한 일을 했던 것처럼, 모든 것이 늘 그랬던 것처럼 지냈다. 아침에 일어나서 7시 이전까지 아침 식사를 마친 다음 선수들과 전술, 연습 경기 등에 대해서만 이야기했다. 우리의 모습은 마치 케이블 네 개가 연결된 것과 같았다. 네 개의 케이블을 다 꽂으면 엔진이 켜지고 헤드라이트가 켜지는 것처럼.

우리는 잉글랜드에서 갖는 매 순간의 경험을 최대한 활용하고 싶었다. 그래서 7시 30분까지 훈련장에 갔다. 밖은 아직 어두웠고, 눈이 며칠 더 내렸다. 그리고 몹시 추웠다. 우리는 훈련장에 도착하면 둥그렇게 둘러앉아서 마테차를 마셨다. 첫 몇 달 동안, 우리는 비가 오면 홍수가 날 수 있는 오래된 농장 건물을 사용했다. 그로부터 3주 후에 클럽에서 우리를 위한 사무실을 드레싱룸에 마련해주었지만, 그곳은 완전히 사방이 열려 있었다. 우리는 병풍으로 쓸 거리를 모아서 우리만의 공간을 좀 만들었다. 때때로 미키와 토니는 헤수스와 내가 좀 더 비밀스럽게 이야기할 수 있도록 방을 비워주기도 했다.

우리는 저녁 8시나 9시까지 일했다. 그러고 나서 저녁을 먹고, 경기가 있을 땐 경기를 본 후에 잠이 들곤 했다.

1월부터 사우샘프턴에서 보내는 첫 번째 여름까지 매일 우리가 함께 모여 생활하는 것이 늘 쉬운 일은 아니었다. 우리는 마침내 각자 집을 얻고 이사했지만 다음 날 아침 6시에 일어나야 했다.

호텔 생활을 정리한 마지막 사람이 나왔는데, 다른 세 명이 없어서 아주 허전했다. 우리는 영국에서는 감독의 역할이 굉장히 광범위하다는 사실을 알고 놀랐다. 거기에 우리는 우리만의 새로운 역할까지 추가했다. 예를 들자면, 우리는 냄새가 마음에 들지 않는 세탁용 세제를 교체하도록 했다. 구단 유니폼은 선수들이 친숙한 느낌을 받을 수 있도록 특별한 향을 내는 것이 좋다. 우리는 마음에 드는 향을 찾기 위해 여러 가지를 테스트해보기도 했다.

우리가 가장 중요하게 생각하는 것은 훈련이었다. 선수단은 우리의 방식을 이해하기 위해 계속 귀를 기울였다. 물론 우리도 그들에게 훈련을 즐기는 것이 중요하다는 것을 잊지 않도록 강조했다.

"주중에 열심히 훈련에 임한다면, 경기하는 동안에는 모든 것이 훨씬 더 쉽게 느껴질 거다."

나는 그들에게 이렇게 반복해서 말했다. 우리는 수요일마다 코너킥이나 골킥 없이 1시간 동안 연습 게임을 했다. 중간에 공이 경기장 밖으로 나가면, 다른 공을 가지고 즉시 경기를 재개했다. 덕분에 경기는 끊이지 않고 지속됐다. 그 후로 그때 훈련받은 선수들은, 심지어 최근까지도, 꿈속에서 '압박, 압박, 압박'이라고 외치는 헤수스의 목소리를 듣는다고 말한다.

그 태도가 팀원 전체에 퍼졌다. 선수들은 볼에 매달리거나, 압박을 하거나 제자리로 돌아가거나, 아니면 움직임을 시작하기 위해 다시 전속력으로 뛰는 등 전력을 다해 훈련에 임했다. 그 다음으로 선수들은 같은 페이스를 유지하며 체육관에 가거나 다른 운동을 실시했다. 그리고 그다음 날에도 또 같은 것을 반복했다. 또 다른 하루, 또 두 번의 훈련.

그들은 대단히 힘겨운 왕복 달리기로 구성된 게이콘 훈련을 싫어했다. 실제로 그 훈련은 훈련장에서 진행되는 극한 훈련 중에서도 가장 악명 높은 훈련이 됐다. 사실 그보다 더 강도 높은 훈련도 있었지만 말이다. 우선 선수들에게 150미터를 뛰는 데 45초를 주고, 한 타임이 끝난 후에는 15초의 휴식 시간을 갖도록 한다. 그 후에는 45초에 한 타임씩 진행하면서 타임이 진행될 때마다 같은 시간에 6.25미터를 더 달리게 한다. 당연히 강도는 계속 더 높아진다.

우리는 후방으로부터 볼을 전진시키는 다양한 방법들에 관해서도 연구했다. 우리 중앙 미드필더들은 후방으로 내려와서 전방으로 자주 올라가는 풀백들, 특히 루크 쇼Luke Shaw의 자리를 보완한다. 우리의 메인 스트라이커인 리키 램버트는 더 이상 타깃맨 역할을 하지 않고 자유롭게 움직임을 가져가도록 했다. 그 외 몇몇 조정을 통해 우리의 경기력은 눈에 띄게 좋아졌다.

"감독님, 감독님이 원하는 대로 경기하려면 우리에게는 두 개의 심장이 필요해요."

몇몇 선수들이 볼멘소리를 했다. 골키퍼이자 클럽 주장이었던 켈빈 데이비스는 우리가 얼마나 오랫동안 훈련시키는지 깨닫게 하기 위해 드레싱룸 벽에 있는 시계를 훈련장으로 가져왔다. 그 녀석 참 뻔뻔스럽기도 하군! 우리는 그 모습을 보며 웃었다.

우리는 언어의 장벽을 허물고 일했다. 나는 선수들과 포옹을 하고 나의 표정과 제스처를 섞어 의사소통했다. 영어 실력이 부족했기 때문에 나는 사람들을 읽을 수 있는 다른 방법을 강구해야만 했다. 하지만 그 점이 몇몇 특이한 상황으로 이어지기도 했다. 우리의 세 번째 경기 상대는 위건 애슬레틱Wigan Athletic이었다. 전반전에는 다소 밀렸으나 우리는 그 상황을 잘 이겨내며 후반전에 역전에 성공했다. 그러나 막판에 동점골을 내주며 승점 1점에 만족해야 했다. 드레싱룸으로 들어갔을 때 나는 속이 부글 부글 끓었다. 그래서 욕을 하면서 상자 하나를 발로 차기도 했다. 당시 통역을 도와준 사람이었고, 지금은 에버턴에 있는 프랑 알론소Fran Alonso에게 "이건 어떻게 통역할 거야?"라고 말하기라도 하듯이. 그러나 결국 가장 중요한 것은 내가 단지 내 의사를 표현하고 있을 뿐이라는 것이었다. 어떤 영어 단어를 고르는지는 중요하지 않았다.

그 당시 잉글랜드 대표팀 감독이었던 로이 호지슨Roy Hodgson이 나를 찾아왔다. 우리 선수들 중 다수를 대표팀에 선발하고 싶어 했기 때문이다. 나는 회장이 보는 앞에서 호지슨 감독에게 앞으로 영어로 말하기 시작해야 할 것 같다고 말했다. 호지슨 감독은 이렇게 답했다.

"아니, 아니, 지금처럼 있는 그대로 계속해. 사람들은 시간이 갈수록 더 당신에게 관심을 가질 거야. 흥미를 느끼는 거지."

코르테제 회장도 비슷한 말을 했다.

"걱정 마. 영어로 말할 필요 없으니까. 자네에겐 통역사가 있잖아. 그걸 활용하는 게 훨씬 나은 방법이야. 그러지 않으면 말문이 자꾸 막힐 거야. 지금은 말을 아끼고 점잖게 있는 편이 더 나을 거야."

강등권 경쟁이 치열할 때 팀을 맡은 우리는 첫 번째 시즌 강등권을 훨씬 벗어난 14위로 시즌을 마무리했다. 그해 여름, 우리는 우리의 아이디어를 더 강하게 관철시키기 위해 카탈루냐에 프리시즌 훈련 캠프를 열었다. 그 훈련에 참가했던 선수들은 내게 아직도 그때 두 명의 선수들끼리 조를 짜서 목 부근에 약한 활을 두게 하고 그 활이 꺾어질 때까지 서로에게 다가가는 훈련을 했던 것이나, 나와 함께 맨발로 뜨거운 석탄 위를 걸어서 지나갔던 일을 기억한다고 말한다. 이런 훈련들은 선수들 사이의 유대감을 형성하는 훈련이었다. 충분하지는 않았지만, 선수들은 우리가 그들에게 요구했던 모든 것을 해냈다.

우리는 2013-14시즌을 승리로 시작했다. 웨스트브롬전에서 경기 막판에 터진 페널티킥 결승골로 거둔 승리였다. 그리고 시즌 5주차에 그때까지 승점 5점인 상태로 안필드 원정을 떠났다. 리버풀은 당시까지 무패의 선두였다. 우리는 좋은 출발을 했으나 전반전에 가장 좋은 기회는 제라드Gerrard에게서 나왔다. 나는 우리의 압박, 달리기, 움직임에 만족했고, 이대로라면 후반전에 기회를 잡을 수 있을 거라고 느꼈다. 그리고 후반전 10분도 채 지나지 않아, 데얀 로브렌이 랄라나의 코너킥을 받아 헤더골을 성공시키며 입단 후 첫 득점을 신고했다. 우리는 안필드에서 승점 3점을 얻었다. 그 시즌에 우리는 시즌 첫 11경기에서 겨우 한 번만 졌다. 우리는 비상하고 있었다.

최근에 나는 젊은 코치이자 사우샘프턴의 팬인 조디 리버스Jody Rivers가 쓴 글을 읽었는데, 그의 글은 당시 사우샘프턴이라는 팀을 완벽하게 보여준 순간에 대해 쓴 글이었다. 우리는 맨시티전에서 선제골을 내줬다. 조디는 대부분의 프리미어리그 감독이라면 그런 상황에서 상대 팀을 저지하기 위해 물러서서 상대의 기회를 차단했을 것이라고 했다.

"그러나 골이 터진 지 1분도 안 되어, 루크 쇼가 맨시티 수비 라인 뒤로 침투해 들어가 반대편으로 크로스를 올렸다. 그 볼은 누구에게 도달했을까? 오른쪽 풀백 칼럼 챔버스Calum Chambers였다. 챔버스는 볼이 떨어지는 반대편 포스트 방향으로 쫓아가 헤더슛을 시도했다. 그 슈팅은 골대를 벗어났지만, 포체티노는 점프를 하며 그 움직임에 박수를 보냈다. 젊은 선수들의 용기 있는 플레이를 보여주는 장면이었다."

결국 우리는 그 경기에서 무승부를 기록했다.

레스 리드는 종종 나에게 우리가 프리미어리그를 놀라게 했다고 말했다. 우리는 작은 소년들에게 큰 선수들을 두려워하지 말라고 가르쳤고, 레스터 시티는 그런 태도의 궁극적인 결과를 보여줬다. 많은 감독과 코치들이 리드에게 우리 팀의 고강도 압박 게임 훈련 방식에 대해 물었다. 그들은 우리에 대해 자세히 알고 싶어 했다. 여기저기서 우리의 경기장을 찾는 사람들이 늘어나기 시작했다. 리드와 다른 이들은 당시 프리미어리그가 특유의 빠르고 공격적인 스타일에서 너무 동떨어져 있으며, 언젠가부터 패스와 볼 점유에 너무 중점을 두고 있다고 느끼고 있었다. 그런데 바로 우리가 공격적이고 전방위적인 압박을 가하는 강도 높은 축구를 하기 시작한 것이다. 이것은 프리미어리그에서 아무도 한 적이 없거나, 최소한 오랫동안 구현되지 않은 축구였다.

어느새 우리 선수들 중 상당수가 그들에게 한계가 없다고 믿기 시작했다. 리키 램버트, 제이 로드리게스Jay Rodriguez, 칼럼 챔버스, 루크 쇼, 제임스 워드 프로우즈James Ward-Prowse와 (잉글랜드에서는 보통 피지컬이 좋은 선수들이 뛰던 중앙 미드필더에서 뛴) 아담 랄라나 전원이 다 그 후 국가대표팀에서 데뷔했다. 제임스를 제외한 모든 선수가 훗날 거액의 이적료를 받으며 다른 구단과 계약했다. 한편, 호세 폰테, 모건 슈나이더린Morgan Schneiderlin 그리고 스티븐 데이비스Steven Davis는 프리미어리그에서 자리를 잡았다.

에스파뇰에서 나는 마치 어린 선수들의 아버지가 된 것 같은 느낌을 받았다. 사우샘프턴에서 나는 큰형 같았다. 게다가 그해는 우리 가족에게도 최고의 한 해였다. 2013년 여름, 카리나와 아이들이 사우샘프턴으로 이주했다. 세바스는 중등학교를 마치고 이곳에서 대학에 다니기 시작했고, 클럽의 아카데미에 들어간 마우리는 지역학교에 다녔다. 우리는 프리패브 공법으로 지어진 아름답고 현대적인 독일식 집에서 살았다. 우리는 매일 정원에서 뛰노는, 아내가 '밤비'라고 부르는 사슴을 데리고 숲 한가운데서 살았다. 카리나는 최근 내게 "거의 20년 만에 처음으로 1년 내내 즐거운 시간을 보냈었다"고 말했다.

사람들은 사랑스러웠고 우리에게 아주 잘 대해주었다. 코르테제 회장은 특이한 사람이었다. 그는 강인한 성격을 가졌고 자기 자신에 대해서도 잘 안다. 그러나 나 역시도 마찬가지였기에 우리가 모든 것에 동의했던 것은 아니었다. 그는 이미 다른 선수가 사용 중이던 등번호를 또 다른 선수에게 주겠다고 약속했던 일을 포함해서 나와 몇 번 의견 충돌을 겪었다.

어느 날 그는 내게 '스스로가 바라는 만큼 대담한 전략가는 아니다'라고 말했다. 그는 선수들이 경기 중에 무슨 생각을 하고, 무엇을 보는지 알아보기 위해 선수들에게 헤드 카메라를 착용시키기를 원했다. 왜냐하면 그는 몇몇 선수들이 (특히 랄라나가) 매우 형편없는 결정을 내리고 있다고 느꼈기 때문이다. 늘 회장의 의견을 존중해야 했기에 나는 그 문제를 옆에서 지켜보며 랄라나에게 정말 필요한 것은 우리가 그로 하여금 더 많은 패스 옵션이 있다는 확신을 심어주는 것이라고 말했다. 코르테제 회장은 "자네는 용감하지 않아"라며 계속 자신의 주장을 굽히지 않았다. 그래서 나는 입을 다물었다. 사실 나는 어떤 선수와 만나 우리와 계약하도록 설득하기 위해 호텔로 이동하는 시간에도 침묵을 지켰다. 나는 그 선수와 지극히 평범한 대화를 나눈 후 돌아오는 차에서 또 한 시간 반 동안 창문 손잡이만 잡은 채 한마디도 하지 않았다. 결국 우리는 그 헤드 카메라를 사용하지 않았다.

내가 사우샘프턴 감독이 된 지 4개월 후인 2013년 5월, 코르테제 회장은 클럽과 사이가 틀어졌다. 나는 내 입장을 분명히 했다. 그가 떠나면 나도 떠날 것이라고. 2014년 1월, 결국 그는 나의 두 번째이자 마지막 시즌 도중에 팀을 떠났다. 그는 내가 그를 따라 사임하기를 바랐겠지만, 그때는 팀이 흔들리고 있었고 우리가 탄탄히 기본을 잡고 있지도 못한 상황이라서 팀을 떠날 수는 없었다.

코르테제 회장이 떠나기 직전, 사우샘프턴에서의 모든 문제에 대해 알고 있던 토트넘이 내게 접근했다. 나는 답신하지 않았다. 나와 동료들은 사우샘프턴과 5년 계약에 합의했지만 그 계약은 서명이 되지 않은 상태였다. 2월과 3월에는 누가 이 클럽을 운영할 것인지, 그들이 원하는 방향이 무엇인지, 클럽의 재정적인 상황과 많은 선수들의 미래는 어떻게 되는지 점점 불확실성이 커져갔다. 우리는 토트넘과 대화하기에 앞서 시즌이 끝날 때까지 기다렸다. 나와 사우샘프턴의 계약에는 레비 회장이 흔쾌히 지불할 만한 바이아웃 조항이 있었고, 토트넘과의 내 첫 번째 계약에도 그 조항이 포함되었다. 그러나 토트넘과 재계약을 하면서 그 조항은 삭제됐다.

남을 것인가, 떠날 것인가? 우리가 사우샘프턴을 떠나는 것은 쉬운 일이 아니었다. 많은 이들이 눈물을 흘렸다. 우리는 시즌 마지막 경기를 치른 후에 2주 동안 쉬지 않고 앞으로 무엇을 해야 할지를 고민했다. 하지만 결국 클럽의 불안감이 우리를 동요시켰고 우리는 떠나기로 결정했다. 우리는 곧 사우샘프턴 최고의 선수들 몇 명이 줄지어 이적할 것이란 점도 알고 있었다. 고통스러운 일이었지만 그들 역시 클럽과의 유대감 때문에 그들의 앞날을 망칠 수는 없었다. 그 시기는 고작 1년 반 남짓이었지만 분명 한 시대의 종말이었다. 우리는 더 이상 거기에 없는 코르테제 회장에 의해 그곳에 왔고, 상황은 극복할 수 없을 정도로 달라져 있었다.

비록 우리 모두가 무슨 일이 벌어질지 예상하고 있었지만, 대부분의 일들이 선수들이 휴가를 떠나 있는 사이에 일어났다. 그래서 힘든 작별의 시간을 따로 보낼 일은 없었다. 그러나 나는 빅토르 완야마와의 대화를 지금도 기억한다. 나는 그에게 전화를 걸었다. 사실, 나는 모든 팀원에게 전화를 걸었다. 완야마는 클럽에 겨우 1년밖에 있지 않았지만, 나의 말에 화가 난 것처럼 보였다. 그는 우리가 좋은 방향으로 가고 있다고 느꼈기 때문이다.

"하지만 이게 축구잖아요." 그가 말했다. 나는 입술을 깨물어야 했다. "최고의 축구 선수가 되기 위해 내가 무엇을 해야 하는지 감독님이 알려주셨어요. 계속 노력할게요."

"열심히 해, 빅터. 어쩌면 언젠가 우리가 다시 만날지도 몰라." 나는 대답했다.

8위라는 좋은 성적을 거둔 것 이상으로, 우리의 가장 큰 성취는 사우샘프턴이라는 클럽의 비전을 실행에 옮겼다는 것이었다. 시간이 지나면 언젠가는 우리가 세인트 메리스St Mary's 스타디움에서 따뜻한 환영을 받을 수 있을지도 모른다.

* * *

우리는 지난 이틀 동안 만족스러운 훈련을 했다. 4-3-3 시스템을 쓰는 팀을 상대로 압박을 구사하는 방법 등에 관한 내용이 포함된 훈련이었다. 우리는 이런 훈련을 꽤 오랫동안 해본 적이 없었고, 특히 시소코 같은 선수들에게는 새로운 것이었다. 우리는 최근 고용된 새 코치와 함께 사우샘프턴을 방문했다. 가는 길에 리버풀의 승리를 지켜봤다. 아스널, 첼시 등 선두권 팀들이 모두 이겼기 때문에 우리는 이 원정경기에서 필히 승점 3점을 얻어야만 했다.

언제나 그랬듯 사우샘프턴은 교통 체증으로 우리를 반겨줬다. 호텔에 가는 데 한 시간 반이나 걸렸다. 리드가 우리를 보기 위해 잠깐 들렀고 우리는 과거와 현재에 관해 이야기를 나누었다. 우리는 많이 웃었다. 우리가 개인 라운지에서 같이 음료수를 마시고 있을 때, 사우샘프턴에서 온 한 여성이 두 살짜리 사우샘프턴 팬인 아들과 함께 걸어왔다. 그 엄마가 내게 왜 팀을 떠났느냐고 물어보는 동안 아이는 내게 "배신자, 배신자"라고 외쳤다.

내가 그렇게 결정한 이유에 대해 설명하지 않은 것은 사실이지만, 그렇게 불리는 것은 가슴 아픈 일이었다. 영어를 잘 못했을 때도, 나는 내가 팬들과 유대감을 형성했다고 믿었다. 우리는 사우샘프턴에 믿음과 기대를 돌려줬다. 그들은 내가 떠나는 것에 실망했을 것이다. 특히 여름 이적 시장 기간에 제대로 된 작별 인사도 없이 그렇게 됐기 때문에 더더욱. 그러나 그들은 사우샘프턴을 떠나는 것이 나에게도 가슴 아픈 일이었다는 것을 알아야 한다. 우리는 그 결정을 내리기 전에 그것에 대해 수백 번 생각했다. 때로는 우리도 왜 그곳을 떠났는지 궁금하다.

내일 경기는 나의 이전 클럽과의 세 번째 경기다. 처음 두 번의 경기에서 우리는 어느 정도 야유를 받았다. 사우샘프턴은 매치데이 프로그램에서도 우리에 대해 단 한마디도 하지 않았다. 리드는 이번에는 우리와 관련해 뭔가를 넣을 것 같다고 말했다.

* * *

그들의 감독, 주장 모두 완야마나 알더바이렐트에 대해 언급하지 않았다. 이전에 사우샘프턴에서 뛰었던 어떤 선수들에 대해서도. 나 역시도 마찬가지였다. 모두 같은 이유에서였다.

그런 상황에서도 사우샘프턴 클럽 내부의 사람들은 늘 친절하고, 만날 때마다 좋은 이야기를 건네준다. 오늘은 경기장으로 가는 길에 반가운 얼굴을 많이 볼 수 있었다.

우리 팀은 반쯤 넋이 나간 것 같았다. 처음 1분 30초 동안은 거의 볼도 만지지 못했고 그 후에는 실점을 했다. 그렇게 빨리 실점 해서는 안 된다. 경기를 위한 최고의 계획이 깨지게 된다. 우리는 그 상황을 해결하기 위해 많이 노력했고, 15분 후에 겨우 주도권을 가져오며 상황을 안정시켰다. 결국 우리는 알리의 두 골, 손흥민과 케인의 골로 4-1로 승리했다. 케인은 오늘 비록 페널티킥을 놓쳤지만 최고의 활약을 펼쳤다. 우리는 여전히 5위이고 이번 시즌 모든 경기에서 13승 7무 6패를 기록했다.

87분경, 토트넘의 팬들이 나의 응원가인 "마우리시오 포체티노, 그는 마법사다"를 부르기 시작했다. 나는 양손을 주머니에 넣고 터치라인에 서 있었다. 나는 보통 게임이 진행되는 동안 서포터들의 응원에 반응하지 않는다. 그러나 오늘은 관중들을 향해 박수를 치기로 결정했다.

우리는 마지막 휘슬 소리가 난 후에 예전 동료들을 많이 만났다. 미키와 나는 그 후에 팀 버스를 타고 런던으로 돌아왔다. 헤수스는 가족과 함께 그의 차로 돌아왔고 토니와 에바는 사우샘프턴에서 하루를 보내기 위해 머물렀다. 내일은 휴일이다. 그다음 날 업무에 복귀한다. 그리고 그다음 날은 새해 전야이다.

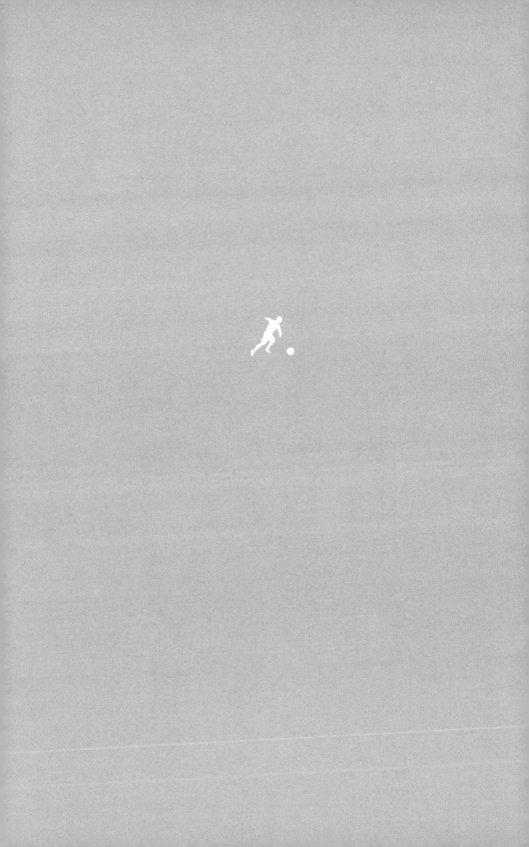

프리미어리그 팀들의 분위기가 점점 고조되고 있다. 부담감이 큰 1월이다. 리그에서는 다섯 번의 경기가 예정되어 있고 FA컵 경기도 치러야 한다. 리그 선두인 첼시가 화이트 하트 레인을 방문한다. 그 후에는 과르디올라 감독이 이끄는 맨체스터 시티와의 또 한 번의 맞대결을 위해 에티하드Etihad 원정길에 오른다. 토트넘은 5위로 새해를 시작했다.

우리는 왓포드와의 원정경기로 1월을 시작했다. 왓포드는 런던과 가깝기에 먼 원정길은 아니었다. 워커와 베르통언이 출전 정지를 당했기 때문에, 트리피어와 비머Kevin Wimmer를 선발해서 최근에 안정감 있는 모습을 보여준 3백 포메이션을 쓰기로 했다.

우리는 새해 첫날 아침 훈련장에서 만났다. 선수들에게 상대의 전반적인 모습을 담은 영상을 틀어줬고 그들이 사용하는 다른 시스템에 관해서도 다뤘다. 이 정보는 매우 중요한 것으로 입증됐다. 우리는 그들을 상대로 대응하는 방법에 관해 설명했고, 세트피스에 대한 준비를 했다. 물론 서로에게 행복한 한 해를 보내라고 덕담도 나눴다. 그 후에 우리는 왓포드로 향했다. 왓포드에는 토트넘에서 뛰었던 에티엔 카푸에Étienne Capoue와 유네스 카불Younès Kaboul이 우리를 기다리고 있었다.

처음 나의 코치들과 토트넘에 왔을 때, 나는 카불을 주장으로 임명했다. 그 후에 나는 한 경기를 앞두고 그가 나에게 했던 말을 듣고 놀랐다. 그는 내가 그에게 어떠한 설명도 하지 않은 채 그를 배제했다고 말했다. 사실 우리는 그와 많은 대화를 나누면서 그에게 그 일에 관해 설명했고 그때 토트넘에 온 후 처음으로 감독으로서의 권위를 보여줬다. 팀을 옳은 방향으로 끌고 가기 위한 권위 말이다.

우리는 왓포드가 전방에 두 명의 선수를 내세울 것으로 생각했다. 왓포드 전방 공격진의 호흡은 그들의 가장 큰 강점 중 하나였기 때문이다. 그러나 그들은 그들의 라인업에 단 한 명의 공격수만 포함했다. 그러고 나서 워밍업이 끝나고, 킥오프를 1분 앞둔 상황에서 우리는 윙백 후안 카밀로 수니가Juan Camilo Zúñiga가 경기에 나서지 않게 됐고, 공격수 오디온 이갈로Odion Ighalo가 그의 자리를 메울 예정이라고 전달받았다. 그러나 우리는 이미 만일의 사태에 대비하고 있었기 때문에 크게 놀라지는 않았다.

모든 것이 예상대로 진행됐다. 우리는 전반에만 골 폭풍을 몰아치며 3-0으로 앞섰다. 덕분에 나중에는 몇몇 선수에게 휴식을 줄 수 있었다. 우리보다 하루를 더 쉰 첼시와의 맞대결을 위해 컨디션 관리 차원에서 알리와 로즈, 케인을 교체했다. 최종 스코어는 4-1 승리였다. 케인과 알리가 두 골씩을 터뜨렸다. 우리는 지난 네 번의 경기에서 승점 12점을 얻었고 골득실 역시 +20점이 됐다. 우리의 순위는 아직 5위였지만, 지난 12개월 동안 클럽 역사상 다른 어떤 해보다 더 많은 승점을 획득했다.

우연히 일어나는 일은 없다. 지난 열흘 동안 우리는 신체적으로도 회복할 수 있었고, 맞춤식 훈련에 집중할 수 있었다. 나는 우리가 우리의 믿음을 고수하고, 선수들 또한 최선의 상태로 돌아갈 수 있다고 확신했기 때문에 나쁜 상황을 극복해냈다고 생각했다. 점점 그 효과가 나타나고 있었다.

우리가 비커리지 로드Vicarage Road(왓포드 홈구장 – 옮긴이)를 떠나고 있을 때, 나는 카불과 우연히 마주쳤고, 서로 인사를 했다. 그는 예전에 있었던 일에 대해서는 언급하지 않았다. 그 일은 한 차례 있었던 해프닝처럼 기억될 수도 있을 것이다.

* * *

클럽 구조를 조정하고 선수들과의 재계약을 매듭짓는 일을 병행하는 것이 여전히 많은 시간을 잡아먹고 있다. 오늘 경기가 끝난 후 코치진은 훈련장으로 돌아갔고, 8시까지 훈련장에서 시간을 보냈다. 나는 버스에서 와인 한 잔을 마셨다. 당분간 몸을 관리하느라 마시지 않았다. 축구 선수에서 은퇴한 이래로 나는 살이 쪘다가 빠지기를 반복했다. 목표도 설정했었지만 곧 잊어버리기를 반복했다. 이제 나는 내 건강을 최우선으로 놓는 좋은 습관을 만들기 위해 라이프 스타일을 바꿨다. 과거에는 끓인 과일 주스와 물만 마시는 잔인한 다이어트를 하기도 했다. 나의 몸은 많은 칼로리를 섭취하는 데 익숙한 상태였기 때문에 다이어트의 첫 4일에서 5일이 힘들었다. 갑자기 몸이 아프기 시작했다. 가장 중요한 부분은 12일 동안 금식을 하는 것이 아니라 음식을 섭취하는 방식이다. 또 자칫 잘못하면 주변 사람들과의 교류에서 문제를 일으킬 수도 있다. 그렇게 몸 관리를 할 때는 저녁을 먹거나 커피를 마시기 위해 갑자기 밖으로 나갈 수도 없다. 내가 마지막으로 그런 다이어트를 한 것은 2012년 여름에 이비자로의 여행을 준비할 때였다. 물론 이비자에 있는 동안에는 엄청나게 먹었다. 나는 그렇게 건강을 챙기는 방식으로의 변화가 장기적으로 사람들에게 도움을 준다고 생각한다. 또 하루에 한 시간씩 강제적으로라도 운동을 하는 것이 좋다.

하루 24시간 중에서 건강을 위해 한 시간을 쓰는 것은 대단한 것이 아니다. 또 운동을 하면서 엔도르핀을 분출시키는 것은 창의성을 촉발시켜주고 에너지를 끌어올려주는 데도 좋다.

모든 사람과 떨어져 있는 몇 안 되는 순간인 목욕을 하고 있을 때 나는 종종 최고의 아이디어가 떠오른다.

★ ★ ★

에스파뇰에서 펠리시아노 디 블라시 코치와 지낼 때, 우리는 선수들에게 "피곤할 때는 가슴에 손을 얹고, 계속 뛰어라"라고 말하곤 했다. 그 시절 이래로 나는 많이 성장했다. 이제는 과거를 돌아보고 예전에 내가 했던 생각들을 떠올리며 웃곤 한다. 그러나 그런 생각들 속에서 내가 무언가를 배웠다는 점이 중요하다. 시간이 지날수록 경기에 대한 이해와 모든 종류의 상황에 대응하는 방법을 발전시키고 있다. 선수들과의 관계는 그들 본인의 성격과 욕구 그리고 우리의 경험에 의해 좌우된다.

나는 심리학자와 일하는 것을 별로 좋아하지 않는다. 선수들의 정신적인 면, 경기에 대한 전술적인 측면을 넘어서는 선수들의 문제에 대한 이해와 그 해결책을 적용하는 것은 감독의 역할 중 하나이기 때문에 나는 그들이 주기적으로 필요하다고도 생각하지 않는다. 축구 선수들의 심리적인 면에 관해서는 책에서 배울 수 있는 것이 거의 없다. 그런 것은 경험과 과정을 통해 배울 수 있다. 선수들에게 심리학자들의 전문적인 도움이 필요한 경우는 오직 트라우마나 깊은 혼란 같은 것에 사로잡힌 아주 특정한 상황뿐이다.

선수와 사랑에 빠지는 건 위험한 일이다. 나는 그런 상황에 빠지지 않는다. 물론 그것은 내 인생의 동반자를 위한 일이기도 하지만, 사랑이라는 것은 언젠가는 끝나기 때문이다. 특히 이런 상황은 인생보다 축구에서 더 빠르게 일어난다. 가장 이상적인 상황은 선수가 원하는 것과 내가 그에게 요구하는 것 사이에서 균형을 찾는 것이다. 나는 내가 감독으로서 요구하는 것을 나를 존중하는 선수들에게 보여주는 것을 좋아하고, 그들의 노력과 근면함에 맞게 그들을 대하는 것이 공정하다고 믿는다.

나는 선수들을 분석하고, 그들이 팀에 무엇을 가져올 수 있는지 상상한 이후에 영입에 나서는 것을 좋아한다. 우리는 훌륭한 축구 선수를 원하는 만큼 인성이 좋은 선수를 원하며 그런 면에서 내가 그 선수들에게 받는 느낌이 영향을 미치기도 한다. 그래서 나는 내가 필요로 하는 선수들에게 직접 연락해서 5분이든 한 시간이든 대화를 나누기도 한다. 한번은 어떤 선수와 만났는데 인사를 나눈 지 얼마 되지 않아서 '그만 가봐야겠다'고 말하고 헤어진 적도 있었다. 반면에 5분 만에 영입을 결정한 때도 있었고, 그 선수와 대화를 나누는 것이 너무 즐거워서 3시간가량 함께 있었던 경우도 있었다. 물론 나도 실수를 하지만, 나는 항상 선수들에게 내가 뭘 원하는지를 미리 이야기한다. 이는 좋은 관계를 시작하기 위한 유일한 방법이다.

작년에 런던에서 알렉스 퍼거슨 경과 만나 식사를 했다. 그때 나는 유용한 정보를 많이 얻었고, 평생 간직할 기억들을 만들었다. 그는 내게 절대로 드레싱룸에서 주도권을 잃어서는 안 된다고 말했다. 그것은 내가 매일 함께 일하고 있는 높은 급여를 받는 25명의 선수들과의 관계에 있어 아주 큰 실수가 될 것이라고 조언했다. 그는 누군가가 감독의 권위에 도전하는 기미라도 보이면 잠시도 주저하지 않고 그 선수와 정면으로 맞섰다. 만일 어떤 선수가 도에 지나친 행동을 하면, 그가 종종 보여줬던 유명한 사례들처럼 그 선수를 팀에서 쫓아냈다. 그는 과거에는 완전한 권력을 휘둘렀지만, 지금은 상황이 많이 변했다. 클럽에서의 힘이 선수 쪽으로 이동하고 있다는 것은 분명한 사실이다.

나는 선수에게 벌금을 부과하지 않는다. 더 이상 돌아올 수 없을 때까지 그들에게 기회를 주는 것을 더 좋아한다. 알렉스 퍼거슨 경과 한 가지에 동의했다. 잠자리에 들 때까지 어떤 일에 대한 고민을 안고 가서는 안 된다는 것. 일단 결정을 내리면 다음 문제로 넘어가야 한다.

알렉스 퍼거슨 경은 감독 시절 초기부터 일주일 내내 훈련장에 나오지 않았다. 그는 멀리서 지켜볼 때 선수들의 변화가 더 잘 느껴진다고 생각했기 때문에 직접 선수들의 훈련을 지도하지 않았다. 이런 방법은 그에게 균형감을 느끼게 해줬고, 경기장 밖에서의 삶에도 집중할 수 있게 해줬다. 가족 문제, 돈 문제, 건강 문제 같은 예상할 수 없는 일들을 지켜보고 처리하는 것은 중요하다. 아마도 퍼거슨 경의 방법은 감독으로서의 커리어를 지속하는 데 필요한 과정이라고 생각한다. 나는 훈련장에 나가서 시간을 보내는 것도 중요하고 선수들의 문제를 개선하기 위해 더 많은 것을 요구하는 것도 중요하다고 생각한다. 하지만 때로는 사무실 안에서도 선수들과 일할 수 있다.

* * *

사우샘프턴 스쿼드에서 가장 어린 선수였던 루크 쇼는 내가 영어를 거의 못 하던 시절에 매일 내 사무실을 찾아왔다. 나는 그를 웃으며 안아줬다. 우리는 서로 다른 이유에서 서로가 필요했다. 나는 그에게 새로운 영양 관리의 일환으로 직접 마실 것을 만들어줬고, 우리는 서로의 뜻을 정확히 이해할 수 없을 때조차도 많은 이야기를 나눴다. "여자 친구는 있어? 너 아직도 같은 친구들을 만나니?' 취미는 뭐야?" 등등이다. 종종 그에게 화가 날 때도 있었다. 그는 런던으로 너무 자주 놀러 갔고, 나는 그걸 좋아하지 않았다. 그것이 그의 주의를 산만하게 한다고 생각했기 때문이다. 난 그에게 똑같은 이야기를 해줬다. 그가 자기 일에 충분히 집중하고 있는지, 자기 일을 충분히 즐기고 있는지 의문이라고. 결국 그는 내게 "좋아요, 더 이상 가지 않을 게요"라고 말했다. 그는 구단이 제공한 숙소에 살고 있었는데, 어느 날 그의 어머니가 쇼를 훈련장으로 데려왔다. 나는 그의 어머니를 사무실로 모시고 "어디에서 살고 계십니까?"라고 물었다.

그녀는 "런던이요. 루크가 어제 런던에 왔었어요"라고 대답했고 나는 그녀에게 농담을 던졌다. 그러나 나는 여전히 쇼가 자신의 나이와 시기에 필요한 노력과 희생을 하지 않고 있다고 생각했다. 그날은 월요일이었다. 나는 금요일까지 쇼에게 단 한마디도 하지 않았다. 그 후로 쇼는 거의 런던에 가지 않았던 것 같다.

* * *

나는 완야마가 사우샘프턴과 계약하기 전에 전화했다.

"네 플레이를 여러 번 봤는데, 우리는 너를 최고의 선수로 만들어 줄 수 있어."

그는 감독이 전화해서 그런 방식으로 이야기한 것이 처음이라고 했다. 내가 그의 열정에 불을 끼얹은 격이었다. 우린 호텔에서 만났는데, 나는 소파에 앉아 있는 그가 얼마나 초조해하고 있는지 느낄 수 있었다. 나는 그를 안아줬고, 곧 그의 긴장이 바로 사라지는 것을 알 수 있었다. 우리는 곧 이미 오래 알던 사이처럼 대화를 나눴다.

첫날부터 우리는 축구보다 인생에 대해 더 많은 이야기를 나눴다. 나는 마치 그의 아버지가 된 느낌이었다. 그는 훈련을 함께하기 시작한 시점에도 말을 거의 하지 않을 정도로 수줍음이 많았다. 나는 그가 행복하지 않다고 느꼈다. 나는 그에게 지금 그가 꿈꿔오던 것을 하는 중임을 일깨워주며 그가 좀 더 현재의 자신을 즐겨야 한다고 말했다. 그는 점차 인생을 다른 방향에서 바라보기 시작했다. 점점 축구는 그의 직업이 아닌 열정으로 변해갔다.

그는 점차 마음을 열었다.

가끔 그가 매우 심각하게 보일 때 나는 그에게 가서 "침착해, 좀 웃어봐. 많은 게 달라질 거야"라고 말한다. 그러면 그는 바로 웃는다. 그는 이제 얼굴에 미소를 띠고 훈련을 하면 더 잘 된다고 이야기한다.

* * *

우리의 두 번째 시즌에, 요리스는 이비자에서 휴가를 보내다가 가벼운 사고를 당했고 그로 인해 손목에 골절상을 입었다. 나는 사고가 난 시점에서 훨씬 지날 때까지 아무것도 모르고 있었다. 보아하니, 그도 엑스레이를 찍고 난 뒤에야 골절을 입었는지 알게 됐고, 눈에 잘 띄는 것도 아니어서 따로 이야기하지 않은 것 같았다. 문제는 그가 프랑스로 돌아온 다음에 터졌다. 그는 자신에게 벌어진 일이 너무 부끄러워서 일주일간 골절에 관해 이야기할 엄두를 내지 못했다. 나는 결국 그에게서 그 일에 대한 자세한 내용이 담긴 왓츠앱 메시지를 받았지만, 답장하지 않았다. 그러나 그는 내가 읽었음을 알고 있었다. 그는 토니에게도 그 이야기를 했고 토니도 그에게 화를 냈다. 프리시즌이 시작될 때 나는 그를 내 사무실로 불렀다. 나는 그 부상이 아니라 그가 나를 믿지 못했다는 사실에 더 화가 났다. 그는 나를 믿지 못해서 그런 것이 아니라 감독에게 그렇게 바보같이 부상을 당했다는 사실을 말하는 게 어려웠다고 이야기했다. 그 일 때문에 우리 사이의 관계를 회복하는 데는 꽤 시간이 걸렸다. 사생활과 일을 분리하고 싶었던 요리스는 이제 내가 그에게 원하는 것이 뭔지를 이해한다. 그는 이제 내게 어떤 이야기도 편히 할 수 있다. 나와 함께 있을 때는 구십구 퍼센트는 필요하지 않다. 반드시 백 퍼센트여야 한다. 나는 나의 일을 그와 공유하고 그도 나에게 그렇게 한다.

* * *

알렉스 퍼거슨 경은 열심히 일하는 것은 재능이라고 말했고, 그의 스타 플레이어들에게도 다른 선수들보다 더 많은 것을 원했다. 나 역시 종종 선수들에게 비슷한 이야기를 했다. 처음부터 선수들을 자신의 편에 두는 일은 중요하다.

우리가 처음 다이어를 홀딩 미드필더로 출전시켰을 때, 나는 그와 식당에서 밥을 먹다가 이전에도 동일한 포지션에서 플레이해본 경험이 있는지 물었다.

"스포르팅 리스본Sporting Lisbon에서 뛰어본 적이 있어요."

"그래. 좋아."

나중에 나는 그가 그때의 그 대화를 우리가 언젠가 그의 포지션을 바꿀 의도로 물어봤던 것이라고 이해했다는 걸 알게 됐다. 그건 사실이다. 나는 그에게 믿음이 있었고 그의 학습 능력에 대해서도 믿고 있었다. 우리는 결국 그 문제를 바로잡았다.

그는 최근 6개월간 어려움을 겪었다. "너는 작년 유로에 출전했던 다이어가 아니다." 나는 이번 시즌 초에 그에게 그렇게 말했다. 최근 나는 코치들과 일주일 내내 그에게 무슨 일이 있었는지 이야기를 들으며 논의하고 있다. 우리는 매번 다른 부분에 주목한다. 예를 들면, 최근에 표를 하나 만들어서 표 안에 '잘함', '아주 잘함', '훌륭함', '특별함'의 4개 영역으로 나누고, 마라도나와 메시, 크리스티아누 호날두의 이름을 '특별함'의 영역에 적었다. 다이어는 자신은 '아주 잘함'의 영역에 있는 것 같다고 답했다.

"맞아, 현재 너는 그 단계에 있어. 그다음 '훌륭함'에 도달하는 건 얼마 걸리지 않을 거야. 수비형 미드필더나 센터백으로서는 각각 어디에 있는 것 같아?"

다이어는 자신이 수비수보다는 미드필더로서 더 앞서 있다고 생각하고 있었다. 나는 그 부분에 대해 동의하지 않았기에 그것에 대해 긴 대화를 나눴다. 대화의 마지막에 나는 그에게 말했다.

"네가 어디에서 플레이하는지와 상관없이 백 퍼센트의 능력을 보인다면 괜찮아. 계속 그렇게 해."

축구 선수들에겐 그들 스스로 발견해야 하는 것들이 있다.

* * *

국가대표팀 주장들이 FIFA 올해의 감독을 3명 선택해서 투표를 했다. 완야마는 첫 번째로 나를 뽑았지만, 요리스는 나를 아예 뽑지 않았다. 나는 사이먼에게 내가 그 사실을 알게 되었을 때, 엄청 화가 났다고 요리스에게 전해달라고 말했다. 나는 여전히 그 직후에 나를 만났을 때 어색해하던 요리스의 얼굴을 떠올릴 때마다 웃음이 난다.

* * *

　겨울 이적시장이 열렸다. 나는 아주 대단한 영입이 가능하지 않은 이상 선수 영입을 할 필요가 없고, 선수가 필요해지면 21세 이하 팀 선수를 활용할 것이라고 레비 회장에게 말했다. 윙크스와 오노마를 요구하는 임대 제의가 왔지만, 나는 그들을 내 근처에 가까이 두고 싶었다. 우리 클럽이 지향하는 바를 이해하고 있는 팬들은 큰 이적료가 드는 영입을 요구하지 않는다. 라멜라가 복귀한다면 도움이 될 것이다.
　우리의 다음 상대는 첼시다.

* * *

　내가 과르디올라에 대해 다음과 같이 이야기했다는 루머가 조금 전에 나왔다: "프리미어리그에서 명성을 얻은 후에 겸손한 마음을 품지 않는다면 결국에는 실망하게 될 것이다."
　나는 그런 말을 하지 않았다. 혹은 명확하게 말하지 않았던 것 같다. 나는 유럽에서 프리미어리그가 어떻게 여겨지고 있는지에 대한 일반적인 이야기를 했을 뿐이다. 나는 종종 잉글랜드의 축구가 과소평가 받고 있다고 말한다. 사람들은 잉글랜드의 축구는 롱볼뿐이고 수준 높은 축구가 아니라고 생각하지만, 프리미어리그는 외국 선수들의 유입과 더불어 지난 10년 동안 아주 많이 변화했다. 스페인과 남미 선수들은 여전히 자신들의 축구가 더 수준이 높다고 생각하지만, 프리미어리그에 와보면 자신들의 생각이 어떻게 틀렸는지를 깨닫게 된다. 이곳에 와서 겸손한 마음을 잃는다면 좋은 결과를 낼 수 없다.

나는 누구도 이곳의 축구 스타일을 변화시키기 위해 잉글랜드에 왔다고 이야기할 수 없다는 사실을 항상 인지하고 있다. 그건 마치 누군가가 스페인에 가서 시에스타와 파에야를 없앨 것이라고 말하는 것과 같다. 누구도 잉글랜드 같은 나라의 독특함과 문화 위에 설 수 없다. 이곳에는 완벽한 전술도, 완벽한 감독도, 완벽한 방법론도 없다. 누군가가 모든 것을 혁명적으로 바꿀 시스템을 갖고 있다고 말하는 건 그의 존중심이 부족하다는 것을 보여줄 뿐이다. 모든 것은 그 감독이 이끄는 선수들에게 달려 있다.

그런 면에서 나는 잉글랜드에 왔을 때 운이 좋았다. 사람들은 내가 누군지 궁금해했고, 내게서 어떤 것도 기대하지 않았다. 나는 모든 것을 다 흡수했다. 선수들의 기대치, 파울에 대한 다른 견해를 갖고 있는 심판들, 경기력을 올리길 바라는 팬들, 개개인에 대한 미디어의 집착, 자신이 직접 전면에 나서지 않고자 하는 회장 등등이 그것이다.

이곳을 바꾸기보다는 이곳에 와서 직접 배우는 편이 낫다.

* * *

이번 주에 우리는 잉글랜드 출신 선수 대 비잉글랜드 출신 선수로 팀을 나눠 연습 경기를 가졌고, 나도 함께 경기를 뛰었다. 만일 누군가가 상대 팀에 알까기를 세 번 성공하면, 마지막으로 당한 사람이 벌칙으로 노래를 부르기로 했다. 그러나 누구도 벌칙을 받지 않았다. 나는 카터 비커스Carter Vickers와 공중볼 경합을 하다가 등이 삐끗했다. 그는 엄청 힘이 세다!

"젠장… 내가 감독님을 부상 입혔어!" 나는 그가 속으로 웃고 있다고 생각했다.

*　*　*

오늘은 우리의 마지막 경기 이후 두 번째 휴식일로 첼시와의 경기 전날이다. 지난 11월에 2-1로 우리를 이긴 팀과 마주하게 된다. 첼시는 우리보다 승점 10점을 앞서고 있었고, 1등을 할 만한 가치가 있는 팀이었다. 그들은 아무도 대책을 마련하지 못했던 3백으로 전환하면서 두 단계 더 위로 올라갔다. 그들은 13연승을 기록 중이다. 프리미어리그 역사상 14연승을 거둔 팀은 없었다.

이제 우리가 어디쯤 있는지 한번 보자. 첼시는 훌륭한 벤치마킹 대상이다.

우리의 선발 출전 선수는 왓포드 게임이 끝났을 때 이미 결정됐다. 우리에겐 힘이 넘치는 선수들이 많이 있기 때문에(오직 라멜라만 결장 중이다), 경기 상황에 따라 수많은 다양한 방법으로 대처할 수 있을 것이다. 우리는 3백을 사용할 것이고 2명의 매우 공격적인 윙백과 3명의 미드필더를 활용할 계획이다.

나는 연습 경기에서 이를 실험해보기로 했다. 그래서 우리가 경기하길 원했던 방식이 담긴 영상을 평소보다 조금 더 길게 준비했다. 영상을 통해 첼시의 장단점을 보여주고 우리의 이전 경기에서 나타난 문제점들을 피할 방법을 설명했다. 우리는 이 영상을 포지션별로 나눠 준비했다. 우선 세 명의 센터백 다이어, 알더바이렐트, 베르통언에 관한 영상이었다. 그리고 수비 공간을 메워주는 완야마, 지속해서 기회를 만들어야 하는 풀백인 로즈와 워커, 여기에 두 명의 미드필더인 에릭센과 뎀벨레, 마지막으로 두 명의 공격수인 알리와 케인의 영상을 보았다. 선수들은 매우 컨디션이 좋았다.

늘 그랬듯 나는 선발 선수들이 임하는 훈련에 참여했다. 나는 공격하는 방식과 볼을 연결하는 방식 그리고 패스하는 법 등에 대해 강조했다. 이틀 전에 경기를 했기 때문에 훈련 강도를 너무 높이지는 않았다.

* * *

1월 4일, 경기 날이다. 우리는 비디오 영상을 간단히 보기 위해 훈련장으로 먼저 모였다. 미드필드에서 경기하는 방식에 대한 조정이 필요해 보였다. 나는 이 부분이 이번 경기에 나서는 우리의 핵심이라고 확신했다. 그들에겐 두 명의 홀딩 미드필더가 있다. 우리는 그 자리에 수비수를 도와야 하는 빅터 완야마를 포함한 3명의 선수를 투입해서 첼시의 미드필더들을 상대할 것이다.

경기장으로 가는 길이 너무 오래 걸렸다. 제시간에 도착하기 위해 경찰의 에스코트가 필요했다. 우리가 탄 버스가 느릿느릿 간신히 움직이고 있었지만, 누구도 우리를 위해 길을 터주고 싶어 하지 않는 것 같았다. '제발!' 누군가가 소리치기도 했다. 결국 우리는 계획보다 조금 늦은 시간인 킥오프 1시간 전에야 도착했다.

우리는 버스에서 첼시의 선발 라인업을 확인했다. 내가 예상한 그대로였다.

드레싱룸에서 헤수스는 선수들에게 세트피스에 대해 다시 한번 이야기했다. 우리는 몸을 풀기 전, 첼시의 라인업과 그들의 일반적인 포메이션을 칠판에 적었다.

선수들은 활기가 넘쳤고, 아무도 긴장하지 않았다.

곧 경기가 시작됐다.

전반전은 팽팽했다. 첼시는 제대로 기회를 만들어내지 못했고 요리스는 자신이 얼마나 좋은 선수인지를 보여줬다. 첼시가 일대일 상황을 만들었는데, 요리스는 대부분의 골키퍼가 그렇듯, 혹은 3년 전의 자신이 그랬던 것처럼 상대 선수를 향해 달려가는 대신 자기 자리에 남아서 슈팅 각도를 좁히는 동시에 수비수들이 공격수를 방해할 시간을 만들어줬다. 만약 요리스가 앞으로 뛰어나갔다면 첼시가 득점했을 것이다.

우리는 하프타임 직전의 전반전 추가 시간에 에릭센의 크로스를 알리가 훌륭한 헤딩으로 마무리하며 리드를 잡았다. 주심이 휘슬을 불었고, 나와 헤수스는 아무런 말도 하지 않고 드레싱룸으로 들어갔다. 미겔은 스탠드에서 우리 전력분석관들이 취합한 장면들을 분석하기 위해 몇 분 전에 이미 도착한 상태였다.

가장 먼저 나는 화장실로 가야 했다. 전반전에 긴장을 풀기 위해 물을 너무 마셨기 때문이다. 나는 하프타임에 어떤 영상도 쓰지 않기로 했다. 그저 선수들에게 볼이 있는 상황이든 아니든 무관하게 계속 공격적으로 플레이해줄 것을 당부했다. 헤수스는 세 가지 세트피스 상황을 보여줬다.

후반전에 우리는 흐름을 이어가지 못했고 동점 위기에 빠지기도 했다. 그러나 나는 변화를 지시하지 않았다. 때로는 폭풍이 지나갈 때까지 기다리는 것이 최선의 방법이다. 우리 윙백들은 일대일 상황을 만들어냈고, 우리는 중원도 통제하고 있었다. 미드필드 지역에서 우리는 언제나 상대보다 한 사람이 더 많았는데 완야마가 늘 그 자리에 있었다. 우리의 리듬이 조금 떨어지긴 했지만, 결국 54분에 델레 알리가 다시 골을 기록했다.

지친 뎀벨레를 교체해야 한다는 걸 느낄 수 있었다. 그러나 서두르고 싶지 않았다. 나는 코치들에게도 이에 대해 물어봤지만, 여전히 경기의 흐름에 대해 확신하고 있었다. 그래서 교체를 조금 더 미루기로 했다. 결국 윙크스가 뎀벨레를 대신해 74분에 투입됐고, 우리는 교체 투입된 윙크스 덕분에 밀리던 흐름을 뒤집고 다시 경기를 지배했다. 축구계에는 경험에 대한 말이 많다. 어떤 선수는 경력이 긴데도 불구하고 여전히 경험이 부족하고 게임에 대한 이해도가 낮다. 그런 관점에서 볼 때 이날 윙크스는 마치 10년 차 프로인 것처럼 경기를 펼쳤다.

결국 우리가 승리했다.

기자회견에서 나는 이 경기는 그저 한 경기에 불과하며 승점 3점을 번 것뿐이라고 말했다. 우승하기 위해서는 모든 팀을 상대하면서 이 정도 수준의 경기력을 유지해야 한다고도 말했다. 나는 내 오른손, 왼손 그리고 눈 역할을 해준 헤수스를 칭찬했고, 과르디올라와 관련된 이야기도 마무리지었다.

레비 회장이 감독실로 들어왔다. 우리의 경기력에 기뻐한 그는 이 경기가 전 세계의 절반이 보는 게임이었다고 말했다.

이제 우리는 2위 리버풀에 2점 차로 뒤진 3위였고 선두 첼시와는 7점차였다.

오늘은 나의 150번째 프리미어리그 경기였다. 내일은 휴일이다.

*　*　*

나는 소파에 혼자 앉아 있다. 오늘 경기의 여운이 여전히 내 머릿속에 남아 있다. 그렇다고 와인을 마시진 않았다.

헤수스가 방금 내게 메시지를 보냈다. 그는 기자회견이 좋았다고 말했다. 경기에서 승리한 것을 모두 나의 전술 덕분이라고 돌리지 않았기 때문에 그렇다고 했다.

레비 회장은 승리에 대한 기쁨으로 잠을 이룰 수가 없다고 내게 왓츠앱 메시지를 보냈다.

* * *

첼시전이 끝난 후, 나는 델레 알리가 최근 몇 년 동안 잉글랜드 축구계에서 가장 중요한 선수 중 한 명으로 발돋움했다고 말했다. 이번 시즌 그가 넣은 7골 중 4골은 해가 바뀌기 전인 12월에 넣은 골이다. 그리고 이번 달, 그는 이미 2경기에서 3골을 기록하고 있다. 게다가 이 중 두 골은 중요한 경기에서 넣은 골이다. 우리가 오늘 아침 알게 된 기록은 더 훌륭했다. 알리는 그의 첫 리그 50경기에서 스티븐 제라드Steven Gerrard, 웨인 루니Wayne Rooney 그리고 프랭크 램파드Frank Lampard보다 더 많은 득점을 성공시켰다. 그는 퀄리티 있는 선수다. 그러므로 언젠가는 저들보다 더 좋은 선수가 될지도 모른다. 이제 그에겐 꾸준함이 중요하다.

내가 알리의 영입을 원하지 않았다는 소문도 있었다. 그러나 이는 사실이 아니다. 2014년 8월 26일 나는 MK 돈스와 판 할Van Gaal 감독이 이끄는 맨체스터 유나이티드의 리그컵 경기를 보러 간 적이 있다. 당시 나는 토트넘에 합류한 폴 미첼의 생일을 축하하기 위해 이른 식사를 하고 경기를 보러 가자고 했다. MK 돈스의 풀백과 17세의 델레 알리라는 두 명의 젊은 선수를 보기 위해서였다. 그날 MK 돈스는 4-0으로 승리했고, 알리는 수비수들 앞의 미드필드에서 플레이했다. 그는 그날 환상적이었고 자신의 능력과 개성을 분명히 보여줬다. 나는 경기가 끝나기도 전에 경기장을 빠져 나왔다. 더 이상 머물 필요가 없었기 때문이다.

우리는 그 후로 그를 꾸준히 주시했고, 2015년 1월에 영입할 수 있는 기회를 잡았다. 웨스트브롬과의 경기 후에 나는 훈련장에서 회장, 미첼, 헤수스, 존 맥더못과 미팅을 가졌다. 우린 리그1 소속 선수로서는 천문학적인 이적료인 500만 파운드를 쓰기로 했다. 영입 직후 우리는 알리를 MK 돈스에 바로 6개월간 임대 보냈지만, 그에게 2주에 한 번은 훈련에 참여해서 새로운 동료들과 훈련방식을 익힐 수 있도록 요청했다. 그는 유소년팀 드레싱룸에서 옷을 갈아입어야 했다. 모든 일에는 순서가 있다.

다가오는 프리시즌에 나는 그에게 많은 것들을 요구하면서 특히 몇 가지 부분에 대해 주목하도록 했다. 그는 혼란스러워하지 않았고, 그의 행동도 어느 정도 조절할 수 있었다. 나는 그에게 엄격했으며, 그는 점점 더 열심히 훈련하기 시작했다. 언젠가 헤수스는 내 앞에서 그에게 이런 말을 한 적이 있다.

"네 감독은 처음 2주 동안은 널 좋아하지 않았지만, 이젠 널 엄청 좋아해."

그는 프리미어리그에서 뛰기 시작했다. 두 번째 리그 경기에서 골을 기록했지만, 나는 그가 어려움을 겪고 있다는 것을 느끼고 내 사무실로 그를 불렀다. 나는 그에게 그의 경기와 훈련 장면이 담긴 영상 몇 개를 보여줬다. 그는 자신의 백 퍼센트를 다 쏟아붓지 않고 있었다. 델레 알리의 얼굴에는 '내가 저랬다니 믿을 수 없어'라고 쓰여 있었다. 나는 그에게 말했다.

"널 경기에 투입하는 것만큼 그렇게 하지 않는 것도 쉬운 일이야."

11월 즈음부터 그는 고정적으로 선발 라인업에 들기 시작했다. 그는 계속 발전했고 국가대표팀에 새로운 바람을 일으키기도 했다. 그에겐 이번 시즌 CSKA 모스크바와의 경기가 끝난 직후에 내가 언급했던 것처럼 내가 아주 좋아하는 면이 있다. 그는 누가 가르칠 수 없는, 그가 길거리에서 배운 특유의 약삭빠른 면을 갖고 있다. 위험한 것은, 종종 그렇듯이, 그가 이 자리까지 올라올 수 있었던 이유를 잊는 것이다. 나는 이번 시즌 그에게 그런 부분에 대해 반복해서 이야기하고 있다. 또 다른 한 가지 위험은 그의 주변에 있는 사람들이 톱 레벨 프로 선수를 관리하는 방법을 제대로 알고 있느냐는 것이었다. 그가 왓츠앱 프로필 사진으로 쓰고 있는, 한 소년의 주변에 많은 사람이 모여서 한몫 잡으려고 하고 있는 만화 이미지는 그가 올바른 사람들과 함께해야 한다는 것을 보여주고 있다.

그는 아직 스무 살에 불과하다.

* * *

우리는 휴일 이후 선수들이 어떤지를 점검할 예정이다. 다음 경기는 8일에 열리는 애스턴 빌라와의 FA컵 맞대결이다. 평소 경기에 나서지 못했던, 봄, 비머, 벤 데이비스, 카터 비커스 그리고 얀센 같은 선수들에게 기회가 갈 것이다. 우리는 3시즌 연속으로 크리스마스 기간에 가장 좋은 결과를 얻은 팀이다. 나는 이번 시즌에 우리에게 대진운이 따랐다는 것을 인정한다. 그러나 우리가 늘 이 시기에 좋은 모습을 보이는 것도 사실이다. 첼시와의 경기에서 승리한 후에 어느 정도 기쁨에 사로잡혀 지낼 거로 생각하는 사람들도 있었겠지만 우리에겐 아주 바쁜 1월과 2월이 기다리고 있었다. 우리는 승리에 안주할 시간이 없다.

오늘은 기자회견을 하기 전에 새로운 스카우트 팀장 후보자들과 면접을 볼 계획이다. 기자회견에서는 로마로 갈 예정인 라멜라에 대한 질문을 받게 될 것이라고 확신한다. 그는 부상을 당한 상태이며, 우리는 그가 하루 혹은 이틀이면 회복할 거로 생각했다. 그러나 이미 두 달 반 이상 부상이 그를 힘들게 하고 있다. 그는 기분 전환이 필요해 보인다.

목이 조금 아프다. 토니는 독감에 걸렸다. 그는 오늘 출근하지 않았다. 그가 훈련에 빠지다니 정말 아픈 모양이다. 첼시와의 경기가 있던 날에도 그의 모습은 좋아 보이지 않았다. 축구라는 세계에서 어떤 것들은 특히 나쁘게 인식될 수도 있는 것 같다. 나는 그런 것들을 보면 웃음이 난다. 몸이 아프다는 것도 그런 것 중 하나인 것 같다. 내가 처음으로 잠을 제대로 못 잤고 목도 아프다고 말했더니 사이먼은 놀란 모습이었다. 나는 모든 영역에서 마음을 여는 것을 선호한다. 그렇지 않다면 언젠가는 문제가 생긴다.

긍정적인 부분은 내가 운동을 하고 있다는 것이다. 오늘 나는 미키가 맨체스터 유나이티드의 경기를 보는 동안 러닝머신에서 운동을 했다. 다이어트는 괴롭지만 그래도 효과가 있다. 나는 분명히 체중이 줄고 있다.

* * *

루이스 엔리케Luis Enrique 감독이 바르셀로나와 스포츠계를 떠날 것이라고 발표했다. 다른 신문들은 나를 그의 후임자 후보로 지목했다. 그걸 보면서 처음 든 생각은 내가 지금 내 일을 제대로 하고 있구나 하는 것이었다. 그 이야기가 사실인지 아닌지는 별개의 문제다. 내가 지금 어디에 있는지 그리고 그 구단이 어떤 상황인지와 내가 그것을 받아들일지 아닐지도 마찬가지다. 나의 클럽은 에스파뇰이다. 나는 절대로 바르셀로나로 가지 않을 것이다.

* * *

다이어는 언젠가 "만일 우리가 이러한 선수단을 갖고도 5년 안에 우승하지 못한다면, 매우 실망할 것 같다"라고 말했다. 나는 그 말이 듣기 좋았다. 그것은 승자의 태도다. 나폴레옹은 이렇게 말한 적이 있다.

"위대한 야망이란 위대한 인격을 가진 사람의 열정이다. 그런 야망을 품고 있는 사람들은 매우 좋거나 몹시 나쁜 행동을 하게 될 것이다. 그것은 모두 그들이 가진 원칙에 달려 있다."

해리 케인도 비슷한 말을 했다.

"토트넘에서 무언가가 일어나고 있다. 나는 지금 우리 팀 동료 중에서 누가 이 팀을 떠난다면 놀랄 것이다. 우리에게 필요한 것은 몇 가지 마지막 단계뿐이다. 그 마지막 단계란 트로피들을 차지하는 것이다."

그는 '트로피'라고 하지 않고 '트로피들'이라고 말했다.

* * *

첼시전을 치르고 나흘이 지난 오늘, 우리는 챔피언십에서 부진한 모습을 보이고 있지만 여전히 빅클럽인 애스턴 빌라와 컵 경기를 가졌다. 이틀 동안 침대에 누워 있던 토니가 다시 돌아왔다. 그는 여전히 몸 상태가 좋아 보이지 않았지만, 봄이 선발 출전하는 경기인 만큼 경기장에 함께하고 싶어 했다.

애스턴 빌라전에서 우리는 전방으로 나가는 데 애를 먹었다. 얀센을 알리와 교체하자 움직임이 좀 더 나아졌다. 얀센은 이곳에서 많은 방면으로 팀에 헌신했고, 시즌 초반 비교적 좋은 출발을 했지만 이제 많은 요구사항들이 그를 짓누르고 있고, 이러한 이유에서인지 좋은 모습을 보여주지 못하고 있다. 내일 그와 이야기를 나눌 것이다. 그는 훈련에서도 실전에서도 더 많은 걸 보여줘야 한다. 나는 그가 할 수 있다는 것을 알고 있다.

하프타임까지 양 팀 다 골을 기록하지 못했다. 70분에 나는 우리의 센터백 중 한 명(어린 카터 비커스가 아닌 알더바이럴트)을 빼고 은쿠두를 투입했다. 측면에서의 빠른 움직임을 가져가기 위해서다. 그리고 빌라가 원톱을 쓰고 있다는 것도 이유였다.

71분 봄이 골킥을 시도했고 그 볼은 은쿠두에게 이어졌다. 은쿠두가 크로스를 날렸고 우리의 풀백 벤 데이비스가 토트넘에서의 첫 번째 골을 넣었다. 대단한 장면이었다. 그는 지금까지 운이 없었다. 그는 종종 전방으로 나가는 선수지만 오늘 경기 전까지는 골을 기록하지 못했다. 데이비스는 정말 훌륭한 선수다. 그는 뛰어난 퀄리티를 갖고 있으면서도 항상 훈련을 열심히 소화하는 선수다. 10분 뒤에는 손흥민이 추가 골을 넣었다. 우리는 결국 2-0으로 승리했고, 우리는 4라운드에 진출했다.

* * *

우리는 일주일 내내 훈련을 했는데 이건 자주 있는 일이 아니다. 이제 안정을 갖는 것이 중요했다. 그래서 우리는 선수들에게 휴가를 줬다. 애스턴 빌라와의 경기에 나서지 않은 선수들을 위해서도 일요일과 월요일 그리고 경기에 나선 선수들에게는 오늘부터 화요일까지 휴식을 줬다. 내일 열리는 웨스트브롬전에 앞서 훈련을 가질 예정이다. 그들은 늘 상대하기 힘든 팀이다. 그들과의 두 경기는 모두 무승부로 끝났고 우리는 2012년 이후 홈에서도 그들에게 승리한 적이 없다.

우리는 FA컵 4라운드에서 4부리그 팀 위컴비 원더러스Wycombe Wanderers와
맞붙게 됐다.

두 맨체스터 구단들이 우리의 풀백을 원한다는 루머들이 돌고 있다.

나는 체중이 4킬로그램 줄었다.

* * *

수요일 이후 우리는 남은 한 주 동안 하루에 훈련을 한 번씩만 했다. 매
일 하루에 한 시간 정도 볼을 갖고 훈련을 가진 후에는 3시에서 6시 사이
에 집으로 돌아가서 가족들과 더 많은 시간을 보냈다. 에너지가 점점 회복
되고 있고 재충전한 기분이 든다.

* * *

1월 14일 토요일, 우리는 웨스트브롬을 상대로 4-0으로 승리했다. 이
경기에서 우리가 보여준 모습은 놀라울 정도였다. 우리는 6연승을 달렸다.
우리는 마치 화이트 하트 레인에서 보내는 마지막 시즌에 이곳이 얼마나
원정팀들에게 어려운 곳이었는지를 보여주기 위한 미션을 수행 중인 것
같았다. 우리는 경기 전체를 지배했다. 특히 전반전에는 이번 시즌 최고의
경기력을 보여줬다. 우리는 전반전을 2-0으로 마무리했고 이중 한 골을
케인이 넣었다. 케인은 결국 해트트릭을 달성했다. 단 한 가지 씁쓸한 점은
몇 달 동안 결장하게 될 얀 베르통언의 부상이다. 다른 선수가 기회를 잡
게 될 것이다.

우리는 2위로 올라섰다. 우리는 계속해서 발전하고 있다. 우리가 얼마

나 멀리 갈 수 있는지 지켜보자.

* * *

아르헨티나 신문인 라 나시온La Nación과 인터뷰를 했다. 나는 나의 나라
에서 그다지 잘 알려지지는 않았다. 나는 많은 사람들이 나를 인정해주는
것에 따라 기분이 좌우되지는 않는다고 말했다. 나는 정말로 대중의 관심
을 추구하지 않는다. 내가 소중하게 생각하는 사람들, 가족, 친구들의 지
지로 충분하다. 진짜냐고? 거의 그렇다.

어느 기자회견에서 우리 팀의 철학 중 또 한 가지 중요한 특징에 대해
털어놓은 적이 있다. 완벽이란 존재하지 않지만 우리는 늘 그것을 목표로
하고, 결코 적당한 것에 만족하지 않을 것이라는 점이다.

* * *

1월 17일. 나는 새해 첫날부터 오늘까지…
16일 동안 와인을 한 잔도 마시지 않았다.
16시간을 건강을 위해 쓴 셈이다.
그리고 그 사이에 5킬로그램을 뺐다.

* * *

내일까지 경기가 없다. 그래서 토요일에 우리는 프리시즌 이후로는 다
루지 않았던 몇 가지 콘셉트들을 돌아봤다. 우리는 꽤 많은 부분을 돌아

볼 수 있었고 선수들 역시 그를 잘 받아들였다.

내일 경기에 나설 라인업은 라자냐를 먹다가 결정됐다. 우리는 오늘 정오에 선수단과 만나기로 했다. 11시 30분, 코치들과 나는 우리 팀 선발진에 대해 논의하고 있었고, 이 중 한 자리를 두고 두 명의 선수가 경합 중이었다. 그때 선수들은 식당에서 커피, 주스, 토스트를 먹고 있었는데 앞서 언급한 선수들 중 한 명이 라자냐로 배를 채웠다. 그걸 보고 우리는 웃음을 터뜨렸다. 훈련을 받기 한 시간 전에 누가 라자냐를 먹겠는가? 그러나 바로 그것이 요점이었다. 그 순간 라자냐를 먹었던 그 선수의 마음가짐에 대해 생각해본 후에 나는 다른 한 선수를 결국 선발진에 올렸다. 우리는 선발 라인업을 미리 발표하고 훈련을 한 다음 맨체스터로 향했다.

* * *

우리는 맨시티를 상대로 두 번째로 좋은 성적을 내고 있는 팀이었다.

헤수스는 경기 준비 과정에서 우리 선수들의 분위기가 예상과는 다르다는 것을 느꼈다. 맨시티는 6일 전에 열린 에버턴전에서 0-4로 패했지만, 우리는 최고조에 달한 상태였다. 결론은 우리 선수들이 이 경기를 앞두고 적절한 긴장감을 느끼지 못하고 있는 것이었다. 좋지 않은 일이다.

오프 더 볼 상황에서의 플레이가 차이를 만들었다. 그들은 우리를 압박하여 실수하게 만들었고, 우리가 다시 볼의 소유권을 되찾아오는 것을 어렵게 했다. 그리고 누가 볼을 차지하든, 그들은 더욱 효율적으로 공격에 임했다.

그들은 경기장 중원을 지배하고 있었다. 우리는 변화를 줘야 했다. 한 가지 선택지는 델레 알리에게 좀 더 깊숙한 역할을 주는 것이다. 또 다른 선택지는 3백을 4백으로 전환하는 것이었다. 그리고 중앙 수비수로 출전한 다이어를 미드필드 지역으로 올리는 것이다. 그렇게 함으로써 우리는 처음 25분 동안 이어진 맨시티의 경기 지배력을 어느 정도 줄일 수 있었다.

그럼에도, 전반전이 끝났을 때 0-0이라는 스코어는 우리에겐 행운이었다.

우리는 경고를 받은 수비수를 교체하기로 했고 비머를 택했다. 중앙 미드필더를 투입하는 것이 좋을까? 아니면 더 공격적인 손흥민을 투입해서 맨시티 수비진에 위협을 주는 것이 좋을까? 나는 손흥민을 선택했다.

나는 선수들에게 이런 말을 할 필요가 있다고 느꼈다.

"우리가 경기를 어떻게 하는지, 우리의 경기 스타일이나 수비진이 어떻게 운용되는지는 신경 쓰지 않는다. 우리가 좀 더 적극적으로 나서지 않는다면, 이 모든 것이 쓸모가 없다. 이것은 태도의 문제다. 우리는 볼이 있든 없든 저들의 적극적인 태도에 맞서야 한다. 그렇지 않으면 이 경기에 패한 것과 마찬가지다."

손흥민을 투입하면서 우리에겐 맨시티 수비진 뒤로 단번에 패스를 보내는 옵션이 생겼다. 그러나 어처구니없는 실수로 후반 시작 4분 만에 실점을 내줬다. 그들은 곧바로 이어진 신속한 역습으로 두 번째 골을 넣었다. 두 골 모두 피할 수 있었던 실점이다. 이는 경기 전 우리가 눈여겨봤던 상대의 움직임에서 나왔다. 맨시티는 우리를 상대로 더 무너뜨리며 앞서갈 수도 있었지만, 우리는 그에 적절히 대응했고 4분 뒤 점수 차를 줄이며 추격하기 시작했다.

내가 보기에 우리 선수들을 순간적으로 충격에 빠뜨린 것은 자칫 굴욕적인 패배를 당할지도 모른다는 생각이었다. 우리는 팀으로서 결코 무너지지 않는다는 것을 보여줬다.

토비가 부상을 당하자, 나는 벤 데이비스를 왼쪽 측면에 두는 대신 완야마를 수비 진영으로 내리면서 우리의 점유율 확보에 도움이 될 윙크스를 투입했다. 경기 종료 20분을 앞두고 나는 우리가 맨시티에 비해 체력적으로 우세하다는 걸 깨달았다. 맨시티 선수들은 이미 여러 차례 전력 질주를 했고 많은 지역을 커버했다. 윙크스가 관여했던 우리의 동점골은 상대의 지친 다리와 느려진 반응에서 나온 결과였다.

2-2. 나는 그 결과에 만족했다. 그것은 우리가 그 경기에서 받을 수 있는 결과 중 가장 나은 것이었다.

경기 후 기자회견의 주요 이슈 중 하나는 심판의 판정 문제였다. 그러나 나는 유럽 내 다른 어떤 나라보다 잉글랜드가 신체적 접촉에 더 관대하다는 것을 이미 알고 있었다. 선수들 간에 접촉이 벌어져도 반칙이 잘 주어지지 않는 것은 다르게 말하면 경기 중에 실책이 너무 많이 나온다는 사실을 보여주는 것이다. 물론 이것은 양 팀에 마찬가지로 적용되는 것이다. 우리의 문제는 유럽 대항전에서는 이런 수비 강도를 보여주지 못했다는 것이다. 경기 후에 우연히 과르디올라와 마주쳤다.

"모나코에 대해 모든 것을 알려줘." 그가 내게 말했다.

"뭐라고?" 나는 처음에 그의 말을 이해하지 못했다. 맨시티는 챔피언스리그의 다음 라운드에서 모나코와 만나게 됐다.

* * *

경기가 끝난 후 우리는 바르셀로나로 출발했다. 라멜라를 제외한 모든 선수가 동행했다. 베르통언은 보호용 신발을 신고 이동했다. 작년 이맘때 우리와 같은 여행을 했던 이 불쌍한 녀석은 이제 목발을 짚고 다니고 있었다.

우리는 새벽 3시에 호텔에 도착했고, 일요일에는 팀원들을 쉬게 해줬다.

나는 그날 바르셀로나에 있는 우리 집에서 차를 끌고 나와서, 몇몇 선수들에게 최고의 가이드 역할을 해줬다. 스페인산 햄을 파는 작은 가게에 잠시 멈췄다가 조나 알타Zona Alta(스페인 바르셀로나에 있는 아파트 단지 – 옮긴이)로 데려갔다. 이후에 우리는 에스파뇰의 훈련장으로 향했다. 나는 그곳에서 선수들에게 미키가 실제로 위험을 감수하고 훈련 장면을 찍었던 그 작은 탑을 보여줬다. 그러고 나서 우리는 호텔로 돌아와 타파스를 먹으러 갔다. 오후에 미키와 나는 호텔 체육관에서 같이 운동하기로 했다. 자전거 페달을 밟으면서 우리는 헐 시티를 상대하는 첼시의 경기를 지켜봤고 그 중에 라이언 메이슨에게 벌어진 일을 보게 됐다.

그 장면에서 메이슨은 상대 선수의 머리와 정말 끔찍할 만큼 세게 충돌했다. 그 후로 7, 8분이 지나도 그는 일어나지 못했다. 해설자들은 할 말을 잃었다. 결국 그는 눈이 감긴 채 들것에 실려 나갔다.

저녁을 먹으러 나간 우리는 결국 라이언의 두개골이 골절됐다는 사실을 알게 됐다. 나는 예전에 그가 우리 집에 저녁 식사를 하러 왔을 때 함께 왔던 그의 여자 친구에게 이미 메시지를 남겼었다. 그때 카리나는 그들에게 영양과 식습관에 대해 조언을 해주기도 했다. 존 맥더못은 그의 아버지와 연락을 취했다. 그의 아버지는 라이언이 가능한 한 빨리 우리를 만나고 싶어 한다고 말했다. 우리는 돌아가는 대로 그를 만날 예정이다.

월요일 아침 우리는 몬주익에서 훈련했다. 우리는 맨시티를 상대로 후방에서부터 빌드업을 하는 데 어려움을 겪었고, 그 상황을 극복하느라 시간을 보냈다. 나는 선수들에게 말했다.

"한 가지에 대해서만 생각하자. 볼을 연결하는 과정에서 실수를 범하더라도 당황하지 마라. 그것 때문에 실점하지는 않을 테니까. 너희 뒤에는 늘 커버해줄 동료가 있다. 또 상대편도 골문 안으로 볼을 넣기가 늘 쉬운 건 아니다. 롱볼을 차는 것이 그보다 더 나쁘다. 만약 상대가 볼을 차지했을 때 우리가 정돈이 안 된 상태라면 우리가 더 큰 피해를 당할 수 있기 때문 이다."

해리 케인 역시 나와 정확히 같은 표현을 쓴 것은 아니지만 몇 번의 인 터뷰에서 확신에 찬 말투로 비슷하게 이야기했다. 그의 사고방식이 바뀌 고 있었다. 사실 가장 어려운 일이었는데.

선수들이 라이언에게 보낼 영상을 녹화했다. 훈련이 끝난 후, 선수들은 밤 11시까지 자유 시간을 가졌다.

월요일이었다. 어제 훈련을 마친 후 선수들에게 보여줄 게 있었다. 올림 픽 경기장에서 훈련을 한 이후, 우리 미디어팀에서는 과거 발렌시아와의 맞대결에서 내가 수비사레타_{Zubizarreta}를 상대로 기록한 중거리 슈팅을 공유 했다. 그 동영상에는 내가 골을 넣은 이후 세리머니를 펼치는 모습도 포함 됐다. 나는 동료들을 밀치면서 '골라소_{golazo}(골)'라고 소리쳤다. 나는 모두가 그 영상을 보게끔 했다. 저녁에는 나와 코치들이 에스파이 크루_{Espai Kru}(바르 셀로나에 위치한 레스토랑 - 옮긴이)에서 세바스의 생일파티를 가졌다.

바르셀로나에서의 마지막 날이다. 우리는 햇볕 속에서 마테차를 마셨다.

* * *

목요일. 나는 헤수스, 존, 앨런과 함께 메이슨을 만나러 갔다. 우리는 그 가 조금이나마 기운을 차렸다는 말을 들었다. 그건 좋은 소식이긴 했지만, 아직은 알 수 없다. 그는 부은 얼굴로 나타났다. 그는 두피를 자르고 두부 를 여는 수술을 받아야 했다. 이전에 그는 말을 많이 하지 않았지만, 다행히도 이날은 우리와 45분 동안 의식이 또렷한 상태에서 대화를 나눴다. 그는 우리에게 그에게 일어난 일이 그가 뛰는 포지션에 따른 결과라고 말했다. 그는 측면에서 들어오는 볼을 수비해야 하는 중앙 미드필더였다. 이전에는 그 포지션에서 뛰지 않았지만, 이는 우리가 토트넘에 온 후에 그에게 맡긴 역할이었다.

메이슨은 언제나 영리한 선수였다. 그렇지 않은 선수는 8개월 만에 국가대표팀 선수 수준으로 성장할 수 없다. 그는 훈련에 열심히 임하면서 자신의 한계를 극복했다. 그는 따뜻하고, 겸손한 사람이다. 그리고 진정한 롤 모델이다. 그가 그립다.

라멜라는 오늘 로마에서 돌아올 것이다. 이번 시즌 후반기에 새롭게 영입한 선수처럼 복귀할 수 있느냐는 그의 회복 여부에 달려 있다.

* * *

1월 28일, 화이트 하트 레인에서 열린 4부리그 팀 위컴비와의 FA컵 경기에는 몇 가지 기록할 점들이 있었다. 우리는 한때 0-2로 뒤졌다가 세 명을 교체한 뒤에 2-2를 만들었다. 그 후에 트리피어가 부상을 당해서 10명의 선수로 마지막 25분 동안 경기를 치러야 했다. 결국 그들이 세 번째 골을 넣었다. 그러나 델레 알리와 손흥민이 경기 막판에 골을 터뜨린 덕분에 우리는 4-3으로 승리했다.

왜 그렇게 경기를 복잡하게 만들었을까?

그들은 첫 번째 기회에서 골을 넣었다. 기세를 이어간 그들은 페널티킥까지 얻어냈다. 그 팀에는 모든 롱볼을 받아낼 수 있는 장신 공격수가 있었다. 이런 종류의 경기는 컨트롤하기가 매우 어렵다. 선발로 출전한 선수 중 4~5명을 바꾼 후에는 집중력의 문제를 겪게 된다. 그러나 이날 출전 기회를 얻은 후보 선수들이 이런 경기에서 좋은 모습을 보여주지 못한다면, 과연 언제 그렇게 할 수 있을까? 이런 경기에서는 이른 시간에 골을 넣어서 상대의 의지를 꺾지 않는다면 상대편이 경기를 주도할 수 있다. 게다가, 세트피스 상황은 보통 하부리그 팀들에게 더 좋은 기회이다. 평소보다 신체 접촉이나 셔츠를 당기는 등의 행위에 관대해지기 때문이다. 만약 이러한 팀들을 상대로 규칙을 제대로 적용한다면 1분마다 경기가 중단되어 경기의 흐름이 계속 방해받을 것이다.

어쨌든, 재미있는 경기였다!

* * *

오늘은 화요일이다. 그리고 1월의 마지막 날이다. 계획대로, 우리는 어떤 선수도 영입하지 않았다. 오늘 저녁 우리는 이번 달을 마무리 짓는 선더랜드와의 맞대결을 치르기 위해 원정길에 오른다. 선더랜드는 하위권에 있다. 우리가 첼시전에서 승리한 이후, 콘테의 팀은 두 번의 리그 경기에서 모두 승리했다. 우리는 한 경기에서는 이겼고, 맨시티와는 비겼다. 나는 맨시티와의 경기 그리고 위컴비를 상대로 보여줬던 우리의 전반전 경기력에 대해 만족스럽지 않은 상태다.

* * *

실망스러운 경기였다.

우리는 결코 우리가 가진 최고의 경기력을 보여주지 못했다. 우리는 챔피언이 되는 것과 아쉽게 놓치는 것 그리고 승리하는 것과 그렇지 못한 것의 차이를 만들어내는 힘이 또 한 번 부족했다. 전반전에 보여준 모습은 우리답지 못했다. 우리는 공격에서 적극성이 부족했고, 수비에서도 마찬가지였다. 우리는 이번 시즌 골을 많이 넣지 못한 팀을 상대로 소유권을 되찾아오는 것이 전부였다. 우리는 전반 45분을 허비했다. 후반전에는 경기를 지배하고 기회를 만들어냈지만, 이를 살리지 못했다.

0-0. 우리는 여전히 2위였다. 아스널이 왓포드에 1-2로 패했기 때문이다.

그러나 매우 중요한 승점 2점을 놓쳤다.

2월

유로파리그 32강에서는 겐트Gent를 만나고 FA컵에서는 풀럼Fullham과 맞대결을 벌인다. 이 달의 세 리그 경기 중 하이라이트는 리버풀과 만나는 안필드 원정 경기였다.

선더랜드전이 끝난 후, 너무 짙은 안개 때문에 우리는 비행기가 선더랜드에서 이륙할 수 있을지, 런던에 착륙할 수 있을지 확신하지 못했다. 우리는 결국 새벽 2시가 되어서야 런던에 도착했다. 그러나 다음 날 아침 일찍 훈련장에 나가 어제 경기를 분석하는 걸 멈출 수는 없었다.

다음으로 해야 할 일은 분명했다. 어제 경기에서 드러났던 문제점들 그리고 이에 대한 해결책에 대한 우리의 생각을 나머지 동료들에게 전달해 줄 선수들을 만나는 일이다. 오늘 나는 케인, 뎀벨레, 요리스에게 내 사무실로 와 달라고 요청했다. 선수들을 압박하는 것이 중요한 것이 아니다. 외부적인 동기 부여는 순간적인 효과가 있을 뿐이다. 선더랜드전에서 어떤 선수들은 평균 이하의 모습을 보여줬다. 우리는 그들에게 강한 경고를 보낼 예정이지만, 그 전에 드레싱룸의 리더들이 우리를 도와주길 바랐다.

우리는 선수들이 팀의 원칙을 지키고 단순히 이를 이해하는 것뿐만 아니라, 우리를 따르지 않는다면 경기에서 승리할 가능성이 그만큼 적어진다는 것에 대해서도 명심하기를 바랐다. 자신의 본질에 충실하지 못하는 축구 선수들은 자신이 할 수 있는 것만큼 활약할 수 없다. 지난해 케인은 10경기 연속 무득점으로 힘들어 했다. 그때 그에겐 많은 의구심이 있었다.

'어쩌면 나는 너무 많이 움직이고 있을지 모른다. 그러다 보니 스스로를 지치게 하고 있는 것 같다' 등등.

그는 언론과 그의 주변에서 해주는 모든 말에 사로잡혔다. 만일 케인이 팀을 위해 헌신하지 않았다면, 그가 자신을 둘러보지 않고 그저 볼이 그에게 오기만을 기다렸다면, 그는 현재의 케인이 되지 않았거나 자기 자신의 한계를 넘어서지 못했을 것이다. 이는 다른 선수들도 마찬가지다.

코칭스태프들은 지속적으로 선수들에게 요구 사항을 제시하고 그들의 한계치를 높일 수 있어야 한다. 그러나 그것만으로는 충분하지 않다. 바르셀로나, 레알 마드리드, 바이에른 뮌헨Bayern Munich, 유벤투스가 수준 높은 경기를 펼치는 것은 팀의 토대가 뿌리 깊이 잡혀 있기 때문이다. 그들은 챔피언스리그에 들어가기 위해서 선수들을 영입하는 것이 아니라, 이기기 위해서 그렇게 한다. 그리고 계속해서 이기고 싶어 한다. 승리. 그것이 전부다. 이기지 못하면 그 감독과 선수는 도태될 수 있다. 아리고 사키Arrigo Sacchi(이탈리아 출신의 감독으로 특히 AC 밀란을 이끌고 거둔 성과로 세계 최고의 명장 중 한 명으로 칭송받았다. 포체티노가 평소에 자신이 영향을 받은 감독 중 한 명으로 꼽는 감독이다. - 옮긴이)가 프랑스 방송에서 이 주제에 대해 한 번 언급한 내용을 요리스가 우리에게 전해준 적이 있다. 성공의 중요한 요소는 클럽의 문화이다. 다시 말해서 클럽의 도덕, 규칙과 같은 것들이 그 클럽의 문화로 뿌리 깊게 자리 잡고 존중받아야 한다.

얼마 전만 해도 우리에겐 5등으로 시즌을 끝내는 것도 그리 나쁜 일이 아니었다. 빅클럽 중 한 팀을 상대로 위협적인 모습을 보여주는 것만으로도 충분했다. 이제 우리는 빅클럽들이 가진 기준에 맞춰 우리의 기준을 다시 세우려고 한다. 우리는 레알 마드리드 같은 팀의 정신력이 하루아침에 만들어지지 않았다는 것을 알고 있다. 압박 속에서 계속해서 살아남는 능력 역시 마찬가지다.

고무적인 점은 이 팀이 더 이상 2년 반 전과 같지 않다는 것이다. 그들은 선더랜드전에서 승점을 잃은 것에 진심으로 화가 나 있다. 그것은 좋은 징조이다.

실망스러운 무승부 이후, 왓츠앱을 통해 다음과 같은 메시지가 네 명의 코칭스태프 사이에서 돌고 돌았다.

"개와 늑대에겐 한 가지 차이점이 있다. 개들은 집에서 살고, 음식과 물을 받으며, 주인의 침대에서 잠을 잔다. 반면 늑대들은 산에서 살고, 스스로 먹이를 찾아야 하며, 밥을 먹을 장소도 찾아야 한다. 나는 배고프고 야망이 큰 늑대로 가득한 팀을 원한다."(보자 마리코비치Boza Maljkovic, 크로아티아 태생의 농구 감독 – 옮긴이)

우리는 이 메시지를 선수들에게도 공유했다.

* * *

선수로서 일이 잘 풀리지 않을 때는 새로운 팀을 찾을 수도 있다. 또는 자신의 입지와 감독의 신뢰를 되찾기 위해 열심히 훈련에 임할 수도 있다. 물론 첫 번째 옵션이 더 간단하다.

에릭 다이어는 집중력을 되찾았다. 그는 다시 올바른 판단을 하고 있으며, 그의 한계에 대해 이해하고 있다. 우리는 그가 겨우 23살이고 이제 막 정점에 도달했다는 사실을 잊지 말아야 한다.

최근에 체육관에서 격렬한 운동을 하는 그의 모습을 봤다. 나는 그에게 다가가서 말했다.

"에릭이 돌아왔다."

* * *

내가 뉴웰스 리저브팀에서 뛰던 어느 날, 나는 호세 유디카 감독이 이끄는 1군 훈련에 소집됐다. 그때 나는 17살이었고, 어린 데다 굶주려 있었다. 건방지게 보일 만큼 아무것도 두렵지 않았다. 그 주에 나는 전통적인 더비 라이벌인 로사리오 센트럴전에 나설 스타팅 라인업에 이름을 올렸다.

센트럴 팀의 리더 중 하나였던 타타 마르티노가 패스를 받았고 나는 그에게 격렬하게 부딪혔다. 그가 돌아서서 나를 보더니 말했다.

"꼬마야, 죽고 싶어?"

센트럴의 감독도 소리쳤다. "마르티노에게 무슨 짓이야?"

나는 "죄송합니다"라고 대답했다.

타타가 말했다. "내 주변 3미터 반경에서 내 눈에 띄지 마. 분명히 경고하는데 접근하지 마."

집으로 돌아가기 전에 옷을 갈아입기 위해 드레싱룸에 들어와 스스로 눈치가 부족한 것에 관해 언짢아하고 있던 내게 피트니스 코치가 다가와서 말했다. "넌 이번 주말 경기에 뛰게 될 거다."

그렇게 나는 1군 선수들과 동행하게 됐다. 그 클라시코_{clásico}(스페인어권 팀들이 주로 사용하는 용어로 통상 더비 매치를 의미한다. 대표적인 경기가 레알 마드리드와 FC 바르셀로나의 엘 클라시코 더비다. - 옮긴이)는 부에노스아이레스에서 열리는 많은 경기들 중 일부였다. 나는 벨레스_{Vélez}에서 열린 경기에서 종료 15분을 앞두고 데뷔전을 치렀다. 그리고 페로Ferro와의 맞대결에서도 15분간 경기를 소화했다. 그러는 사이에도 1군 선수들과 계속 훈련했다. 어느 날 주전 센터백 호르헤 파우타소Jorge Pautasso가 부상을 당했고 나는 호르헤 타일러Jorge Theiler의 파트너로 경기에 나섰다. 우리는 그때부터 새로운 센터백 라인을 형성했다. 파우타소가 돌아왔을 때도 그랬다. 이는 1989년 중후반의 일이다. 내가 1군으로 올라오고 8개월 후 비엘사 감독이 새롭게 부임했다.

나는 1군 팀에서 데뷔하는 모든 선수를 볼 때마다 과거의 내 모습을 떠올린다. 유디카 감독도 마찬가지였다. 누군가는 선수들에게 첫 번째 기회를 줘야 한다. 그리고 선수들은 그 기회를 받았을 때 결코 놓쳐서는 안 된다. 어린 선수들은 기회를 잡았을 때, 자신을 괴롭히는 두 개의 큰 적인 불안함과 두려움을 이겨내야 한다.

퍼거슨 감독은 내게 그가 맨유 감독이 됐을 때 팀에 24세 이하 선수가 오직 한 명뿐이었던 것은 잘못된 것이라고 생각했다고 말했다. "행운은 용감한 자를 좋아한다"는 말이 있다. 아마 대부분의 감독들은 경험 많은 선수가 많은 클럽이 우승을 차지하기가 더 쉽다고 말할 것이다. 그러나 퍼거슨과 나는 그 부분에 대해 다르게 생각한다. 나는 이곳이 즉각적인 성공을 원하는 사람들로 가득한 업계라는 것을 잘 알기 때문에 팀을 장기적인 안목으로 키우는 레비 회장 같은 사람을 발견하는 것은 드문 일이라고 생각한다. 또 다른 것도 꼭 필요하다. 그 클럽만의 정체성과 '위닝 멘탈리티'를 형성하기 위해서는 해리 케인이나 해리 윙크스 같이 언젠가는 1군 팀에서 뛰고 싶다는 꿈을 꾸는 선수들과 자신들에게 처음 기회를 준 사람을 잊지 않는 선수들이 필요하다.

우리는 지난 시즌 애스턴 빌라와의 홈경기에서 2-0으로 이기고 있었다. 그 경기는 팽팽했고 한순간의 운이나 마법 같은 플레이로 언제든지 양상이 바뀔 수 있었다. 우리는 경기를 잘 풀어가고 있었지만 조던 아예우Jordan Ayew가 골을 넣어 2-1이 됐다. 경기장 내 분위기가 완전히 달라졌다. 그 분위기, 그 긴장감이 피부로 느껴질 정도였다.

그 상황에서 경험 많은 수비수를 내보내는 대신 나는 잉글랜드 19세 이하 대표팀 미드필더 조시 오노마를 데뷔시켰다. 그런 결정들은 선수들의 자신감을 끌어올릴 수 있다. 이는 모두를 더 전진하게 하고 팀의 경기력을 향상시키는 효과를 불러온다.

최근 내게 맨체스터 유나이티드나 첼시보다는 사우샘프턴이나 토트넘이 젊은 선수들을 육성하기 더 쉬울 것이라고 말하는 사람들이 있다.

내가 물었다. "왜 그렇지?"

그들이 대답했다. "그 클럽들은 덜 까다롭거든."

"정말? 사우샘프턴이랑 토트넘은 경기에서 져도 감독을 자르지 않는단 말이야?"

* * *

유소년 아카데미 총괄자 존 맥더못이 내게 라이언 긱스Ryan Giggs가 감독으로서의 경력을 시작할 때 알렉스 퍼거슨 경이 그에게 추천한 일들에 대해 들려줬다.

"훈련장에 일찍 도착해서, 차를 만들어주는 여성과 대화를 나눠. 세탁

물을 담당하는 사람들도 만나고 미디어 담당자도 자주 만나 간단한 인사라도 꼭 나눠. 상황이 나빠지면 그들이 언제나 네 편이 되어줄 거야."

나는 종종 내 사무실과 같은 층에 있는 맥더못의 사무실로 간다. 그의 사무실은 같은 건물이지만 반대편에 있어서 나는 그곳을 '하우스the House'라고 부른다. 그곳은 마치 내 집처럼 모든 것이 편안하고 자유로운 분위기가 흐르는 곳이다. 우리는 정보와 생각을 공유한다. 나는 그의 일을 매우 존중하고, 간섭하지도 않는다. 때때로 나는 그에게 1군과 함께 훈련할 몇 명의 어린 선수들을 보내달라고 부탁한다. 물론 그들의 이름은 알고 있다. 그 선수들이 우리와 함께 훈련할 때마다 나는 그들의 노력에 감사한다. 가끔 존은 몇 분 동안만이라도 내게 보여주려고 아카데미 선수들을 데려오는 낡은 수법을 쓴다. 예를 들면 이번 주에는 거친 태클을 구사하는 홀딩 미드필더 조지 마시George Marsh를 대동했다. 그들은 나만큼이나 포옹하는 것을 좋아한다.

우리가 처음 대화를 나눈 날, 그는 나에게 무엇이 필요한지 물었었다.

나는 그에게 말했다.

"가장 먼저 모든 어린 선수들이 팀을 존중했으면 해. 그리고 훈련에도 열심히 임하고, 정직했으면 좋겠어. 그리고 좋은 사람이어야 해. 또 영리하고 빠르고 건강하고 좋은 기술을 지닌 선수라면 좋겠어. 무엇보다 중요한 것은 그들의 아버지나 감독이 그들을 동기 부여해주는 것이 아니라 그들 스스로가 동기를 부여할 수 있어야 한다는 점이야."

내가 전하고 싶은 메시지는 간단명료했다. 나는 이어서 말했다.

"만약 그들이 스스로의 삶에 책임질 줄 안다면, 곧 경기장에도 설 수 있을 거야. 경기장 밖에서 올바른 원칙을 배우면, 그것을 축구에도 적용할 수 있어야 해. 그런 선수가 우리가 믿을 수 있는 선수야. 물론 그들도 믿음을 가져야겠지."

"믿음? 그게 무슨 뜻이지?" 그가 물었다.

나는 우리가 새로 팀에 가져올 것들에 대해서 믿음을 가져야 한다고 설명했다. 그렇게 하지 못한다면, 그것은 바람직하지 않다. 은퇴한 전 감독 하워드 윌킨슨Howard Wilkinson은 맥더못에게 그 단계를 'FIFO'라고 부른다고 말했다. "적응하거나, 꺼지거나Fit in or fuck off"라는 뜻이다. 구십구 퍼센트가 아닌 백 퍼센트의 믿음을 가져야 한다. 물론 그렇게 하지 못한다고 해서 그 사람이 나쁜 사람이라는 뜻은 아니다. 그것은 단지 그가 이곳에 어울리지 않는다는 것을 의미할 뿐이다.

문제는 축구 선수의 심리가 자기 방어를 하는 데 맞춰져 있다는 것이다. 그들은 감독과 너무 가까워지는 것을 원치 않는다. 자신들이 다치는 상황을 피하고 싶어 하기 때문이다. 아마도 그들은 오늘 자신을 안아주는 누군가가, 내일은 자신을 팀에서 내보낼 것이라 생각하는 것 같다. 그런 불신은 대화를 하거나, 한 번 포옹한다고 없어지는 것이 아니다.

우리는 선수들에게 축구와 인생에 적용될 수 있는 것들을 배울 수 있는 경험을 하도록 해준다. 또 그들에게 길도 제시한다. '소리를 지르는 것이 아니라 잘 다독여서 팔아라'라는 말처럼. 그러나 그것은 새로 온 감독이 자신의 권위를 보여주는 데 항상 효과적인 방법은 아니다.

우리가 처음 왔을 때, 토트넘은 진정한 투지가 결여된 상태였다. 우리는 경기장 안팎에서 새로운 습관이 자리 잡도록 해야 했다. 훈련도 팀의 규율도 모두 제한적이었기 때문이다. 우리는 팀에게 일관적이고 체계적인 훈련을 요구했고, 훈련 성과를 모니터링하기 위해 갖가지 테스트를 도입했다. 선수들은 최고의 상태로 회복될 필요가 있었고 부상 예방을 위한 연습도 마련돼야 했다. 우리의 스타일은 헌신과 많은 위험이 요구되기 때문에, 몇 가지 기본을 확립하는 것이 무엇보다 중요했다. 팀 내 몇몇 유명 선수들은 클럽을 너무 편안하게 생각했다(예를 들면, 몇 년간 클럽에 머물렀던 한 선수는 월요일에 훈련을 하러 오지 않았다). 우리는 그들이 저지른 실수에 대해 다시 생각할 기회를 주었다. 결국 우리가 원하는 단계에 도달하는데 4개월의 시간이 걸렸고, 선수들 사이에서도 놀라운 변화가 일어났다.

클럽의 정체성을 형성하는 일에는 현재 클럽의 위치에 대한 깊은 이해와 클럽의 결정에 대한 합리적인 분석이 필요하다. 그리고 클럽을 자신이 원하는 방향으로 끌고 갈 용기가 필요하다. 매일매일 그렇게 하다 보면 문제에 대한 대답과 해결책은 자연스럽게 따라오게 될 것이고, 팀이 목표하는 바도 서서히 이뤄나갈 수 있을 것이다. 몇몇 선수는 내가 이끄는 새로운 방향에 합류했고, 몇몇 선수들은 그러지 않았다(모든 이가 변화를 받아들인 것은 아니었고, 그 때문에 팀 내에는 많은 긴장감이 감돌았다). 첫 번째 시즌, 우리는 무리뉴의 첼시와 리그컵 결승전을 치르기 전에 호텔에서 팀원들이 함께 밤을 보내지 않도록 조치했다. 그것이 도움이 되지 않을 것이라 생각했기 때문이다. 만약 그랬다면 우리가 겪고 있던 과도기에서 오는 긴장감이 모든 것을 엉망으로 만들었을 것이다. 선수들이 경기장으로 바로 오게 하는 것이 최선의 선택이었다.

우리가 경기에서 진 다음 날, 우리 선수 중 한 명이 헤수스 앞에서 조세 무리뉴의 응원가를 불렀다. 그것은 우리가 정면으로 부딪쳐야 하는 문제였다.

선수들은 우리가 이곳에 온 후 어떤 가치가 올라갔고 어떤 가치가 내려갔는지 이해해야 했다. 톰 캐롤이 그 과정을 경험했다. 그는 미국에서의 프리시즌 당시 매우 좋은 출발을 했으나, 마이클 도슨Michael Dawson이 찬 볼에 얼굴을 맞고 기절하는 바람에 내내 어지러워했다. 결국 그는 머리 부상 치료를 위한 절차를 밟아야 했다. 팀원들과 함께 볼을 가지고 훈련하고 싶어도 회복을 위해서는 개인 훈련에 집중해야만 했다. 그 좌절감 때문에 그는 헤수스에 대한 존중심을 잊고 말았다. 나는 그에게 나와 함께하는 헤수스와 팀 닥터들 또는 미겔에게 대항하는 것은 곧 나에게 그렇게 하는 것과 같다는 것을 분명히 했다. 그 부분을 설명해서 선수가 이해한다면 문제는 해결된다. 그렇지 않으면 선수와 코칭스태프의 관계는 파탄에 이르게 된다. 대니 로즈, 얀 베르통언, 에릭 다이어, 무사 시소코 그리고 다른 몇몇 선수들도 그와 유사한 경험을 했다. 토트넘에 남은 선수들은 그런 새로운 규칙을 이해한 선수들이다.

나는 종종 선수의 발전이라는 주제가 시대에 따라 어떻게 달라졌는지 마르셀로 비엘사와 이야기를 나눈다. 환경이 변한 것은 사실이지만, 우리는 선수들이 잃어버린 축구의 가치를 선수들에게 다시 각인시켜줄 책임이 있다고 생각한다. 최근에 축구를 하고 있는 소년은 40년 전과 다를 것 없는 소년이다. 비록 볼이 가죽으로 만들어지지 않았고 잔디가 인조 잔디라고 하더라도, 경기장 위에서 볼을 터치할 때의 느낌은 예나 지금이나 똑같다. 아카데미의 지도자는 그 무엇보다도 선수들을 위한 교사가 되어야 한다. 교사는 이런 삶의 가치를 전달하고 현재보다 미래에 더 집중하는 사람이다.

오후에 완벽하게 관리되고 있는 훈련장을 돌아다닐 때마다 나는 8세에서 12세 사이의 유소년팀 선수들이 훈련하거나 연습 경기 하는 모습을 보며 발길을 멈춘다. 그리고 그들을 매우 조심스럽게 관찰한다. 그들도 과거에 우리가 했던 것과 같은 방식으로 반응할까? 음식을 먹지 않거나 잠을 자지 않고도 계속 축구를 할 수 있을까? 그 대답은 '그렇다'이다. 문제는 축구에 대한 열정이 예전보다 더 빨리 사라지고 있다는 점이다. 한 소년이

드리블을 해서 세 명의 수비수를 제치기라도 하면 곧바로 몇몇 사람들이 그의 에이전트가 되기 위해 줄을 서고 그에게 부와 명예를 약속하기 때문이다. 누구나 그렇듯 놀이가 직업으로 바뀌고 나면 그것에 대한 흥미가 사라질 수밖에 없다.

나는 종종 델레 알리의 왓츠앱 프로필 사진을 떠올린다. 맥더못은 여물통이 가득 차면 돼지들이 먹이를 찾아온다고 말했다. 과거에는 감독이 지배적인 존재였지만, 이제는 선수들이 외부(특히 세상을 다 줄 것처럼 약속하는 사람들)로부터 너무 많은 말을 듣는다. 그에 더해서 최근 축구계의 몇몇 클럽들이 10대 선수들을 대하는 방식이나 그들의 주급 체계는 일관성이 결여되어 있다.

역설적인 점은 축구에서 선수들의 순수한 즐거움을 빼앗아간 바로 그 측면이 우리를 지금 이곳으로 불러 모았다는 것이다. 축구라는 스포츠가 그렇게 많은 수익을 창출하지 못했다면, 우리들도 결코 이렇게 많은 돈을 벌지 못했을 것이다.

아르헨티나의 작가 호세 나로스키José Narosky는 행복을 지불해서 돈을 얻은 사람들은 그 후에 다시 돈으로 행복을 살 수는 없다고 말했다. 이런 관점에서, 다른 클럽들이 더 높은 급여를 제공하는 상황에서 어떻게 우리가 10대 선수들과 그들의 부모들에게 우리의 일하는 방식을 믿게 할 수 있을까? 그것이 우리가 고민해야 할 문제다. 카메론 카터 비커스는 내가 그에게 벽에 부딪혀보라고 하면 "두 번 할까요?"라고 답할 것이지만, 그런 경우는 흔치 않다.

성공, 돈, 물질적 재산만 중요하게 여기는 사회는 과연 어떤 사회일까? 그것은 분명히 정신적으로 훌륭한 사회는 아닐 것이다. 존 맥더못은 과거에 서양에서 18~35세 사이의 사망 원인 1위는 교통사고였다고 말했다. 현재 1위는 자살이다.

세상은 혼란스럽다.

젊은 선수들의 마음속에는 무엇이 있을까? 무엇이 그들을 절박하게 만들까? 그들을 이해하기 위해 노력해야 하지만, 그것은 꽤나 힘든 일이다. 준비 운동이 시작되기 5분 전에 축구화를 신고 정강이 보호대와 유니폼을 입은 상황에서도 그들은 모두 휴대폰을 확인하고 있다. 그 시간에 새로운 메시지가 있는지 확인하는 것이 그렇게 중요할까? 그건 말도 안 되는 행동이다. 준비 운동을 앞둔 선수들의 머리는 훈련, 개선, 노력 그리고 그들이 이제 막 경험하려고 하는 것을 즐기는 데 집중되어야 한다. 하지만 어떻게 그들이 휴대폰을 확인하지 못하게 할 수 있을까? 그들은 훈련을 마치고 돌아오자마자 또 휴대폰을 확인한다. 그것을 금지하는 것은 갈등을 유발할 수 있다. 내 일은 선수들이 훈련과 그들의 직업에 다른 방식으로 접근하도록 만드는 것이다.

나는 최근 맥더못이 내가 우리의 철학에 대해 이야기했던 기자회견 장면을 16세 이하 팀과 18세 이하 팀 선수들에게 보여줬다고 들었다. 그것 또한 가치를 전달하는 방법이다. 가끔 나는 그 팀의 선수들과 21세 이하 팀 선수들을 보기도 한다. 하지만 그들이 해리 케인에 맞서 수비를 하거나 빅토르 완야마의 수비를 벗어나는 모습을 보기 전에는 내가 그들에 대해 완벽히 분석했다고 말할 수 없을 것이다.

그들 중 대부분의 선수들은 기회를 잡을 것이다. 우리의 일은 선수들이 그들의 에너지를 집중할 수 있는 환경을 형성해주는 것이다. 우리는 그들에게 자신감을 주고 그들이 표현할 수 있게 도와줘야 한다. 그러나 그 에너지의 원천은 그들 자신에게서 나온다. 우리는 시즌 내내 또는 선수 경력 전반에 걸쳐 같은 수준의 열정을 계속 유지할 수 없다. 그 열정은 반드시 합리적이어야 한다. 우리는 팀이 원하는 바를 그들도 원하도록 그들의 사고방식을 바로잡아줄 필요가 있다.

1군 팀에 올라오는 것은 많은 과정의 시작에 불과하다. 그들은 1군과 함께 머물면서 계속해서 발전하기 위해 올바른 마음가짐을 갖고 노력해야 한다. 케인이 그 완벽한 예다. 케인은 우리를 이해하고 새로운 습관을 갖춰 현재 그의 모든 자질을 최대한 활용하고 있는 선수이다.

내가 처음 토트넘에 왔을 때 그는 좌절감에 빠진 선수였다. 클럽에서의 미래를 꿈꾸고 애를 쓰며 노력하고 있었지만 그는 클럽 내 우선순위에서 2, 3명의 스트라이커에게 밀리고 있었고 그로 인해 끝없는 임대 생활을 전전하고 있었다. 이런 현실은 특히 토트넘의 팬인 그에게 두 배로 화가 나는 일이었다. 어느 날 바로 그 클럽이 갑자기 아르헨티나 감독을 임명했을 때 나는 그가 속으로 '이 사람은 분명 다른 유명 스트라이커를 데려올 거야'라고 생각하며 체념하고 있다는 것을 느낄 수 있었다. 우리는 처음에 손발이 맞지 않아서 몇 달을 힘들게 보냈다. 그는 컨디션이 떨어져 있었고 아직 21세에 불과한데도 30세 선수들에게나 보이는 습관을 갖고 있었다.

사람은 계속 이기고 싶을 때는 승리를 위해 필수적인 작은 것들을 그만두는 경향이 있다. 나는 케인과 몇 차례 진지한 대화를 나누면서 기회가 올 때마다 준비되어 있어야 한다는 사실을 이해시키기 위해 노력해야 했다. 명성과 막대한 이적료가 선발 라인업으로 가는 길을 닦아주는 것은 아니다. 케인은 겸손했고 내 말과 충고를 주의 깊게 새겨들었다. 우리는 그가 발전할 수 있도록 많은 도움을 줬다. 그리고 마침내 기다리던 순간이 왔다. 그는 경기에 나섰고, 또 그다음 경기에 나섰다. 그의 그런 모습을 보면서 토트넘 아카데미의 어린 선수들은 우리가 그동안 했던 말을 지켰다는 것을 깨달았다.

케인은 이제 전사 같은 선수다. 그는 이미 전사였지만 그 능력이 자신 안에 있다는 것을 몰랐다. 자질이나 특성에 대해 말하고 있는 것이 아니라 최고가 되는 데 필요한 정신력을 말하는 것이다. 나는 케인이 정신력, 의지, 노력 면에서 최고의 선수라고 믿고 있다. 그는 그의 축구에 완전히 집중하고 있다. 그는 에섹스에 집이 있지만 주중에는 훈련장 근처에 있는 다른 집에서 일주일을 보낸다. 그는 훈련장에 가장 먼저 도착하고, 가장 늦게 나가는 선수다. 그는 그와 다른 축구를 경험한 사람이 왔을 때 그와 대화하는 것을 좋아한다. 그는 우리와 함께 앉아 토론하며 이를 통해 축구에 관한 모든 것을 알아가는 것을 즐긴다. 그 순간 그에게는 세상에 축구 외에는 아무것도 존재하지 않는 것처럼 느껴진다. 우리 둘은 아주 작은 축구의 한 순간 한 순간을 즐기고 있다.

* * *

만약 내가 언젠가 대표팀을 맡게 된다면, 나는 잉글랜드 국가대표팀을 지도할 기회를 잡고 싶다. 잉글랜드 축구협회에서 그 일을 고려하고 있다는 말을 들은 적이 있지만, 그게 사실인지는 잘 모르겠다. 그렇게 되면 나는 케인, 알리, 다이어, 랄라나 등과 같이 가까이서 일하게 될 것이다. 지난 21명의 잉글랜드 대표팀 데뷔자 중 17명이 내 지도 하에서 경기한 선수들이다. 램버트, 로드리게스, 챔버스, 클라인, 쇼 그리고 메이슨⋯ 등등. 지난 4년 반 동안 내가 지도한 11명의 선수가 잉글랜드 대표팀에서 데뷔전을 치렀다.

한번은 랄라나에게 처음 잉글랜드 선수들의 훈련을 보고 놀란 기억에 대해 말한 적이 있다. 그들은 에너지와 열정이 넘치는 모습으로 간발의 차이로 승부가 갈리는 상황에서 서로 불꽃 튀게 경쟁했다. 랄라나 본인 역시 훈련 중에 심판을 보던 미키(그는 훈련 중 종종 주심을 보곤 한다)가 내린 결정에 너무 화가 나서 노발대발하며 미키의 방향으로 상의를 벗어 던진 적도 있었다. 그는 곧바로 사과했지만, 나는 그 모습을 보면서 '내 팀에 저런 선수가 있으면 좋겠다' 하고 생각했었다. 잉글랜드인들은 용감하고, 정직하고, 공격적이다. 또 그들의 경기에 그런 면을 더하고 싶어 한다.

내가 전에 이야기했던 것들에 그들이 혼란스러워지기 시작할 때까지 우리는 토트넘 아카데미에 있는 소년들의 일거수일투족을 살피고 있다.

* * *

이번 시즌 우리는 흥미로운 도전들을 이어가고 있다. 유로파리그에서는 벨기에 리그의 겐트를 상대하게 됐다. 우리는 이 대회에서 더 멀리 나아갈 잠재력을 지니고 있다. FA컵에서는 5라운드에 진출했고, 결승전까지 몇 경기만을 남겨두고 있다. 그러나 우리는 목표까지 가는 데 필요한 것들을 가지고 있을까? 우리가 우승할 수 있을까? 우리는 정말로 그것을 원하나? 우리는 늑대인가? 개인가?

이번 주 내내, 우리는 충분히 더 많은 능력을 보여줄 수 있는 선수들을 더 압박했다. 팀의 몇몇 주요 선수들과 선수단 내부에 이런 움직임이 있으니 도와달라고 부탁했다. 옛 동료와 전 토트넘 선수가 훈련장을 방문하기도 했다. 에스파뇰 시절 동료였던 플로린 러두치오이우Florin Râducioiu(루마니아 출신 공격수, 포체티노와는 1994-1996시즌 에스파뇰에서 연을 맺은 적이 있다. - 옮긴이)와 디미타르 베르바토프Dimitar Berbatov가 그들이었다. 베르바토프는 훈련장과 새 경기장을 면밀히 살펴본 후에 이곳이 맨체스터 유나이티드보다 더 큰 클럽이라고 말했다. 그는 내가 원한다면 언제든 다시 토트넘에서 뛸 준비가 되어 있다고 말했다(그는 런던과 불가리아를 오가며 지내면서 훈련하고 있었다). 그가 진지하게 말한 건지 아닌지는 정확히 모르겠다. 아마도 전자였던 것 같다. 그의 말은 과거 에스파뇰 시절에 우리가 골키퍼를 찾고 있을 때를 생각나게 했다. 당시 전직 프로 선수 한 명이 자신이 충분히 뛸 수 있다며 그 증거로 일주일에 두 번 딸과 수영을 하고 있다고 말했었다. 종종 최정상의 스포츠가 얼마나 경쟁적인지를 잊는 사람들이 있다.

금요일 선수들과 가진 브리핑 시간에 나는 다음 상대인 카랑카가 이끄는 미들즈브러의 장단점에 대해 설명했다. 그들은 프리미어리그 순위표에서 하위권에 처져 있다. 나는 또한 선수들에게 지난 세 경기(FA컵 위컴비전, 리그 첼시전, 선더랜드전)에서 일어났던 일을 나만큼이나 선수들도 잘 알고 있을 거로 생각한다고, 그리고 이번에는 모두에게 다른 태도를 기대한다고 말했다.

토요일 오후, 첼시가 아스널을 3-1로 이기면서 우리보다 승점 12점을 앞서갔다. 우리는 여전히 2위다.

우리의 경기는 이날 제일 마지막에 열렸다. 괜찮은 경기였다. 우리는 경기를 지배했고 아주 깊숙이 수비 라인을 내린 상대 팀을 상대로 무려 20번의 기회를 만들어냈다. 전반전에는 돌파구를 만들지 못했지만 후반전에 케인이 페널티킥을 성공하며 앞서 나갔다. 미들즈브러는 위협적인 장면을 한 번도 만들지 못했지만, 경기 종료 직전에 거의 동점골을 기록할 뻔했다. 하마터면 승점 2점을 잃을 수도 있는 상황이었다.

연이은 무승부 이후에 우리는 결국 내가 토트넘을 맡은 후 치른 100번째 경기에서 승리를 거뒀다. 우리는 아직도 홈에서 무패를 기록하고 있는데 이는 리그에서 유일한 기록이다. 다음으로 우리는 안필드 원정을 떠나

리버풀을 상대하게 된다.

* * *

에버턴의 로스 바클리Ross Barkley는 본머스전에서 골을 기록하기도 전에 세리머니를 했다. 물론 골키퍼를 제친 상황이었지만 공이 골네트에 들어가지는 않았을 때였다. 이 골은 94분에 터진 팀의 여섯 번째 골이었다(최종 결과는 6-3). 스포츠는 사람들에게 울고 웃을 수 있는 권리를 준다. 그러나 우리는 세상에 좋은 가치를 전파하는 것 역시 우리의 사명임을 잊어서는 안 된다. 그러므로 상대 팀을 무시해서는 안 된다. 물론 상대를 이기고 싶고, 무너뜨리고 싶지만, 지켜야 할 선이 있는 것이다.

* * *

아담 랄라나는 사우샘프턴에서의 마지막 계약서에 사인한 후 니콜라 코르테제 회장이 준비해서 함께했던 저녁 식사에 대해 아주 좋은 기억을 갖고 있다고 말했다. 그 자리에는 랄라나, 그의 아내를 비롯한 가족 그리고 나와 다른 코칭스태프가 모두 있었다. 랄라나는 그의 아버지에게 나에 대해 매우 좋게 말했지만, 우리는 그때까지 아직 만난 적은 없었다. 우리는 레드 와인을 몇 잔 하며 식사를 즐겼고, 그의 아버지는 우리의 좋은 관계를 직접 눈으로 확인했다. 그는 정말 멋진 신사였다. 우리는 서로에게 좋은 인상을 갖고 헤어졌다. 그와 만나면서 랄라나를 더 잘 이해하게 됐다. 그의 아들은 이번 주말 안필드에서 마스코트(경기 시작 전 양 팀 선수들의 손을 잡고 입장하는 어린이들 - 옮긴이)를 할 것이다. 한편, 랄라나는 이번 주

일주일 내내 리버풀 선수단과 훈련을 하지 못했다. 그러나 나는 그가 결국엔 다시 돌아와서 우리를 괴롭힐 것이라고 믿는다.

* * *

최근 우리는 우리 자신에 대해 몇 주, 몇 달 동안 느끼고 있었던 몇 가지를 더 확실하게 확인할 수 있었다. 우리가 전력을 다할 때만 최고의 팀과 경쟁할 수 있다는 사실이었다. 우리가 확실하게 끓어오르지 않으면, 오늘 안필드에서의 경기처럼 상대에게 압도당할 수도 있다. 우리가 경기 중에 이렇게 무력하다고 느낀 지가 꽤 됐다. 경기가 시작된 지 50초 만에 경기의 분위기와 결과를 예상할 수 있었다. 지난번에 헐 시티에 패한 것을 포함해 승점 15점을 따낼 수 있는 경기에서 단 3점만을 획득했던 리버풀은 공격적으로 경기를 시작했다. 그들은 최근에 한풀 꺾였던 자존심을 만회하기 위해 적극적으로 나왔다. 이들은 전방으로 나아가려는 신념과 야망을 보여줬다. 우리는 지난 24경기에서 16골만을 내줬는데, 그들은 우리의 골문을 5분 만에 3번이나 열 수도 있었다.

우리는 또 한 번 상처를 입은 강팀의 반격에 무릎을 꿇고 말았다. 마네Mané, 랄라나 그리고 바이날둠Wijnaldum은 그들의 능력, 속도, 정신력을 유감없이 우리에게 보여줬다.

선수들 개개인이 실수할 때마다, 우리 팀의 구조와 조직은 허점을 드러냈다. 오늘은 전형적인 조치를 취하는 것이 오히려 상황을 더 악화시키는 그런 날 중 하나였다. 그럴 때는 아무것도 하지 않는 것이 최선이다. 차분함을 유지해야 한다. 그 외에 무엇을 할 수 있겠나?

명백해진 사실이 있었다. 지난 시즌 레스터의 기세를 꺾고 우승을 하는 것이 어려웠듯이, 이번 시즌 첼시를 앞서는 것 역시 마찬가지로 어려울 것이다. 첼시의 수준 때문이 아니라 우리가 아직 부족하기 때문이다.

지난 세 시즌 동안, 우리는 리그 1위 팀을 상대로 단 한 차례 승리했다. 맨시티를 상대로 거둔 승리가 유일했다. 오늘 언론에서는 그 점에 중점을 두고 보도했다. 우리는 이미 몇 주 전에 그 사실에 대해 분석했었다. 우리는 챔피언스리그에서의 경쟁에서도 뒤처졌다. 이는 처음 있는 일은 아니다. 오늘 같은 경기를 치른 후에는 솔직하게 우리 자신을 깊이 돌아봐야 한다. 그 과정은 고통스럽겠지만, 그로 인해 더 강해질 수 있을 것이다.

태도와 능력은 모두 중요하다. 하지만 둘 중 어떤 쪽이 시작이고 어느 쪽이 끝일까? 실수에 대한 책임은 누가 져야 하나? 리버풀은 우리 진영으로 넘어올 때마다 위협적이었고 그로 인해 시간이 지날수록 우리는 심리적으로도, 신체적으로도 소극적인 모습으로 변해갔다. 경기 시작 후 25분 동안 보여준 우리의 모습은 리그 우승을 차지할 준비가 되어 있지 않은 모습이었다.

나는 하프타임 때 고래고래 함성을 지르거나, 거칠게 몸짓으로 말하는 편은 아니다. 나는 선수들에게 목소리를 높이지 않았지만 내 입장만큼은 분명히 했다. 우리 모두는 우리에게 무엇이 부족한지 알고 있었다. 나는 그들에게 말했다.

"이걸로는 충분하지 않아. 나는 지금 축구에 대해 말하는 게 아니야."

우리는 후반전에 좀 더 나은 모습을 보여줬지만, 그때는 이미 두 골을 뒤진 상태였다(마네가 두 골을 기록했다). 우리가 할 수 있는 것은 그저 그들을 저지하는 것뿐이었다.

맨시티가 우리를 뛰어넘으면서 우리는 3위로 밀려났다. 아스널과의 승점은 동률이었고 리그 선두 첼시에는 승점 10점이 뒤처진 상태였다. 순위표를 돌아보면 우리 주위는 승점 차이가 크지 않았다. 우리는 6위 맨체스터 유나이티드에 2점, 5위 리버풀에는 1점 앞서 있다.

＊ ＊ ＊

오늘은 일요일이다. 나는 선수들에게 휴일을 줬다. 그리고 좀 더 빨리 지난 경기에 대한 통계를 점검하고자 시간을 냈다. 언론에서 지난 며칠 동안 했던 것과는 다르게, 나는 지난 세 시즌의 통계가 아니라 10년을 거슬러 올라가 봤다. 그러자 토트넘은 10년 전부터 꾸준히 상위권 팀들과의 맞대결에서 고전하고 있다는 것이 분명해졌다. 그러나 그게 전부가 아니었다. 좀 더 자세히 살펴보니 토트넘은 최근 빅매치에서 과거보다 좀 더 나아진 모습을 보여주고 있었다. 우리는 리그 우승을 노리는 팀들을 상대로 점점 더 발전하고 있었다. 이제 더 이상 과거에 종종 그랬던 것처럼 그들을 상대로 4골, 5골을 실점하며 패하지 않는다. 여전히 그들과의 원정경기에서 부족한 성과를 내고 있는 것은 사실이지만 우리는 과거보다 분명히 진일보했다.

이제 우리는 상처를 이겨내고 다시 일어서야 한다. 다시 우리의 비전에 대해 이야기해야 한다. 우리는 유로파리그, FA컵에서 좋은 기회를 얻은 상태다. 다시 프리미어리그 경기를 갖기 전에 3차례 컵 대회 경기를 치를 예정이다. 나는 겐트 원정에 얀센을 제외하기로 결정했다.

그런 와중에도 나의 다이어트는 성공적이다. 몸무게가 적당한 상태로 안정됐고, 매일 운동을 하는 것은 아니지만, 그렇게 하기 위해 노력하고 있다. 내가 체육관에 가지 않는 것은 할 수 없어서가 아니라 하고 싶지 않아서다.

＊ ＊ ＊

방금 전에 혜수스로부터 메시지를 받았다. 그는 아프리카네이션스컵 결승을 시청 중이었다. 대회 중 한 명이 그의 시선을 끌었다. 계속해서 우리를 전진시키고 더 많은 경기에서 승리할 수 있도록 해줄 방법을 찾는 동시에 우리는 더 먼 미래에 대해서도 착실히 계획하고 있다. 그것은 따로따로가 아니라 동시에 진행해야 하는 일이다.

가장 중요한 것은 클럽에 있는 모든 사람이 우리에게 변화가 필요하다는 것에 동의하는 것이다. 그리고 그 방향성을 유지해야 한다.

＊ ＊ ＊

우리는 유로파리그 32강 1차전 경기였던 겐트전에서 0-1로 패했다.

＊ ＊ ＊

나는 그 영상 비디오를 좀 편집해달라고 부탁했다. 선수들에게 지난 두 경기에서 우리가 잘한 장면들을 보여준 후 더 잘할 수 있었던 부분도 보여줬다.

나는 선수들에게 우리의 기조를 다시 한번 상기시켰다. 우리는 상대보다 덜 뛰고 덜 열정적으로 플레이해서는 안 된다. 그것들은 우리 팀을 정의하는 것이기 때문이다. 그러고 나서 나는 모니터를 껐다. 그런 다음 선수들에게 말했다.

"우승 트로피를 원해? 너희도 나만큼 우승을 향한 야망을 품고 있어?

그렇다면 그걸 좀 보여줬으면 해. 모든 경기가 계획대로 진행되는 것은 아니지만, 그럴 때는 모두가 그 상황에 대해 괴롭다고 느껴야 해. 일이 잘 안 풀릴 때도 계속해서 시도해야 하고 자신의 실수를 인정할 만큼 충분히 성숙해져야 해. 물론 경기에서는 신중하게 임해야 하는 경우도 있지만, 실수는 우리가 살아가는 데 있어 새로운 것을 배우게 하는 거야. 우리 모두는 실수로부터 많은 것을 배울 수 있어. 만약 실수를 통해 배우는 것을 두려워한다면, 그건 스스로 창의력을 억제하는 것이나 다름없어."

"만약 너희가 매 경기 후방에서 50회씩 볼을 걷어내겠다고 한다면, 나는 그에 만족하지 못할 거야. 내가 너희에게 원하는 것은 그게 아니기 때문이야. 왜 너희는 내가 그렇게 요구한 적이 없는데 그렇게 깊숙한 위치에서 수비하고 있지?"

"너희가 원하는 게 뭐야? 우리가 다음 게임에만 집중하고 똑같은 달리기 훈련을 백 번씩 반복하는 걸 원해? 나는 선수 시절에 그렇게 했어. 우리는 경기 전날 하루에 백 번씩 코너를 돌았어. 나는 너희가 그걸 원한다고 생각하지 않아. 너희는 분명 더 좋은 대우를 받고 싶을 거야. 우리가 설명하면 너희는 그걸 새겨듣고 우리와 훈련하면서 함께 성장할 수 있어. 나는 너희에게 경기장 밖에서 지켜야 할 특별한 규칙을 준수하길 바라지 않아. 만약 내가 경기장 밖에서의 너희를 믿지 못한다면 어떻게 너희를 경기장 위에서 믿을 수 있을까? 우리는 너희를 계속 프로로서, 어른으로서 대할 거야. 그러나 계속 그렇게 되기 위해서는 너희도 그렇게 행동해야만 해."

"나는 이곳에 2년 반 동안 있었어. 우리가 함께 이룬 발전은 모두가 팀으로서 행동하고, 서로 존중하며 주변에 있는 사람들을 돕는 데에서 비롯된 거야. 그런 정신이 없으면 우리는 누구도 이기지 못할 거야. 나는 너희들이 그 부분을 더 중요하게 생각해줬으면 해."

"그리고 나는 이런 일들이 축구에서도 인생에서도 너희를 좋은 방향으로 이끌어주길 진심으로 바라고 있어. 언젠가 너희가 그렇게 많은 일에 대해 잘못 생각하고 있었다는 점을 깨닫기를 바랄게. 그날이 오면 너희는 그 점에 대해 나에게 고마워하게 될 거야."

축구에서는 감정이 고조되는 순간이 많다. 팀이 문제에 빠지게 된다면 (지금 우리가 그렇듯) 감독은 선수들에게 그들이 그 문제에서 빠져나오는 중이라는 것을 상기시켜줘야 한다. 감독이 선수들에게 해결책을 제시할 수는 있지만, 결국 문제를 해결해야 하는 것은 선수들 자신이다. 나만 그랬을 수도 있겠지만, 그들은 훈련 시간 전에 몸을 풀면서 모두 근심에 빠진 것처럼 보였다.

이 이야기가 좋은 결과를 가져올까? 그들이 이미 알고 있었던 것을 그들에게 다시 한번 강조해준 이 대화가?

내일 우리는 2부리그 팀 풀럼과의 FA컵 경기를 가질 예정이다.

* * *

우리는 해리 케인의 해트트릭에 힘입어 3-0으로 승리하며 FA컵 6라운드에 진출했다.

내일 나는 오늘 경기 중 첫 2분의 플레이 장면을 그들에게 보여줄 것이다. 우리는 초반 50초 동안 세 번의 경합 상황을 이겨내며 날카로움을 보여줬다. 풀럼은 우리의 공세에 정신을 차리지 못하는 모습이었다.

나는 또 다시 얀센에 관한 질문을 받았다. 나는 겐트와의 경기에서 그를 명단에서 제외한 후 이번 경기에서도 그를 투입하지 않았다. 겐트와의 1차전 후에 나는 말했다.

"그는 더 많은 걸 보여줄 필요가 있다."

＊＊＊

유로파리그 사상 최대 관중인 80,465명 앞에서 벌어진 겐트와의 2차전이 조금 전에 끝났다. 경기 결과는 2-2였다. 우리는 두 번이나 리드를 잡았지만, 두 번 다 동점을 허용했다. 첫 번째 동점골은 정말 어이없는 자책골이었다. 알리는 위험한 태클로 하프타임이 되기 전에 퇴장당했다.

10명으로 줄어들면서 우리는 포메이션을 바꿨다. 3백을 세우고 간단하게 '공격, 공격, 공격'을 하기로 했다. 우리는 위험을 감수하고 전력을 다했다. 그것이 거의 성과를 거두는 듯 보였다. 우리는 뒤로 물러나지 않았다. 우리의 노력, 강도, 팀워크는 최고였다.

지금까지 나는 결코 경기 후에 팀 회의를 소집하지 않았지만, 이번에는 그렇게 하고 싶다는 충동을 느꼈다. 나는 그들에게 10명으로 잘 싸운 것이 자랑스럽다고 말했다. 그리고 바로 이것이 내가 종종 화가 나는 이유라고 말했다. 이렇게 할 수 있는데도 이렇게 하지 않았을 때 그렇다고 했다. 나는 만약 우리가 언제나 이런 경기를 펼칠 수 있다면, 절대 지지 않을 것이라고 말했다.

그리고 한 가지 더….

알리는 침울해했다. 나는 다른 모두가 보는 앞에서, 이런 일은 누구에게나 일어날 수 있고 우리는 너에게 실망하지 않았다고 말했다.

"너는 그냥 실수한 것일 뿐이야. 월요일부터 일요일까지 일주일 내내 동료들을 실망시키는 선수들도 있어. 그들은 경기에 출전하지만 출전해서도 마치 팀원이 10명인 것처럼 보이게 만들지. 그들처럼 다른 선수들 뒤로 숨는 선수야말로 용서받을 수 없는 사람들이야."

알리는 우리를 저버리는 선수가 아니다. 이제 나의 일은 기자회견에서 그를 보호하는 것이다.

* * *

오늘 25일 토요일, 우리는 겐트와의 경기 하이라이트를 선수들에게 보여줬다. 우리가 얼마나 경기를 잘 시작했는지 또 역동적인 경기 운영으로 어떻게 수적 열세를 보완할 수 있었는지에 대해서 설명했다. 때로는 위험을 감수해야 할 때도 있지만, 뜻이 있는 곳에 길이 있는 법이다.

나는 로비 윌리엄스의 노래를 틀고 자신의 인생과 자신이 하는 일을 사랑하는 것에 관해 이야기했다.

그들 중 일부는 방을 나가면서 그 노래를 불렀다. 반쯤은 나를 놀리는 듯. 짜식들.

* * *

우리는 오늘 스토크 시티와의 리그 경기에서 겐트전과 같은 선발 라인업으로 경기를 가졌다. 계산된 선택이었다. 우리는 23분 만에 또다시 해트트릭을 기록한 해리 케인의 활약(아홉 경기에서 세 번째 해트트릭)에 힘입어 전반을 4-0으로 앞서 나갔다. 후반전에는 더 이상 추가 골이 나오지 않았다. 우리는 다시 2위로 올라섰다.

＊ ＊ ＊

이번 주 초 기자들은 내게 토트넘이 33년 동안 3개의 우승 컵(FA컵 1개와 리그컵 2개)만을 차지했다는 사실을 상기시켜줬다. 그리고 2008년 이후로는 어떠한 우승 트로피도 들어 올리지 못했다는 점도 알려줬다(토트넘의 마지막 우승 트로피는 2008년 리그컵이다. – 옮긴이). 그리고 나서 그들은 내게 우리가 현재 어떤 단계에 있는지 물어봤다.

나는 이렇게 대답했다.

"우리는 우리의 기대치를 더 높이 끌어올렸다. 이는 좋은 일이다. 그러나 어쩌면 아직 우리는 트로피를 받을 준비가 되어 있지 않은지도 모른다. 그것은 마치 우리의 새 홈구장과도 같다. 우리는 오늘이라도 바로 이사하기를 원하지만, 우리는 아직 그곳에서 경기를 할 준비가 되어 있지 않다. 우리는 토대를 마련하기 위해 기다려야 한다. 레비 회장은 토트넘이 더 큰 클럽이 되는 데 도움을 줄 새 경기장을 만들고 있고 훈련장에도 새로운 시설을 마련하고 있다. 우리는 유럽 최고의 클럽이 되는 과정에 있다."

"그러나 우리는 인내심을 가져야 한다."

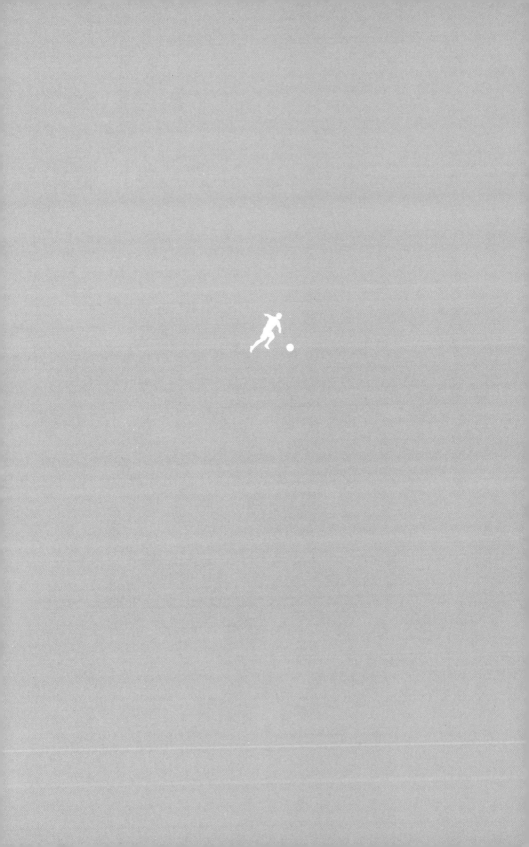

3월에 화이트 하트 레인에서 열리는 리그 경기는 에버턴전과 사우샘프턴전 둘 뿐이다. FA컵 6라운드에서는 리그1의 밀월Millwall을 만난다. 그러는 사이 언론에서는 다이어, 로즈, 워커, 케인을 포함한 여러 선수들의 이적설 루머가 가득했다. 포체티노가 FC 바르셀로나 회장과 함께 있는 모습이 포착된 후로 그에 대한 소문도 돌기 시작했다.

혜수스가 나와 코치들이 모여 있는 왓츠앱 그룹 채팅방에 다음과 같은 이미지를 보내왔다. 이는 내가 그룹에서 되고 싶은 리더의 유형을 다시 생각해보게 했다. 확신이 서지 않을 때마다 내가 따라가고자 하는 방향이기도 하다.

카를로 안첼로티Carlo Ancelotti가 ESPN의 가브리엘레 마르코티Gabriele Marcotti 기자와 흥미로운 인터뷰를 가졌다. 그는 리더십과 감독에 대해 이야기했고, 그 인터뷰에는 생각할 거리가 많았다.

마르코티 기자는 안첼로티에게 최근 과르디올라가 결과보다는 경기력을 통해 만족을 얻는다고 했던 말에 대해 질문했다. NBC 스포츠와의 인터뷰에서 과르디올라는 이렇게 말했다.

"결과는 공허한 것이다. 결과는 이틀 동안 행복하거나 비난을 덜 받고

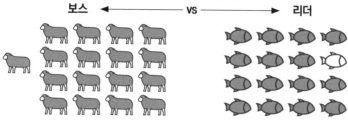

'보스'와 '리더'의 차이점.

보스 ←—— vs ——→ 리더

보스	리더
• 직원들을 몰고 감	• 직원들을 지도함
• 권위로 사람들을 움직임	• 좋은 의도로 사람들을 움직임
• 공포심을 불어넣음	• 열정을 불어넣음
• '내가'라고 말함	• '우리'라고 말함
• 실패를 타인 탓으로 돌림	• 실패를 바로잡음
• 어떻게 하는지 알고 있음	• 어떻게 하는지 직접 보여줌
• 사람들을 이용함	• 사람들을 발전시킴
• 공로를 가로챔	• 공로를 인정함
• 명령함	• 부탁함
• '해!'라고 지시함	• '해보자!'라고 말함

팀을 향상시킬 수 있는 시간을 더 벌 수 있는 것에 불과하다. 그러나 내가 하는 일에서 나를 가장 만족시키는 것은 우리의 플레이로부터 느끼는 감정이다. 나에게 과정이 더 중요한 이유다."

안첼로티가 힘주어 대답했다. "물론이지, 그의 말이 옳아."

하지만 이것이 정말 안첼로티와 과르디올라의 철학을 그대로 보여주는 것일까? 그리고 그것이 우리 일의 핵심인 것일까? 때때로 우리는 상황에 따라 태도를 바꾸기도 한다. 마치 부자가 '돈으로 행복을 살 수 없다'고 말하는 것처럼. 우리는 우리가 우승을 차지하지 못했을 때 '가장 중요한 것은 트로피가 아니다'라고 말하는 경향이 있다.

즐거움이란 어디에서 오는 것일까? 에베레스트를 오르는 사람들은 산에 오르는 동안 고통과 만족감을 동시에 느낀다. 그들은 정상에 도착해서는 그곳에서 몇 분을 보낸 후 다시 내려간다. 나도 마찬가지다. 나는 여정을 즐긴다. 나는 이 일에서 최고가 되기 위한 단 한 가지의 길을 알고 있다. 이 일을 즐기고 유연하게 대처하며 계속해서 발전하고 혼자만의 시간을 갖고 창의적으로 생각하는 것이다. 물론 이는 점점 더 어려워지고 있다. 그러나 우리 모두는 승리를 위해 경기를 한다. 그게 아니라고 말하는 사람들은 거짓말을 하고 있는 것이다.

나는 내가 트로피를 받을 때도 내가 변치 않기를 바란다. 만약 내가 변한다면, 나는 성공한 감독이 될지는 몰라도 도덕적인 정당성은 잃게 될 것이다.

안첼로티는 또 이런 말도 했다.

"감독이 통제할 수 없는 유일한 것이 결과다. 우리 팀의 경우 경기 중 특정 수준에 도달하면 거의 완벽하게 경기를 통제할 수 있다. 그러나 축구는 각각의 작은 일들이 큰 영향을 미치며, 예측이 어렵고, 골이 많이 나지 않는 스포츠다. 그리고 감독은 그것을 통제할 수 없다. 참 아이러니하지 않은가? 결국 감독은 결과에 의해 판단할 수밖에 없다. 감독이란 자신이 관리할 수 있는 것이 아니라 그렇게 할 수 없는 것에 의해 평가받는다."

물론 축구는 결과로 말하는 사업이고, 선수들을 중심으로 돌아간다. 그러나 감독들은 선수들이 경기 중에 내리는 의사 결정에 큰 영향을 주는 존재이며 그것은 곧 감독이 결과에도 큰 영향을 미친다는 것을 뜻한다. 나는 계속해서 나아갈 것이다. 경기장 위에서 선수들에게 영향을 미치는 결정을 계속해 나가면서. 감독으로서 보낸 지난 8년 동안 내가 얼마나 많은 사람들을 행복하게 만들었고 또 좌절하게 만들었는지 궁금하다.

그런 책임감과 영향력을 고려하면 감독의 결정은 반드시 충분한 고민을 거쳐서 이뤄져야 한다. 축구계에는 성급한 결정이 내려지는 순간이 많고 나 역시 선수 시절 경솔한 판단의 희생자가 된 적이 있었다. 레비 회장과의 첫 번째 대화 중 그는 갑자기 내게 "지금 토트넘 선수단의 강점과 약점이 뭐라고 생각하나?"라고 물었다.

나는 솔직히 대답했다.

"모르겠습니다. 그리고 6주 동안 그들과 직접 일해보기 전까지는 정확히 알지 못할 겁니다."

나는 토트넘의 모든 문제에 대한 정답을 안고 이 팀에 온 것이 아니었다.

안첼로티는 또 이런 말도 했다.

"사실, 경기 당일 날 감독이 할 수 있는 일은 거의 없다. 다음 경기를 예상하고 그에 대한 준비를 하는 것은 주중에 하는 것이다. 우선 선수단이 앉는 대기석에서는 경기를 잘 볼 수 없다. 우리의 경기를 나중에 다시 본 후에 각도 때문에 처음에는 보지 못했던 부분을 보게 되는 경우가 많다."

나는 이 부분에 대한 그의 의견에 동의할 수 없다. 나는 감독이 경기에 큰 영향을 미친다고 생각한다. 우리는 선발 출전하는 선수들의 마음에 평화를 줄 수 있다. 많은 감독들이 경기 중에 터치라인에서 펄쩍 뛰며 선수들에게 "진정해, 진정해, 진정하라고!" 하고 외친다. 그렇게 하는 것이 정말 선수들의 마음을 안정시켜줄 수 있을까?

나는 경기 중에 선수들에게 소리치며 지시하는 것은 소용이 없다고 생각한다. 선수들은 그저 감독을 쳐다보며 '네가 와서 직접 해보지 그래?'라고 생각할 뿐이다. 특히 경기에서 지고 있을 때는 그렇게 소리치는 것이 거의 아무런 효과가 없다. 그저 감독의 화풀이일 뿐이다. 솔직히 그런 감독들은 아마 한 번도 선수들의 입장이 되어보지 않았을 것이다. 그 순간 선수들은 수치심으로 얼굴이 붉게 달아오를 것이다.

그러나 나는 이런 것들을 많은 시간에 걸쳐 배웠다는 것을 인정해야만 한다.

선수들은 경기 중 벤치에서 일어나는 일들 중 그 어떤 것도 놓치지 않는다. 사우샘프턴에서 보낸 두 번째 시즌, 웨스트브롬과의 개막전에서 우리 팀 골키퍼인 아르투르 보루치Artur Boruc가 전방으로 롱볼을 차려고 하고 있었다. 마침 내가 서 있던 터치라인 바로 앞에 있던 우리 풀백 중 한 명이 상대 팀의 마킹을 받고 있지 않은 상태였다. 그래서 나는 손으로 보루치에게 몸짓을 보내기 시작했다.

"여기에 패스해, 이쪽으로, 풀백에게!"

그런데 보루치는 볼을 다른 방향으로 찼고 그 볼은 결국 라인을 넘어가서 상대에게 스로인을 안겨주고 말았다. 나는 토니에게 말했다. "도대체 보루치가 무슨 짓을 하고 있는 거야?"

하프타임에 토니는 내게 말했다. "보루치도 우리가 그때 그 일에 대해 이야기하고 있다는 걸 알고 있는 것 같아"라고 말했다.

경기 종료 휘슬이 울린 후, 나는 곧장 보루치에게 가서 물었다. "너 내가 사인 보내는 거 봤어?"

그는 대답했다. "네. 그리고 그 후로 감독님을 볼 때마다 '나를 열 받게 하려는 건가'라는 생각이 들었습니다."

다행히도 우리는 1-0으로 승리했다. 만일 우리가 그 경기에서 패했다면, 내가 보낸 사인이 골키퍼로 하여금 자신의 실수를 합리화하는 수단이 될 수도 있었다. 감독은 선수들이 핑계로 삼을 만한 일을 최대한 삼가야 한다. 선수들은 종종 자신의 실수에 대해서도 스스로를 방어하기 위해 다른 사람을 비난하곤 한다.

따라서 중요한 것은 우리가 얼마나 열정적인지 확인시키거나 우리의 감정을 많이 보여주는 것이 아니다. 우리의 역할은 경기 중의 주연 배우들인 선수들을 돕는 것이라는 사실을 잊어서는 안 된다.

나는 내가 좋은 감독인지 그렇지 않은지에 대해서는 모른다. 남들이 나에 대해 어떻게 평가하는지도 모른다. 만약 누군가가 에스파뇰을 지휘했는데, 어떠한 트로피도 들어 올리지 못했다면, 그는 과연 안 좋은 감독일까? 과연 트로피를 차지하는 것이 감독을 최고로 만드는 것일까? 프랑크 레이카르트Frank Rijkaard와 과르디올라, 티토 빌라노바Tito Vilanova, 루이스 엔리케 모두 바르셀로나에서 트로피를 들었다. 그러나 언젠가 메시, 이니에스타Iniesta, 피케Piqué 그리고 부스케츠Busquets가 더 이상 플레이하지 않는 날이 온다면 우승하는 것은 전보다 더 어려워질 것이다.

뛰어난 선수들과 함께하면서 마주하게 되는 어려운 과제는 그들로 하여금 계속해서 승리하고 발전하도록 동기 부여를 하는 일이다. 승리와 우승의 영광은 마치 중독과도 같다. 그들의 경쟁심을 계속해서 이어가기 위해서는 훌륭한 리더십을 지녀야 한다. 그러나 그들을 잘 관리한다면, 그들은 마법 같은 그 순간을 계속 경험하기 위해 승리에 사로잡힌 사람들처럼 경기에 나설 것이다. 그런 영광을 한 번도 맛본 적이 없는 선수들이 그 순간이 어떤지를 상상하는 것은 불가능하며 그럴 경우 외적인 동기 부여로는 충분하지 않다. 선수들은 반드시 내면에서 그 감정을 느껴야 한다. 그러나 이를 상상도 하지 못한다면 어떻게 느낄 수 있을까? 그것이 바로 감독이 겪는 진퇴양난의 상황이다. 그럴 때 감독은 올바른 환경과 태도를 만들어야 한다.

이는 페더러Federer와 나달Nadal 같이 계속해서 우승을 차지하는 선수들을 존경하지 않을 수 없는 이유다. 이들은 절대로 승리의 영광에 지치지 않고, 그것을 계속 이어나가기 위해 온갖 종류의 희생을 마다하지 않는다. 어떤 선수들은 성공을 은행에 30억 혹은 300억이 있는 것이라거나 TV에 나오고 사람들이 자신의 사인을 원하게 되는 것이라고 생각한다. 그러나 행복은 결코 돈으로 살 수 없으며 이런 데서 오는 만족감은 순간적일 뿐이다.

축구에 절대적인 진리란 없다. 나를 포함해서 그것을 찾아내기 위해 매 시간 몰두하고 있는 감독들의 수가 점점 늘어나고 있음에도 마찬가지다. 축구의 과학적인 면에 대한 공부를 한다거나, 경기의 모든 것을 통제하려고 하거나, 많은 제한을 둬서 규율을 강조하거나, 그 어떤 경우에도 마찬가지다. 우리는 서로를 따라가고, 서로의 아이디어를 훔치면서 이를 자신만의 것으로 만들어야 한다.

나는 우리가 현재 트렌드와 과거의 방식 사이에서 균형을 이룰 수 있다면 그것이 가장 이상적일 것이라고 생각한다. 몇십 년 전만 하더라도 축구는 창의적이었고 그것을 즐기는 것이 전부였다. 플레이를 제한하는 시도는 많지 않았다. 아마도 나는 그 시기의 축구를 더 낭만적이라고 생각하고 있는지도 모른다. 그러나 나는 메노티Menotti(아르헨티나 출신 사령탑으로서 1978 자국 월드컵 우승 감독, 화려한 기술과 공격 중심의 전술을 지향했다. ‐ 옮긴이) 그리고 퍼거슨에 대한 무한한 존경심을 가지고 있다. 그들의 지식과 경험은 우리에게는 살아 있는 사전과도 같다. 이를 면밀히 공부하다 보면 우리는 축구라는 것이 무엇인지 다시 돌아볼 수 있을 것이다.

퍼거슨이 이끄는 팀과 경기할 기회가 더 이상 없다는 건 유감스러운 일이다. 그러나 나는 운 좋게도 나로 하여금 지속적으로 발전할 수 있도록 영감을 주는 많은 감독들과 정기적으로 경기를 치른다. 벵거, 무리뉴, 시메오네, 과르디올라 그리고 콘테는 언제라도 사람들을 깜짝 놀라게 할 결과를 만들어낼 수 있는 감독들이다. 나는 그들을 보며 나 자신 역시 한 걸음 더 발전할 수 있도록 노력한다. 그는 어떤 팀을 출전시킬까? 왜 그는 풀백을 안쪽으로 이동하게 했을까? 이러한 변화 뒤에 숨어 있는 생각은 무엇일까? 그들을 연구하며 더 발전하기 위한 도전에는 수백 개의 질문들이 필요하다.

어떤 감독들은 외부의 잡음에 대해 늘 신경을 쓴다. 그러면서 자신이 비판을 받을 때마다 괴로워한다. 나도 과거에는 그랬다. 나는 나에 대한 거짓말이나 나에 대해 잘못 알려진 정보에서 비롯된 말들이 나에게 영향을 미치도록 내버려뒀다. 일부 사람들은 나에 대한 사실과 거리가 먼 이미지를 만들어내기도 했다. 아마도 나를 음해하기 위한 시도가 있었을 것이라고 생각한다. 결국 나는 많은 사람들에게 환영받지 못한 선택을 내림으로써 (라울 타무도와의 대립처럼) 그 대가를 지불해야 했다. 나는 점차 한 걸음 뒤에서 차분하게 기다리며 더 큰 그림을 바라보는 방법을 배워갔다. 내가 내릴 선택의 결과를 생각해보면서 더 나은 결정을 내릴 수 있게 됐다. 오늘 한 말이 내일 부메랑이 되어 돌아오지 않도록 하기 위해서는 멀리 내다볼 수 있어야 하고 뭔가 보여줘야 한다. 무엇보다도 자신이 필요한 모든 정보를 갖고 있어야 한다. 정보가 부족하다면, 수차례 내게 일어난 것처럼 무언가 실수를 하게 되기 쉽다.

나는 클럽의 예산, 급여 또는 새로운 계약 협상에는 관여하지 않는다. 이는 레비 회장의 영역이다. 그러나 감독들이 단지 경기장에서 전술만을 결정하는 것은 아니다. 감독은 또 팀의 이동 스케줄, 식단, 시즌 일정에 따른 계획 그리고 팀의 구성을 파악하고 보완하는 일 등등에 관여한다. 감독이 하는 모든 몸짓과 말들이 흔적을 남기는 것은 그것 때문이다. 감독이 하는 모든 일은 아무리 미세할지라도 그 위에 자신만의 지워지지 않는 흔적을 남긴다. 감독은 팀에 혼란을 주지 않기 위해 정확하게 의사소통해야 한다. 그리고 정직해야 한다. 많은 사람들을 모두 속일 수는 없다. 잠시 동안 교묘히 그렇게 할 수 있을지는 몰라도, 장기적으로 그렇게 할 수는 없다.

마르셀로 비엘사는 모든 것을 깊이 따져 본 후에 선수와 직접 만나 그의 면전에서 말을 하곤 했다. 때로는 그것이 선수들에게 상처를 주더라도. 이외에도 어떻게 그럴 수 있는지는 잘 모르지만, 그는 때때로 마치 상대방의 머릿속에 들어가 있는 것 같았다. 상대가 무슨 대답을 할 때면 그는 이미 그 대답에 대한 다음 질문을 이미 준비해놓고 있었다. 마치 우리 대화의 대본을 미리 보기라도 한 것처럼. 그와의 만남은 좋은 경험이었다.

"좋은 감독은 경기를 바꿀 수 있고, 위대한 감독은 인생을 바꿀 수 있다."

전설적인 농구 코치 존 우든John Wooden의 말이다. 나는 그의 말에 동의한다.

맥더못은 나를 '디바Diva(축구계에선 특히 많은 사람들의 관심을 받는 스타 선수나 감독을 의미한다. – 옮긴이)'라고 부른다. 그는 내가 선수 시절에 긴 머리를 한 채 경기에 나섰을 때의 사진들을 봤고 나를 강한 자부심을 가진 사람이라고 생각했다(일리 있는 생각이다). '겸손한' 디바. 그는 나를 몇 차례 그렇게 불렀다. 아마도 그 표현을 좀 더 그럴듯하게 만들기 위해서 그랬을 것이다. 모든 감독은 자신의 방식에 자신감을 갖고 일을 해야 한다. 그러나 다른 많은 사람들처럼, 나도 내 옆에 있는 사람들이 필요하다. 나는 사람들과 함께 나누는 것을 좋아하고 그들이 발전하도록 돕는 것을 좋아하고 조언해주는 일을 좋아한다. 그러니 맥더못의 마음에는 내가 사람들에게 뭔가를 나눠주길 좋아하는 '겸손한 디바' 같을지도 모른다. 나는 몇 번 그에게 내가 어떤 것에 확신을 가졌을 때 그것이 현실이 된 경우가 많았다고 말한 적이 있다. 그는 아마도 그것을 자부심이 강한 걸로 해석했을지도 모르겠다. 그러나 나는 그것이 과연 자부심의 문제인지는 잘 모르겠다. 나는 오히려 그것이 내가 세상을 해석할 수 있도록 도와주는 능력이라고 생각한다.

나는 TV에 나오는 내 모습을 보는 것을 좋아하지 않는다. 내가 영어로 말하는 모습을 보면 웃음이 난다. "TV 좀 꺼!" 영어로 말하는 내 모습을 잠시 보고 나면 나는 꼭 그렇게 말한다. 그 생각을 하다 보니, 솔직히 말해서 어쩌면, 이 일기에 내가 적은 것들은 어떤 면에서는 거만하고, 어떤 면에서는 자만심에 빠져 있는 것이 아닌가 하는 생각이 든다. 그리고 그런 쪽으로 흘러가고 있다는 생각에 우려가 된다.

맥더못은 내게 1970년대 영국에서는 경마의 장애물 뛰어넘기가 큰 인기를 끌었다고 말했다. 이들 중 가장 명성 있던 선수 중 한 명은 아주 거만했던 하비 스미스Harvey Smith (1971년 영국 공영방송 BBC가 선정한 올해의 선수에 이름을 올렸던 영국의 전설적인 승마 선수 - 옮긴이)였다. 한때 그는 "나를 조랑말에 태워 봐. 그래도 이길 거니까"라고 말한 적도 있다. 맥더못은 내가 그와 비슷하다고 말했다. 그의 말에 의하면 나는 내가 모든 것을 다룰 수 있다고 믿을 만큼 대담하다고 한다. 그의 생각이지만 이는 사실에 가까울 것이다. 그러나 나의 궁극적인 목표 혹은 '나의 모든 것'은 단순히 토트넘을 위해 트로피를 들고 있는 모습 그 이상이다.

"명예란 사람이 받은 것 때문에 얻게 되는 것이 아니라 준 것에 의해 얻어지는 것이다."

전 미국 대통령 캘빈 쿨리지Calvin Coolidge (미국의 29대 부통령이자 30대 대통령 - 옮긴이)의 말이다. 이 말 또한 우리의 '미스터 아카데미' 맥더못이 내게 보내준 말이다.

그것이 나의 진짜 꿈이다.

＊ ＊ ＊

다음 달에 스팅Sting(영국의 유명한 싱어송라이터 - 옮긴이) 공연을 보려고
티켓을 샀다.

＊ ＊ ＊

오늘은 3월 30일이다. 축구에서 승리하고 계속 그 승리를 유지하기 위
해 해야 하는 것은 그에 필요한 모든 노력을 기울이면서 옳은 결정을 내리
고 좋은 사람들과 함께 옳은 방향으로 나아가는 것이다. 우리가 스스로
선택하지 않은 불특정한 순간에 마법 같은 일들이 생겨난다. 그 이후에는
모든 것이 자연스럽게 흘러간다.

우리가 그렇게 되기 위한 길 위에 있다는 것은 의심할 여지가 없다.

4주 전의 일을 돌아보자. 내가 바르셀로나의 회장인 주젭 마리아 바르
토메우Josep Maria Bartomeu를 만난 후, 갑자기 내가 바르셀로나로 갈 수도 있다
는 소문이 돌기 시작했다.

3월 2일은 내 생일이었다. 그래서 우리는 집에서 작은 모임을 열어 축
하를 했다. 그러나 훈련장에는 고요한 분위기가 흘렀다. 우리는 리그에서
2연승을 기록했지만, 유로파리그에서는 탈락한 상태였다. 약 2주간 격렬
한 논의가 오간 끝에 우리는 조금씩 평정심을 찾고 있었다. 우리는 좀 더
활기를 낼 수 있는 훈련을 하기로 했다. 그래서 기초적인 경기 준비 훈련과
우리 스타일대로 공격과 수비 훈련을 한 다음 선수들의 몸 상태를 점검했
다. 우리는 앞으로 4주 동안 3번만 경기를 치를 예정이기 때문에 훈련과
휴식을 적절히 조율했다. 어떤 선수들은 올 시즌 이미 40경기 이상을 소

화했다. 그래서 선수 개개인의 운동량을 조절하는 것 또한 매우 중요하다. 사실 우리는 하루에 최대 8가지 종류의 훈련을 할 때도 있다.

선수들이 하는 신체적인 운동은 더 이상 내가 뉴웰스 시절에 했던 윗몸 일으키기나 역기를 들어 올리는 것만을 의미하지 않는다. 축구계에서 이 분야는 큰 발전을 겪었다. 우리에게는 6명의 피트니스 코치가 있고, 헤수스는 각각의 선수에 대한 상세한 데이터를 바탕으로 나에게 훈련의 종류와 양을 조언한다. 그리고 그는 모든 것을 체계적으로 조정한다. 이는 1년 중 주기에 따라 달라진다. 헤수스는 자신이 하고 싶은 게 무엇인지 분명하게 떠오를 때마다 내게 그렇게 말해준다. 그러나 대부분의 경우에 그는 나와 상의하지 않고 그의 임의대로 훈련을 진행한다. 우리는 이미 서로를 너무 잘 알기 때문이다.

알더바이렐트와 베르통언, 케인은 모두 타박상이 있었지만, 3월 5일 일요일에 열릴 에버턴전에 맞춰 회복했다. 우리는 그에 맞춰서 3백 혹은 4백에서 그들이 공격적인 경기를 펼칠 수 있도록 계획을 세웠다. 에버턴전에서 쿠만 감독은 그전까지 시도하지 않았던 5명의 미드필더를 통한 4-5-1 포메이션을 활용했다. 이는 우리의 측면을 통한 빌드업을 방해하기 위한 시도였다. 그러나 우리는 다양한 플레이를 시도하면서 경기를 지배했다. 전반전 45분 동안 우리는 이번 시즌의 어떤 전반전보다도 더 많이 뛰었고, 더 많은 스프린트를 기록했다. 결국 케인이 골을 넣으면서 마음 편하게 경기를 끌고 갈 수 있게 됐다. 그 후로도 우리는 득점 찬스를 많이 만들어냈다. 케인이 한 골을 더 기록했고 9분을 남기고 루카쿠Lukaku가 추격 골을 터뜨리면서 2-1이 됐다. 그 후에 우리 쪽에서 많은 실수가 겹친 플레이가 나왔는데 이 중에는 나의 실수도 있었다.

90분, 델레 알리가 3-1을 만들었다. 나는 마치 그대로 경기가 끝난 것처럼 펄쩍 뛰며 기뻐했다. 그 모습은 한동안 내가 스스로 자제했다고 생각했던 모습이었다. 그 직후에 우리 팀은 마치 잠드는 듯한 플레이를 보여줬고 결국 에버턴이 그 틈을 놓치지 않고 한 골을 더 따라붙었다. 나는 남은 추가시간 동안 씁쓸한 마음으로 경기를 지켜봤다. 나의 성급한 세리머니로 인해 우리 선수들이 방심하면서 상대에게 기회가 생겼다는 후회가 들었다.

종료 휘슬이 울렸을 때 나는 나 자신이 저지른 실수를 너무나도 잘 알았기에, 코치들도 이를 이미 깨달았는지 알아보기 위해 그들을 쳐다봤다. 이후에 휴대폰을 확인해보자 예상했던 대로 아내에게서 메시지가 와 있었다. 그녀는 경기 후 내게 자신의 의견을 말해주곤 한다.

"경기 중에 무슨 짓을 한 거야? 알리가 득점했을 때 정신을 잃은 거 아니야? 다시는 그러지 마!"

나의 잘못을 들킨 느낌이었다. 무엇보다 나 자신에게 매우 화가 났다. 집에 도착했을 때, 나는 분위기를 바꾸기 위해 카리나에게 그녀가 한동안 경기장에 오지 않은 것이 행운의 부적이 된 것 같다고 말했다.

해리 케인은 좋은 경기력을 유지하고 있다. 그는 리그 최고의 스트라이커다. 이미 19골을 기록 중이고, 2017년에 치른 12경기에서 14골을 기록 중이다. 아직 23살인 그는 언제나처럼 열정적인 모습을 보여주고 있다. 훈련을 즐기고, 연습량을 더 늘리면서 뛰어난 현재 선수들이나 레전드들의 플레이를 보고 배우고 있다. 나는 때를 가리지 않고 그에게 왓츠앱으로 다른 공격수들의 흥미로운 플레이나 골 장면을 보내준다. 마지막으로 내가 그에게 메시지를 보낸 시간은 밤 11시였다.

공개적으로 말하고 있진 않았지만, 우리는 또 다른 하나의 도전을 이어가고 있다. 이번 시즌은 22년 만에 처음으로 아스널보다 높은 순위로 리그를 마칠 수 있는 기회다. 에버턴과의 경기 후, 우리는 11경기를 남겨둔 상황에서 그들보다 승점 6점을 앞서 있다. 리그 선두 첼시에는 7점 차로 뒤져 있다. 내일 웨스트햄이 첼시를 상대로 좋은 결과를 가져오길 바라고 있다. 우리는 첼시를 따라잡는 것이 가능하다고 계속 믿어야 한다. 그리고 그들이 작은 실수라도 한다면, 바로 그 기회를 잡을 수 있는 준비가 되어 있어야 한다. 그러나 런던 올림픽 스타디움에서 열린 더비에서는 그런 일이 일어나지 않았다. 첼시는 웨스트햄에 2-1로 승리했다.

그 주 월요일, 선수들에게 준 이틀의 휴일 중 첫째 날 나는 맥더못과 대화를 나눴다. 16세 이하 팀이 최근 경기에서 대패를 당했고 나는 그들의 훈련을 직접 관전하기로(혹은 참가하기로) 결정했다. 그들의 감독을 지지해주는 모습을 보여주면서 선수들의 사기를 북돋아주기 위해서다. 그리고 그들에게 더 많은 것을 요구하기 위해서다. 그들은 이제 스스로의 책임감에 대해 인식할 수 있는 나이가 됐다. 나는 그들과 즐거운 시간을 보냈다.

바르셀로나가 내게 관심을 가지고 있다는 루머가 다시금 제기됐다. 기자회견에서 나는 카탈루냐의 명문 클럽과 연결된 것이 사실이냐는 질문을 받았다. 나는 답했다.

"루이스 엔리케 감독의 후임자 후보 목록을 봤는데, 백 개 정도의 이름이 있더군요. 그게 언론의 특성인 건 나도 압니다. 그걸 나쁘게 여기는 건 아니에요."

'아닌 땐 굴뚝에 연기가 나랴'라는 말에 대해서는 나도 알고 있지만, 내가 그 상황에서 무슨 말을 할 수 있을까?

선수들이 그렇듯, 그 시기에 나에겐 다른 걱정거리가 있었다. 그 무렵 나는 핵심 선수 중 한 명과 아주 진지한 대화를 나눴다. 그 선수가 누구인지는 지금은 비밀로 하고자 한다. 그 선수와 그런 대화를 나눈 것은 2년 만에 있는 일이었다. 내가 헤수스에게 같이 대화를 해보자고 말했고 그들은 거의 한 시간 동안 대화를 나눴다. 나는 두 사람의 대화를 듣고 있다가 우리의 입장을 확실히 전달하기 위해 이렇게 말했다.

"너는 훈련 중에 이렇게 했고 경기에서도 이렇게 했다. 이게 그 통계 자료다."

나는 솔직하게 말했다.

"네가 계속 이렇게 한다면, 우린 네가 필요하지 않아."

결국 우리가 그에게 보여준 비디오가 분명한 예시가 됐다. 그 비디오 속에서 그는 한 경기 중 두 차례나 수동적인 모습을 보였다. 그렇게 하는 대신 전방으로 나가야 하는 상황에서 말이다. 그의 그 결정이 그뿐 아니라 팀에 부정적인 영향을 미쳤다.

"아, 네, 정말이네요. 제가 실수를 했어요."

그 영상을 봤을 때 그의 반응이었다.

원래 그는 다음 주말 열리는 FA컵 밀월과의 경기에 출전하지 않을 예정이었지만, 나는 결국 그를 출전시켰고 그는 아주 훌륭한 경기를 했다.

* * *

헤수스는 이제 막 드라마 〈하우스 오브 카드〉 시청을 끝냈다. 미키와 존은 조금 뒤처져 있었다. 나는 그들에게 그들이 본 에피소드를 묻는 것을 좋아한다. 그들이 이야기를 좀 하면 나는 "아, 기억나"라고 말하며 그 다음 장면에 대해 말한다. "그 다음에 피터 루소가 죽고 그 다음은…."

"말하지 마!!!"

그들은 나로부터 멀리 떨어지면서 소리를 지른다. 사람들은 그런 걸 흔히 '스포일러'라고 부르는 것 같다.

프랜시스 언더우드Francis Underwood(〈하우스 오브 카드〉의 주인공. - 옮긴이)는 가장 독창적인 방법으로 상황을 이해하고 목표를 달성해내는 놀라운 능력을 가지고 있다. 특히 좋아해서 우리끼리 쓰는 대사가 하나 있는데 언더우드가 부통령 후보자 선출에 대한 내부적인 싸움에서 승리한 후에 린다 바스케즈 비서실장에게 하는 대사다.

"지금 이 순간만큼 그녀를 높게 평가해본 적이 없다. 그녀는 비록 졌지만 승리를 위해 싸웠다."

FA컵의 열기가 주말을 가득 채웠다. 우리는 3월의 두 번째 경기였던 FA컵 6라운드 경기를 위해 일주일 동안 준비했다. 우리는 선수들에게 힘든 경기가 될 수 있다고 말했다. 밀월은 비록 홈경기라는 이점은 있었지만 프리미어리그 세 팀을 탈락시켰기 때문이다. 또 그들로서는 잃을 것이 없는 만큼 자신감으로 가득 차 있을 것이다. 우리는 홈구장인 화이트 하트 레인에서 위컴비를 상대로 보여줬던 실수를 범해서는 안 된다.

최근 몇 주 동안 우리는 회복할 시간을 충분히 가졌다. 결과적으로 모든 선수들이 최상의 컨디션과 집중력을 유지했다. 지난 달 내가 선수들의 분발을 촉구하며 우리의 정체성에 대해서 그리고 우리가 잃어버리고 있는 것들에 대해 말한 것이 효과를 보고 있다.

밀월과의 컵경기에서는 특별한 분위기를 느낄 수 있었다. 그것은 화이트 하트 레인에서 펼쳐지는 마지막 FA컵 경기였다. 워밍업을 하는 동안 나는 드레싱룸에서 우리가 상대에게 허점을 보여줘선 안 된다고 말했다. 우리는 매우 진지하게 경기에 임했고, 휘슬 소리가 울림과 동시에 백 퍼센트 경기에 집중했다. (30분 정도 지난 후에 나온) 첫 골이 터지기 전에, 케인이 또 한 번 발목 부상을 당했다. 경기 시작 10분도 채 되지 않은 시점이었다.

그것이 축구다.

손흥민은 최근에 선발 출전하지 않았다. 나는 이 경기에서 그를 선발 출전시키고 에릭센을 벤치에 남겨뒀다. 에릭센은 케인이 계속 뛸 수 없게 된 지 5분 만에 몸을 풀기 시작했다. 만약 그 경기에서 내가 손흥민을 선발 출전시키지 않고 케인 대신 교체 투입했다면 그는 축구 선수들이 선발 출전하면서 드는 자신감을 느끼지 못했을지도 모른다. 종종 운이 게임의 향방을 가르기도 한다.

우리는 32번의 슈팅을 기록했고 손흥민의 해트트릭을 포함해 총 6골을 터뜨렸다.

알리는 왜 그가 모든 공격수의 환상적인 파트너인지 다시 한번 보여줬다. 첫 번째 시즌 그는 홀딩 미드필더에서 윙어까지 모든 포지션에서 뛰었지만, 이번 시즌에는 줄곧 케인의 뒤에서 뛰는 공격수로 활약하고 있다. 종종 램파드와 비교되고 있지만, 알리는 더 이상 미드필더가 아니다. 그는 패널티 박스 안에서 치명적인 결정력을 보여주고 있으며 언제나 열정적으로 전방을 노리는 선수다.

밀월에 승리를 거둔 우리는 이제 FA컵 우승까지 단 두 경기를 남겨두고 있다.

매 경기가 끝난 후, 경기에 나서지 않은 선수들은 경기장에서 강도 높은 훈련을 갖는다. 세 명의 피트니스 코치들이 우리가 가는 곳마다 휴대용 운동기구들을 준비한다. 명단에서 아주 제외된 선수들은 훈련장에서 유사한 운동을 한다. 이는 선수단의 모든 구성원이 비슷한 수준의 훈련량을 유지하는 것을 의미한다. 우리는 경기 결과가 좋지 않을 때도 가능하면 경기 다음 날은 선수들에게 휴가를 준다.

우리는 훈련장 주차장에서 케인을 다시 만났다. 자신을 데리러 온 파트

너와 함께 있던 그는 모든 동료들에게 "이전 부상만큼 심각하지 않다. 곧 돌아올 것"이라는 메시지를 보냈다. 케인은 한 달 넘게 경기에 나서지 못할 예정이다. 케인이 없는 사이 우리의 공격은 알리, 얀센(그는 밀월과의 경기에서 이번 시즌 오픈 플레이 첫 골을 기록했다)과 손흥민에게 달렸다. 이번 시즌 우리가 가장 부진했을 때는 케인이 부상으로 결장했을 때였다. 어디 한번 두고 보자.

우리는 케인이 다음 달 첼시와의 FA컵 준결승에 복귀할 것으로 보고 있다. 올 시즌 우리는 스탬포드 브리지에서는 그들에게 졌지만, 홈에서는 이겼다. 우리는 두 경기에서 서로 다른 포메이션을 가동했다. 첼시와의 경기는 우리가 어느 정도의 수준까지 올라섰는지 다시 한번 검증하는 무대가 될 것이다.

이번 달 중순부터 날씨가 좋아지기 시작했다. 아내와 함께 공원을 한 시간 반 정도 거닐었다. 이런 날씨를 자주 즐기고 싶은데 그럴 수는 없을까? 우리는 지난 몇 주 동안 무언가를 하고 싶었지만 시간이 비는 일요일에는 항상 그렇게 할 수 없는 이유가 있었다. 마우리의 경기가 있거나, 런던으로 차를 운전해서 나간다면 끔찍한 교통 체증을 겪게 될 것이 뻔하다. 그럼 지하철을 타야 하나? 그랬다가는 사람들이 우리를 금방 알아볼 것이다. 우리는 즉흥적으로 살 수 없다. 집에서 영화를 보는 건 어떨까? 마지막으로 극장에서 본 영화가 무엇인지 기억이 나지 않는다. 그러다 결국 우리가 찾은 대안은 축구였다. 우리는 축구를 보면서 시간을 보냈다. 나는 아내와 잘 맞는 사람이다. 한편으로 나는 별로 불평이 없는 편한 사람이기도 하지만 다른 한편으로는 꽤 섬세한 사람이기도 하다.

우리는 사우샘프턴과의 경기에 앞서 또 한 번 주중 경기 없는 일주일을 보냈고, 덕분에 팀 전체 업무와 선수 개개인에 대한 업무에 집중할 수 있었다. 목요일에는 팀 전체가 저녁 식사를 하러 나갔다. 내가 돈을 내고 싶었지만 케인과 알리가 끼어들었다. 결국 그들이 계산했다. 우리는 또 레비 회장과 새로 고용된 스카우트 팀장 스티브 힛츤_{Steve Hitchen}과 만났다. 힛츤은 우리에게 필요한 선수들에 대한 정보를 모아서 코칭스태프와 레비 회장에게 보고하게 될 것이다.

저녁 시간에 최근 챔피언스리그에서 맨시티를 탈락시킨 AS 모나코에 대해 많은 이야기가 오갔다. 우리는 전체 시즌을 돌아보는 관점에서 우리를 챔피언스리그에서 탈락시킨 모나코와의 경기를 다시 돌아봤다. 우리는 홈경기에서 경기를 지배했지만 결국 탈락을 피하지는 못했다. 그들은 깊숙한 위치로 내려가 수비를 함으로써 우리가 자신들의 진영으로 넘어오게끔 내버려두었다. 그리고 우리는 결정적인 두 번의 찬스를 놓쳤다. 원정경기에서는 경기 중 4~5번 변화를 줬다. 부상의 불운을 겪기도 했고 그로 인해 최정예 선수단을 가동할 수 없었다. 0-0 상황에서 우리에게는 경기의 흐름을 가져올 몇 차례의 기회가 있었지만, 우리는 페널티킥을 실축했고 결국 1-2로 패했다. 우리는 가장 안 좋은 시기에 가장 좋은 팀과 만났다.

우리는 유럽 대항전을 치르는 잉글랜드 팀들의 결과를 다시 한번 돌아봤다. 다른 관점에서 그것에 대해 생각해봤다. 유럽 대항전에서 성공하는 것이 어려운 잉글랜드 리그에는 어떤 특징이 있는가? 대부분의 다른 유럽 국가에서 쓰는 방식으로는 프리미어리그에서 상대를 지배하기 어렵다. 이곳은 다른 리그에 비해 경기가 훨씬 더 개방적이고 특유의 롱볼이 경기 중 계속해서 혼란스러운 상황을 만들어낸다. 팬들은 템포가 빠르고 공수가 자주 전환되는 경기를 보고 싶어 한다. 경기의 리듬이 빠르다 보니 선수들이 느끼는 피로도가 올라가고 이로 인해 많은 실수가 나온다. 경기 스타일뿐만 아니라, 심판의 스타일도 유럽의 다른 국가들과 다르다. 우리는 그 격차를 좁혀야 할 필요가 있다.

나는 할 수 있을 때마다 조금이라도 운동을 한다. 우리는 최근 선수들과 족구 시합을 했다. 토니, 요리스, 윙크스가 한 팀이었고 미키, (이전보다 몸 상태가 좋아져서 훈련 복귀가 임박했다고 말한) 라멜라 그리고 내가 한 팀이었다. 오랫동안 하지는 못했다. 아르헨티나에서는 선수들과 족구를 하는 것이 매우 흔한 일이었고, 에스파뇰에서도 그렇게 자주 놀곤 했다. 토니는 내가 속임수를 썼다고 말했다. 그래서 항상 우리는 말다툼을 하게 된다. 나는 족구를 하고 나면 며칠 동안 몸 전체에 통증을 느끼기도 한다.

같은 날, 에스파뇰 시절의 마지막 시즌 동안 피트니스 코치를 담당했던 에두아르도 도밍게스 Eduardo Domínguez 가 우리를 방문했다. 미겔 앙헬 로티나가 감독이었을 때였는데, 사실 에두아르도는 당시 내가 팀을 떠난 것에 대해 일부 책임이 있는 인물이다. 그날 오후에 우리는 그때까지 언급되지 않았던 몇 가지 진실에 대한 대화를 나눴다. 다른 사람이 책임을 져야 하는 상황인데 도리어 내가 욕을 먹었다. 나는 드레싱룸을 관리하면서 감독을 상대로 음모를 꾸몄다는 비난을 받았다. 나는 그것이 매우 힘들었다. 나에 대해 많은 험담이 오갔다. 지금도 그 일을 자주 돌아보는 것은 아니지만 그것을 다른 관점에서 볼 수는 있다. 내가 지금 이곳에 있는 이유는 그때 내가 팀을 떠났기 때문이다. 나와 에두아르도는 그 과정을 거쳐서 새로운 사람이 됐다.

우리는 이달 마지막 경기인 사우샘프턴과의 홈경기를 앞두고 케인의 공백에 대한 해답을 찾기 위해 분주했다. 이러한 상황에 처할 때면, 우리는 온갖 물건으로 뒤덮인 사무실에서 흥분과 우려가 뒤섞인 분위기 속에 논의한다. 우리의 자원을 최대한 활용할 수 있는 방법을 찾기 위해서는 어떻게 접근해야 할까? 다른 사람이라면 어떻게 할까? 우리는 그 계획을 의논하고 시각화하려 노력한다.

우리는 예전 맨시티와의 경기에서 손흥민을 9번 자리에 기용했고, 그는 그 역할을 훌륭하게 소화해냈다. 케인은 움직임이 좋아 어느 위치에 가든 골을 넣을 수 있는 스트라이커다. 그는 폭발적인 스피드를 가진 선수는 아니지만 추진력이 대단한 선수로 팀을 돕고 상대방을 위협할 수 있는 선수다. 손흥민은 케인과는 정반대 성향을 지니고 있다. 그는 더 빠르고 더 활동적이며 특히 일대일 상황에서 상대 수비를 파고드는 데 더 적합한 능력을 갖추고 있다. 그는 팀에 케인과는 다른 퀄리티를 안겨주는 선수다.

우리는 어떤 스트라이커를 활용하느냐에 따라 팀 전체를 변경하지 않는다. 우리는 계속해서 3백을 쓰고 있는데, 이것이 현재 우리 팀에서 경기력이 좋은 선수를 최대한 활용할 수 있는 방법이기 때문이다. 다이어, 베르통언 그리고 알데바이렐트를 선발 출전시키고 그것에 맞춰 시스템을 구성해야 한다. 이렇게 할 경우 윙백들이 더 많은 공간을 활용하면서 우리의 가장 강력한 공격 루트를 만들 수 있다. 이로써 자유를 부여받게 된 알리는 그의 재능을 만개시키고 있다. 지난 시즌 우리는 공격할 때 3-4-3 대형을 갖추었고, 수비할 때는 두 명의 센터백을 두었지만 필요에 따라 홀딩 미드필더 다이어를 후방으로 내려 언제든 3백을 형성하기도 했다. 지금의 3-4-3은 선수들의 발전에 의한 것인데, 특히 다이어는 3백 중 가운데에서 탁월한 모습을 보여주고 있다.

완야마는 우리 전술의 조각을 맞추는 데 있어 큰 도움이 된다. 그는 완벽한 선수다. 그는 이번 시즌에 리그에서 모든 시간을 뛰었을 뿐만 아니라 그가 팀에 합류한 후 우리가 화이트 하트 레인에서 치른 14번의 홈경기에서 12승 2무를 거두는 데 큰 기여를 했기 때문이다. 그는 볼이 있을 때도 볼이 없을 때도 아주 중요한 선수다. 상대의 볼을 뺏는 능력, 패스 성공률, 태클 성공 등의 분야에서 보면 그는 프리미어리그 톱 10에 드는 선수다. 또 그는 우리 중원의 빈 공간을 메우면서 공격수들이 좀 더 편하게 공격에 전담할 수 있도록 도와준다. 그는 경기 중에 복잡한 패스를 해서 동료들을 혼동시키는 일이 없고 끝없이 상대를 압박한다.

전반이 거의 끝나갈 무렵 우리는 에릭센의 선제골에 이어 알리가 페널티 킥 골을 넣으면서 승부를 거의 결정지을 뻔했다. 그들이 추격골을 넣었음에도, 우리는 후반전 경기를 더욱 더 지배했다. 물론 결과에 대해 크게 걱정하지는 않았다. 후반전 15분을 남긴 상황에서 윙크스가 손흥민을 대신해 투입됐다. 알리는 86분 얀센이 투입되기 전까지 센터 포워드로 뛰었다.

2-1 승리 후에 우리는 첼시에 승점 10점이 뒤진, 아스널에는 9점 앞선 2위로 A매치 기간을 맞이하게 됐다. 다른 팀들이 우리보다 한 경기 덜 치른 상황이다. 특히 리버풀과 맨시티는 우리를 바짝 추격하고 있다. 우리는 처음으로 홈경기에서 10연승을 거두며 다시 한번 역사를 만들었다.

가족이 기다리고 있는 방으로 가는 도중에, 나는 창밖을 통해 새로운 경기장이 건설되는 현장을 바라보았다. 그것은 마치 껍질을 깨고 나오는 거대한 동물 같았다. 아직은 천천히 조용하게 형태를 갖춰나가고 있다. 드레싱룸을 디자인하는 작업에는 코칭스태프도 동참했다. 우리는 드레싱룸을 더 기능적으로 만들어줄 수 있는 것이 무엇인지 그리고 어디에 어떤 것들이 위치하길 바라는지에 대해 질문을 받고 답을 했다.

그 대화는 우리에게 에스파뇰의 새로운 경기장을 건설하는 동안에 있었던 일들을 떠올리게 해줬다. 유일한 차이점이라면 에스파뇰의 새 경기장에는 더 적은 예산이 투입됐다는 점이다. 우리는 클럽의 기반 시설을 개선하기 위해 많은 시간을 보냈다. 또 물리 치료실, 체육관, 휴게실, 새로운 부엌, 작은 개인 식당 등을 마련해 달라고 했는데, 이 모든 것은 많은 돈이 들지 않는 부분이었다. 언론에서는 우리가 팬들로부터 그들의 클럽을 격리하고 있다고 주장한다. 시설에 대한 존중은 영국과 스페인의 가장 큰 차이점 중 하나다.

경기 후에, 카리나와 나는 아이들과 함께 바르셀로나로 향했다. 바르셀로나에서 다음 주말까지 머무를 예정이다. 적당한 시점이다. 최근에 가진 알프스, 아르헨티나로의 여행에서 나는 가족을 두고 떠났다.

바르셀로나에 있는 아파트 정원에서 쉬고 있는 동안, 나는 요리스의 인터뷰가 실린 링크를 받았다. 그가 말했다.

"나의 운명은 포체티노 감독과 이어져 있다."

그의 계약은 2022년까지 연장됐고, 그의 급여는 클럽의 내부 규정에 따라 레비 회장이 결정했다. 그 계약은 기본급에 더해 꽤 높은 퍼센트의 보너스를 포함한다. 레비 회장은 우리가 얼마나 멀리 내다보며 나아갈 수 있는지, 때때로 왜 일이 잘 풀리지 않는지를 아는 유일한 사람이다. 그는 어려운 일을 하고 있다. 예를 들어 잉글랜드에서 감독들은 선수들이 이적료 없이 떠나는 것을 원하지 않는다. 감독들의 입장에서는 계약 기간이 얼마 남지 않게 함으로써 선수들을 동기 부여할 수 있는 측면도 있지만 말이다.

토니는 휴가를 활용해 아픈 여동생을 만나러 갔다. 그는 고통을 겪고 있지만, 마음속으로 인내하며 견뎌내고 있다. 선수에게 문제가 있을 경우 감독은 그에 즉시 반응하여 상황을 이해하고 또 해결책을 찾아야 한다. 그러나 코칭스태프에게 이런 일이 생길 때면, 그저 속으로 시름하며 계속 싸워나가는 방법 외에는 다른 길이 없다.

바르셀로나에서 친구들과 두세 번 저녁을 먹으러 나갔는데 파르가 레스토랑(바르셀로나에 위치한 레스토랑 – 옮긴이)에서 우연히 주젭 마리아 바르토메우 바르셀로나 회장을 만났다. 우리는 15년 동안 서로 알고 지냈고, 우리의 아이들은 같은 학교에 다녔다. 그는 사실 사우샘프턴에 위치한 항구 건설 현장에 관여했고, 때때로 우리는 그 도시에서의 경험에 대해 이야기를 나눠왔다. 우리는 서로 포옹을 나누고 약 10분 동안 우리가 사용하는 3-4-3 포메이션, 바르셀로나가 때때로 사용하는 3-4-3 포메이션, 루이스 엔리케가 유벤투스전에서 그러한 전술로 경기에 나설지에 대해 토론했다. 그는 내게 바르셀로나 VIP석에 입장할 수 있는 티켓을 건네줬다.

나를 둘러싼 바르셀로나 감독직에 대한 소문에도 불구하고, 나는 그들이 찾고 있는 감독에는 맞지 않는다. 그것에 대해서는 할 말이 많지만, A매치 기간이 끝난 후 열린 기자회견에서 나는 기자들에게 에스파뇰 출신인 내가 바르셀로나 감독이 되는 것은 지금 내가 아스널로 가는 것과 마찬가지일 거라고 말했다. 그것은 심지어 레비 회장이 나를 해고한다고 해도 불가능할 것이다. 나는 충성심을 정말 중요하게 생각하는 사람이다.

토트넘 훈련장으로 돌아왔다. 그러고 나서 놀랍고, 달갑지 않은 소식을 듣게 됐다. 라멜라가 고관절 수술을 받게 될 것이라는 소식이었다. 그는 지난 10월 25일부터 경기에 나서지 못하고 있으며, 심지어 회복 기미가 보일 때도 통증이 계속되고 있었다. 그는 믿을 만한 의사의 진찰을 받기 위해 로마로 가기로 결심했고, 두 달 후 훈련을 위해 돌아왔다. A매치 기간이 끝나기 전에 우리는 그가 얼마나 회복되었는지에 대해 대화를 나눴다. 때때로 그는 준비 운동을 하면서 훈련에 참가했지만, 4~5차례 훈련이 끝나고 나면 참을 수 없는 불편함을 느꼈다. 운동선수의 몸은 때로 이해할 수 없을 때가 있으며, 때로는 아주 연약하기도 하다. 우리는 남은 시즌 동안 그를 출전시킬 수 없을 것이다. 그의 시즌은 끝났다.

번리전까지 며칠 남지 않은 상황에서 빅터 완야마를 지도하는 스탠리오크미Stanley Okumbi 케냐 대표팀 감독이 우리를 방문했다. 우리는 그 놀라운 나라로 여행을 가기로 결정했다. 마침 훈련 중인 선수가 4명밖에 없는 상황이었기 때문에 그것은 머리를 식힐 기회였다. 나머지 선수들은 하나둘 A매치 경기를 치른 후 팀에 복귀하고 있었다. 그들 중 일부는 경기 하루 전날 복귀할 예정이다. 선수들이 A매치에서 어떤 상태로 복귀하는지는 우리가 아무리 노력해도 알 수 없는 일이다. 그것이 우리가 A매치 기간 이후 주로 경기 당일 날에야 선발 라인업을 결정하는 이유다.

하지만 우리는 전반적으로 행복한 상황이다. 어떤 시즌이든 팀에게 전환점이 될 만한 순간이 한두 차례 정도는 찾아온다. 우리는 전보다 덜 치열한 일정과 우리의 스타일에 대한 이해, 또 중간중간 취한 휴식 덕분에 경기력, 강도, 태도의 측면에서 모두 정상궤도에 올랐다고 느꼈다. 다음 달에 우리는 눈에 띨 정도로 더 나아질 것이다.

4월

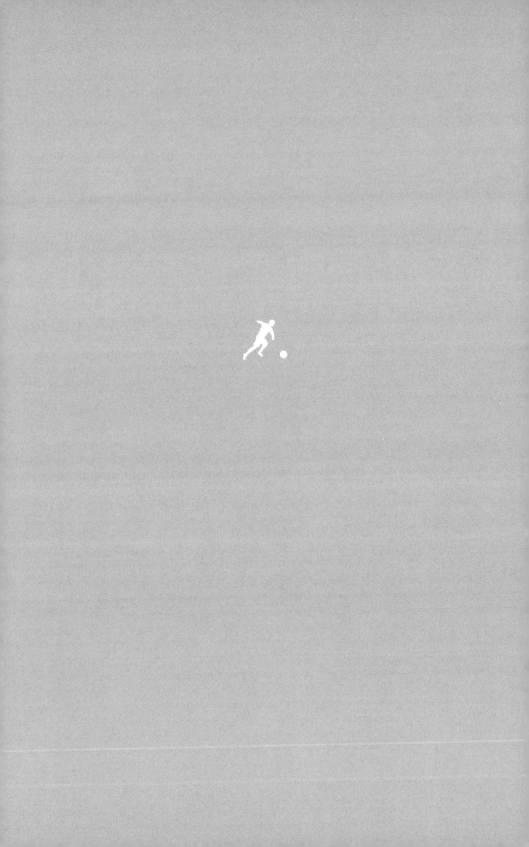

운명의 달이 다가왔다. 더 이상 숨을 곳이 없다. 최고가 누군지, 토트넘이 정말 오르막길을 가고 있는지를 확인하게 될 시간이었다. 4월에 열릴 6번의 리그 경기와 첼시와의 FA 4강전에서 무너져내린다면, '마우리시오 포체티노의 길'이 평가절하될 수도 있었다. 사람들은 역시 그것이 토트넘이고, 아무도 그것을 바꿀 수 없다고 말할 것이다.

볼을 소유했을 때와 그렇지 않을 때 모두 축구를 할 수 있다. 보다 구체적으로 말하자면, 만약 우리가 압박과 투쟁심 없이 수동적으로 플레이했다면 우린 별 볼 일 없었을 것이다. 이 생각은 번리전을 앞두고 기자회견 중에 한 질문을 받았을 때 떠올랐다.

"무사 뎀벨레를 정의한다면 어떤 선수라고 하시겠습니까?"

나는 항상 뎀벨레에게 말한다.

"무사, 언젠가 내가 책을 쓴다면, 너는 내가 운 좋게 만났던 마라도나, 호나우지뉴, 제이 제이 오코차Jay-Jay Okocha 그리고 이반 데 라 페냐 같은 천재 중 한 명으로 소개될 거야."

나는 그렇게 대답했다. 만약 우리가 그를 18세에 계약했다면, 그는 세계 최고의 선수 중 한 명이 될 수 있었을 것이라는 생각도 한 적이 있다. 28살의 나이에는 그 전까지 아무도 바로잡지 않은 습관을 고치는 일이 더 어렵다.

뎀벨레와 나는 그 부분에 대해 더 깊이 있는 대화를 나눴다. 처음 만났을 때 그는 자신이 발전해야 하는 부분을 알고 있다고 말했지만 실제로는 그렇지 않았다. 그는 다른 많은 사람들이 그렇듯 축구를 하기 위해서는 많은 준비가 필요한 게 아니라는 잘못된 생각을 하고 있었다. 그런 상황에서도 그는 마치 좋은 와인이 숙성하듯 지난 수년간 두드러지는 발전을 이뤄냈다. 얀 베르통언은 30세의 나이에 본인 커리어 최고의 활약을 하고 있는데, 이는 뎀벨레와 유사하면서도 또 다른 좋은 예다. 뎀벨레는 시즌 첫 4경기에 결장했지만, 팀에 돌아온 후로 팀의 핵심 선수가 됐다. 일취월장한 그는 언제부터인가 일주일에 두 경기를 뛰고도 일관성 있는 경기력을 보여주고 있다. 몸 상태가 좋을 때면 그의 강한 힘과 플레이는 우리에게 큰 도움을 준다.

그러나 번리전에서 그는 벤치에 앉아 경기를 시작할 것이다.

* * *

어제 나는 경기에 나설 열한 명의 선수를 이미 결정했다. 그러나 오늘까지 발표하지 않았다. 우리는 이번에도 3백으로 경기에 나서기로 했다. 얀센은 네덜란드에서 걸린 독감으로 백 퍼센트의 몸 상태가 아니었지만 그래도 그를 출전시키기로 했다. 우리는 그에게 에너지가 다 떨어질 때까지 플레이하라고 주문했다.

전반전은 특히 어려웠다. 우린 날카로운 순간도, 위험한 상황도 만들어 내지 못했다. 점유율을 영리하게 유지하지도 못했다. 그들은 매우 촘촘하게 수비를 펼치고 있었고 우리는 포메이션을 바꿔야만 했다.

완야마가 30분이 채 지나가기도 전에 등 부상을 당했다. 그는 등에 충격을 입은 후에도 계속 뛰었지만 더 오래 뛸 수 있는 상태가 아니었다.

43분에 뎀벨레가 완야마를 대신해서 투입됐다.

44분에 윙크스의 발목이 꺾였는데 큰 부상처럼 보였다. 시소코가 투입됐다. 선발 출전한 두 명의 미드필더들은 전반전이 끝나기도 전에 뒤로 물러서서 플레이해야 했다. 결국 전반 마지막 몇 분 동안 우리는 간신히 진형을 유지할 수 있었다. 하프타임에 몇 가지 변화를 줘야 했다.

미키가 내게 팰리스가 스탬포드 브리지에서 첼시를 이기고 있다고 말했다. 그 경기는 우리와 같은 시간에 시작했다. 파브레가스Fabregas가 선제골을 넣었지만 11분까지 2-1로 원정팀이 이기고 있었다. 놀라운 상황이었다.

우리는 득점 없이 전반전을 마쳤다. 나는 다이어를 센터백에서 미드필더로 바꿨다. 경기장을 가로질러 터널로 향하는 동안 나는 그에게 말했다.

"공격할 때는 미드필드 지역에서 뎀벨레 바로 뒤에서 플레이해. 수비할 때는 세 번째 센터백처럼 뒤로 물러서."

드레싱룸으로 돌아가서, 나는 선수들에게 어떻게 플레이해야 하는지 설명했다. 우리는 공이 없는 상황에서 더 압박을 해야 했다. 풀백인 트리피어와 데이비스를 이용해 넓게 플레이하면서 상대 팀 후방으로 침투하는 방법을 생각했다. 그 두 선수는 이전에는 주전이 아니었지만 빠른 속도로 발전했다. 이제는 그들이 보여줄 차례다.

후반전 우리는 더 좋은 경기력을 보여줬다. 상대 팀의 페널티 에어리어로 향하는 길을 더 쉽게 찾아냈고 위험한 상황을 만들어냈다. 우리는 상대 수비수들을 양 측면으로 끌어냈고, 결국 상대 수비의 틈이 벌어지기 시작했다. 우리의 순간이 다가오고 있었다.

다이어의 골! 코너킥 상황에서 페널티 에어리어를 향해 볼이 이어졌고 다이어가 5미터 거리에서 날린 슈팅으로 골을 성공시켰다. 1-0.

그 골 덕분에 우리는 침착함을 되찾았고 이후 안정감 있게 경기를 운영하게 됐다. 상대 팀은 애를 먹기 시작했다.

73분, 얀센이 좋은 움직임을 보였지만, 그는 더 이상 뛸 수 없는 상황이었다.

손흥민이 얀센을 대신해 경기에 투입됐다. 그는 한국에서 온 지 얼마 되지 않아 아직 시차 적응 중이었다.

우리는 곧바로 좋은 기회를 얻어냈다. 손흥민이 알리에게 볼을 전달했지만, 알리가 기회를 날려버렸다. 잠시 후 볼이 알리에게 이어졌고 그는 손흥민에게 패스했다. 골! 경기는 13분이 남았고, 2-0이 됐다.

경기 종료 휘슬이 불리기 직전이었다. 어떻게 들었는지는 말해줄 수 없지만(허용되지 않는 방법이었기 때문에) 첼시가 여전히 1-2로 지고 있었고, 맨체스터 유나이티드는 비기고 있다는 소식이 전해졌다.

경기가 끝났다. 드레싱룸으로 들어갔다. TV가 켜져 있었다. 스탬포드 브리지의 경기는 여전히 진행 중이었고, 추가 시간이 7분 주어졌다. 크리스탈 팰리스는 그들 지역에서 수비에 집중하고 있었고 골문을 단단하게 지키고 있었다. 경기 종료! 우리는 첼시와의 승점 차이를 7점 차로 좁혔다.

경기 후 기자회견에서 나는 말했다.

"만약 첼시가 승점을 더 얻지 못한다면, 우리는 그들을 따라잡을 수 있다. 나는 선수들에게 늘 우리는 영리한 팀이고, 지난 시즌에 배운 것을 보여줘야 한다고 이야기한다. 프리미어리그는 올 시즌 더욱 치열하지만, 우리는 우승 경쟁을 이어가고 있다."

나는 그날 저녁 집으로 돌아와서 질 좋은 아르헨티나산 와인 한 병을 땄다.

4월 2일, 오늘, 라멜라가 엉덩이 수술을 받았다. 이후 적절한 시점에 다른 한쪽 엉덩이도 수술을 받을 예정이다. 바르셀로나에서 치료를 받고 로마에서 진료를 받는다는 사실이 이적설을 부추길 수도 있겠지만 그가 어디로 가겠는가? 라멜라는 다시 축구장으로 돌아와야 한다. 그것이 가장 우선순위다. 그는 최소한 7개월 혹은 8개월 동안 훈련할 수 없을 것이다.

1년 반 전에 우리는 한 공격수를 영입할 뻔했지만, 그의 몸에서 문제점을 발견한 터라 위험을 감수하고 싶지 않았다. 이런 상황이 발생하면 결국은 그 대가를 지불해야 한다. 라멜라를 잃었지만 우리의 강점은 개인이 아닌 팀에 있다.

대니 로즈 역시 문제가 있었다. 그는 이번 달 말부터 다시 훈련에 나서고 있지만, 지난 1월부터 경기에 출전하지 못하고 있다. 나는 그와 저녁 때 만난 적이 있다. 당시 그와 같은 포지션에서 뛰는 루크 쇼의 이적설이 돌았다. 그는 내게 "이거 진짜인가요?"라며 메시지를 보냈다.

나는 "왜? 질투 나?"라고 대답했다. 로즈는 아침 7시에 훈련장에 와서 밤 10시가 넘어서 돌아갔다. 우리 둘은 모든 것에 대해 마음을 터놓고 이야기했다. 우리가 가진 꿈을 공유했고, 가족에 대해서도 이야기했다. 나는 그에게 내가 하고 있는 몇 가지의 투자에 대해서도 이야기했고, 심지어 그가 돈을 어떻게 쓰면 좋은지에 대해서도 조언해줬다. 나는 그가 본인의 미래에 대해 무슨 결정을 내리든지 간에 지지할 것이라고 이야기했다.

누군가는 팀이 저절로 만들어지는 것처럼 느껴질지도 모르지만, 헤수스와 우리 직원들은 팀을 최고 수준으로 유지하기 위해 개별훈련 일정 등을 조정하며 자신의 역할을 다 하고 있다. 우리는 선수들이 퇴장이나 징계를 당하는 것을 최대한 피하면서 모든 선수가 출전 가능할 수 있도록 관리하기 위해 노력하고 있다. 전술적인 훈련은 우리에게 얼마나 많은 시간이 있는지에 달려 있다. 우리는 이번 주에 3경기를 가질 예정인데, 번리와의 첫 번째 경기는 따로 준비할 시간이 없었다. 다음 경기는 내일 강등을 피하기 위해 싸우고 있는 스완지전이었고 마지막으로 왓포드와의 호락호락하지 않은 경기가 남아 있다.

첼시와의 FA컵 4강전까지 3번의 경기가 남아 있었다. 그들과 FA컵에서 만나기 전에 리그 승점 차이를 줄일 수 있다면 우리에게는 가장 좋은 상황이 될 것이다. 첼시는 맨시티와의 홈경기를 앞두고 있었다. 안토니오 콘테는 자기 팀 선수들에게 토트넘만이 유일한 선두 경쟁자이고 우리가 남은 모든 경기에서 승리할 수 있기 때문에 앞으로 절대 실수하면 안 된다고 말했다고 한다.

* * *

경기 일정이 많이 몰려 있을 때는 모든 것이 매우 빠르게 진행된다. 그래서 다음 경기와 그 밖의 작은 일들에 대해서만 생각할 수 있다. 심지어 체육관에 갈 수 있는 시간도 없다.

스완지전 경기 당일 오전, 우리는 공항에서 만났다. 이번 경기는 존 맥더못도 우리와 함께 가게 됐다.

처음으로 팀원들과 웨일즈 원정을 떠났을 때, 모두가 클럽에서의 자신의 역할에 대해 더 잘 이해하는 데 도움이 되는 일이 있었다. 코르테제 회장이 사우샘프턴의 원정에 동행했을 때의 일이었다. 지금은 크리스탈 팰리스에 있는 제이슨 펀천Jason Puncheon이 코르테제 회장에게 휴가 잘 다녀왔는지를 물었다. 나는 내 귀를 믿을 수 없었다. 나는 두 사람에게 선수가 회장에게 개인적인 질문을 하는 것은 적절치 못한 일이며, 지금은 그럴 상황이 아니라고 분명하게 말했다. 모든 것은 나를 통해 진행되어야 한다.

윙크스는 발목 부상을 입어 전력에서 제외됐다. 완야마는 원정에 동행했지만, 오후에 휴식을 취한 후에 그의 선발 출전 여부를 결정하기로 했다.

카디프에 착륙해서 스완지로 향하는 버스로 갈아탈 때 요리스가 컨디션이 좋지 않다고 말했다. 그는 호텔에 도착해서 낮잠을 잔 후에 한결 나아졌다. 경기 브리핑이 끝난 후 요리스가 토니에게 다시 현기증이 난다고 이야기했고, 결국 우리는 그를 남겨두고 나갔다. 등 부상이 지속되고 있는 완야마에게도 같은 상황이 벌어졌다. 그에게 휴식을 더 주고 왓포드전을 준비할 수 있게 하는 편이 나았다. 헤수스는 완야마, 라멜라, 케인이 이탈하여 우리 스쿼드가 불안하다고 느꼈다. 로즈도 빠진 상태였기에 우리는 4백을 운용하면서 다이어를 미드필드에 세우기로 결정했다. 이건 젊은 선수들에게는 새로운 실험이었다. 우리는 스완지에서 익숙한 얼굴을 많이 만났다. 나이젤 깁스Nigel Gibbs는 우리의 U-19 팀 코치였고, 칼 할라비Karl Halabi는 유소년 아카데미 피지컬 퍼포먼스 담당자였다. 나는 카일 노튼Kyle Naughton, 톰 캐롤, 호르디 아마트 그리고 질피 시구르드손Gylfi Sigurdsson과 포옹을 나눴다. 시구르드손에게는 그가 토트넘에 머물지 못하게 된 것에 대해 아쉽다고 이야기했다. 그는 우리 스타일에 완벽하게 어울리는 선수였기 때문이다.

우리는 전반 5분 만에 두 번의 좋은 기회를 만들어냈다. 그러나 그 후 시동을 꺼버린 듯했다. 스완지가 몇 차례 코너킥을 얻었고 우리는 점유율을 제대로 살리지 못하고 있었다. 빌어먹을. 스완지가 전반 11분 만에 균형을 깼다. 토트넘 출신인 웨인 라우틀리지Wayne Routledge의 득점이었다. 혹시 쉬운 경기가 될 것이라고 방심했던 것일까?

강등권 한 계단 위이자 최하위인 20위로부터 뒤에서 4번째 팀인 스완지는 자신감을 갖고 경기를 했다. 그들은 촘촘하게 진형을 유지하며 우리에게 공간을 내주지 않았다. 우리는 공격을 위한 움직임을 제대로 가져갈 수 없었다. 활력과 예리함이 부족했고, 우리의 방식대로 경기를 이끌어가지 못했다.

결국 우리는 0-1로 뒤진 채로 하프타임을 맞이했다. 나는 선수들에게 말했다.

"포메이션을 바꿔야겠어. 우리는 전진을 제대로 못하고 있어. 스완지의 롱볼을 걱정한 나머지 평소보다 약 10미터는 내려와서 수비하고 있어."

내가 직접 선수들에게 지시를 내린 이후, 헤수스가 세트피스 상황과 실점 상황에 대해 짚어주면서 포지션을 잘 지키는 것에 대해 강조했다. 종종 우리는 하프타임에 시간을 너무 많이 써서 너무 늦게 경기장으로 돌아오다가 벌금을 내기도 했다. 나는 이번에도 그렇게 되지 않도록 주의했다.

스탬포드 브리지에서는 흥미로운 경기가 진행 중인 것 같았다. 헤수스는 첼시가 2-1로 이기고 있긴 하지만 아직 경기 향방을 알 수 없다고 말했다. 맨시티가 공격을 이어가고 있었다.

스완지는 깊이 내려앉아서 수비를 했고, 우리는 그들의 뒷 공간으로 파고 들어가는 데 어려움을 겪었다. 매번 정확성이 부족했다. 우리는 그래도 계속 공격을 시도했고, 몇 명의 선수들을 재배치했다. 시소코를 왼쪽 측면에 배치했다가 다시 중앙으로 옮겼다. 우리는 지금까지 교체 카드 두 장을 사용했다.

시소코를 빼고 얀센을 투입했다. 에릭센을 더 후방으로 이동시켰고, 손흥민을 얀센과 가까이서 플레이하도록 했다. 손흥민은 오른쪽, 후방, 왼쪽으로 이동하며 플레이했다.

우리는 총 5가지의 포메이션을 시도했다. 경기가 끝난 후에 우리는 이 경기를 보러 온 스카우트는 이 경기에서 벌어진 일을 설명하기 위해 고생 좀 할 거라고 농담하기도 했다.

스완지 골키퍼 파비안스키Fabianski가 부상을 당했다. 그는 치료를 받았지 만 교체되지 않고 계속 뛰고 싶어 하는 것 같았다. 결국 교체된 그는 기분 이 좋아 보이지 않았다. 이 상황은 7분간 지속됐다.

경기 종료까지 2분이 남아 있었고, 우리는 지고 있었다. 첼시는 여전히 2-1로 이기고 있었다.

그래도 우리는 전방으로 롱볼을 투입하는 전술을 쓰지는 않았다. 우리 는 볼을 좌우로 뿌리며 상대의 공간 사이를 파고들려고 노력했다. 우리의 움직임은 훌륭했다. 우리의 스타일을 지키면서 동점을 만들기 위해 노력 했다.

88분, 드디어! 에릭센이 페널티 지역에서 슈팅을 날렸고, 알리가 발을 갖다 대며 마무리지었다. 1-1.

힘내자! 우린 다시 승리할 수 있는 상황을 만들었고, 선수들은 경기를 빨리 재개하기 위해 볼을 골문 안에서 주워왔다.

91분. 골! 손흥민! 페널티 박스 밖에서 얀센에게 볼이 이어졌고 얀센은 그 볼을 재빨리 손흥민에게 연결했다. 손흥민은 논스톱 슈팅으로 골을 성 공시켰다. 나는 기뻐서 펄쩍 뛰었다. 그 외에 내가 뭘 할 수 있었겠는가?

우리 골키퍼인 봄이 코너킥 상황에서 부상을 입었다. 알더바이럴트가 봄 위로 넘어지면서 봄의 무릎과 발목에 부상이 생긴 것 같았다. 토니의 표정은 아마도 이번 시즌 남은 일정 동안 그가 출전할 수 없다고 말하는 것 같았다.

94분. 알리의 환상적인 패스! 에릭센, 제발! 그는 수비수를 제친 후에 골을 성공시켰다. 믿기 힘든 세 번째 골이었다! 모든 선수들이 놀라운 여행을 경험하고 있는 팬들에게 곧바로 달려갔다. 그들도 우리도 모두 환호하고 있었다. 결국 그 경기는 5분 동안 속사포 같은 3골이 터진 후에 3-1로 끝났다.

경기가 끝난 후, 나는 서포터들에게 인사하기 위해 직접 그들 앞으로 다가갔다. 평소에는 잘 하지 않는 일이다. 그들 모두 행복해하는 모습을 보는 건 정말 즐거운 일이었다. 내가 토트넘 감독에 부임한 이래 우리는 지고 있던 상황에서 53점의 승점을 얻었고, 이번 시즌 그 기록에서는 리그 내 1위를 달리고 있었다. 또 이번 시즌 우리는 프리미어리그에서 최다 득점과 최소 실점 그리고 최소 패배를 기록하고 있었다. 또 지난 두 시즌 동안 다른 어떤 클럽보다 많은 승점을 달성했다. 스완지와의 경기는 점유율 측면에서 이번 시즌의 가장 일방적인 경기 중 하나였다. 때때로 우리의 점유율이 80퍼센트가 넘는 상황도 있었으며, 지고 있음에도 포기하지 않았다. 그것은 우리가 어떤 팀인지를 보여주는 것이자, 우리가 분명히 발전하고 있음을 보여주는 증거였다.

몇몇 부분에서 조금만 더 잘한다면….

우리는 스완지의 감독인 폴 클레멘트Paul Clement와 인사를 나눴다. 나는 그를 응원하고 싶었다. 그들은 강등당할 만한 팀이 아니었다.

기자회견에서 나의 메시지는 명확했다.

"가장 중요한 것은 팀의 배지Badge다. 팀을 위해 뛸 때 중요한 것은 클럽의 이름이 아니라 팀 그 자체이다. 이번 시즌에 우리가 보여준 것은 우리가 팀이라는 사실이다. 나는 사람들이 우리 클럽과 클럽의 역사에 대해 이야기하는 것에는 관심이 없다. 이번 시즌, 우리는 다시 우승을 위해 싸우고 있고 잘 해내고 있다."

* * *

케인이 돌아왔다. 언론에서는 그가 이달 말에 돌아올 것이라고 예상했다. 우리는 케인 없이도 승리했지만, 이제 우리의 상대 팀에게는 문제가 하나 더 추가된 셈이다.

* * *

4월 8일, 이번 주의 세 번째 경기인 왓포드전이 화이트 하트 레인에서 펼쳐졌다.

알리가 다시 한번 우리 팀의 첫 골을 기록했다. 그는 다음 주에 21세가 된다. 그는 현재까지 26골 14어시스트를 기록하고 있는데 이는 호날두가 같은 나이에 기록했던 14골 13어시스트보다 더 좋은 기록이다. 또 다른 통계 자료에 의하면, 알리는 램파드, 제라드 그리고 베컴이 그 나이까지 기록한 골을 모두 합친 골(40골)을 기록했으며 유럽의 5대 리그 21세 미만 선수들 중 최다득점(16골) 선수다. 무하마드 알리Muhammad Ali는 '나비처럼 날아서 벌처럼 쏜다'는 말을 남겼는데, 델레 알리 역시 그렇게 할 수 있다면 좋겠다.

다이어와 손흥민이 좋은 활약을 했다. 특히 손흥민은 두 골을 기록했다. 결국 우리는 4-0으로 승리했고 선수들은 경기장에서 승리를 즐겼다. 나는 늘 그렇듯 테크니컬 에어리어에서 선수들을 기다리다가 그들을 안아 줬다.

우리 선수진은 그 어느 때보다도 더 단결된 모습이다.

첼시는 우리보다 한 경기를 덜 치른 상태에서 승점 4점을 앞서 있었다. 그들은 오늘 오후에 본머스 원정경기를 치를 예정이다.

＊＊＊

첼시가 3-1로 승리했다. 우리 두 팀의 승점 차는 다시 7점 차가 됐다.

＊＊＊

4월 9일. 우리는 스팅의 공연을 보러갈 수 없었다. 이번 주는 굉장히 혼란스러운 한 주였다.

＊＊＊

나는 에드가르도 바우자Edgardo Bauza(아르헨티나 전 대표팀 감독. 남미 예선에서의 부진을 이유로 2017년 4월 경질됐고, 후임으로는 세비야를 이끌었던 삼파올리Sampaoli가 부임했다. - 옮긴이)의 뒤를 이을 아르헨티나 국가대표 감독 후보 중 한 명으로 지목됐다. 나의 이름을 이런 영광스러운 명단에서 보는 것은 굉장히 자랑스러운 일이었다. 그렇지만 나는 현재 이곳에서 내 프로젝트에 헌신하고 있다.

* * *

보루시아 도르트문트의 팀 버스가 테러당한 일에 대해 계속 지켜보고 있다. 집으로 오는 길에 그 일에 대해 알게 됐고, 지금 TV를 틀었다. 이 일은 충격적인 일이었다. 우리가 한동안 연락을 하지 못한 몇몇 가족들을 포함해서 몇 가지 생각이 내 머릿속에서 빙빙 돌았다. 우리는 과연 신선한 공기를 즐기고, 꽃향기를 맡거나 지인들과 대화하는 데 시간을 내지 못하는 것에 대해 얼마나 제대로 돌아보고 있는 것일까? 종종 우리는 너무나 멍청하게도 터무니없는 생각이나 존재하지도 않는 일에 화를 낸다. 하루하루가 곧 우리에게는 소중한 보물 상자와도 같다. 축구가 만들어낸 거품 속에서 승리와 패배를 포함한 많은 것들에 필요 이상의 가치가 부여된다. 사람들은 선수들에게 다가와서 욕을 하고 때로는 물건을 집어던지기도 한다. 하지만 이것은 그저 축구일 뿐이다.

보통 사람들은 매일 8시간을 자는 데 쓰고, 8시간을 일하는 데 사용한다. 좋다. 그럼 나머지 8시간은 즐거워야 한다. 그런데 왜 사람들은 그 시간을 휴대폰에 달라붙어 트위터나 인스타그램에 쓰고 있을까? 우리는 제대로 교류하지 않고 공유도 하고 있지 않다. 늘 한쪽 눈으로 전화기를 바라보면서 전처럼 소중한 사람과 시간을 보내고 있지 않다.

어쩌면 내가 나이가 들었는지도 모른다. 그래서 장밋빛 렌즈를 통해 과거를 바라보고 있는지도 모른다. 나는 우리 세대가(어쩌면 모든 세대가) 서로 다르지만 마찬가지로 흥미로운 두 가지 다른 세상을 살고 있다고 느낀다. 그리고 때로는 속으로 이런 질문을 하기도 한다.

"우리가 삶의 본질을 잃어가고 있는 것은 아닐까?"

* * *

4월 15일, 우리는 다시 한번 첼시보다 이른 시간에 경기를 갖게 됐다. 본 머스와의 홈경기였다.

우리가 미리 연습했던 세트피스 상황에서 뎀벨레가 골을 만들어냈고, 그날 그는 매우 훌륭한 경기력을 선보였다. 선발 명단에 복귀한 케인은 팀의 세 번째 골을 넣으며 60년대 말 토트넘의 전설적인 공격수인 지미 그리브스_{Jimmy Greaves} 이래 처음으로 3시즌 연속으로 20골 이상을 득점한 토트넘 선수가 됐다. 우리는 상대를 완벽하게 압도했고, 본머스는 거의 볼을 점유하지 못했다. 우리는 14개의 유효 슈팅을 만들어냈다. 손흥민과 얀센도 각각 득점에 성공하며 4-0 승리를 이끌었다. 우리는 이번 시즌 11번이나 4골 이상의 득점을 만들었다. 그리고 지난 8경기에서 28골을 기록하고 있다. 이건 놀라운 기록이다. 또 우리는 지난 8승에서 5차례 무실점을 기록했다. 지금 우리 팀에는 한 명의 방관자도 없이 선수 전원이 자신의 책임에 헌신하고 있다.

우리는 첼시와의 승점을 다시 4점 차로 좁혔고, 첼시는 내일 올드 트래포드에서 맨유와 경기를 치르게 된다.

* * *

우리는 부상자가 거의 없는 상태에서 이번 시즌 최고의 경기력을 유지한 채 좀 더 신중히 남은 시즌을 계획하고 있었다. 선수들의 자신감은 하늘을 찌를 듯했고, 그들은 우리 팀의 스타일을 살리면서 자신들에게 찾아오는 기회를 최대한 활용하고 있었다. 나는 본머스와의 경기가 끝난 후에 열린 기자회견에서도 이 부분을 언급했다. 토트넘은 지난 50년 동안 이번 시즌만큼 좋은 성적을 거둔 적이 없었다. 3년 전에는 32경기 동안 승점이 54점이었고, 작년에는 62점이었으며, 올해는 71점으로 지난 시즌을 능가하고 있다. 만일 우리가 2015-16시즌에 이 승점을 만들어냈다면, 우리가 레스터 시티를 꺾고 우승을 차지했을 것이다.

나는 기자회견에서 지금 토트넘에서 일어나고 있는 일은 우리의 접근 방식과 꾸준한 노력 그리고 팀의 헌신 덕분임을 강조했다. 본머스전에 선발 출전한 선수들 중 5명은 내가 영입한 선수였고, 벤치 자원 7명 중 6명도 역시 내가 데려온 선수들이었다. 모든 이들이 더 성장하고 있다. 나는 기자들에게 말했다.

"토트넘은 인위적인 방법이 아니라 아주 자연스러운 과정을 거쳐서 우리의 스타일로 발전하고 있다. 우리는 뛰어난 팀을 만들기 위해 계속해서 돈을 쏟아붓는 팀이 아니다. 우리는 세계적으로도 드문 클럽이다."

동시에 우리는 다음 경기인 첼시와의 FA컵 4강전을 차분하게 준비하고 있었다.

* * *

우리는 모두 집에서 맨체스터 유나이티드와 첼시의 경기를 봤다. 나는 선수들에게 휴식을 줬고, 경기가 진행되는 동안 그들에게 메시지도 보내지 않았다. 토트넘 지역 주민들은 래시포드Rashford의 골로 맨유가 1-0으로 앞서 나가는 상황을 분명히 즐기고 있었다.

우리를 둘러싼 분위기는 지난해와는 크게 다르다. 지난해에는 어느 누구도 우리가 레스터의 기적을 멈추는 것을 원하지 않았고 그래서 우리를 향해 매우 부정적인 에너지들이 전해지고 있었다. 심지어 클라우디오 라니에리Claudio Ranieri 감독은 며칠 전에 가진 스카이스포츠와의 인터뷰에서 이와 같이 말했다.

"전 세계가 레스터를 돕고 있었다."

예를 들어, 우리는 늘 레스터보다 늦은 시간에 경기를 가졌다. 그런 상황에서 프리미어리그에서 가장 젊은 우리 팀이 받는 압박은 엄청났다. 라니에리 감독과 그들의 우승을 위한 도전은 충분히 그 보상을 받을 자격이 있었지만, 나는 지난 시즌 첼시와의 경기 이후 우리의 우승에 대한 꿈이 사라졌던 그 경기에 대해 모두가 이제야 더 잘 이해하고 있는 것 같다. 그 때 우리는 상대 팀뿐 아니라 언론, 축구팬들과 전쟁을 벌였다.

이번에는 양 팀이 좀 더 균형 잡힌 상황에서 만나게 됐다. 우리는 팀으로서 우리의 목표와 이를 어떻게 하면 이룰 수 있는지를 더 명확하게 알고 있다. 그래서 더욱 다음 경기가 정말 중요하다.

맨체스터 유나이티드가 다시 한번 골을 기록했다! 안데르 에레라Ander Herrera가 59분에 득점했다.

경기 종료! 유나이티드가 2-0으로 승리했고, 그 결과 첼시는 우리와 같은 경기를 치른 상태에서 4점만을 앞서고 있었다.

헤수스가 메시지를 보냈다. 그는 콘테가 "현재 프리미어리그에서 가장 뛰어난 팀은 토트넘"이라는 말을 했다고 전해왔다. 헤수스는 콘테가 첼시에는 열망과 동기가 부족하다고 말하며 자기 자신을 비판한 것에 대해 놀라움을 감추지 못했다. 콘테는 지난 시즌을 10위로 마친, 우승 후보로 예상되지 않았던 팀을 이끌고 리그 선두를 달리고 있는 것은 일반적인 사례는 아니라고 말했다. 계획대로 진행되지 않을 때는 모든 것이 달라 보인다. 라이벌 팀의 감독이 하는 말이나 그들의 의도를 온전히 받아들일 수는 없지만, 그는 그의 팀이 까다로운 상황에 처해 있다고 생각하는 것 같았다. 그들은 지난 10경기에서 무실점을 기록하지 못했다. 아마도 그는 자기 선수들의 부담을 덜어주기 위해 그렇게 하고 있는 것 같다.

웸블리에서 열리는 첼시와의 4강전을 위해 준비할 수 있는 시간은 일주일이다.

이번 경기는 아주 중요한 더비 경기가 될 것이다.

＊ ＊ ＊

내가 로사리오 선수로서 센트럴을 상대로 결승골을 기록했을 때, 그리고 나의 인생을 바꾼 여인을 만났을 때는 마치 모든 것이 맞아떨어지는 것 같은 느낌이 있었다. 더비 경기에서는 조심해야 한다. 특히 중요한 더비 경기에서는 선수들이 모든 것을 더 강하게 느끼고, 모든 감각이 더 날카로워진다.

내가 처음으로 로사리오 클라시코(아르헨티나 프리메라 디비시온에서 로사리오를 연고지를 하는 두 팀, 뉴웰스 올드 보이스와 로사리오 센트럴의 더비 매치를 지칭한다. - 옮긴이)에서 골을 넣었던 것은 18살 때였다. 정확히는 1991년 4월 14일의 일이었다. 이 경기에서 우리는 4-0으로 이겼고 마르셀로 비엘사가 우리 감독이었다.

나는 골을 기록한 후 골대 뒤의 뉴웰스 팬들에게 달려갔다. 그리고 뉴웰스 팬들이 있던 펜스 위로 올라가 한껏 소리를 질렀다. 4-0 승리를 거둔 후 우리는 그날 밤 로사리오의 신이 된 것 같았다. 완전히 미친 듯한 시간이었다. 나는 베리조, 루피니Ruffini, 프랑코 그리고 볼드리니Boldrini와 함께 밤 늦게까지 피자를 먹고 맥주를 마셨다. 우리는 '애로우Arrow'라는 이름의 나이트클럽으로 갔고 환영을 받으며 입장했다. 새벽 3시였고 많이 지쳐 있었지만 그래도 마냥 즐거웠다. 바로 그곳에서 미시오네스 출신으로 로사리오에서 약학을 공부 중이던 아내를 처음 만났다. 그녀는 축구에 그다지 관심이 없었고, 사실 럭비를 더 좋아했다. 그러나 나는 그녀가 이미 몇 달 전부터 나에게 관심을 갖고 있었다는 사실을 결혼한 후에야 알게 됐다.

그녀는 어느 날 뉴웰스의 열렬한 팬인 룸메이트와 TV를 봤다. 로사리오 자체 TV 채널을 통해 나와 동료들이 아르헨티나 전기리그 타이틀 획득에 기뻐하고 있는 모습이 나오고 있었다. 나는 검은 장발에 초록색 눈을 가진 감보아의 옆에 서 있었고 당시에는 금발에 긴 머리를 하고 있었다. 우리가 즐겁게 인터뷰하는 모습을 지켜본 내 아내의 친구는 아내에게 자신이 얼마나 감보아를 좋아하는지 이야기했다. 그러자 나의 아내가 친구에게 말했다.

"난 저 금발 남자가 마음에 드는데."

그로부터 6개월 뒤, 뉴웰스 팀은 디스코텍에 가서 VIP룸으로 직행했다. 몇몇 사람들이 우리가 들어가는 모습을 보면서 혼란의 도가니가 됐다. 여자, 남자 할 것 없이 모두가 환호했다. 우리가 잘생겨서가 아니라 우승팀이었기 때문이다. 그곳에서 나는 키가 큰 아내의 금발머리 친구와 춤을 추며 잠시 이야기를 나눴다. 그러나 그때부터 나의 눈은 카리나에게 고정되어 있었다. 그때 나는 축구 선수가 아닌 친구와 함께 있었는데, 그에게 넷이서 함께 춤을 추자고 카리나에게 말해달라고 부탁했다. 결국 나는 미래의 내 부인이 될 카리나와 더 많은 시간을 보냈다.

그로부터 2년 뒤, 나는 스무 살이 된 후에 카리나와 결혼했다. 나는 내 결혼에 로사리오 더비의 책임이 일부 있다고 꼭 말하고 싶다.

비록 역사적으로는 아스널이 우리의 최대 라이벌이긴 하지만, 내가 화이트 하트 레인에 온 이후 우리의 성장을 가장 잘 보여준 것은 첼시와의 경쟁 관계였다. 그들과의 더비는 우리에게 좌절과 동시에 때로는 가장 큰 희열을 느끼게 해줬다. 이곳에서 보낸 나의 첫 번째 시즌 전반기에는 나의 뜻대로 경기가 흘러가지 않았다(2014-15시즌 첼시와의 원정경기에서 전반에만 두 골을 내주며 최종 스코어 0-3으로 완패했다. - 옮긴이). 그 경기에서 우리의 축구는 흥미롭지도 않았고 우리는 최고의 위치에서 경쟁할 수 있을 정도의 수준을 유지하지도 못했다. 첫 시즌의 절반이 끝난 1월 1일, 우리는 첼시를 화이트 하트 레인으로 불러들였다. 그들은 선두였고, 우리는 다섯 경기 동안 패하지 않으면서 7위를 기록하고 있었다. 한 달 전 스탬포드 브리지에서 열린 경기에서는 첼시가 3-0으로 쉽게 이겼다. 케인은 그 경기를 앞두고 15골을 기록하고 있었지만, 아직까지 중요한 경기에서는 득점이 없었다. 코스타Costa가 선취골을 기록했다. 그러나 우리는 계속해서 싸웠고 케인의 골을 시작으로 2-1, 3-1, 4-1(다시 케인의 골)을 만들어냈다. 4-2, 5-2, 결국 첼시와의 경기는 5-3으로 끝났고, 우리는 그 시즌 챔피언이 된 첼시를 상대로 승리를 거뒀다.

그 경기 결과는 우리 팀과 토트넘 팬, 언론 모두를 일어나게 만들었다. 우리는 5위로 올라섰고, 그 결과는 내 토트넘 커리어의 전환점이었을 수도 있다. 그때부터 사람들은 토트넘에서 무언가가 일어나고 있다면서, 토트넘의 감독은 단지 영어 실력이 서툰 이상한 아르헨티나인이 아니라고 말하기 시작했다.

우리는 3월 초에 벌어진 리그컵 결승에서 무리뉴의 첼시와 만났다. 나는 그 시즌에 결승전까지 올라가면서 우리가 매 순간 배워왔다고 말했다. 우리는 전반전에 에릭센의 슛이 크로스바를 때리기 전에 수비 실책으로 한 골을 실점했다. 결국 후반전에도 경기를 되돌리지 못했고, 0-2로 지고 말았다. 경기가 끝난 후 나는 선수들에게 말했다.

"이 패배감을 기억해라. 그걸 기억하고 또 이용해라. 나중에 또 결승전에 나갔을 때 다시는 이런 기분을 느끼고 싶지 않을 테니까."

나는 선수들에게 첼시가 우승컵을 들어 올리는 모습을 보도록 주문했다. 그날 팀은 옳은 방향으로 몇 보 더 전진했다.

다음 시즌 11월, 우리는 화이트 하트 레인에서 첼시와 0-0 무승부를 기록했고, 다음 해 5월에는 리그 선두 레스터 시티를 추격 중이었다. 스탬포드 브리지에서 승리하지 못한다면 그 시즌 우리의 우승 경쟁은 사실상 끝나는 상황이었다. 우리는 우리 내부의 두려움과 첼시라는 상대 팀에 맞서 싸웠고, 몇몇 장면들로 인해 경기도 뜨거워졌다. 나는 몇몇 첼시 선수들이 우리에 대한 증오와 마지막 경기에서 만나게 될 레스터에 대한 지지를 보여주는 모습을 보고 아주 놀랐다.

우리는 우승을 위해 싸웠고 첼시는 자존심을 위해 싸웠다. 나는 잉글랜드의 모든 팀들이 매 경기에서 모든 것을 쏟아붓는 점을 높이 평가한다. 그것은 굉장히 긍정적인 일이며 우리는 계속 그렇게 해야 한다. 그러나 그날 첼시의 한 코치가 대기석에서 보여준 행동은 전혀 별개의 문제다.

사우샘프턴 시절 코르테제 회장이 반대했던 것은 잉글랜드 대표팀의 U-18, U-21 코치들 중 일부가 클럽에서 코치를 맡고 있는 사람들이라는 점이었다. 맨유의 루이 판 할 감독 역시 그의 코치가 잉글랜드 국가대표팀 코치를 겸임하는 것을 원하지 않았다. 잉글랜드 국가대표팀의 풍부한 재정적인 상황을 생각해보면 그들이 전임 코치를 두지 않고 클럽 코치들을 활용하는 것은 이치에 맞지 않는다고 생각한다. 그렇지 않은가? 그날 첼시 대기석에는 국가대표팀 코치를 겸직하는 코치가 있었다. 그는 모범을 보였어야 했지만, 그날은 그렇지 못했다. 그들이 압박감에 가득 차서 우리를 바라보는 방식이나 첼시의 골에 기뻐하며 우리 벤치 쪽으로 다가오는 방식은 옳지 않았고, 불필요한 것이었다. 이것은 당시 첼시 감독이었던 거스 히딩크Guus Hiddink의 행동과는 완전히 달랐다. 히딩크 감독은 그날 경기의 높은 긴장감에도 불구하고 우리를 이기려 노력하는 진정한 신사였다. 나는 이후에 국가대표팀이 토트넘 훈련장을 사용하기 위해 방문했을 때 그 코치를 만나 솔직하게 이야기했다.

케인과 손흥민이 전반전에 골을 기록했다. 이 경기에서 승리할 경우 우리는 두 경기를 남긴 상태에서 레스터를 5점 차이로 추격하게 된다. 그것은 뒤집기 힘든 상황이었지만 아주 불가능한 것은 아니었다. 로즈와 윌리안Willian이 하프타임 직전에 격렬한 몸싸움을 벌였다. 경기 내내 불꽃이 튀었고, 양 팀을 통틀어 9장의 옐로카드가 나왔다. 나는 드레싱룸에서 선수들에게 이야기했다.

"2-0으로 이기고 있다고 생각하지 말고, 0-0인 것처럼 플레이해야 한다. 우리는 후반전을 반드시 이겨야 한다."

게리 케이힐Gary Cahill이 우리 수비 실수를 득점으로 연결했고, 에덩 아자르Eden Hazard가 경기 막판에 동점골을 성공시켰다. 결국 경기는 2-2로 종료됐고 레스터 시티는 다음 경기를 시작하기도 전에 우승을 확정지었다.

종료 휘슬이 불리고 드레싱룸에서 선수들이 축구화를 정리하고 있을 때 나는 모든 선수들을 안아주며 악수했다.

"너무 자책하지 마라. 너희는 모든 것을 쏟아부었고 난 너희가 자랑스럽다."

다른 말은 하지 않았다. 아니 생각해보니, 다른 말을 하긴 했다. 우리는 2위를 지켜야 하고 스탬포드 브리지에서 우리가 보여준 자세를 유지해야 한다는 것을. 물론 우리는 이미 그 시즌이 나의 말대로 마무리되지 않았다는 것을 알고 있었지만, 우리는 경험을 통해 배웠고 다음번에 그와 비슷한 상황에서는(어쩌면 이번 시즌에서는) 그 상황을 다르게 다루기 위해 노력할 것이다.

* * *

나는 이 일기를 경기 전날 밤 새벽에 쓰고 있다. 그것도 보통 경기가 아니라 FA컵 4강전 당일 새벽에. 잠을 잘 수가 없다. 삶이 다시 한번 우리를 짓밟았다.

FA컵 4강전을 앞두고 그 주는 별일 없이 시작됐다. 거의 그랬다. 일요일에 휴식을 가졌고 월요일에는 가벼운 훈련을 했다. 화요일과 수요일 2일간은 강도 높은 훈련을 했다. 우리는 최근 실망스러웠던 경기의 몇 가지 문제들에 초점을 맞췄다. 볼을 잃은 후 압박을 더 잘할 수 있도록 포지션을 적용하고 미드필더들을 더 앞쪽으로 이동시켰다. 선수들은 자신이 팀을 보호하기 위해 수비수 근처에 있어야 한다고 생각하는 경향이 있다. 그러나 그것은 곧 상대에게 더 많은 공간을 내준다는 것을 의미한다. 우리는 그 문제가 여러 차례 반복되는 것을 봤지만, 그때까지 훈련 중에 그것을 제대로 돌아보지는 못했다.

우리가 이틀 동안 가진 훈련의 강도는 선수들이 우리를 미쳤다고 생각했을 수준이었다. 우리는 그들에게 더 공격적으로 더 거칠게 위험을 감수하라고 요구했다.

"아무것도 남기지 말고 다 쏟아부어!"

우리는 그들에게 소리쳤다. 목요일에는 전술 훈련을 했고, 10대 11 연습 경기를 하기도 했다. 우리가 10명밖에 없고 첼시는 11명이 모두 뛰는 상황에 대비한 시나리오 훈련이었다. 이런 상황에서는 위험을 무릅쓰고 숫자적 열세를 이겨내야 한다. 후방에서 일대일 상황을 내줄 수도 있고 상대가 볼을 쉽게 끌고 나오게 될 수도 있지만 또 몇몇 지역에서는 조직적으로 움직여 상대의 볼을 빼앗아야 한다. 우리는 첼시가 롱볼을 통해 우리의 실수를 유발하고 역습을 노릴 것이라는 사실을 알고 있었다.

나는 경기 라인업에 대한 고민을 거의 끝냈다. 완야마가 부상에서 돌아왔고 경기에 선발로 뛸 수 있었다. 손흥민은 최근 경기에서 중요한 역할을 수행했고 골과 어시스트를 기록했다. 그는 첼시전을 기대하고 있었고 우리는 그가 어느 포지션에서 뛰든 좋은 모습을 보여준다는 것을 알고 있었다. 어떻게 다음 경기에 나서야 할까? 의심할 여지없이 3-4-3이었다. 수비형 미드필더를 한 명 더 쓰는 것은 쉬운 일이었다. 그러나….

우리는 용감한가? 공격적으로 플레이하길 원하는가? 그렇다면 그렇게 하자. 바로 이 경기에서.

나는 선수들의 사기가 높다는 것을 느꼈다. 그들의 몸과 마음에서 자신감과 동료들에 대한 우애가 느껴졌다. 우린 긍정적인 흐름을 유지하는 것이 중요하는 것을 알고 있었다. 모든 것은 순식간에 변하기 때문이다. 사실 그것은 정말 찰나의 순간이다. 첼시가 이긴다면, 그들은 리그와 컵에서 모두 우승을 차지할 수 있는 동기 부여를 얻게 될 것이다. 만일 우리가 이긴다면, 우리 역시 하나 혹은 두 개의 우승을 차지할 자신감을 얻게 된다. 물론 모든 것이 아직 가정이었지만 우리는 실제로 그 가능성에 대해 논의했다.

우연히도, 그 시기에 PFA(잉글랜드 프로축구 선수 협회 – 옮긴이) 올해의 팀이 발표됐다. 여기엔 우리 선수 네 명(워커, 로즈, 알리 그리고 케인)이 포함돼 있었다. 첼시에서도 네 명의 선수가 포함됐다. 내가 이해할 수 없었던 것은 알리가 올해의 '젊은 선수상Young Player of the Year' 후보로만 지명되고 올해의 선수상 후보에는 포함되지 못했다는 것이었다.

그러나 그때, 우리는 때때로 인생이 우리에게 주는 쓰라리고 아주 큰 충격을 주는 일을 겪게 됐다. 헤수스와 나는 훈련을 마치고 사무실로 돌아오면서 어떻게 훈련 강도를 조절해야 할지에 대해 이야기하고 있었다. 그때 우리는 팀 닥터와 두 명의 물리치료사가 아카데미 훈련장을 향해 뛰어가는 모습을 보게 됐다. 나는 즉시 뭔가 심각한 일이 벌어졌다는 것을 느꼈다. 나는 토니와 미키에게 1군 훈련장에 남아 있어 달라고 부탁한 후 무슨 일이 일어났는지 보러 갔다. 아카데미 훈련장으로 가는 길에 우린 드레싱룸을 향해 괴로운 표정으로 터벅터벅 걸어가고 있는 23세 미만의 선수들과 마주쳤다.

"무슨 일이야?" 내가 물었다.

"우고에게 무슨 일이 생겼어요."

우린 그 말을 듣고 전력을 다해 뛰어갔고, 아카데미 훈련장에서 심장마비를 일으킨 U-23세 이하 팀 코치 우고 에히오구Ugo Ehiogu를 소생시키기 위해 노력하고 있는 의사들을 봤다. 5분 후 앰뷸런스가 도착했다. 구급대원들도 병원으로 이동하기 전에 심폐소생술을 시도했다. 그가 앰뷸런스를 타고 병원으로 이동하는 모습을 보면서 우리는 희망을 잃지 않고 계속 병원과 연락을 취했지만 분위기는 침울했다. 많은 훌륭한 선수들이 그와 훈련을 했다. 그는 실질적으로 1군 팀의 한 부분이자 우리 가족의 일부였다.

다음 날 새벽 3시, 전화가 울렸다. 우고가 결국 세상을 떠났다는 소식이었다. 그의 나이는 이제 겨우 44세였다.

고통스럽고, 부정적인 온갖 감정이 내 안에 몰려왔다. 그건 설명하기 힘든 감정이다. 다니 하르케에게 벌어졌던 모든 일들이 다시 떠올랐다.

얼마나 쉽게 아까운 사람들이 세상을 떠나는가. 그리고 그들의 빈자리를 채우는 것은 얼마나 힘든 일인가. 우고는 구급차에 실려 갔고, 그 후로 나는 다시 그를 보지 못했다. 그리고 다시는 볼 수 없을 것이다. 오직 추억만이 남는다.

* * *

우리는 오늘 금요일 계획을 모두 변경했다. 우리는 훈련을 한 후 샤워를 했고 선수들을 모두 집으로 돌려보냈다.

* * *

웸블리에서 벌어지는 4강전에는 두 가지 다른 접근 방식이 있었다. 경기 전에 나와 콘테 감독이 나눈 대화에도 그것이 들어 있었다. 그는 우고에게 조의를 표하기 위해 우리 드레싱룸에 들어왔고, 우리는 그와 광범위한 주제의 대화를 나눴다. 첼시 같은 클럽의 감독과 이야기를 나누는 것은 서로의 상황이 얼마나 다른지를 확인할 수 있는 좋은 방법이다. 우리는 같은 리그에 있고, 같은 도시를 연고로 하지만 완전히 다른 문제를 안고 있다.

나는 FA컵의 분위기를 좋아한다. 우리는 모두 정장을 차려입었고, 관중석은 형형색색의 응원도구들로 가득 찼다. 잉글랜드는 축구를 특별한 분위기로 연출하는 공식을 잘 아는 나라다.

불운하게도, 우리는 이른 시간에 실점을 했다. 이는 우리를 불리하게 만들었다. 우리의 실수는 페드로Pedro를 페널티 에어리어의 구석에 오래 머물게 한 게 아니었다. 그 순간 페드로는 3명의 수비수가 근처에 있는 상태에서 골문으로부터 오히려 멀어지고 있었지만, 우리의 실수는 바추아이Batshuayi에게 롱볼이 이어진 상황에서 그에게 충분한 공간을 허용했던 것이었다. 우리는 첼시가 미리 그런 움직임을 보일 것을 알고 있었다. 롱볼이 이어진 상황에서 바로 그곳에서 차단을 했어야만 했다. 그 상황에서 우리가 소유권을 가져오지 못한다면 그들에게 날카로운 공격을 허용하게 된다.

나는 골이 터진 후에도 침착하게 서 있었다. 사실 나는 그 게임의 4분의 3동안 테크니컬 에어리어에 서 있었다.

케인의 골로 동점이 됐다. 그러나 하프타임 종료 직전에 첼시가 페널티킥으로 득점했다. 이 가혹한 페널티 판정은 우리로 하여금 후반전에 더 뭉칠 수 있게 해줬다. 우리는 하프타임에 몇 가지 위치 변경을 했고, 몇몇 선수들에게 더 많은 플레이를 요구했다.

후반전에 돌입한 후 20~25분간 우리가 이번 시즌 최고의 모습을 보인 끝에 알리가 동점골을 터뜨렸다. 우리는 첼시를 궁지에 몰아넣었다. 사실 나는 그 순간이 내가 잉글랜드에서 지낸 4년 중 가장 완벽하게 상대를 압도했던 순간이었다고 생각한다. 우리는 볼을 잘 돌리면서, 첼시를 그들이 계획했던 것보다 훨씬 더 깊숙이 밀어붙였다. 트리피어는 첼시에서 가장 위협적인 선수 중 하나인 마르코스 알론소Marcos Alonso를 전진할 수 없도록 만들었다. 나는 팬들에게 더 소리를 쳐달라고 어필했다.

그러나 첼시가 처음으로 하프라인을 넘어 코너킥을 얻었을 때 우리는 세 번째 실점을 하고 말았다. 그 장면은 후반전에 나온 첼시의 거의 첫 기회였다. 그 이후에 우리는 도박을 걸 수밖에 없었다. 그러나 마티치Matić가

환상적인 중거리 슛으로 첼시의 네 번째 골을 기록했다.

우리는 첼시보다 좋은 게임을 펼쳤지만 그 경기는 우리가 이길 운명이 아니었던 경기 중 하나였다. 그 경기의 결과는 우리가 고민했던 손흥민의 선발 출전 여부나 3백, 4백 선택과는 무관했다. 우리는 프리킥, 페널티킥, 코너킥에서 실점했고 약 35미터 거리에서 터진 막을 수 없는 슈팅으로 또 한 골을 내줬다. 그들은 5번의 유효 슈팅에서 4골을 기록했다. 우리는 66퍼센트의 점유율을 기록했고 11번의 코너킥을 얻었다(첼시는 1회). 우리가 얼마나 많은 슛을 기록했는지는 셀 수도 없다.

우리가 더 이상 할 수 있는 것이 많지 않았다.

우리는 우리의 원칙을 지키면서 경기를 운영했다는 점에 대해 자부심을 느끼면서 경기장을 떠났다. 어느 누구도 우리가 승리를 위해 경기를 펼치지 않았거나, 소극적으로 경기를 운영했다고 비판할 수 없었다. 나는 결과만이 기억될 것이란 점을 알고 있다. 그러나 우리가 다른 방법으로 경기에 나섰다면 승리하리라는 보장이 있었을까? 우리가 우리에게 없는 부분이 부족했던 것은 사실이다. 그러나 우리는 더 좋은 결과를 얻을 자격이 있었다. 그러나 이 수준의 축구에서는 자격이 있는 것만으로는 충분하지 않다.

나는 서포터들이 경기 종료 5분 전부터 경기장을 떠나기 시작한 것을 이해한다. 그것이 우리에게 공평한 일이었는지는 모르겠지만, 그들은 그 경기를 더 넓은 관점에서 바라봤다. FA컵 4강에서 일곱 번째로 탈락했다는 점 그리고 첼시에게 네 번째 패했다는 점. 물론 내게는 첼시에게 FA컵 준결승에서 패하는 것이 처음 있는 일이었지만, 나는 팬들의 야망에 공감할 수 있었다. 단지 좋은 경기를 한다는 것만으로는 부족하다.

우리는 이제 앞을 바라보고 전진해야 한다. 크리스탈 팰리스와의 경기가 4일 앞으로 다가왔다.

우리는 여전히 우승 경쟁을 펼치고 있다.

* * *

일요일은 쉬는 날이었지만, 내게는 몇 개의 미팅이 있었다. 집으로 돌아와서 TV를 켰고, 소리를 끄고 레알 마드리드와 바르셀로나의 경기를 지켜봤다. 혼자서 누구도 옆에 없이, 또 당장 해야 할 일도 없이 소파에 앉아 있을 때, 갑자기 우고가 생각났다. 그가 죽었다는 사실을 납득할 수 없었다. 월요일에도 많은 사람들이 여전히 심란해했고, 심리학자 몇 명이 유소년 아카데미 선수들에게 도움을 주기 위해 방문했다. 나는 리저브팀과 저녁을 먹었다. 모든 사람들은 세상을 자기중심으로 바라보고 모두가 각자의 세상에 속해 있다. 매 순간 필요한 말도 서로 다르다. 지금은 우리에게 긍정적인 에너지를 다시 가져오는 것이 필요했다.

에스파뇰 감독으로 임명되고 얼마 후, 나는 팀 분위기를 변화시켰던 열정적인 순간을 경험한 적이 있다. 우리는 팀을 강등권의 수렁에서 끌어올리기 위해 노력하고 있었다. 한 경기에서 상대에 리드를 넘겨주고 끌려가던 중에 나는 이반 데 라 페냐를 교체시키려고 했다. 그는 이미 경고를 받은 상태였고 퇴장의 위험도 있었기 때문이다. 그러나 나는 결국 그를 교체하지 않기로 결정했고 그 경기는 무승부로 끝났다. 드레싱룸에서 데 라 페냐는 내게 "우리는 강등당하지 않을 거야"라고 말했다. 우린 아직 위험한 상황이었지만, 그는 일종의 광기 혹은 낙관 그리고 믿음을 갖고 있었다. 그의 그런 감정은 팀 동료와 팬들에게도 전달됐다. 우리는 모두 그를 믿었고 결국 라리가에 잔류했다.

가끔씩 우리 팀이 미친 듯 질주할 때가 있다. 그러나 그것은 선수들에게서 우러나야 하는 것이지 우리가 억지로 이끌어낼 수 있는 것이 아니다.

FA컵 4강이 끝나고 이틀 뒤, 선수들은 우리에게 휴가를 줄 수 있는지 그리고 시즌이 끝난 직후에 바로 투어를 떠날 예정인지를 물어봤다. 나는 그때 지난 시즌 뉴캐슬과의 마지막 경기를 떠올렸다. 나도 축구 선수였기 때문에 선수들의 그런 마음을 이해할 수 있다. 경기가 끝난 후, 선수들의 시선은 다음에 다가올 것으로 옮겨진다. 선수들은 그들의 눈앞에 있는 것을 본다. 나 역시 선수 시절에는 마찬가지였다. 이것은 내가 다음 경기에 집중하지 못했다는 의미가 아니라 좀 더 멀리 보고 큰 관점에서 보길 원한다는 의미다. 나는 모든 것을 다른 각도로 바라봤다.

그러나 감독의 입장에서는 이런 것들을 그대로 받아들이기 힘들다. 때로는 이런 점들이 나를 화나게 하기도 하지만 그걸 선수들에게 말하진 않는다. 이 책을 읽게 된다면 그들도 알게 되겠지! 우리는 일 년 내내 그들에게 지금 하고 있는 일에 시간을 쏟아부어야 한다고, 그래야 더 경기력을 끌어올릴 수 있다고 말했다. 그러나 선수들이 늘 그렇게 하는 것은 쉬운 일이 아니다.

오늘은 수요일 아침이다. 긴 하루가 될 것이다. 우리는 오늘 밤 경기를 치른다. 3번의 런던 더비가 연속해서 있을 예정이다. 크리스탈 팰리스 원정, 아스널과의 홈경기 그리고 웨스트햄과의 원정경기다. 그리고 맨체스터 유나이티드와의 경기도 남아 있다. 첼시는 어제 승리했고, 승점 차는 7점이 됐다. 그러므로 최근에 리그 선두 첼시에 승리한 크리스탈 팰리스와의 경기는 우리가 반드시 승리하지 않으면 안 되는 경기였다.

* * *

우리는 조직력이 좋고 수비 지향적인 경기를 하는 크리스탈 팰리스에게 승리하기 위해 열심히 싸웠다.

전반전이 끝난 후 시스템에 변화를 줬다. 부상을 입은 뎀벨레와 경고를 하나 받은 완야마를 모두 교체했다. 손흥민과 시소코를 투입하면서 그들에게 더 넓게 플레이하라고 했고 에릭센에게 내려와서 다이어와 함께 플레이하라고 주문했다. 우리는 아주 우세했다. 솔직히 말하자면, 우리가 크리스탈 팰리스보다 하루를 더 쉬었다는 사실도 도움이 됐다. 그들은 후반전에 단 한 개의 유효 슈팅을 기록했다.

경기 종료 12분 전에 에릭센이 페널티 박스 밖에서 시도한 슈팅으로 득점에 성공했고, 우리에게 승점 3점을 안겨줬다.

우리는 우리의 강인함과 정신력을 보여줬다. 첼시와의 승점 차는 다시 4점으로 좁혀졌다.

* * *

로즈가 무릎 인대 부상에서 회복하는 중 또 다른 문제가 발생했고 결국 수술이 필요해졌다. 그는 4개월간 경기에 나서지 못한다. 이는 올해의 잔여 일정과 프리시즌에도 빠지게 된다는 것을 의미한다.

나는 TV 프로그램에서 차비 에르난데스Xavi Hernández가 한 발언에 대해 언급하고 싶다. 비록 그의 친구들이 그는 그런 말을 절대로 하지 않았다고 이후에 이야기했지만 말이다. 그것은 맨시티와 알리에 대한 것으로, 맨시티가 알리의 영입을 위해 큰돈을 준비하고 있다는 내용이었다.

나는 에스파뇰과 함께 나섰던 더비에서 차비를 상대했던 것을 잘 기억하고 있다. 내 눈에 차비는 패널티 박스 안에서 다이빙을 한 것처럼 보였고 그로 인해 바르셀로나는 불공정한 페널티킥으로 승리를 챙겼다. 경기 후 그는 1군 팀에 들어온 지 얼마 되지 않은 라울 바에나Raúl Baena가 그 페널티킥은 정당하다고 인정했다고 주장했다. 그건 넘지 말아야 할 선이었다.

스카이스포츠와의 케인 인터뷰를 위해 티에리 앙리Thierry Henry가 훈련장에 왔고 우리는 그와 함께 시간을 보냈다. 나는 앙리에게 나와 내 코치들이 처음 토트넘에 왔을 때 사람들이 '웨스트햄에 두 번 연속으로 졌대'라고 말하곤 했다고 말했다. 나는 그런 말을 들으면서 이렇게 대답했다.

"젠장, 웨스트햄을 두려워하는 거면, 그냥 짐 싸서 집에나 가는 게 나아."

아스널과 관련해서도 비슷한 이야기가 있다. 우리가 22년 만에 처음으로 그들보다 높은 순위로 리그를 마칠 수 있다는 말이 수천 번 반복되고 있다. 앙리와 대화를 나누는 중 케인이 그에 대해 이렇게 말했다.

"물론 그건 팬들을 흥분시킬 수 있는 일이지만 우리에겐 더 크고 중요한 것이 있다."

화이트 하트 레인에서 열릴 마지막 북런던 더비가 다가오고 있었다. 에스파뇰의 사리아 구장에서 가진 마지막 경기인 발렌시아전에서 3-2 승리를 거둔 기억이 떠오른다. 그때와 마찬가지로, 마지막 시즌을 보내고 있는 홈구장 역시 나름대로 그 역할을 하고 있었다. 우린 화이트 하트 레인에서 보낸 마지막 시즌에 홈에서 패하지 않고 시즌을 마무리하고 싶었다.

＊ ＊ ＊

일요일 아침 10시 30분, 우리는 훈련장에 있다.

나는 미키에게 "러닝머신을 좀 더 할까?"라고 물었다.

우리는 결국 빠르게 걷기와 달리기를 번갈아 하며 흠뻑 땀을 흘렸다. 샤워를 하고 나오자 선수들이 도착하기 시작했다. 그들이 아침을 먹는 동안 소파에 앉아 있었다. 그때쯤 나는 다음 경기에 선발로 나설 팀을 결정했다. 뎀벨레는 컨디션이 좋지 않았기에 벤치 멤버로 쓰기로 했다. 선수들의 표정이나 음식을 고르는 모습에 그다지 특별한 것이 없었기에 나는 요리스, 알더바이렐트, 베르통언, 트리피어, 완야마, 다이어, 알리, 에릭센, 손흥민 그리고 케인을 선발로 확정했다.

나는 내가 워커를 선발에서 제외한 이유에 대한 추측이 있을 것이란 것을 알고 있었지만, 그 경기에선 트리피어가 옳은 선택이라고 느꼈다. 그는 시즌 초반에는 아주 경기력이 좋은 것은 아니었지만 자신에게 기회가 왔을 때 그 기회를 잡았다. 크리스마스 기간에 다시 경기력이 떨어지기도 했지만, 계속 주전으로 출전하는 선수가 아님에도 불구하고 다시 경기력을 끌어올렸다. 때로는 그로 인해 다른 한 선수가 출전하지 못하더라도 또 다른 누군가에게 기회를 줘야 한다.

주전 선수들을 선발 출전시키지 않는 것은 언제나 그들에게 받아들이기 힘든 일이고 그로 인해 감독이나 코칭스태프와 불화를 일으키기도 한다. 그리고 그것을 치유하는 것은 아주 어렵다. 최근에는 우리의 가장 뛰어난 세 선수 중 한 명을 벤치에 앉혔다. 그는 평소에는 내가 가장 먼저 선발 라인업에 이름을 올리는 선수였다. 자신의 이름이 교체 명단에 있는 것을 보자 그의 표정이 굳어졌다. 그로부터 3주 뒤에 그의 에이전트가 우리와 대화하고 싶다며 찾아왔다.

요즘 축구 선수들은 미래를 보는 시야가 부족하고 늘 즉각적인 답변을 원한다. 트리피어는 노력 끝에 경쟁에서 좋은 모습을 보이며 출전할 때마다 가장 인상적인 활약을 펼치는 선수가 됐다. 벤 데이비스와 마찬가지로, 그는 측면에서 세계적인 선수들과 싸우는 것을 주저하지 않는다.

이후 우리는 경기장으로 이동하기 위해 버스에 모였다. 나는 가장 먼저 버스에 탄 사람 중 한 명이었다. 우리의 경기 시간(4시 30분)보다 일찍 시작한 에버턴 대 첼시의 경기를 보기 위해 TV를 켰다. 덕분에 케인과 알리가 평소에 늘 어떤 음악을 틀어야 한다고 논쟁하는 모습을 피할 수 있었다. 그들은 한동안 토니에게 선곡을 맡겼지만 곧 불평이 나왔다. 토니가 최근 잉글랜드 선수들이 좋아하는 노래를 틀면서 중간에 슬쩍 스페인 노래를 끼워 넣었는데 선수들이 그걸 그냥 지나치지 않았기 때문이다.

그러나 일단 경기장에 도착한 후 우리는 누구도 드레싱룸에서 TV를 켜지 않았고 누구도 내게 첼시 경기의 스코어를 묻지 않았다.

화이트 하트 레인은 만원이었다. 관중석에서는 기대와 우려의 분위기가 공존했다. 첼시가 에버턴을 이겼지만 아직 많은 경기가 남아 있었다. 경기가 시작되자 경기장에 긴장감이 넘쳐흘렀다. 우리 선수들은 시작이 좋지 못했고 많은 실수를 했다. 하지만 우린 그것이 나쁜 것이라기보다는 아스널에 대한 존경의 표시라고 생각했다. 그들은 우리보다 승점을 14점 뒤지고 있었지만, 여전히 아스널이었다.

20년간 4백 수비진을 썼던 아르센 벵거 감독은 수비를 3백으로 변화시켰고 이는 많은 차이를 만들어냈다. 우리는 그들의 시스템을 더 잘 공략할 수 있는 방법을 분석했다. 경기가 진행되는 동안 우리는 3백과 4백을 번갈아가면서 썼고 2명의 센터백과 3명의 홀딩 미드필더들을 써보고 풀백을 전방으로 전진시켜 윙어 역할을 하게 하는 등 다양한 시도를 했다.

토니, 미키 그리고 헤수스와 나는 여전히 작은 것이 오히려 장점이 될 수 있고 작은 세부사항이나 의사 결정이 승리를 위한 핵심이 될 수 있다고 생각한다. 미키는 비디오 분석관에게 우리가 볼을 소유하고 있을 때 팀의 움직임에 대한 영상을 준비해달라고 요청했다. 데이비스는 비어 있는 공간을 찾았지만, 손흥민과 알리는 너무 중앙에서만 플레이하고 있었다.

전반전을 0-0으로 마쳤을 때 드레싱룸에서 나는 평소처럼 코치들과 7분 정도 대화를 나눴다. 그 전에는 후반전을 위한 계획을 선수들에게 알려줬다. 우리는 손흥민을 왼쪽에서 오른쪽으로 옮겼고, 에릭센을 중앙으로 이동시켰다. 데이비스가 나를 쳐다보며 물었다.

"저는요?" 나는 화이트보드에 벤 데이비스의 이름을 제외한 10명의 이름만을 적었다.

"너는 네 앞의 알리와 함께 윙백으로 플레이할 거야. 너는 매우 중요한 일을 할 예정이라, 네 이름을 일부러 여기 적지 않았어."

우리는 함께 웃었다.

이것이 우리가 어려운 상황을 이겨나가는 방식이었다. 알리가 미드필드 중앙과 오른쪽을 번갈아가며 뛰었다. 데이비스는 볼을 가지고 있었지만, 그와 연계 플레이를 할 수 있는 사람이 없었다. 그때 알리가 왼쪽으로 움직였다. 그의 원래 위치와는 전혀 부합하지 않았다. 나와 코치들은 대기석에서 서로 바라보며 "좋아, 일단 하고 싶은 대로 놔둬보자"고 생각했다. 곧 스로인 상황이 나왔다. 전술적인 이해도가 매우 높은 트리피어가 볼을 잡았고 멀리 있던 케인에게 연결했다. 이때 상황이 시작됐다. 그 볼은 우측에서 위로 달려가던 델레 알리에게 전달됐다. 알리는 에릭센에게 볼을 전달했고, 에릭센은 두 명의 수비수를 따돌리고 근거리에서 슛을 했다. 그리고

키퍼가 쳐낸 볼을 알리가 골문 안에 집어넣었다. 코치들과 나는 터치라인에서 서로를 껴안았다.

2분 후, 케인이 패널티 박스 안에서 넘어졌고 직접 페널티킥을 성공시켰다. 그는 아스널과의 다섯 번째 리그 경기에서 다섯 번째 골을 성공시켰다.

어떤 사람들은 우리의 골 셀레브레이션을 좋아하지 않는다. 특히 선수들이 자신만의 개성을 보여주는 핸드셰이크 세리머니(토트넘 선수들이 골을 넣은 후 서로 독특한 방식으로 악수하는 세리머니. 손흥민 덕분에 국내에서도 널리 유행했다. – 옮긴이)를 싫어한다. 하지만 나는 그것이 아주 좋다. 신체를 접촉하는 이런 행동은 선수 사이에 유대감을 만들어주고, 그들을 더 가깝게 만들어준다. 그것은 커뮤니케이션이자 조화이며 축구가 모두를 하나로 묶는 방법이다. 이는 그들의 집중력과 상상력을 상승시키고 팀의 성공에 중요한 요소가 된다. 뉴웰스에서 우리는 미친 것처럼 셀레브레이션을 했다. 우리는 '고오오올'이라고 소리 질렀고 철창으로 뛰어올라갔다.

경기 종료까지 시간이 조금 남아 있었지만, TV 카메라는 평소처럼 나를 확대해서 촬영하기 시작했다. 나는 그것을 눈치 챘지만, 신경 쓰지 않았다. 예전에는 좀 더 그런 부분들에 신경을 썼지만 이제 내게 그런 일들은 축구의 한 풍경일 뿐이다.

2-0.

나는 벵거에게 다가가서 "나는 당신을 정말 존경한다"고 말했다. 그는 나와 악수를 나누고는 경기장 안으로 들어갔다. 그는 대화할 수 있는 기분이 아니었고, 나는 그를 이해할 수 있었다. 패배는 상처를 남긴다. 더욱이 20년간 한 클럽을 위해 많은 것을 이룬 후에도 여전히 자신의 가치를 증명하라는 요구를 받을 때는 더더욱 그렇다. 그는 하나의 경기나 시즌으로만 평가받아서는 안 된다.

토니는 내 옆에 남아 선수들이 경기장 안으로 돌아가기 전에 선수들을 격려했다. 이런 일은 더 늦어져서 잊기 전에 즐겨야 한다. 그는 내가 꼭 안아준 요리스를 기다리고 있었다. 이 마법 같은 순간은 보통 드레싱룸으로 들어온 지 5분이 지나면 사라진다. 기자회견 등을 갖느라 생각이 그쪽으로 옮겨지기 때문이다.

하지만, 이번에는 평소보다 더 오래 그 여운이 지속됐다. 선수들과 코칭스태프들은 다른 세상을 잠시 잊은 채 그 순간을 만끽했다. 이후에 나는 우리와 와인을 마시며 인사를 나누기 위해 찾아온 아스널 코치들과 잠시 대화를 나눴다. 그리고 기자회견장으로 이동했다. 헤수스는 우리가 아스널전에서 10킬로미터를 넘게 뛰었다고 말했다.

우리는 첼시에 4점을 뒤지고 있었다. 우리는 우리보다 뒤에 처진 아스널(우리보다 승점 17점이 뒤진)이 아니라 앞을 바라보고 있었다. 4경기가 남아 있고, 승점 1점만 더 얻으면 우리는 2위를 확정짓게 된다. 맨체스터 시티와 리버풀 그리고 맨체스터 유나이티드를 제치고 말이다. 우리는 4월에 열린 모든 리그 경기에서 승리했고 총 9연승을 거뒀다. 그건 우리에게 아주 낯선 일은 아니었지만 평범한 일도 아니었다.

우리는 경기장을 떠났다. 새로 건축 중인 새 경기장 근처에서 택시가 우리를 기다리고 있었다. 선수들은 그들의 차로 이동하기 위해 일단 훈련장으로 돌아갔다. 돌아가는 길에 우리는 몇몇 토트넘 팬들을 지나쳤는데 그들은 전과 다른 모습이었다. 발걸음도 경쾌했고, 얼굴에는 미소가 가득했다. 그들은 자부심으로 가득 차서 노래를 부르며 나란히 걷고 있었다. 온 거리가 그들의 것이었다. 아스널 팬들은 어디에도 보이지 않았다.

이런 감정이 바로 축구다. 축구는 그냥 평범한 게임이 아니다. 그리고 우연히 일어나는 일은 없다.

5월

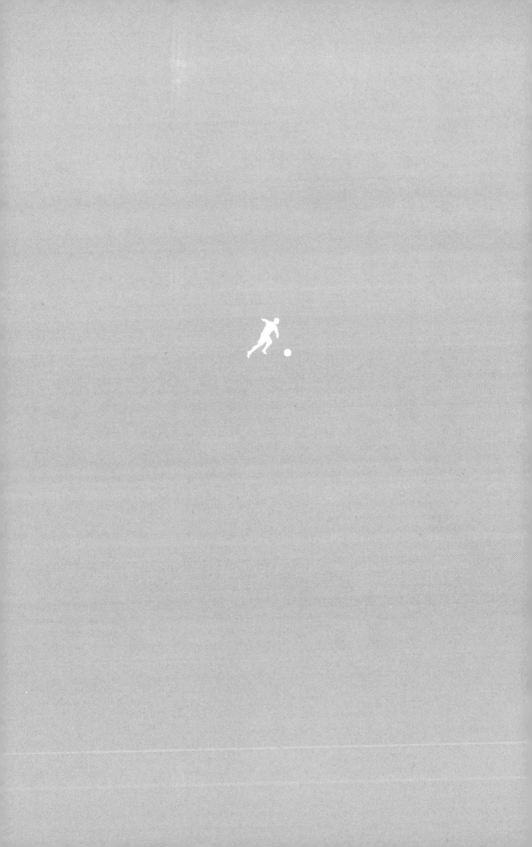

5월이 되면 시즌은 그 절정에 달한다. 그리고 여러 사이클의 끝이 찾아온다. 올 시즌 누구도 토트넘이 4위권에 입성할 것으로 예상하지 않았다. 그러나 토트넘은 첼시와 우승 경쟁을 벌였다. 그리고 만약 그들이 5월에 승점 4점을 보탠다면, 지난해 리그 우승팀 레스터 시티와 같은 승점(81점)을 기록할 수도 있었다. 토트넘의 순항은 선수 개개인과 팀이 모두 목표를 달성하며 이뤄낸 것이다. 한편 화이트 하트 레인은 이달을 끝으로 영원히 문을 닫게 된다. 포체티노는 이 시즌에도 마지막 라운드에 강등이 확정된 팀을 만나며 지난 시즌 리그 마지막 라운드에서 뉴캐슬 유나이티드에 당한 대패의 그림자를 지울 기회를 잡게 됐다.

이제 막 알렉스 퍼거슨 경이 가장 최근에 쓴 책《리딩Leadership》을 읽기 시작했다. 2016년 5월 그와 만나 점심을 먹은 이후로 우리는 문자 메시지를 주고받고 있다. 나는 조만간 그와 다시금 만날 수 있기를 바라고 있다. 심지어 그가 우리의 훈련장을 방문할지도 모른다.

퍼거슨 감독과 만나기 전 나는 사이먼에게 "퍼거슨 경과 점심을 먹을 예정이다"라고 말했다. 기자회견에 나서기 전에 나는 그 일로 인해 오해받고 싶지 않아서 스스로 그 사실에 대해 언급하면 어떠냐고 제안했다. 당시

판 할 감독은 올드 트래포드에서의 입지가 위태로운 상황이었다. 그러나 퍼거슨 감독과 나의 만남은 판 할 감독의 거취와는 아무런 관련도 없었다. 사이먼은 내게 퍼거슨 경과의 만남에 대해 어떠한 반응도 보이지 말고 대신 그에 대한 이상한 소문이 도는 것을 막기 위해 내가 구단과 5년 계약에 구두 합의했다는 말을 하는 것이 낫겠다고 조언했다. "퍼거슨 경과 찍힌 사진이 나올 겁니다." 사이먼이 내게 말했다.

"그렇겠지." 내가 대답했다.

나는 퍼거슨을 만나 몇 시간 동안 가진 대화를 하나하나 빠짐없이 기억하고 있다. 그 만남은 꿈이 현실이 된 것 같은 만남이었다. 그 위대한 감독의 이야기를 들으면서 나는 마치 내가 다시 10대로 돌아가는 것 같은 느낌을 받았다. 나는 우리가 함께 찍었던 사진을 모든 사람들에게 보내줬다. 맥더못은 내가 너무 좋아서 넋이 빠져 보인다고 말했다. 그는 내게 우상을 만난 사람의 모습 같다고도 말했다.

나는 퍼거슨 감독의 커리어 거의 대부분을 알고 있다. 그리고 나는 그가 맨체스터 유나이티드의 성공을 이끌었던 방식을 존경한다. 그러나 그를 만났을 때 가장 인상 깊었던 대목은 그의 경력이 아닌 그에게서 느껴지는 에너지와 오라였다. 그의 성격과 카리스마는 나를 매혹시켰다. 나는 그날 그가 내게 건네준 충고를 계속해서 되새기고 있다.

그는 내게 그가 처음 맨유의 지휘봉을 잡았을 당시 어떻게 모든 것을 재편했는지에 대해 말해줬다. 그는 부임 첫 3년 동안 2차례나 리그 11위를 기록했음에도 자신의 철학을 이어갔다. 그리고 13위, 6위를 거쳐 2위까지 올라섰고, 그 순간을 거친 이후부터 리그에서 성공을 거뒀다(퍼거슨 감독 부임 첫 시즌 맨유는 퍼스트 디비전에서 11위를 기록했고, 1987-88시즌에는 2위로 올라섰지만, 그 다음 시즌 다시금 11위로 떨어졌다. 이후 순위는 13위와 6위 그리고 2위였지만, 프리미어리그 출범 첫 시즌인 1992-93시즌 프리미어리그 개편 후 첫 챔피언에 등극했고, 출범 첫 5시즌 중 1994-95시즌을 제외한 나머지 네 시즌에서 리그 우승을 차지했다. - 옮긴이). 그의 맨유는 마치 내가 처음 팀의 바통을 넘겨받았을 때의 토트넘 같았다. 그와의 대화는 나만의 방식을 추구하고 있는 내게 안도감을 줬다. 그는 내게 이런 말도 들려줬다.

"감독은 매 경기마다 두 개의 경기를 치르게 되지. 첫 번째는 언론과의 경기야. 절대로 져서는 안 돼."

이 부분에 대해서 나는 그와 약간 생각이 달랐지만, 그래도 그의 말에 새겨들을 부분이 있었다.

그리고 식사가 끝나갈 무렵 우리는 서로 계산을 하겠다고 나섰다. 나는 내가 계산을 하고 싶었다. 퍼거슨 경도 그랬다. 그는 우리가 만나기 전부터 자신이 밥값을 내려고 했던 것 같다. 그러던 중 그가 해결책을 제시했다.

"그럼 내가 퀴즈를 하나 내지. 자네가 맞히면 자네가, 못 맞히면 내가 내는 걸로 하지."

나는 그가 일부러 내가 맞히기 어려운 문제를 낼 것이라고 생각했지만 그래도 그의 제안을 받아들였다.

"좋습니다." 내가 대답했다.

"1930년 월드컵 결승전. 아르헨티나와 우루과이의 맞대결, 그 결과는 2-4."

"네 계속 하세요."

"아르헨티나의 득점자는 누구였지?"

나는 그 질문을 듣고 크게 웃으며 답했다.

"카를로스 페우셀레Carlos Peucelle와 기예르모 스타빌레Guillermo Stábile!"

(페우셀레는 아르헨티나의 전설적인 윙어로 월드컵 초대 대회에 출전해 결선

토너먼트에서만 3골을 기록한 선수이다. 스타빌레는 20세기 초중반 아르헨티나 최고의 스타플레이어로 은퇴 후 지도자로 변신해서 아르헨티나 대표팀을 이끌기도 했다. - 옮긴이)

퍼거슨 경은 박수를 치면서 고개를 가로 젓기 시작했다. "잘했어, 잘했어."

결국 내가 돈을 지불했다.

우리가 만난 사진들은 다음 날 언론을 통해 소개됐다. 그 당시에도 나는 기분이 매우 좋았다.

"이럴 수가. 내가 퍼거슨 경과 같이 있었다니!"

왜 지금은 퍼거슨 경 같은 감독이 없을까? 그 이유는 현재의 축구가 정거장 없는 고속열차와 같기 때문이다. 요즘에는 필요하다면 기꺼이 대중의 호응을 얻지 못하는 방법이라도 취할 각오가 되어 있는 감독을 찾기가 쉽지 않다. 퍼거슨 경은 이런 말을 한 적이 있다.

"감독이란 감정적으로는 탐탁스럽지 않은, 이해되기 어렵고 설명하기도 어려운 결정을 내려야만 하는 사람이다."

나도 그 말에 동의한다. 많은 사람들이 그를 둘러싸고 있을 때에도, 감독은 고독한 삶을 살아간다. 모든 사람들이 감독보다 더 잘 알고 있는 것 같다. 나는 종종 농담 삼아 레비 회장에게 이야기한다.

"감독이라는 직업은 참 쉽습니다. 스카이스포츠를 켜서 전문가들의 말을 듣고 5시 혹은 6시쯤 접속할 수 있는 신문사 홈페이지에 들어가서 투표 메뉴를 연 다음 누가 경기에 나서고 누구와 재계약을 해야 하고 누구를 팔아야 하는지 결정하기만 하면 됩니다."

아스널전 승리 이후, 다니엘과 나는 우리가 20년이라는 시간 중 처음으로 리그에서 우리 최대 라이벌 팀을 제쳤다는 사실을 축하했다. 그것 자체가 우리의 목표는 아니었지만, 우리는 짧게나마 일을 멈추고 그 순간을 즐겼다.

두 시간 후, 워커와 나 사이에 말다툼이 있었다는 기사가 갑자기 등장했다.

3년이라는 시간 동안 토트넘에서 나는 그 누구와도 언쟁을 벌이지 않았다. 몇몇 선수들과 어떤 주제에 대해 공감하지 않았던 때도 있었지만, 그 이상은 아니었다.

사실은 이렇다. 그 무렵 워커는 잉글랜드 대표팀 경기를 연속해서 소화했다. 그가 돌아온 이후 우리의 첫 번째 경기는 주말에 열리는 번리전이었다. 몇 달간 트리피어가 훈련을 잘 소화했기에 나는 그를 선발했다. 물론 이는 워커가 벤치에 앉는다는 사실을 의미했다. 우리는 수요일에 스완지와의 경기를 치렀고, 워커는 그 경기에 선발로 출전했다. 트리피어가 토요일 왓포드와의 맞대결에 선발 출전했고 그는 그 경기에서 맨 오브 더 매치에 선정됐다. 우리는 세 경기 모두 승리했고, 두 선수가 번갈아가며 한 경기씩 출전해서 나 역시 만족했다. 두 선수 모두 마지막 경기를 앞두고 컨디션이 좋아 보였다.

왓포드전 이후 워커가 나의 사무실로 왔다.

"감독님, 저는 9년 동안 토트넘에 있었어요. 이 문제에 대해 생각해봤는데, 제 마음이 더 이상 이곳에 있지 않은 것 같아요. 머리도 그렇고요. 제가 할 수 있는 건 다 했습니다. 에이전트에게 여름에 팀을 떠나고 싶다고 말하기 전에 먼저 감독님을 찾아왔습니다."

"카일, 너는 프로 선수고 프로로서의 자세를 잊지 말아야 해. 아직 시즌이 끝날 때까지는 한 달 반이 남았고 우리는 프리미어리그와 FA컵에서 우승 경쟁을 하고 있어. 우리는 이에 집중해야 하고 이번 시즌을 잘 마무리해야 해."

"알겠습니다, 감독님. 그러나 이미 결정이 난 일입니다."

"글쎄, 이 문제는 너와 나만 중요한 게 아니야. 무엇보다도 이는 클럽의 의지에 달린 일이야. 아직 시즌이 한 달도 넘게 남은 상황에서 이런 이야기 하다니 실망스럽구나. 그런 생각을 갖고 있더라도 조금 참고 열심히 훈련하고 경기에 임하고, 출전하지 못했을 때도 팀을 돕고, 시즌이 끝난 뒤에 나를 찾아와서 말할 수도 있었을 텐데."

미켈도 그 자리에 있었다. 나는 사적인 대화를 갖는 중에도 누군가가 내 옆에 있는 것을 확인하곤 한다. 나는 워커의 말을 듣고 그가 동료들에 대한 존중심이 심각하게 부족하다고 느꼈다. 또 그것은 그 자신을 프로 선수로 만들어준 클럽의 뺨을 때리는 일이나 마찬가지였다.

그 당시에는 그 주제에 대해서 그 어떤 것도 공개적으로 설명할 수 없었다. 나 자신의 입을 다물어야 했다. 그리고 그 순간부터 각종 루머가 나돌기 시작했다. 언론에서는 워커가 이적시장에 나왔다고 보도했다. 다가오는 여름에 다른 클럽과의 협상이 어떻게 진행될지 두고 볼 생각이다.

매년 여름은 에이전트들이 그들이 관리하는 선수들을 위해 이적을 추진하고 더 좋은 계약을 확보하기에 분주한 시기다. 이는 합법적인 일이다. 그러나 나는 그 루머를 퍼뜨린 사람이 아니다. 나는 그런 유형의 루머들은 읽지 않는다. 그렇게 한다면, 우리는 아마 200명의 선수를 영입하고 200명의 선수를 내보냈을 것이다. 물론 내 자리를 대체할 감독도 아주 많을 것이다. 누군가 그런 루머들에 대해 정확도를 한번 체크해봤으면 좋겠다. 그러나 한편으로 루머는 이 업계에서 중요한 역할을 하기도 한다. 그 자체가 선수들을 실제로 이적시장에 떠밀기 때문이다. 이적설이 나오는 것으로 선수 역시 자신감을 얻게 되고 다른 클럽들도 그 선수에게 관심을 갖게 된다(이 선수가 이적시장에 나왔다는데 우리가 그를 영입할 수 있을까?). 그것을 이해하되, 그로 인해 지나친 영향을 받지는 말아야 한다.

그것은 또 성공의 징표이기도 하다. 우리 팀에 대해 자주 언급되지 않고 있는 한 가지는 현재 우리 팀 스물다섯 명의 선수들 중 대략 스무 명은 다른 클럽의 관심을 받고 있는 선수들이라는 것이다. 그러나 우리는 더 이상 '셀링 클럽'이 아니다. 우리는 우리가 원하지 않는 선수들만 이적시장에 내놓는다. 레비 회장은 이제 더 많은 경험을 갖추게 됐다. 그는 더 이상 차갑고 수학적인 분석만으로 결정을 내리지 않는다. 3년 전과 비교해보면, 나역시 상황을 다르게 보게 됐다. 구단에 대해서도 더 잘 이해하게 됐고 더이상 경기력에 기반을 둔 원칙이 모든 것은 아니라는 것을 알게 됐다.

5월이다. 이 단계에서 우리가 내리는 결정은 다음 시즌 전체에도 영향을 미칠 것이다. 우리는 여러 선수를 바꿀 필요는 없다. 팀을 떠나는 선수는 더 많은 경기에 나서길 원하거나 구단과 동기 부여가 다른 선수들이 될것이다.

그리고 우리 팀으로 새로 올 선수들… 그들은 우리에게 적응할 수 있을까? 우리가 다음 시즌에 홈경기를 치르게 될 웸블리 구장은 화이트 하트 레인보다 5미터 더 길고 1미터 더 넓다. 넓은 플레이를 펼치기에는 좋지만, 그것은 곧 더 많은 육체적인 노력을 필요로 한다. 우리는 공격적으로도 수비적으로도 더 빠르고 민첩한 선수들을 찾아야 한다. 또 측면에서 기술과 속도를 이용해 공간을 활용할 선수가 필요할 수도 있다. 웸블리 구장엔 더 많은 공간이 있기 때문이다. 그 부분을 강화할 수 있다면 금상첨화일 것이다.

우리가 새로 영입할 선수들은 우리가 쓸 수 있는 이적료에 부합하는 선수여야 한다. 이는 즉 그들이 현 소속팀과 문제가 있는 상태라거나 프리미어리그 클럽 선수들의 경우 계약 기간의 마지막 해를 보내고 있는 선수라는 것을 의미한다. 새로 올 어떤 선수가 높은 급여를 요구한다면 현재 선수들의 급여도 올려줘야 하는데 이는 한마디로 불가능한 일이다. 레비 회장은 까다로운 협상가다. 그리고 그 협상 과정에서만큼은 많은 사람들의 조언을 듣지 않는다. 이적시장에 뛰어들면 그곳에는 언제나 기다리고 있는 선수들이 있다. 우리는 세계 최고의 선수를 영입하기 어렵기 때문에 젊은 선수들을 육성하는 데 관심을 가져야 한다. 이 부분에서의 경쟁은 갈수록 심해지고 있다. 만일 팀의 수준이 조금이라도 떨어진다면, 혹은 정체하게 된다면 우리는 곧 뒤처지게 될 것이다.

그러므로 이런 모든 것을 종합적으로 생각해볼 때, 우리에게 가장 좋은 선택지는 모든 포지션에서 백업 역할을 해줄 수 있는 선수들을 적절하게 구하되, 현재의 선수들을 더욱 발전시키는 일일 것이다.

현재 우리는 현 소속팀에서 나가길 원하는 몇몇 선수들과 연결되어 있다. 그들 중 일부는 우리에게 전화를 하기도 한다. 특히 나는 알바로 모라타Álvaro Morata와 좋은 관계를 유지하고 있다. 그는 레알 마드리드 B팀에 있었을 당시, 또 내가 에스파뇰에 있었을 때 내게 전화를 해서 당시 레알 마드리드의 1군을 이끌었던 조세 무리뉴 감독에게 인상을 심어줄 방법을 물어보기도 했다. 그는 나의 팀이 어린 선수들을 잘 키운다는 점을 알고 있었고 그래서 내게 조언을 구하는 것 같았다. 그의 에이전트는 시즌이 끝나기도 전에 프리미어리그 팀들과 연락을 취했다. 그러나 그의 영입은 우리에겐 불가능한 일이었다. 왜냐하면, 하나의 이유만 들더라도, 그가 올 경우 해리 케인을 어떻게 뛰어넘을지 알 수가 없기 때문이다. 이는 우리가 풀어야 할 숙제다. 우리의 1군 팀 선수들을 향상시키는 것은 쉬운 일이 아니다.

우리의 작은 메시, 세계를 정복할 수 있는 잠재력을 가진 마커스 에드워즈의 문제 또한 골치 아픈 주제가 될 것이다. 우리는 누구도 도달하기 쉽지 않은 아주 높은 기준을 세웠다. 그러나 그는 분명히 그렇게 할 수 있는 선수다. 그러나 과연 그가 그렇게 되길 원할까? 또는 그렇게 될 수 있을까? 그는 이미 1군에서 경기를 소화했고, 훈련도 받았다. 그는 구단과 협력해서 어떤 길을 선택할지 결정하게 될 것이다. 만일 우리가 제안하는 절차가 그 자신에게도 적합하다고 느낀다면, 우리는 그가 우리의 제안대로 해주길 바라고 있다. 그러나 우리는 구단이 재능이 뛰어난 어린 선수들을 관리하는 것이 아주 힘겨운 시기에 살고 있다. 때때로 다른 구단들이 1군 무대에 데뷔조차 못한 어린 선수들에게 많은 영입 제의를 해서 선수들의 마음을 복잡하게 만들기도 한다.

다가오는 여름은 바쁜 여름이 될 것이다.

무슨 일이든 일어날 수 있다. 그러나 우리는 어떤 것에 대해서도 준비되어 있다.

* * *

UEFA 프로 라이센스를 갱신하기 위해 참석한 한 컨퍼런스에서 아리고 사키 감독을 만났다. 그는 내가 존경하는 또 한 명의 뛰어난 감독이다. 우리는 볼을 따내기 위해 필요한 노력이 무엇인지에 대해 이야기를 나눴다. 그는 그 자리에 참가한 지도자들에게 물었다.

"우리가 지도하는 것은 무엇일까? 발일까? 아니면 머리일까?"

그는 강한 압박이란 선수들의 신체적인 노력이기보다는 그렇게 하기 위한 의지라고 말했다. 공격수들은 다른 포지션의 선수들보다 볼을 잃었을 때 압박해야 하는 것의 중요성에 대해 이해하지 못하는 경향이 있다. 어쩌면 에릭센은 그 점에 있어서는 예외일 수 있다.

우리가 볼을 가지고 있을 때, 에릭센은 알리와 훌륭하게 연계 작업을 가져간다. 우리는 10번 역할을 훌륭하게 소화하면서 서로 포지션을 바꿔가며 플레이하는 선수들이 있다. 단지 그 둘만이 아니라 빈 공간을 찾아 전방이나 측면으로 돌아들어가는 다른 선수들도 있다. 그러나 특히 에릭센과 알리는 우리가 축구하는 유연한 시스템을 잘 이해하는 선수다. 경우에 따라 에릭센은 미드필드 깊은 곳까지 내려와서 우리 진영에서 빌드업 과정을 시작하기도 한다.

우리는 에릭센을 '골라소Golazo(멋진 골을 의미, 주로 스페인에서 사용하는 축구 용어 - 옮긴이)'라고 부르는데 그가 훈련 중에 멋진 골을 많이 넣기 때문이다. 그는 그가 얼마만큼 사랑받고 있는지를 보여주기 위해 사람들이나 언론의 도움을 필요로 하는 유형의 선수는 아니다. 겉으로 인정받는 것을 원하는 유형 또한 아니다. 그는 놀라울 정도로 침착한 선수인데 나는 종종 그가 좀 더 흥분했으면 좋겠다고 느낄 때도 있을 정도다. 에스파뇰 시절 우리 팀엔 상대와 접촉하는 것을 두려워해서 그 두려움을 극복하기 위해 킥복싱을 배운 선수가 있었다. 에릭센은 무언가를 두려워하는 선수는 아니지만 좀 더 페널티 박스 근처에서 많은 프리킥을 얻어냄으로써 한층 더 발전할 수 있는 선수다. 그 부분이 그가 더 앞으로 나아갈 수 있는 다음 단계다.

에릭센은 11골 16도움을 기록하며 매우 좋은 시즌을 보내고 있다. 크리스탈 팰리스전에서 그의 골은 우리를 구해냈다. 그는 웨스트햄전에도 선발 출전할 것이다. 우리가 첼시를 따라 잡는 것은 힘들겠지만 그래도 계속해서 첼시를 압박해야 한다. 그들은 네 경기를 앞둔 상황에서 승점 4점을 앞서고 있다.

가끔은 감독이라는 것이 너무 힘들 때가 있다. 특히 중요한 갈림길에 서서 하나의 선택을 내려야만 할 때가 그렇다.

이번 주는 즐겁지 않은 한 주였다. 워커를 둘러싼 이야기가 나돌면서, 아스널전의 승리를 제대로 즐길 수가 없었다. 조금은 답답하기도 했다. 웨스트햄 경기를 앞두고 열린 경기 전 기자회견은 특히 버거웠다. 나는 대답하기 어려운 질문을 많이 받았다.

"워커가 평상시처럼 훈련을 받았나?"

"왜 아니겠나?"

"워커는 토트넘에서 행복한가?"

그런 질문에는 뭐라고 대답해야 할까? 언론에 우리끼리 나눈 대화를 공개라도 해야 할까? 지금 이 시기에?

한 기자가 물었다. "워커가 당신과의 불화설을 부인하기 위해서 직접 나서지 않는다는 것이 이상하지 않나?"

만일 누군가가 구단을 떠나고 싶어 하지 않는다면, 그는 곧바로 나서서 이러한 불화설에 대해 부정할 것이다.

나는 워커의 주변 사람들이 언론에 이 이야기를 흘리고 있다고 확신한다. 그렇다면, 나는 이러한 문제를 공개적으로 다뤄야 할까? 만일 내가 구단주라면 감독을 지지할까? 혹은 만일 워커가 떠난다면 이는 순전히 감독의 책임이라는 분위기를 내길 바랄까?

이 주제에 대한 모든 이야기는 우리 내부적으로 논의됐다. 우연의 일치인지 아닌지 몰라도 타블로이드판 신문에서는 다음 날 4페이지에 걸쳐서 우리 클럽에 대해 다뤘는데, 그중 2페이지는 구단 내에서의 나의 영향력에 대해, 나머지 2페이지는 우리의 새 경기장에 대한 것이었다.

그런 갈등은 의사 결정을 내리는 순간에 완전히 자유롭게 결정을 내리지 못하게끔 만든다. 감독이 모든 언론을 관리하는 것도 아니고, 모든 선수나 클럽 전체를 통제하지도 않는다. 선발 출전할 선수를 선택하는 것은 감독의 권한이지만, 이는 특정 조건을 전제로 결정되는 경우가 많다. 어떻게 하면 역효과 없이 주전 선수를 벤치에 앉힐 수 있을까?

심사숙고 끝에, 우리는 워커를 웨스트햄전에 선발로 내세우기로 결정했다. 계속해서 로테이션 체제를 유지하기 위해서였다. 그러나 만약, 그의 출전이 팀에 악영향을 미친다면?

웨스트햄전에서 우리는 초반부터 좋은 경기를 펼치지 못했다. 몇 가지를 시도했지만, 잘 풀리지 않았다. 우리는 결국 0-1로 패했고 이는 뼈아픈 패배였다. 우리는 우리 자신이 할 수 있는 최고의 모습을 보여주지 못했다. 9연승 이후의 패배는 우리의 경쟁자들에게 유리한 상황을 만들어줬고 그들은 실제로 승리를 했다. 첼시는 이제 세 경기를 남긴 가운데 우리보다 승점 7점을 앞서게 됐다.

우리는 모두에게 이틀 휴가를 줬다. 나는 같은 날 오전에 바르셀로나로 떠났다. 런던으로 돌아오면 선수들에게 다시 집중해야 하고 시즌은 아직 끝나지 않았다는 사실을 분명히 할 것이다.

* * *

바르셀로나에 있는 동안 머릿속에서 그 경기를 떨쳐버릴 수가 없었다. 지난 시즌 말미에 나왔던 선수들의 태도가 다시 드러난 것일까? 마치 아스널과의 경기를 마친 후 시즌이 끝난 것 같았다. 나는 우리가 팀으로서 전과는 다른 위치에 있고 그래서 같은 돌에 다시 걸려 넘어지지는 않을 것이라고 믿었다. 월요일, 런던으로 돌아온 후 나는 늘 내가 있는 곳인 식당의 소파에서 선수들과 이야기를 나눴다. 나는 나의 불쾌함을 숨기지 않고 냉정하게 대화했다. 지금은 선수들과 포옹을 하거나 애정을 나눌 때가 아니었다. 나는 많은 선수들이 걱정하고 있다는 말을 전해 들었다.

"감독님이 왜 저러시지?"

나는 그 주 첫 번째 훈련에 직접 나가지 않았다. 나머지 코칭스태프들도 일부러 선수들과 거리를 둔 모습을 보여줬다. 이번 주는 아주 긴 한 주가 될 것이다.

나는 둘째 날에도 나가지 않았다. 헤수스는 선수들을 더 적극적으로 지도했다. 그는 선수들 중 누구 한 명도 방심할 수 없게끔 만들었다. 그는 선수들을 압박하고 또 압박했다.

"감독님이 팀을 떠나길 원하는 걸까? 인터 밀란 이야기가 있던데…." 식사 시간에 이런 이야기가 돌았다.

나는 에스파뇰 시절 피에로 아우실리오Piero Asuilio(인터 밀란 단장 - 옮긴이)와 쿠티뉴Coutinho의 임대를 통해 알게 됐고 최근에 그와 한 번 만난 적이 있었다. 그 일에 대해 이야기가 나오기 시작한 것이다.

나는 팀의 주요 선수들과 개별 미팅을 주선했다. 그들은 모두 나를 걱정하고 있는 모습이었다.

"괜찮으세요? 요즘 굉장히 표정이 안 좋고 마음이 떠나 있는 것 같은데… 팀을 떠나고 싶은 거예요?"

그들의 반응은 다소 놀라운 것이었다. 경험이 많은 선수들은 내가 왜 그러는지 어느 정도 이미 눈치 챈 상태였지만 여전히 우려하고 있는 모습이었다.

"감독님을 위해 저희가 할 수 있는 것이 없을까요?" 그들이 물었다.

헤수스는 내게 이는 일하는 방식에 대한 대가라고 말했다.

"평소에 너는 선수들을 아버지처럼 대해. 그리고 그들로부터 백오십 퍼센트를 끌어내지. 그러나 네가 선수들을 감독처럼 대할 때면 그들은 네가 공격하는 것처럼 느끼는 거야."

나는 맨체스터 유나이티드와의 경기 이틀 전 최종 훈련에 참여하기로 결정했다. 헤수스에게 우리가 무엇을 해야 할지 물어봤다.

"무슨 훈련을 할지가 뭐가 중요해? 선수들은 그저 네가 훈련에 함께하기를 바라고 있어."

목요일에 나는 선수들을 두 그룹으로 나누어 몇 가지 전술과 수비 조직에 대해 살펴봤다. 그리고 금요일에는 세트피스 훈련에 임했다. 우리는 왼쪽에서 코너킥을 연습했고, 오른쪽에서는 또 다른 방식으로 연습했다. 우리는 이 훈련을 열 번 이상 했지만 골을 많이 넣지는 못했다. 어쨌든 내가 겉으로 드러내지는 않았지만 우리 훈련에는 격렬함과 강도가 있었고 나는 그것이 만족스러웠다.

우리는 선수들의 휴가 일정을 조율하면서 그 주를 보냈다. 이는 내부적인 혼란을 일으킬 수 있는 또 하나의 민감한 주제였다. 이 과정에서는 모두가 자신이 원하는 바를 주장하게 되고 그렇게 되면 모두가 곤란해진다. 지난해 우리는 유로 2016에 앞서 출전 정지 처분을 받았던 몇몇 선수에게 미리 휴가를 줬다. 그랬더니 다른 선수들이 이를 나쁘게 받아들였다. 결국 우리는 거의 모든 국가대표팀 선수들에게 최소한의 휴식을 받도록 해주는 합의에 도달했다. 대표팀 경기는 각자 다른 날짜에 경기가 끝나기 때문에 조정이 복잡하다. 우리의 마지막 세 경기에서 획득하는 승점에 따라 휴가가 결정된다는 조건도 있었다. 우리가 정한 기준 승점보다 더 획득하는 승점만큼 휴가일이 늘어나는 방식이었다.

금요일에 손흥민이 이 달의 선수상을 받았고, 나는 이 달의 감독상을 받았다. 2016년 2월 이후로 처음 받는 상이었지만, 6승 16골 1실점이라는 기록은 그 상을 받을 자격이 있다는 것을 보여주고 있었다. 그 상을 받는 것이 달갑지 않게 보이길 원하진 않지만 실제로 나는 이러한 상을 좋아하지 않는다. 이런 상들이 현실을 모두 반영하는 것은 아니기 때문이다. 감독들은 한 달이라는 시점에 근거해서 결정을 내리지 않는다. 차라리 한 달 동안 가장 좋은 결과를 낸 팀 그리고 가장 많은 골을 넣은 팀, 가장 적게 골을 내준 팀에게 주는 상으로 대체할 수도 있을 것이다. 선수들은 몇 주 동안 놀라운 성과를 낼 수 있지만, 감독은 같은 조건에서 경쟁을 펼치지 않는다. 올해의 감독상도 마찬가지다. 챔피언을 위한 상은 하나면 된다. 그리고 여러 선수를 고려한 상도 하나면 된다.

맨체스터 유나이티드와의 경기에 앞서 열린 기자회견은 다소 차분했다. 아주 오랫동안 지냈던 화이트 하트 레인에서 열리는 마지막 경기였던 만큼, 경기장에 대한 이야기가 주를 이루었다. 나는 이번 주초 이번 시즌 우리가 첼시보다 이점을 안고 시즌을 시작했다고 했던 콘테 감독의 말에 대해 응답하고 싶었다. 그는 내가 그와 달리, 3년 동안 같은 선수들과 함께했고, 프리미어리그에 대해서 잘 안다고 말했다. 나는 그가 무슨 말을 하려고 하는지 이해할 수가 없었다. 그러나 나는 결국 그런 논쟁이 가치가 없다고 판단했다. 그러고 나서 나는 선발 명단을 발표했다.

***

요즘 선수들은 오드콜로뉴(연한 향수 - 옮긴이)를 뿌리고 경기장에 나간다. 우리는 선수들에게 "제발, 제발, 제발 좀 하지 마"라고 말한다. 그러면 선수들은 '쳇쳇'거리며 불평한다. 드레싱룸에서는 습한 냄새가 난다. 공기는 걸쭉하고 짙다. 지난해까지 늘 풍기던 통증완화제 크림 냄새도 사라졌다. 나는 시합 전에 늘 샤워를 하는데, 그러면서 운동복을 입을지 정장을 입을지 결정한다.

선수 입장 터널을 통해 경기장에 들어서면 나는 내 주위에서 무슨 일이 일어나고 있는지를 완전히 잊는다. 다른 어떤 것도 들리지 않는다. 나의 머릿속은 온통 침묵으로 가득해지고 그렇게 나는 경기에 집중한다. 경기장에 구만 명의 관중이 있든 삼백 명의 관중이 있든. 혹은 경기장이 웸블리든 화이트 하트 레인이든 그것이 중요한 게 아니다. 나는 마치 홀로 경기장을 뛰는 것처럼 느낀다.

***

경기는 예상대로 진행됐다. 맨유는 우리에 대비해 맨투맨 수비를 했고 경기장 여기저기에서 우리를 쫓으면서 저지하려고 했다. 그러나 우리는 그들이 그렇게 할 것이라는 것을 미리 알고 있었고, 이에 대한 준비도 마친 상태였다. 첫 번째 코너킥 상황에서 우리는 어제 연습했던 움직임을 활용했고 득점에 성공했다. 이번에는 우리의 준비가 맞아떨어졌다. 두 번째 골 또한 세트피스 상황에서 나왔다.

경기 막판 우리에게는 한 장의 교체 카드가 남아 있었다.

"에릭센을 빼고 시소코를 투입하자." 헤수스에게 말하자 그가 선수들을 돌아보더니 내게 말했다.

"시소코가 없어."

"그게 무슨 말이야?

'시소코가 워밍업도 안 하고 있고 벤치에도 없어."

시소코는 방금 드레싱룸으로 들어가 구토를 하고 다시 나왔다.

"은쿠두를 투입하자."

우리는 다시 한번 강도 높은 경기력을 보여줬고 수십 번의 기회를 만들어냈다. 우리는 그들보다 더 넓게 움직였다. 정확하게 말하자면, 약 8킬로미터를 더 뛰었다. 최근 치른 두 번의 경기에서 우리는 올바른 태도를 보여줬다. 2-1이라는 스코어는 양 팀의 경기력을 제대로 반영해주는 스코어가 아니었다. 그러나 우리는 결국 리그 무패로 홈경기 일정을 마칠 수 있었다(2016-17시즌 토트넘은 화이트 하트 레인에서 치른 프리미어리그 홈경기에서 17승 2무를 기록했다. -옮긴이). 그리고 우리는 두 경기를 앞둔 상황에서 2위 자리를 확보했다.

이제 화이트 하트 레인과 작별할 시간이다.

지난해 우리는 UEFA 챔피언스리그 진출권을 확보하고 프리미어리그 출범 후 가장 좋은 성적인 3위로 시즌을 마치고도 따로 그를 축하하지 않았다. 아무것도. 그러나 이번 시즌에는 모든 것이 잘 맞아떨어졌다. 우리는 우리의 집 같은 홈구장에서 축하를 할 수 있었다.

경기가 끝나고 드레싱룸으로 향하고 있을 때, 관중들이 경기장으로 뛰어들어오기 시작했다. 우리는 결국 관중들이 모두 자기 자리로 돌아갈 때까지 클럽 레전드들과 함께 안에서 기다려야 했다. 그 고별행사는 정말 멋졌다. 레전드들이 모두 입장해서 경기장 위에 선 후에 이제 내가 입장할 시간이었다.

우리는 가족들과 함께 경기장을 한 바퀴 돌고 모든 스태프들과도 사진을 찍었다.

그 자리는 클럽의 과거와 현재의 전설들이 모두 참석한 진정한 토트넘의 스타들이 총출동한 자리였다.

기자회견을 할 시간이었고, 나는 헤수스뿐 아니라 미키와 토니도 기자회견장으로 초대했다.

우리는 드레싱룸으로 돌아왔다. 레비 회장은 내게 구단 이사진과 조 루이스의 딸이 있는 이사회실로 와 달라고 요청했다. 그 후 우리는 드레싱룸으로 다시 돌아갔고, 세바스티아노가 축하를 위해 구매한 와인 한 병을 땄다.

그 다음에 일어난 일은 정말 즐거웠다. 팬들이 모두 떠난 후 나는 가족 그리고 코칭스태프와 함께 마지막으로 경기장 위를 걸으면서, 개인적인 사진 몇 장을 찍었다. 나는 그곳에서 고요함과 평화를 즐겼다. 그날 있었던 경기는 메아리에 불과한 것 같았다. 이번 경기는 에스파뇰을 이끌고 사리아 구장에서 발렌시아와의 마지막 경기에 나서던 때를 떠올리게 해줬다. 화이트 하트 레인의 고요함이 내게 아내, 아들과 함께 그 오래 전 에스파뇰의 그라운드를 방문했던 추억을 상기시켜줬다.

그때처럼 나는 경기장에서 아무것도 가져가지 않았다. 그라운드의 향기, 이곳에서 들렸던 함성은 가져갈 수 있는 것이 아니었다. 이러한 감정들은 상자 속에 담아둘 수 없다. 관중석 의자를 집에 가져가는 것이 무슨 의미가 있을까? 그저 머릿속에 담아두는 것이 더 좋다.

우리는 드레싱룸으로 가고 있었다. 그때 우리의 이사 중 한 명인 도나마리아 컬린Donna-Maria Cullen이 내게 레비 회장과 그의 가족들이 경기장에 있는 우리를 보기 위해서 밖으로 나왔다고 말했다. 텅 빈 경기장에서 레비 회장은 내가 지난 3년 동안 듣지 못했던 말을 했다. 과거에 그는 특정 선수들이 팀을 떠나고 싶어 하는지, 행복해하는지 등을 걱정하며 시간을 보내곤 했다. 이제 그는 선수 개개인의 상대적인 중요성을 더 잘 이해하고 있다. 토트넘이라는 팀의 엔진은 팀 그 자체다.

우리 모두 아주 감정적이었던 그날, 집에 돌아오자 이미 늦은 시간이었다. 그것 모두가 축구의 일부였다.

* * *

우리는 레스터 시티를 6-1로 격파하고 13경기에서 12승을 거뒀다. 해리 케인은 그 6골 중 4골을 넣었다. 그는 루카쿠를 제치고 프리미어리그 득점왕을 차지할 준비가 된 듯한 모습이었다. 최근 경기에서 선수들은 케인이 가능한 많은 골을 넣게 하고 있다. 케인이 상을 받을 수 있도록 팀이 나서서 많은 노력을 기울이고 있는 것이다.

손흥민이 킹파워 스타디움에서 열린 경기에서 또 다른 두 골을 넣었다.

우리는 모든 대회를 통틀어 32승 10무 10패를 기록했다. 3일 뒤 열릴 우리의 최종전은 이미 강등이 확정된 헐 시티 원정경기였다.

* * *

마지막 경기의 라인업이다. 요리스; 트리피어, 알더바이렐트, 베르통언, 데이비스; 완야마, 다이어; 손흥민, 알리; 에릭센 그리고 케인.

12개월 전 뉴캐슬전에서 뉴캐슬 팬들은 "라파 베니테즈, 팀에 남아주

세요!"라는 뜻의 응원가를 들었다. 오늘도 같은 응원가를 듣게 될 것 같다. 이번에는 라파 베니테즈가 아닌 마르코 실바_{Marco Silva}의 응원가지만 말이다.

우리는 헐을 상대로 7-1이라는 압도적인 승리를 기록했다. 케인은 해트트릭을 기록했다.

우리는 84점으로 리그 2위를 차지했다. 이는 지난 시즌 우승팀인 레스터 시티가 기록했던 것보다 3점 많은 승점이었다. 우리는 신체적으로도 정신적으로도 모두 놀랄 만한 모습을 보여줬다. 사람들은 나의 팀이 시즌 막판이 되면 흔들릴 거라고 예상했지만, 그렇지 않았다. 우리에겐 상대 팀이 우리의 라인업을 확인한 뒤에도 우리가 어떤 플레이를 하려고 하는지 확실히 알 수 없는 유연성이 있다. 경기 중에도 우리는 몇 가지 변화를 통해 우리가 원하는 방향으로 경기를 바꿀 수 있다.

그 경기에서의 아까운 실점으로 요리스가 골든 글러브를 받지 못한 것은 애석한 일이었다.

리그가 끝났다. 우리는 우리가 할 수 있는 모든 것을 해냈다.

뉴캐슬에서의 불행했던 경기에 대한 기억 역시 마침내 사라졌다. 결국 그 결과는 나 때문이었을 수도 있고, 아닐 수도 있다. 선수들의 책임일 수도 있고 아닐 수도 있다. 요컨대 이는 누구의 잘못도 아니었다. 단순히 그때는 그것이 우리의 모습이었고 지금은 이것이 우리의 모습이다.

* * *

레비 회장은 우리에게 FA컵 결승전에 진출하게 된다면, 휴가 전에 예정된 홍콩에서의 친선경기를 취소해주겠다고 말했다. 그런 일은 없었다. 이번 3일간의 여행은 우리에게 바람을 쐴 기회가 될 것이다.

홍콩에 착륙하자마자 나는 카리나에게 메시지를 보냈다. 잉글랜드는 오전 6시였다.

"맨체스터에서 무슨 일이 일어났는지 봤어?"

헤수스는 보통 다른 누구보다 먼저 전화기를 켠다. 비행기에서 그는 이미 우리에게 맨체스터에 테러가 있었고 20명이 사망했다는 소식을 들려줬다.

우리는 얼마나 연약한 존재인가. 어디에서도 안전하지 않다는 생각이 강하게 들었다. 어느 누구도 그들의 생활방식을 바꿔서는 안 되지만, 그 어떤 때보다 예방책이 더 필요하다. 어쨌든 우리도 투어 중 보안을 철저히 하게 됐다.

나는 점점 사람들이 많이 모이는 행사를 즐기지 않게 됐다. 나는 런던에 가는 것을 아주 좋아하지는 않는데 그건 보안과 관련된 이유는 아니다. 완벽한 세상이라면, 나는 바르셀로나에 있는 우리 집에서 살 것이다. 그리고 가능하다면 경기를 위해서는 기차로 이동할 것이다. 만약 걸어갈 수 있다면? 더 좋다. 때로는 작은 세계가 나를 더 행복하게 만들어준다는 느낌을 받는다. 나는 여행을 즐긴다. 그러나 나는 이제 더 이상은 전처럼 세계를 보기 위해 여행할 필요를 느끼지 못한다. 이미 14세부터 세계 각지의 공항과 호텔을 돌아다니며 살다보니 때로는 삶을 살고 있지 않다는 느낌을 받게 되기도 한다.

사람은 인생을 살아야 한다.

＊ ＊ ＊

나는 방금 도착한 호텔 방에 있다. 방에 도착하자마자 나는 운동복도 벗지 않고 침대에 누웠다. 다음번에 훈련장에 갈 때면 나는 새로운 운동복을 받게 될 것이다. 그 운동복에는 새 옷의 냄새가 날 것이고 새 시즌을 시작하는 느낌이 날 것이다.

그 전에 우리에겐 이곳에서 해결해야 할 많은 일이 있다. 선수들은 잘 지내고 있다. 이 짧은 일정이 없었다면 우린 이미 모두 각자의 길을 갔을 것이다. 시즌 중에 있었던 긴장감이 사라지고 우리는 함께 먹고 함께 이동한다. 승리란 정상에 오름으로써, 혹은 모두 다 함께 지옥에 떨어졌다가 다시 정상에 오름으로써 얻어지는 것이다.

이번 시즌을 단면적으로 돌아보자면 우리가 우승할 만큼 충분히 좋지 않았다고 보일 수도 있겠지만 자세히 살펴보면 우리가 발전하고 있다는 것이 드러난다. 다른 팀들을 앞서기 위해 우리가 강조해야 할 한 가지 요인이 있다. 모든 팀은 신체적으로, 의학적으로, 영양적으로, 또 전술적인 면에서도 비슷한 준비 과정을 겪는다. 다른 점은 창의성의 정도다. 그리고 정신적인 측면은 개선할 여지가 많다. 다이어가 완벽한 예다. 그는 내게 그가 모든 문제에 대한 해답을 갖고 있다고 느끼고 있으며, 신체적으로도 강한 지금 시즌이 끝난 것이 아쉽다고 말했다. 무엇이 바뀐 것일까? 그 답은 그의 머릿속에 있다.

만일 내가 지난 12개월 중 한 순간을 선택한다면, 그건 우리의 UEFA 챔피언스리그 첫 경기가 될 것이다. 이는 모든 사람들이 나서기를 간절히 바라는 대회에서의 첫 번째 경기였다. 나는 늘 경기장에 마지막으로 나가는 사람이며 절대 서두르는 사람이 아니다. 그러나 그날, 나는 헤수스와 미키 그리고 토니에게 "빨리 경기장에 나가자. 챔피언스리그 노래를 놓치고 싶지 않아"라고 말했다. 그리고 우리는 선수들 뒤에서 그 노래를 들으며 웃음을 참기 위해 노력했다. 그 순간이 아마도 챔피언스리그에 대해서 내가 가장 감정적으로 느꼈던 순간이었을 것이다.

그 후로 무엇이 달라졌을까? 패배는 우리에게 많은 것을 가르쳐줬고 또 우리를 시험했다. 우리는 이전보다 승리하는 법에 대해 더 잘 배웠고, 어느 때보다 승리에 대한 확신을 갖게 됐다. 계속해서 앞으로 나아가기 위해서, 우리는 우리만큼 모든 선수들로 하여금 야망을 지니게 해야 했다.

한 시즌의 막이 내렸고 선수들은 휴가를 갈 것이다. 그러나 우리는 이미 다음 미션을 준비 중이다. 나는 한동안 계속 전화를 받게 될 것이다. 비시즌 기간이라고 해도 완전히 축구와 멀어지는 것은 불가능하다. 몇몇 선수들에게 메시지를 보내기도 하겠지만 때로는 거리를 두는 것이 좋을 때도 있다. 혹시라도 우리가 다시 만나지 못할까봐 두려워하는 선수들이 있을지도 모른다.

…어쩌면 나 혼자서 그들이 그러길 바라고 있는지도 모른다.

우리가 올해 어떤 대회에서도 우승을 차지하지 못한 것은 아직 우리의 때가 아니었기 때문이다. 나는 다시 시작할 준비가 되어 있다. 우리는 다음 단계로 나아갈 것이다.

아직도 토트넘에서 뭔가 큰일이 일어나고 있다는 것을 의심하고 있는 사람이 있을까?

결국, 우리는 용감하게 나아가야 한다.

포체티노를 말한다

손흥민 ————————————————————————————

제가 처음 포체티노 감독님을 만난 것은 토트넘과 계약하던 날이었습니다. 그날 저는 그를 만나게 되어 무척 기뻤습니다. 그는 사우샘프턴 감독 시절에도 저를 영입하고 싶어 했고, 토트넘에서도 다시 한번 절 영입하고자 했습니다. 3년 만에 드디어 만난 셈이죠. 그를 보자마자 저는 그가 매우 친절한 사람이라는 느낌을 받았고, 그와 함께하게 되어 기분이 좋았습니다.

제가 토트넘에 입단한 것도 그의 영향이 컸습니다. 저는 늘 프리미어리그에서 뛰고 싶었기 때문에 토트넘이 아주 훌륭한 훈련장을 가졌고, 새로 홈구장을 지을 예정인 빅클럽이라는 사실을 잘 알고 있었죠. 무엇보다 포체티노 감독이 있다는 점이 제가 토트넘을 선택한 중요한 이유였습니다.

그는 경기장 안에서도 밖에서도 아주 훌륭한 감독입니다. 엄격해야 할 땐 엄격하지만, 선수들과 친근하게 지낼 때는 또 무척 친근합니다. 그는 팀에 좋은 느낌을 전해주는 감독입니다. 그는 제게 때로는 감독 같고, 때로는 가족 같은 사람입니다.

그와 함께 토트넘에서 보내는 시간이 무척 만족스럽습니다. 저는 토트넘에 온 후로 여러 가지 면에서 전보다 더 발전했다고 생각합니다. 딱히 한 가지를 꼭 집어 말하긴 힘들지만, 달리는 방법이나 식습관 등 아주 많은 부분에 있어서 전보다 훨씬 나아졌다고 생각합니다.

포체티노 감독님은 저에게 오프 더 볼에서의 움직임에 대해 많은 것을 알려주셨고 좀 더 직선적인 공격을 하라고 조언해주십니다. 그게 그가 저에게 바라는 바이고 또 제가 노력하는 부분입니다. 그는 제게 많은 도움을 주고 있고 저는 그런 도움이 제가 프리미어리그에서 활약할 수 있는 이유라고 생각합니다.

한국의 축구팬 여러분도 이 책을 즐겁게 읽으실 거라 생각합니다. 한국 축구팬들은 축구를 정말 사랑하니까요. 제가 그랬듯이 여러분도 이 책을 즐기실 수 있길 빕니다.

마지막으로 여러분의 응원에 늘 감사합니다.

위고 요리스 Hugo Lloris ────────────────────────────

나는 선수 시절의 포체티노를 잘 기억하고 있다. 월드컵에서 그는 아르헨티나 대표팀의 수비수로 활약했고, 파리 생제르망과 보르도에서도 뛰었다. 그래서 나는 그에 대해 늘 좋은 이미지를 갖고 있었다. 그가 플레이하는 방식, 그의 얼굴 그리고 그의 태도. 그는 승자였다. 나는 오늘 그에게서 예전과 같은 얼굴을 본다. 물론 예전보다 머리는 조금 짧아졌지만. 나는 그가 파리와 계약했을 때, 모든 이들이 에스파뇰에서 온 그에 대해 의문을 가졌던 것에 대해 기억한다. 그러나 사람들은 그가 아르헨티나 대표팀 선수였다는 점은 잊고 있었다.

나는 한 사람으로서 그리고 물론 프로 선수로서도 그와 좋은 관계를 맺고 있다. 나는 내가 감독에 대해 이렇게까지 경외심을 갖게 될 거라고 결코 생각해본 적이 없다. 나는 나를 이끌었던 모든 감독들에 대해서 존경심을 갖고 있지만, 선을 넘고 싶지는 않았다. 내게 다른 감독들은 모두 나의 보스였지, 친구는 아니었다. 그러나 포체티노 감독과 함께라면 모든 것이 자연스럽다.

내가 그에게 얼마나 감사한 마음을 갖고 있는지 설명하기는 쉽지 않다. 그가 부임했을 당시 나는 토트넘에서 안 좋은 시기를 보내고 있었다. 나는 클럽이 나아가고 있는 방향에 대해 매우 실망한 상태였다. 리옹을 떠나 토트넘에 입단했지만, 첫 시즌 나는 감독(안드레 빌라스-보아스)과 몇 가지 문제가 있었다. 토트넘과 계약했을 당시, 나는 클럽의 '빅4' 입성을 돕고 싶었고, 나의 실력을 발휘하고 싶었다. 그러나 나는 그런 것들이 제대로 이루어지고 있지 않다는 점을 깨달았다. 우리는 발전하고 있지 않았다. 그리고 베일을 팔았고 8명의 선수를 영입했다. 팀에 대한 뚜렷한 철학이 부재했다. 사실, 그와는 정반대였다. 두 번째 해, 나는 '이 클럽은 무엇일까?'라는 생각을 하기도 했다. 나는 어쩌면 내가 팀을 떠나야 할지도 모른다고 생각했다. 축구에 대한 열정과 애정을 잃고 있었기 때문이다. 그런데 포체티노를 만났을 때, 나는 내가 잃고 있었던 것을 다시 되찾을 수 있었다. 나는 축구에 대한 그의 생각을 정말 좋아한다. 볼을 되찾기 위해 경기장 전체에서 모두가 압박하는 것 그리고 후방에서부터 기회를 만들어가는 것, 또 우리가 소유권을 가진 상황에서 모두가 함께 천천히 플레이를 만들어나가는 것 등등.

심지어 내 아내도 내가 안색이 변했다고 말한다. 그녀는 내게서 리옹과 니스에 있었을 때의 모습이 다시 보인다고 말한다. 축구와 인생에서 우리는 중요한 사람을 만나게 됐다. 내게 포체티노는 나의 커리어를 더 발전시켜준 아주 중요한 사람이다. 그는 늘 생생하고, 긍정적이며, 이기적이지 않다. 그는 늘 팀에 대해 생각하고 스포트라이트 받는 것은 그다지 즐기지 않는다. 그는 늘 겸손한 사람이다.

소리를 지르지 않고도 리더가 될 수 있다. 포체티노가 바로 그것에 가장 잘 어울리는 감독이다. 물론 때때로 그 역시 소리를 지르지만, 그런 모습이 아주 잦은 편은 아니다. 선수였을 때와는 다르게, 감독으로서 그는 속으로 삼키는 일이 많다. 그것이 바로 그가 경기가 끝난 직후에 선수들과 이야기하는 것을 그리 좋아하지 않는 이유다. 좋은 경기에서든, 나쁜 경기에서든 그는 그렇게 하는 것을 좋아하지 않는다. 그는 경기 후에는 그의 에너지를 아끼는 것을 좋아한다.

처음부터 쉽지는 않았다. 나는 몇몇 다른 선수들로부터 "훈련이 너무 힘들다. 뭔가 잘못된 것 같다. 이런 훈련은 이전에 해본 적이 없었다"라는 말을 자주 들었다. 나도 걱정이 됐다. 주말이 되면 선수들이 이미 녹초가 될 것 같았다. 그러나 우리의 신체 훈련을 담당하고 있는 헤수스는 "걱정하지 마라, 곧 이해하게 될 것이다"라고 말했다. 나는 우리가 홈에서 아스널을 상대로 2-1로 승리했던 경기를 기억하고 있다. 우리는 0-1로 밀리고 있었고, 95분까지 상대를 강하게 압박하며 플레이했다. 며칠 후 그는 나를 비롯한 몇몇 선수에게 "우리는 앞으로도 매 경기 똑같은 방식으로 플레이할 것이다. 이것이 우리가 훈련을 열심히 해야 하는 이유다"라고 말했다. 이제 우리는 매 경기마다 뛸 수 있는 준비, 상대에 맞설 준비 그리고 경쟁할 준비가 되어 있다. 우리는 우리의 마음가짐을 바꿨다. 감독이 뭔가를 하라고 요청할 때는 그렇게 하면 된다. 그러나 감독이 선수들에게 왜 그렇게 해야 하는지를 설명하는 것은 더 도움이 된다.

토트넘에서는 훈련장에서든 경기장 위에서든 모든 것이 녹화된다. 처음부터 그 방식을 이해했던 것은 아니다. 사실, 처음에는 정말로 체육관에 가는 것을 좋아하지 않았다. 그러나 이제는 그것을 이해한다. 훈련을 할 때 선수들은 모든 것을 다 드러낸다. 숨길 수 없다. 그 모든 것을 녹화하는 것은 선수들이 진심으로 훈련에 참여하고 있는지 아닌지를 가려내고 선수들을 더 잘 이해할 수 있는 방법이다. 겉으로는 열심인 척하지만 실제로는 그렇지 않은 경우도 있기 때문이다. 포체티노 감독은 선수들의 보디랭귀지로부터 많은 것을 알아차린다.

포체티노 감독과 세 달의 시간을 보낸 뒤에도 우리는 아직 확실한 모습을 보여주지 못하고 있었다. 그러나 우리에겐 아주 중요한 두 경기가 있었다. 우리가 어린 선수들을 출전시키기 시작한 경기였다. 그들은 그들보다 나이가 많은 선수들보다 의지가 더 강했고 더 열정적이었다. 바로 그 순간부터 토트넘의 선수들이 감독을 위해 싸우는 것처럼 느껴졌다. 애스턴 빌라 원정경기에서 우리는 0-1로 지고 있었지만, 결국은 2-1로 승리했다. 헐 시티전에서도 마찬가지였다. 그런 경기들은 특히 어린 선수들에게는 아주 중요한 경기였다.

그가 토트넘에 처음 왔을 때, 그는 그를 도와 팀 전체에 옳은 생각을 전해줄 두세 명의 선수를 필요로 했다. 두 번째 시즌이 되자 더 많은 선수들이 그의 철학을 믿기 시작했다. 그리고 좀 더 이기적인 몇몇 선수들과 새 팀의 일원이 되기 위한 준비를 다하지 못했던 선수들이 팀을 떠나기 시작했다. 그러면서 그는 점점 서로를 위해 함께 싸울 팀을 만들기 시작했다.

나는 그가 내게 주장으로서의 권한을 줬다는 것을 느꼈다. 그는 내게 "나는 너를 중심으로 팀을 만들 거야. 우리는 곧 경쟁력을 갖춰서 리그 최고의 팀들과 경쟁할 거야"라고 말했다. 그의 말은 지금 현실이 됐다.

그가 일을 처리하는 방식은 참 영리하다. 어떤 것도 강제적인 것은 없다. 그는 선수들에게 선택할 수 있는 선택지를 제공한다. 그는 선수들이 그런 순간을 공유하는 것을 보는 걸 좋아한다. 나는 이전에 선수들이 축구화를 착용하고 한 명씩 한 명씩 경기장으로 들어가던 모습을 기억한다. 그는 모든 것을 바꿨다. 그는 팀은 함께 경기장에 들어서야 한다고 말했다. 먼저 축구화를 신은 선수는 다른 선수들을 기다려야 한다고. 그것은 선수들에게 그들이 행동하는 방식에 책임감을 주는 것이었다.

그가 경기장에서 선수들에게 말을 할 때면, 그는 선수들에게 아주 가깝게 다가가서 아주 세세하고 세부적이지만 아주 중요한 것들에 대해서 이야기한다. 그것은 단지 축구에 관한 것만이 아니다. 그것은 오히려 인간관계에 관한 것이다.

최근에 나는 아리고 사키의 인터뷰를 들으면서 마치 포체티노 감독의 말을 듣고 있는 것 같다는 느낌을 받았다. 축구는 전술에 달린 것이 아니라 정신력, 열정, 열망에 달린 것이다. 4-4-2 같은 포메이션이 다가 아니다. 그것이 처음 경기를 시작할 때 경기장에 서는 모습일지는 몰라도 경기 중에 많은 변화가 일어난다. 나는 그가 선수들을 축구 선수가 아닌 사람으로서의 더 아는 것을 좋아한다고 생각한다. 축구에서는 아이디어가 중요하며 선수들은 감독이 가진 철학과 생각을 믿어야만 한다.

뉴캐슬전 패배는 아마도 감독으로서 그에게 최악의 날이었을 것이다. 경기를 마친 후 나는 집으로 돌아가는 비행기에 탑승했다. 그는 왜 몇몇 선수들이 그런 방식으로 시즌을 끝냈는지 이해하지 못했다. 그가 패배를 받아들이는 데는 5일의 시간이 걸렸다. 이런 식으로 시즌을 마치지 않기 위해서 우리는 한 시즌을 싸워왔다. 그리고 시즌 막바지에 당한 2연패로 우리는 아스널에 밀리며 3위를 차지했다. 그는 시즌을 끝내기도 전에 선수들이 휴가를 보내고 있는 것처럼 느꼈다. 유로 2016을 마치고 돌아왔을 때, 나의 마음가짐은 달라졌다. 프랑스는 좋은 대회를 보냈다. 그러나 그는 여전히 고통스러워하고 있었다. 그가 그렇게 실망한 모습을 보는 나 역시 마음이 좋지 않았다.

나는 그에게서 많은 것을 배웠다. 나는 프랑스 출신이고 그와 나는 여러 면에서 다르다. 그러나 그와 함께한 첫날부터 그는 토트넘에 내가 좋아하는 축구를 구현해줬다. 그것이 내가 계속 토트넘에 있는 이유다. 나는 토트넘의 축구를 좋아하고 토트넘 사람들을 좋아한다.

나는 구단에 헌신적이지만, 그보다 더 포체티노 감독을 위해 노력한다. 만일 그가 팀을 떠난다면, 모든 것이 의문투성이가 될 것이다. 만일 오늘 나의 기분이 좋다면, 그것은 그와 내 골키퍼 코치인 토니 덕분이다. 토트넘에서의 행복한 시간을 위해 나는 그 두 사람을 믿고 있으며, 앞으로도 그 두 사람이 필요하다.

해리 케인 Harry Kane

포체티노가 우리 팀 감독이 된다고 들었을 때 나는 꽤 설렜다. 만약 내가 그에게 좋은 모습을 보여 준다면, 사우샘프턴에 있던 어린 선수들이 그랬던 것처럼 나에게도 기회가 많아질 거라고 생각했기 때문이다. 그때 나는 딱 스무 살이었고, 팀에는 나보다 뛰어난 스트라이커들이 있었다. 나는 1군 팀에 들어가는 데 어려움을 겪고 있었다.

그를 처음 만났을 때부터 그와 쉽게 대화를 나눌 수 있었다. 나는 그가 사람들을 존중할 줄 알고, 주변 모든 사람과 어린 선수들까지 포함한 모든 선수들에 대해 알기 원한다는 것을 느낄 수 있었다. 때때로 새 감독이 팀에 들어오면, 그들은 팀을 이끄는 리더들에 대해서만 알고 싶어할 때도 있다. 우리가 나눴던 첫 대화는 간단하게 인사를 나누는 정도였고 깊은 대화를 나눈 것은 아니었다. 나는 그에게 나에 대해 간단히 알린 후 내 모습은 경기장에서 보여주고 싶었다.

프리시즌 투어로 우리는 시애틀에 갔고, 그 후에 시카고로 이동했다. 아마도 그때가 내가 가장 좋아했던 프리시즌 일정이었던 것 같다. 상당히 힘들었던 프리시즌이었다. 휴가를 마친 후 참가했는데 그때 나는 개인적으로 나의 몸 상태가 괜찮다고 느꼈다. 체지방 검사를 받았는데 18퍼센트로 팀 내에서 가장 체지방이 높다는 결과를 받았다. 나는 그 결과를 받아들이기 힘들었다. '아아, 이건 뭔가 잘못된 거야!'라고 생각했다. 포체티노에겐 그만의 고유한 방식과 체력 테스트가 있다. 게이콘이라고 불리는 하면 할수록 강도가 높아지는 러닝 훈련이다. 우리는 프리시즌 중 그것을 아주 많이 했다. 그 외에도 많은 전술 훈련을 했는데 물론 그것은 포체티노 감독이 그의 철학을 토트넘에 투영시키길 바랐기 때문이었다.

나는 그를 통해 짧은 시간 동안 많은 것을 배웠다, 예를 들어 공격수로서 가져가야 할 구체적인 움직임 등이 그렇다. 그는 수비수 출신이었기 때문에 공격수가 어떤 식으로 움직여야 수비수들에게 우위를 점할 수 있는지 잘 알고 있었다. 우리는 공격수들끼리 함께하는 훈련에서 가끔 포체티노와 미키 그리고 헤수스와 일대일 훈련을 했다. 또 다른 때에는 다 같이 모여서 박스 근처에서의 움직임 연습을 하거나 수비수 뒷 공간을 노리는 훈련을 하기도 했다. 그는 우리가 높은 집중력을 갖고 플레이하기를 원했고, 공격수들이 뒷 공간으로 뛰어들어가는 움직임을 할 줄 알기를 바랐다. 그때 나는 바로 깨달았다. 내가 그의 팀에서 뛰길 원한다면 최대한 빨리 그가 원하는 것들을 배우고 따라야 한다는 것을 말이다. 그는 모든 훈련 영상을 녹화하기를 원했는데, 이는 그가 훈련 중에 원하지 않는 모습을 봤을 때 나에게 직접 보여주기 위해서였다.

내가 예상했던 대로 그는 팀의 어린 선수들에게 기회를 주는 것을 주저하지 않았다. 그는 모두가 팀으로서 같은 위치에서 같은 방향으로 나아가길 원했다. 그가 이 짧은 시간 동안에 이루어낸 일은 정말 쉽지 않은 일이다.

그의 부임 초기 그와 나눴던 대화 중 기억하고 있는 것이 한 가지 있다. 토트넘에서의 그의 첫 번째 시즌이 시작됐을 때, 나는 UEFA 유로파리그에서 좋은 모습을 보여주고 있었다. 그러나 나는 한 가지 혹은 또 다른 이유 때문에 프리미어리그 경기에는 좀처럼 출전하지 못했다. 그것이 꽤 실망스러웠던 나는 그를 찾아가서 물었고, 그는 내게 왜 내가 많은 경기에서 뛰고 있지 않는지 설명해 주었다. 그는 내 체지방이 매우 높다고 말하며 내가 충분히 노력하지 않고 있다고 말했다. 그것이 이유였다! 어쩌면 다른 감독들은 선수들을 만족시키기 위해서 말을 돌리거나 다른 이유를 들었을지도 모른다. 그러나 그는 말을 돌려서 하지 않았다. 아주 직설적이었다. 그는 내게 "너는 이렇게 할 필요가 있어. 그것이 네가 지금 내 스쿼드에 없는 이유야"라고 말했다. 나는 그의 말을 통해 무언가를 깨달았다. 그것은 분명히 내가 해야 할 일들이었다. 그래서 그 이후로 나는 그 부분에 있어 노력을 하고 있다.

우리가 가졌던 거의 첫 번째 1군 경기에서 우리는 AEL 리마솔*A thlitiki Enosi Lemesou*과의 경기를 위해 키프로스 원정길에 올랐다. 그 경기는 UEFA 유로파리그 플레이오프였다. 전반전에 우리는 0-1로 밀리고 있었다. 그는 우리에게 "용기를 보여줘야 한다"고 말했다. 그는 열정적이었다. 그리고 모든 것에 대해 털어놓았다. 많은 선수들에게 그 경기는 그저 유로파리그 예선이었다. 그러나 그 경기의 하프타임에 그는 우리가 모든 경기에서 승리해야 하고 모든 순간 그리고 모든 도전에서 승리하길 바란다는 그의 생각을 분명히 각인시켰다. 그는 정말 열정적이었고, 우리는 결국 2-1로 승리했다. 그런 모습은 하프타임에 쉽게 볼 수 있는 모습이 아니다.

나는 식사를 하기 위해서 그의 집에 가본 적은 없다. 사실, 나의 딸과 함께 식사를 하기 위해 조만간 그를 한번 초대할 생각이다. 언젠가 그가 오면 나는 그와 바비큐를 먹으면서 시간을 함께 보낼 생각이다. 그는 가정적인 사람이며 나 역시 그와 함께 있을 때 편안함을 느낀다. 함께하는 것이 편하지 않은 감독들도 있지만, 그는 친구 같은 존재다.

가끔 나는 그에게 인사하기 위해서 감독이 있는 사무실로 찾아가곤 한다. 며칠 동안 쉰 후거나 국가대표팀 일정으로 자리를 비웠다 다시 만날 때면 그는 나에게 개인적인 일들, 아이들은 어떤지, 아내는 어떤지 등에 대해 물어보기도 한다. 그리고 나서 우리는 우리가 더 잘할 수 있는 주제인 축구에 대해 이야기하기 시작한다.

그는 내게 "너는 세계 최고의 스트라이커가 될 수 있어"라고 말했다. 우리는 그 말에 대해 지금도 농담을 주고받는다. 물론 미디어를 통해 그가 그렇게 말했다고 들을 때면, 나는 그가 나에게 자신감을 주기 위해 그렇게 말한다는 것을 이미 알고 있다. 그러나 그는 그 다음 날 바로 내게 따로 메시지를 보내서 그가 기자회견에서 한 말 뒤에 더 하고 싶었던 말을 하곤 한다.

"…그러니까 우리는 더 열심히 해야 해!"

나는 MK 돈스와 맨체스터 유나이티드와의 경기에 그가 왔었다는 사실을 알지 못했다. 그 이야기를 들었을 때, 누군가가 그가 대니 웰백Danny Welbeck을 보러 온 것이라고 말했다. 하지만 1월 이적시장이 종료되기 며칠 전에 토트넘이 나를 영입하길 원한다고 들었을 때, 내가 토트넘행을 결심한 이유는 포체티노 감독이 있었기 때문이었다. 나는 어린 선수였고, 그는 어린 선수를 경기에 내보내는 것을 두려워하지 않는 감독이었다. 대다수 감독들은 그렇지 않다. 나는 토트넘 훈련장을 둘러보기 위해 런던으로 갔었는데, 그때 그는 스페인에 있었다. 그래서 내가 토트넘과 계약서에 서명했을 당시 그는 토트넘에 없었다. 나는 프리시즌에 토트넘에 합류할 때까지 그를 만나지 못했다.

그건 내게 힘든 일이었다. 그가 나에 대해서 어떻게 생각하는지 알지 못했기 때문이다. 처음 내가 그와 일대일 면담을 했을 때 그는 헤수스와 함께 있었다. 그들은 스페인어로 이야기했고, 헤수스는 내게 "그는 너를 좋아하지 않았어"와 비슷한 이야기를 했다. 포체티노 감독은 내가 어떻게 반응하는지 보기 위해 나를 똑바로 바라보고 있었다. 나는 할 말을 잃었다. 헤수스는 잠시 쉬었다가 나에게 이야기했다. "근데 지금은 너를 사랑해."

벤치에 앉아 있을 때면, 그가 일어나서 소리치며 많은 말을 하는 것을 볼 수 있다. 나는 그가 뭐라고 하는지 전혀 모른다! 나는 그가 이야기하는 것을 알아듣기 위해 스페인어 교습을 받은 적도 있다. 그도 나를 도왔다. 그는 할 수 있는 한 내게 스페인어로 이야기하기도 했다. 나는 오랫동안 스페인어를 배우고 싶어 했고 지금이 좋은 기회였다. 두 시즌 전, 언론에서는 내가 경기 중에 자주 이성을 잃는다고 지적할 때가 있었다. 그는 나를 그의 사무실로 불러서는 유튜브에서 그의 선수 시절 영상들을 보여줬다. 그는 아주 공격적이었다. (웃음) 그는 또 내게 그가 기록한 골 장면들을 보여주면서 내가 결정력을 키우기 위해 그의 영상을 연구해야 한다고 말하기도 했다. 그는 모든 선수들보다 뛰어나다! (웃음) 물론 그는 농담을 한 것이다. 그러나 그가 훈련을 함께할 때면, 여전히 그가 좋은 기술을 갖고 있다는 걸 느낄 수 있다. 그는 여전히 반쯤은 현역 선수 같다.

그와 대화를 하고 있으면, 그는 늘 선수 모두가 승리를 원해야 한다고 말한다. 피곤하다던가 그런 변명을 해서는 안 된다고 말한다. 그는 늘 선수들이 더 발전할 수 있게 몰아붙인다.

크리스탈 펠리스전에서 나는 마지막 10분을 남기고 2-1로 만드는 골을 넣었다. 나는 나중에 그 골 장면을 다시 보고 나서야 그가 터치라인 끝까지 달려와서 선수들과 모두 함께 포옹하는 모습을 봤다. 당시에는 알지 못했다.

내가 그를 화나게 하느냐고? 항상 그렇다. (웃음) 몇 주 전에 우리는 근육 운동을 했고 나는 조금 짜증이 나 있었다. 그 때문이 아니라 다른 몇 가지 일 때문이었다. 나는 바닥을 내려다보면서 걸어가고 있었는데 그는 내게 고개를 들고 좀 웃으라고 말했다. 이후에 그는 나를 그의 사무실로 불러서는 내가 그렇게 하는 것이 다른 동료들에게 어떤 영향을 미칠 수 있는지에 대해 이야기했다. 나는 그런 것까지는 미처 생각하지 못했다.

우리는 잉글랜드 국가대표팀 명단이 발표되기 전날 유로파리그 모나코 원정을 떠났다. 나는 내가 국가대표팀에 뽑힐 것이라는 생각을 하지 않았다. 그는 나를 불러서는 "잉글랜드 19세 미만 국가대표팀에서 뛰는 것은 어때?"라고 이야기했다. 그때 나는 이미 U-20 대표팀에 속해 있었기 때문에 그에게 "저는 너무 늙어서 그 팀에서 뛸 수 없어요"라고 말했다. 그러자 그가 말했다. "그들이 나에게 전화했어, 넌 다음 주에 그 팀에서 뛸 거야." 나는 다시 그에게 "아, 알겠어요. 잉글랜드 몇 세 대표팀이든 가서 뛸게요" 라고 말했다. 그는 나를 바라보기만 했고, 나는 그게 전부라고 생각해서 그만 돌아가려고 했다. 그러자 그가 내게 "나에게 전화를 한 건 로이 호지슨 감독이고, 넌 1군 팀에서 뛰게 될 거야"라고 말했다. 나는 그 순간 그것이 사실인지 아닌지 몰랐고, 그가 나를 놀리는 것인지 아닌지도 알지 못했다. 그저 그 순간을 그와 나눴다는 것이 행복했다. 그리고 잠시 후에 우리는 살짝 다정하게 서로를 껴안았다. (웃음) 나는 그에게 고맙다고 이야기했다. 분명히 나는 그 일에 있어 그에게 많은 도움을 받았기 때문이다.

빅토르 완야마 Victor Wanyama

우리는 사우샘프턴 팀과 함께 스페인에서 프리시즌 일정을 보내고 있었다. 나는 내 몸 상태가 괜찮다고 생각했다. 나는 오후 5시에 돌아왔고 저녁을 먹은 후 잠자리에 들었다 다음 날 오전 훈련에 가야겠다고 생각했다. 그러나 그들은 내게 옷을 갈아입고 더 뛰어야 한다고 말했다. 그래서 나는 러닝을 하러 갔고, 다음 날이 되자 몹시 피곤했다. 결국 나는 골키퍼와 조금 더 훈련을 가졌다. 훈련이 다 끝난 후에 포체티노 감독은 내게 와서 이제 우리는 다른 레벨에 올랐기 때문에 나도 그 수준을 따라잡아야 할 것이라고 말했다.

사우샘프턴에서 우리가 좋지 못한 경기를 치른 한 경기가 있었다. 그 하프타임에 그는 매우 화를 냈다. 그는 우리에게 "나는 너희가 경기 중에 위험을 무릅쓰고 과감하게 플레이하길 바란다. 편하게 플레이하지 마!"라고 말했다. 그 경기는 맨유 원정경기였고, 우리는 결국 1-0으로 승리를 거뒀다. 그 경기가 우리의 마음가짐을 바꿔놓았다.

내가 토트넘으로 이적했을 때, 그는 나를 한쪽으로 데려가서는 "너 혹시 동생 본 적 있니?" 하고 물었다. 나는 그에게 "저는 동생이 없어요"라고 대답했다. 그러자 그는 내게 영상 하나를 보여줬다. 그 영상은 내가 사우샘프턴에서 처음 뛰었을 때의 모습이었다.

10월 리버풀과의 경기가 열리기 전, 웨스트브롬과 본머스와의 경기를 치른 이후, 그는 우리에게 우리가 최근 승점 4점을 잃었으며, 리버풀전을 통해 분위기를 반전시킬 수 있을 거라고 말했다. 그는 우리에게 영상 하나를 보여줬다. 그 뒤로 모든 선수들이 더 좋은 플레이를 했다. 그는 이후에 우리에게 노래를 하나 들려주기도 했다. 그 노래는 인생과 친구에 대한 노래였다. 늘 웃고 행복하라는 의미의 노래였다.

해리 윙크스 Harry Winks

포체티노 감독과 처음 대화를 나눴을 때 나는 열일곱 혹은 열여덟 살이었다. 나는 그해 여름 아버지와 함께 이곳에 왔고, 유소년 아카데미 총괄자인 존 맥더못과 프로 계약을 맺었다. 포체티노 감독 역시 이제 막 토트넘과의 계약을 마친 상태였다. 그는 건물을 조금 둘러보기 위해서 이곳으로 들어왔다. 나는 계약서에 서명하기 위해 방에서 기다리던 중이었는데, 그가 그 안으로 걸어 들어왔다. 그는 내가 플레이하는 영상을 봤다고 말했고, 존 맥더못에게 당장 나와 계약을 맺어야 한다고 말했다고도 했다. 그러나 나는 솔직히 그가 농담을 하고 있다고 생각했다. 그는 내 옆에 앉아서 "해리, 이게 내 계획이야" 하고 말하기보다는 "열심히 훈련에 임해라, 그저 계속해서 열심히 훈련에 임해야 한다"라고 말했다. 그리고 내게 1군 팀과 함께 훈련하고 동행하게 하면서 기회를 줬다.

나의 데뷔전은 파르티잔 베오그라드Partizan Beograd와의 경기(2014-15시즌 UEFA 유로파리그 예선전에서 윙크스는 후반 42분 파울리뉴와 교체 투입되며 토트넘 1군 데뷔전을 치렀다. - 옮긴이)였다. 그는 마지막 5분여를 앞두고 나를 투입했고, 평생 토트넘 팬이었던 내게 그것은 놀라운 일이었다. 그는 내 어깨에 팔을 얹으면서 "그저 밖으로 나가서 즐겨라"고 말했다. 나는 파울리뉴를 대신해서 경기장 안에 들어갔다. 그는 내게 "열심히 경기에 임하고 강해져라. 그리고 즐기며 경기를 쉽게 풀어가라, 그러면 너는 성장하게 될 거야"라고 말했다. 나는 그가 건네줬던 말을 희미하게나마 기억하고 있다.

웨스트햄과의 경기는 아마도 나와 포체티노 감독이 처음으로 감정을 함께 나눈 순간이었을 것이다. 경기를 마친 후 드레싱룸에서였다. 득점을 기록한 이후 나는 아직도 흥분되고 너무나도 행복한 상태였다. 이제 막 샤워를 하려고 주변에 있는 수건을 가지고 가려고 했을 때, 토니가 내게 코치들이 있는 드레싱룸으로 오라고 말했다. 수건을 걸친 채 그들이 있는 드레싱룸으로 들어갔던 일이 생각난다. 아마도 그들이 와인을 마시고 있었던 것 같다. 포체티노 감독은 내게 "그저 네게 잘했다는 말을 하고 싶다. 축하한다"고 말하며 포옹을 해줬다. 몇몇 신문에서는 내가 눈물을 흘렸다고 했지만, 울지는 않았다. 나는 코치들 모두에게 축하해줘서 고맙다고 말했고, 나에 대한 그들의 믿음과 노력 등에 대해서도 감사하다고 말했다.

그는 종종 나를 그의 사무실로 오라고 부른다. 우리가 에버턴을 상대로 승리했을 때, 그는 나를 사무실로 불렀고, 내게 몇 가지 영상을 보여줬다. 그 영상 중에는 내가 알리의 골을 어시스트했던 장면도 있었다. 우리는 내가 볼을 가지고 있을 때 무엇을 해야 하는지 그리고 누구에게 볼을 건네야 하는지 잘 모른다는 사실에 대해 약간 농담을 했다. 그는 마치 내게 '해리, 뭐하고 있는 거야, 왜 크로스를 하는 거지?'라고 말하는 것 같았다. 그때는 88분이었고 우리는 2-1로 앞서고 있었다. 결국 나의 크로스는 좋은 결과를 가져왔다. 영상 속 그의 모습에서 내가 그의 생각대로 하지 않아 기뻐하는 그의 모습을 볼 수 있었다.

우리 클럽에는 카메라 촬영기사들이 있고 이들은 모든 것을 촬영한다. 그들은 우리가 몸을 푸는 모습이나 체육관 안에 있는 모습도 모두 촬영한다. 최근에는 한 회복 훈련 중에 수영장에 내려가서 얼음 목욕도 하고 수영도 했는데 포체티노 감독은 그곳까지 촬영기사를 보내서 촬영을 했다.

경기가 시작되기 전, 그러니까 우리가 옷을 갈아입고 워밍업을 하러 나가기 전에 그는 아주 조용하고 선수들에게 아무 말도 하지 않는다. 홈경기라면 아마 드레싱룸에 있을 것이다. 그는 우리가 알아서 훈련하도록 한다. 선수들이 워밍업을 마치고 돌아온 후 킥오프 전 마지막 2분이나 3분 정도가 남았을 때 그는 선수들에게 다가와서 소리를 치며 우리에게 기합을 불어넣어준다. "자 나가자, 먼저 상대에게 도전하고 강하고, 용감하게 플레이하자. 경기를 즐겨라!" 그는 경기를 즐길 것을 강조한다. 그는 우리가 뭘 해야 하는지 이미 알고 있다고 생각하고 우리가 집중하고 옳은 마음가짐을 갖고 경기에 임하도록 도와준다.

하프타임에 그의 도움이 필요할 때가 있다. 우리가 챔피언스리그에서 모나코를 상대했을 때처럼 말이다. 나는 우리가 전반전에 우리 진영에서 볼을 많이 잡았지만, 더 기회를 많이 만들고 슈팅을 시도한 것은 그들이었다고 생각한다. 하프타임에 포체티노 감독은 우리의 포메이션을 바꿨고 우리는 4-2-3-1 대형에서 다이아몬드 대형으로 바꿨다. 그는 몇 가지에 대해 지적을 했다. 종종 그는 하프타임에 스크린을 가져와서 우리에게 전반전 모습을 담은 영상을 보여준다. 그리고 "여기에서는 측면으로 나오고, 여기에서는 공간을 좁혀라"와 같은 조언을 해준다. 우리가 좋은 모습을 보여주고 있을 때는 긍정적인 마음을 갖되 방심하지 말라고 말해준다.

그는 정신적인 부분을 아주 강조한다. 피지컬적인 면에서도 우리는 아주 좋은 상황이며 기술적인 면에서도 우리는 프리미어리그 최고의 팀 중 하나다. 그러나 우리를 다른 팀들과 구분 짓는 것은 정신적인 면이다. 그는 이번 시즌 초 우리에게 맨시티전에 대한 영상을 보여줬다. 그 경기에서 우리는 순식간에 경기 분위기를 가져와서 5분 만에 상대를 압도하며 그들이 뒤로 물러서게 만들었다. 그것은 포체티노 감독이 중요시하는 정신적인 자세 그리고 선수들의 발로 가능한 것이었다.

에릭 다이어 Eric Dier

토트넘은 나를 센터백으로 영입했다. 그러나 나는 결국 오른쪽 측면에서도 뛰게 됐다. 스포르팅 리스본에서 오른쪽 풀백으로 데뷔했기에 이는 내게 새로운 포지션은 아니었다. 나는 포르투갈에서 자랐고 새로운 것에 적응하는 것은 내겐 꽤 쉬운 일이었다. 만약 내가 잉글랜드 감독의 지도를 받게 됐다면 오히려 적응하는 것이 더 어려웠을지도 모른다. 내가 토트넘에 입단한 이유 중 하나는 이곳 감독이 외국인이라는 사실이었다.

이곳에 도착한 지 일주일 만에 웨스트햄과의 경기에 뛴 것은 의외였다. 나는 골을 기록했고 좋은 경기를 했다. 나는 그 경기를 가진 후에 감독이 나를 믿는다는 생각을 갖게 됐다. 나는 포르투갈어를 능숙하게 할 수 있는데 그가 내게 스페인어로 말할 때면 나는 그에게 영어로 대답한다. 사무실에 있을 땐 모두가 영어를 쓴다.

이곳에 처음 왔을 때의 나와 지금의 나는 아주 다른 사람이다. 신체적인 면에서도 정신적인 면에서도. 이곳에서 나는 다른 강도로 경기에 임한다. 어느 순간에는 공격적일 때도 있지만 그는 내게 계속 그렇게 하길 바란다. 그 덕분에 나는 훨씬 더 경기에 집중할 수 있게 됐다.

대니 로즈Danny Rose

그가 이곳에 오기 바로 전 시즌에 나는 특별히 좋은 시즌을 보내지 못했다. 내가 이적할 것이라는 이야기도 있었고, 실제로 나는 이적에 관심이 있었다. 그는 5월에 정식으로 팀 감독에 부임했고, 6월 어느 날 에이전트를 통해서 그가 나를 만나고 싶어 한다는 이야기를 들었다. 나는 그를 약 한 시간가량 만났는데, 그가 내게 첫 번째로 했던 말은 그는 나의 이적을 원하지 않는다는 것이었다. 그는 내가 경기하는 것을 보았고, 내가 최고의 선수 중 한 명이 될 수 있다고 생각한다고 말했다. 그는 또 만약 내가 그것을 믿지 않는다면, 자신이 여기 있는 것은 무의미하다고 말했다. 내가 그의 축구 철학을 따르고, 그의 생각을 받아들인다면 그는 나를 잉글랜드에서뿐 아니라 유럽 내에서도 최고의 왼쪽 측면 수비수 중 한 명으로 만들어 줄 수 있다고도 말했다. 2년 반의 시간이 지난 후, 그는 나를 훨씬 더 발전시켜 줬다. 부상당하기 전 나는 잉글랜드의 왼쪽 풀백이었다. 그는 그의 말을 지켰고, 토트넘에 남은 것은 나에게 최고의 선택이었다.

그가 어떤 축구를 하고 싶어 하는지, 나와 동료들이 얼마나 열심히 훈련에 임하길 원하는지에 대해 파악하는 데는 시간이 조금 걸렸다. 심지어 훈련장에 늦게 도착하는 것 같은 사소한 것들조차도 그는 매우 무례하다고 생각했고 처음에는 그런 점을 이해하기 힘들었다.

매일 아침 그는 모두와 악수하면서 선수들의 그날 상태가 어떤지를 파악한다. 그와 잠깐 대화를 나눠도, 그는 몇 초 안에 선수들이 경기에서 잘할 수 있을지를 알 수 있다.

그의 부임 초기에 우리는 한 경기에서 패했고, 나는 내가 무난한 경기를 했다고 생각했다. 다음 날 그의 사무실에 가자, 그는 내가 그 경기에서 잘못한 모든 장면이 담긴 26개의 영상을 보여주었다.

그 일이 있기 전, 나는 한 팀이 리그에서 정상을 차지하기 위해서는 나이 든 경험 있는 선수들을 보유하고 있어야 한다고 생각하곤 했다. 그는 나와 다른 모든 이들이 틀렸다는 것을 증명했다.

지금 나는 감독과 이전에는 한 번도 경험해보지 못한 관계를 맺고 있다. 그는 가끔 내게 "이 선수 좀 봐" 혹은 "이 선수에 대해 어떻게 생각하니?"라는 문자를 보낸다. 우리는 가족이나 투자와 같은 축구 외적인 것들에 대해서도 많은 이야기를 나눈다. 사람들이 내게 이 클럽에서 가장 친한 사람이 누구냐고 물을 때면, 나는 자동적으로 선수들의 얼굴을 떠올린다. 그러나 자리에 앉아 차분히 생각해보면, 그 대답은 다름 아닌 감독님이다.

그는 항상 백 퍼센트를 다하기 위해서는 분명한 마음가짐을 지녀야 한다고 말한다. 그리고 가족 혹은 친구들과 겪는 아주 작은 문제라도 도와주고 싶어 한다. 나는 나 자신을 숨기고 싶어 하는 부류의 사람이다. 하지만 최근에 삼촌이 세상을 떠났을 때 내가 가장 먼저 전화를 건 사람은 다름 아닌 감독님이었다. 그는 집에서 휴가를 보내고 있다가 나의 전화를 받자마자 나를 만나러 달려왔다. 그와 그의 코치들은 내가 힘든 시간을 이겨낼 수 있게 도와줬다. 그는 내 아버지의 전화번호를 물어서 그에게 직접 연락까지 해줬다.

2주 전에 나는 그의 집을 방문했다. 그는 멋진 레드 와인 컬렉션을 갖고 있었고, 내게 아르헨티나에서 가져온 와인 한 병을 선물해줬다. 그는 와인에 대해서도 상세히 설명했다. 그곳에서는 포도나무를 어떻게 심는지, 그것을 어떤 식으로 돌봐야 하는지 그리고 나무를 어떻게 다루느냐에 따라 다른 포도가 나오는지에 대해서도 말해줬다. 그것은 축구팀과도 매우 비슷했다.

이반 데 라 페냐 Iván de la Peña ─────────────────────────

1976년생, 스페인 출신 미드필더, 선수 시절에는 포체티노의 동료로, 포체티노가 감독으로 부임한 이후로는 팀의 베테랑 미드필더로 활약했다. - 옮긴이

포체티노와 내가 처음 만난 것은 내가 에스파뇰에서 선수로 뛰고 있을 때였다. 그는 우리 팀이 아주 힘든 시기에 놓인 상황에서 겨울 이적시장을 통해 우리 팀에 왔다. 나는 리더는 타고나야 한다고 생각하는 사람들 중 한 명이다. 포체티노는 바로 그런 타고난 리더였다. 그는 그의 리더십을 곧바로 보여줬다. 몬주익에서 가진 그의 첫 경기에서 그가 팀원들과 나눴던 대화를 나는 지금도 기억한다. 그는 우리가 당시 처해 있었던 복잡한 상황들을 잘 해결해 나갈 수 있는 충분한 능력이 우리에게 있다는 걸 모두에게 강조했다. 그리고 우리가 스스로의 능력에 대한 믿음을 가져야 한다고도 말했다. 그러나 더 중요했던 것은, 그가 한 말보다도 그의 말하는 방식이었다. 그가 동료들에게 말하는 방식은 우리 선수단 전체를 하나로 묶을 수 있는 계기가 됐다.

그가 우리 팀에 온 첫 순간부터 나는 그에 대해 좋은 느낌을 받았다. 우리는 매일 만났고, 저녁도 함께 먹었으며, 밤새 축구에 대해 이야기를 나눴

다. 그리고 다음 경기에서 어떻게 하면 이길 수 있을지도 연구했다. 우리는 가족끼리도 서로 가깝게 지냈다. 포체티노는 단순한 팀 동료가 아니었다. 그는 예전에도, 지금도 나의 소중한 친구다.

시간이 지난 후 그가 감독이 됐을 때, 그는 우리에게 불가능해 보였던 것을 가능하다고 믿게 해줬다. 누구도 전혀 예상하지 못했던 강등권 탈출이 그 예다. 우리는 리그 최하위였고, 그 당시 나는 종아리 부상에서 회복 중이었는데, 그는 그런 상황에서도 선수들로 하여금 믿음을 잃지 않고 노력하도록 만들었다. 그는 우리에게 그가 이끌고 싶은 방향대로 하면 이루어진다는 믿음을 심어줬다. 그렇게 하면 지금보다 더 좋은 선수, 더 좋은 사람, 더 좋은 그룹원이 될 수 있을 거라고 믿게 해줬다. 그가 지도하는 훈련은 훨씬 더 전문적이었고 목표가 명확했다. 우리는 매일 우리가 신체적으로 더 나아지고 있다는 것을 느낄 수 있었고, 전술적으로도 그가 원하는 바를 잘 이해할 수 있었다. 무엇보다도 그의 그런 지도력은 좋은 효과를 내기 시작했다.

2009년 3월, 27라운드 경기에서 우리는 1-3으로 지고 있었고, 10명의 선수가 뛰고 있었다. 그날 포체티노는 경기 중 주심이 그에게 했던 말을 내게 전해줬다. 주심은 포체티노에게 '당신이 데 라 페냐를 교체하던지, 아니면 내가 그를 퇴장시키겠소'라고 말했다고 한다. 그때 포체티노는 잠깐 나를 교체시킬 생각을 했지만, 바로 다음 순간 내가 경기를 2-3으로 만드는 추격 골을 넣었고, 이후 네네가 동점골을 넣었다. 경기가 끝난 후 나는 "당신들은 나를 미쳤다고 생각할지도 모르지만, 우리는 리그에서 살아남을 것이다"라고 말했다. 그때 했던 나의 말은 팬들은 보지 못했지만 나는 매일 볼 수 있었던 우리 팀의 모습으로부터 나온 말이었다. 훗날 포체티노는 그때 나의 그 말이 선수단으로 하여금 더 자신감을 가질 수 있게 해줬다고 말했다. 그 순간부터 우리는 어떤 일도 가능하다고 믿게 됐다.

그 시즌 캄프 누에서 열린 바르셀로나와의 경기에서 나는 두 골을 넣었고, 우리는 승리를 거뒀다. 그 당시 나는 6~8주에 걸친 부상에서 막 회복한 상태였고, 포체티노는 내게 경기장에 나가서 경기를 즐기라고 말했다. 물론 즐거운 경기가 아닐 수도 있었지만, 우리는 바르셀로나를 흔들었고 결국 승리를 얻어냈다. 가장 도움이 필요했던 순간에 우리에게 어느 정도 행운이 따르기도 했다. 우리는 그 승리에 열광했지만, 리그 최하위에서 살아남기 위해서는 아직도 가야 할 길이 많이 남아 있다는 것도 알고 있었다. 우리는 그 다음 경기에서 승리해야 했고, 그 다음 경기 그리고 또 다음 경기에서도 승리해야 했다. 그러기 위해서 우리는 침착해야 했다. 포체티노가 바로 그랬다.

나는 그의 지도 아래 더 많은 경기를 뛰고 싶었지만 아쉽게도 마지막 2년은 부상으로 대부분의 시간을 보냈다. 나의 마지막 경기에서 그는 내게 팬들과 작별 인사를 할 기회를 만들어줬다. 그의 그런 모습을 보면서 나는 그를 마치 나의 친형제처럼 사랑하게 됐다.

한 가지 여러분에게 말하고 싶은 것은 포체티노는 족구를 할 때만큼은 아주 집요한 사람이라는 점이다. 나는 몇 번이나 그에게 직접 그 이야기를 했다!

최근에 런던에서 그를 만났다. 그는 예전에 몬주익에서 그와 처음 함께했던 팀원들과의 대화에서 보여줬던 것처럼 지금도 뛰어난 리더십을 보여주고 있었다. 그것이 그로 하여금 감독으로서 최선의 결과를 낼 수 있는 원동력이 되고 있다. 그의 선수들은 그의 이야기를 전적으로 신뢰하고 잘 따르고 있었다. 개인적으로 포체티노는 현재 세계에서 가장 뛰어난 다섯 명의 감독 중 한 명이 아닐까 생각한다.

1992년생, 스페인 출신 오른쪽 풀백(2017-18시즌 레알 베티스로 임대 중), 에스파뇰 B팀을 거쳐 프로에 데뷔했고, 이후 라요 바예카노를 거쳐 2013년부터 스완지로 이적했다. 2017-18시즌에는 스페인 프리메라리가 레알 베티스에서 임대 신분으로 활약 중이다. - 옮긴이

　나는 에스파뇰 B팀에서 뛰고 있었고, 당시 우리 팀은 스페인 3부리그에 소속되어 있었다. 포체티노는 우리의 경기를 2~3번 보러 왔었다. 어느 날 그는 알바로 바스케스와 내게 와서는 "너희는 3부리그에 있을 선수들이 아니다. 너희를 1군에 등록할 것이다. 나와 함께하자"라고 말했다. 또 나는 그가 내게 등번호 5번을 줬던 것을 기억하고 있다. 그는 내게 "이제 다른 누군가가 등번호 5번 유니폼을 입을 때다"라고 말했다. 에스파뇰의 5번은 포체티노가 선수 시절에 썼던 등번호였다. 나는 그의 말을 듣고 아주 행복했다.

　나는 열일곱 살에 데뷔전을 치렀다. 그는 내게 비엘사 감독 밑에서 그가 어떻게 데뷔전을 치렀는지 설명해줬다. 당시 그의 나이 역시 열일곱이었다. 데뷔전을 앞둔 나에게 그는 "침착해라! 그리고 너의 경기를 보여줘야 해. 너는 데뷔전을 치르기 위해 전력을 다했어. 경기장으로 나가서 좋은 모습을 보여줘!"라고 말해줬다. 그 또한 열일곱 살에 데뷔전을 치르는 것이 어떤 느낌인지 잘 알고 있었다. 데뷔전이 다가올 때 그는 내게 자신감과 확신을 심어줬다.

　나는 또 베르나베우에서 있었던 나의 두 번째 경기에 대해서도 기억하고 있다. 누군가가 부상을 당했고, 내가 경기에 투입되어야 할 상황이었다.

그는 내게 코너킥 상황에 세르히오 라모스를 마킹하라고 말했다. (…) 나는 순간적으로 겁에 질린 열일곱 살의 얼굴로 그를 봤다. 그러자 그는 내게 "그래 네가 맞아, 그럼 대신 카카를 마킹해"라고 말했다. 사실 레알 마드리드에 마킹하기 쉬운 선수는 아무도 없었다.

그는 알바로 바스케스에게 태권도나 혹은 그와 비슷한 것을 배우라고 주문하기도 했다. 바스케스가 축구의 피지컬적인 측면에서 애를 먹고 있었기 때문이다. 덕분에 바스케스는 그에 관한 교훈을 얻었고 그것을 진지하게 받아들였다.

나는 마우리시오의 성실함 그리고 늘 말을 돌리지 않고 솔직하게 말하는 그의 방식을 기억할 것이다. 나는 그것이 매우 중요하다고 생각한다. 축구계에서 그와 같이 말하는 사람을 찾기란 정말 어려운 일이다. 그는 정말 몇 안 되는 사람들 중의 한 명이다. 몇 달 뒤, 그는 내게 "호르디, 너는 젊어. 그러니까 경기에 나설 필요가 있어"라고 말했다. 나는 열여덟 살이었다. 그래서 우리는 라요 바예카노로의 임대 이적을 받아들였고, 그곳에서 나는 좋은 모습을 보여줬다. 그 후 나는 스완지와의 계약에 서명했다. 나는 그에게 많은 신세를 졌다.

아담 랄라나 _{Adam Lallana}

1988년생, 리버풀과 잉글랜드 대표팀의 미드필더. 2006년부터 2014년까지 사우샘프턴에서 활약했고, 2012-13시즌 중반 포체티노 감독 부임 후 포체티노의 지도를 받았다. - 옮긴이

폰테(사우샘프턴에서 오래 뛴 수비수 - 옮긴이)로부터 포체티노 감독이 우

리 팀에 부임할 수도 있다는 루머를 들었을 때, 나는 그에 대해 구글에서 찾아봐야 했다. 우리가 처음으로 만난 건 공식적인 발표가 나온 뒤였다. 당시 우리 팀에는 4~5명 정도 팀의 리더 역할을 하는 선수들이 있었다. 그래서 폰테, 데이비스, 슈나이덜린, 램버트 그리고 내가 경기장으로 갔다. 그 모임을 주선했던 니콜라 코르테제 회장과 포체티노 감독을 만나기 위해서였다. 그날은 1월이었고, 눈이 내리는 날이었다. 우리는 이사진들이 쓰는 방에서 한동안 그들을 기다렸다. 잠시 후에 포체티노 감독이 토니, 미키와 함께 방으로 들어왔다. 그는 정장을 입고 있었고, 멋져 보였다. 향수를 좀 과하게 뿌린 것 같긴 했지만, 그래도 그의 모습은 인상적이었다. 나는 그 즉시 그에게서 좋은 느낌을 받았다. 그의 스태프들은 정장을 입지 않았고, 대신 청바지와 셔츠를 입고 있었다. 우리는 포옹을 나눴다. 헤수스는 통역사 역할을 했다. 그의 영어가 그들 중 최고였기 때문이다.

감독으로 부임한 두 번째 주에 그는 우리를 바르셀로나에 있는 훈련 캠프로 데리고 갔다. 우리는 산에 있는 호텔에 머물렀다. 그곳에서는 아무런 일도 없었다. 우리는 오후에 바르셀로나로 가는 택시를 탔고, 그는 타파스(스페인에서 즐겨 먹는 음식의 일종 - 옮긴이)와 하몬(스페인의 전통 음식으로 소금에 절여 건조한 돼지의 다리로 만든 햄 - 옮긴이)을 먹을 수 있는 곳에 우리를 데리고 갔다. 처음 몇 주 동안 그에게 익숙한 곳에 갔던 것이 좋았다. 우리는 바르셀로나의 훈련장에서 훈련하면서 유대감을 형성했다. 그는 우리에게 어떻게 경기에 임해야 하는지를 알려줬다. 그는 계속해서 "압박해, 압박해, 압박해"라고 외쳤다.

나는 볼이 없는 상황에서의 전술적인 훈련을 많이 했다는 것을 기억하고 있다. 만일 상대가 골킥을 멀리 차는 대신 수비수에게 패스해서 경기를 이어간다면 우리는 어떻게 대응해야 할까? 누가 전방으로 달려가야 하나?

누군가는 항상 상대편 골키퍼에게 압박을 가해야 했다. 그와 갖는 훈련의 가장 좋은 점은 그가 항상 선수들에게 할 일을 알려줬기 때문에, 선수들이 자신이 하는 일이 옳다고 느낄 수 있었다는 점이다. 그것은 전에는 한 번도 경험하지 못한 것이었다.

그러나 포체티노 감독은 어리석은 사람이 아니었다. 그는 모든 것을 바꾸지 않았다. 그리고 그해 여름, 다음 시즌의 프리시즌 일정으로 우리는 페랄라다(스페인 지로나 인근의 지명 - 옮긴이)로 갔다. 그곳에서 우리는 호화로울 것 없는 평범한 호텔을 썼다. 그곳에는 경기장과 풀장이 있었고 우리는 하루에 두 번 훈련을 하면서 컨디션을 올리는 데 주력했다.

그는 우리를 어른처럼 대해줬다. 그는 그가 팀 전체에 전하고 싶은 메시지를 분명히 전하기 위해서는 팀의 리더인 4~5명의 선수들이 먼저 하나로 뭉쳐야 한다고 말했다. 엄격한 규칙은 없었다. 우리는 심지어 맨유를 상대했을 때도 두려움을 갖지 않았다. 그는 "우리의 모든 것을 다 바쳤다면, 결과는 중요하지 않다"고 말했다.

훈련 중에는 '용감하다Brave'라는 단어가 자주 사용됐다. 리버풀과의 경기 전 금요일에 그와 나눴던 대화가 기억이 난다.

"내일 경기는 어떻게 하고 싶어? 골킥 상황에서 뒤로 물러나서 리버풀이 마음대로 볼을 갖게 둘 거야, 아니면 전방부터 일대일로 압박할 거야?"

나는 20초 동안 생각한 후 그에게 답했다.

"아니요, 우리는 전방부터 압박하면서 일대일로 나갈 거예요."

그는 내 등을 치면서 "좋아, 좋아"라고 말했다.

우리는 리버풀과 첼시를 상대로 홈경기에서 승리했다. 그것은 그 시즌을 계속 이어가는 데 있어서 아주 좋은 성과였다. 그러나 우리가 경기를 잘했을 때에도, 그는 결코 칭찬만 건네지 않았다. 그는 늘 그 이상을 원했다.

그가 처음 부임했을 때, 나는 부상 중이었다. 그리고 내가 부상에서 돌아왔을 때나 다음 시즌이 시작했을 때에도, 경기 중에 나를 종종 교체시키곤 했다. 많은 이들이 내게 "왜 경기 중에 자꾸 교체되는 거야? 괴롭지 않아? 감독이나 가족, 혹은 에이전트와 이야기해봐"라고 말했다. 그러나 나는 그에 대한 존경심이 너무 커서 그에게 "왜 감독님은 저를 자꾸 교체하시는 거예요?"라고 물을 수 없었다. 나는 그에게 그럴 만한 이유가 있을 거라고 생각했다. 그래서 나는 그저 그가 내게 바라는 대로 했다. 나는 그를 그 정도로 믿었다.

그는 종종 선수들의 훈련에 끼어들기도 했는데, 그럴 때면 속임수를 쓰기도 했다. 패스 훈련을 하다가 자신이 실수를 해서 가운데로 들어가 볼을 뺏어야 할 때도 그는 결코 가운데로 들어가지 않았다. 그는 "잠깐, 잠깐, 잠깐, 저게 잘못된 거야"라고 핑계를 댔지만, 사실 반칙을 쓰고 있는 건 그 자신이었다! 종종 그는 자신의 과거에 대해 언급하기도 했다. 최근에는 그가 에스파뇰 시절 자신이 발렌시아를 상대로 터뜨린 골을 토트넘 선수들에게 보여줬을 때 선수들의 반응을 담은 영상을 내게 보내기도 했다. 2002년 월드컵에서 그가 오웬에게 내준 페널티킥에 대한 이야기는 이미 몇 차례 나왔었다. 그는 결코 인정하지 않겠지만, 그는 실제로 오웬에게 파울을 했다!(웃음)

그는 내가 잉글랜드 대표팀에 소집됐다는 소식을 내게 처음으로 들려줬다. 그는 나를 자신의 사무실로 불렀다. 리키 램버트가 먼저 그를 만나고 방에서 나왔고, 그 다음에 내가 그의 사무실에 들어갔다. 그는 나와 단둘이 있을 때 그 사실을 내게 들려줬다. 처음에 나는 그가 농담한 것이라고 생각했다. 그것은 정말 자랑스러운 순간이었다.

내가 언제까지나 기억할 대화가 하나 있다. 어느 날 훈련을 마치고 난 뒤

나는 그와 훈련장 잔디 위에 앉아 약 두 시간 동안 대화를 나눴다. 그날은 4월의 날씨 좋은 날이었다. 우리는 나의 주장 역할에 대해 대화를 나눴는데, 아마도 두 시간도 넘게 이야기했을 것이다. 헤수스가 우리의 대화를 통역해야 했으니까. 나는 그날 그에게 나의 스페인 성과 내 가족의 출신 등에 대해 이야기했다. 우리의 대화는 점점 진지해졌고 결국 나는 그에게 경기가 끝난 후에 회장이 나에게 직접 전화를 한다는 사실을 털어놨다. 그것이 나에게 부담을 주고 있었다. 그 압박감. 어쩌면 나는 주장이라는 역할을 할 준비가 안 된 상태였을지도 모른다. 나는 나 자신이 아닌 행동을 하고 있었다. 그와 대화를 나눈 후 회장으로부터의 전화가 더 이상 오지 않았다. 그로부터 몇 달 후 나의 아버지가 직접 포체티노 감독을 만났는데, 감독은 나의 아버지를 마치 왕처럼 극진하게 대해줬다.

시즌이 끝날 무렵 우리는 10위였고 결국은 8위로 시즌을 마쳤다. 이상한 점은 그럼에도 불구하고 우리 클럽이 어디로 향해 가는지 아무도 알지 못했다는 것이었다. 클럽이 매각되길 원한다는 루머들, 선수들이 떠날지도 모른다는 소문이 있었다. 누구도 직접 나서서 포체티노 감독에게 클럽의 미래에 대해 확실하게 제시하지 않았다. 그의 사무실에서 당시 일에 대해 이야기했던 기억이 또렷하다. "저는 팀을 떠나고 싶지 않아요, 이렇게 끝내고 싶지도 않고요. 그러나 그렇게 해야만 해요." 나는 그에게 말했고, 그는 아무런 답도 할 수 없었다. 그는 내게 그 자신조차 이곳에 계속 있는 것을 상상하기 힘들다고 말했다. 누구도 그에게 클럽의 방향이나 계획을 알려주지 않았기 때문이다. 결국 우리는 모두 각자의 길을 가게 됐다. 나는 리버풀이 내게 관심을 보인다는 점을 알고 있었다. 그는 결국 토트넘으로 떠났지만 나는 그를 따라갈 수 없었다. 그는 그의 길을 갔을 뿐이었고 나의 길은 그의 길과 달랐다. 우리는 그 사실에 대해 서로를 존중했다. 만약 내가 다시 그와 함께했다면, 우리의 관계는 달라졌을지도 모른다.

우리는 식사를 함께하기로 했다. 시즌이 끝나고 월드컵이 열리기 전이었다. 그는 이미 구단을 떠났지만, 나는 아직 아니었다. 나는 월드컵 이후에 리버풀과 계약을 맺었다. 나와 포체티노 감독, 헤수스, 미키, 토니 그리고 물리치료사 하비가 함께 식사를 했다. 우리는 우리가 함께했던 시간에 관해 이야기를 나눴다. 그는 다니엘 레비와의 만남에 관해 이야기를 꺼냈다. 나는 그에게 토트넘 선수들에 대해 물었고, 내 생각에 그가 좋아할 만한 선수와 그렇지 않을 선수에 대해서도 이야기를 나눴다.

결국 그와 작별 인사를 나눌 때, 나는 마음이 편하지 않았다.

나는 언젠가 그와 함께 다시 일하고 싶다. 그 사이 나는 그가 성공을 거두길 바랄 것이며 그 역시 내가 그러길 바랄 것이라고 믿는다.

우리는 그 후로도 연락을 취하고 있고, 경기 결과에 관해서 이야기를 나눈다. 서로의 가족이 어떻게 지내는지도 묻는다. 내가 그의 팀의 성공을 응원하지 않는다고 말한다면, 그건 거짓말일 것이다. 나는 토트넘이 리그에서 우승을 거두길 바란다. 나는 헨더슨과 함께 토트넘이 첼시와 2-2로 맞서고 있던 경기를 보면서 의자에서 몇 번이나 일어나기도 했다.(내가 포체티노 감독에 대해 하도 많이 이야기하는 바람에 헨더슨 역시 '제2의' 토트넘 팬이 됐다) 포체티노 감독은 토트넘으로 간 후 훌륭한 성과를 거두고 있다.

그는 늘 내게 "왜 너는 우리 팀과 만날 때마다 잘 하냐?"라고 말하곤 하지만 특별히 그렇지는 않다. 그의 팀을 상대할 때마다 나는 그 경기가 어려운 경기가 될 것이라는 점을 알고 있다. 토트넘과 리버풀은 유사한 방식으로 경기를 하는 팀이기도 하다. 우리가 최근에 화이트 하트 레인에서 가진 경기는 중립적인 팬들이 보기엔 아주 즐거운 경기였을 것이다. 많은 찬스가 있었고, 밀너와 로즈가 골을 기록하며 1-1로 끝났지만, 경기 내내 홀

룡한 장면이 많이 나왔다. 그 경기는 아주 치열했고 나는 모든 경기가 그래야 한다고 믿는다. 종종 내가 경기 중에 테크니컬 에어리어 부근에 가거나 포체티노 감독 근처에서 스로인할 때면 그와 눈이 마주치는데, 나는 그럴 때마다 빨리 눈을 돌린다. 그러지 않으면 내가 웃음을 터뜨릴 것이기 때문이다.

루크 쇼 Luke Shaw

1995년생, 맨체스터 유나이티드 소속의 왼쪽 풀백, 사우샘프턴 유소년팀을 거쳐 프로에 데뷔했고, 포체티노 감독 부임 이후 본격적으로 팀에 중용되며 맨유 입성에 성공했다. - 옮긴이

그와 처음 만난 날, 그가 나에게 포옹을 할 때 나는 속으로 '이 사람 누구지? 왜 이러지?'라고 생각했다. 당시 그는 영어를 할 줄 몰랐고 그의 훈련 방식도 내가 그전까지 했던 것과 비교하면 이상한 점이 많았다. 그래서 나는 '도대체 이게 무슨 일이지?'라고 생각했다.

그는 아침마다 내게 마실 것을 만들어주기도 했다. 나는 식습관이 아주 나쁜 편은 아니었지만, 그는 좋지 않다고 생각했던 것 같다. 그래서 그는 매일 아침마다 시금치, 과일과 채소로 만든 스무디를 만들어줬다(처음에는 스무디를 무엇으로 만들었는지 알려주지 않다가 나중에야 알려줬다). 나는 종종 그의 사무실을 찾아갔고, 그는 자신의 자리에 나를 앉도록 했다. 그는 그만큼 나를 아껴줬다. 마치 '내 자리엔 나 말고 아무도 못 앉지만 넌 앉아도 돼'라고 하는 것 같았다. 마치 가족처럼. 내가 그의 자리에 앉아 있으면 그는 나에게 직접 만든 스무디를 가져다줬다. 어떨 때는 훈련 전이었

고 어떨 때는 훈련이 끝난 후였다. 종종 훈련에 늦어서 뒷길로 돌아서 가면 그는 누굴 시켜 나를 불렀고, 내가 훈련장을 떠나다가 그의 방 옆을 그냥 지나가려고 하면 그는 자기 책상을 노크하듯 두드리거나, 창문을 두드리기도 했다.

그는 나를 '아들'이라고 불렀다. 그와 내 사이가 얼마나 좋았는지를 알려주는 예다. 나는 선수 시절 좋은 순간도, 나쁜 순간도 있었지만 포체티노 감독과 함께 있을 때는 오직 좋은 순간만이 있었다.

어느 날 그가 내게 "너는 최고가 될 수 있지만, 그러려면 네 자신을 믿어야만 해"라고 말했던 것을 기억한다. 나는 그 순간 그가 나의 정신 자세를 바꿨다고 생각한다. 그는 나로 하여금 내가 최고라고 느끼게 해줬다. 그는 내가 경기하는 모습을 담은 영상을 보여줬고, "너는 이보다 더 잘할 수 있어"라고 말해줬다. 비판하는 방식이 아닌 좋은 방식으로. 그리고 내가 단순히 더 잘할 수 있는 것이 아니라 더 잘해야만 한다고 알려주는 방식으로. 그는 내가 정말로 더 잘할 수 있다고 믿었다.

그는 언제나 나를 더 분발하도록 동기 부여했다. 나는 훈련이 끝난 후 오후에 다시 그를 만나는 유일한 선수였다. 나는 5시에 훈련장으로 돌아와서 포체티노, 헤수스와 함께 시간을 보내곤 했다. 나는 그에 대해 한 번도 불평하지 않았는데, 그만큼 포체티노 감독과 함께 훈련하는 것이 즐거웠기 때문이다. 나는 돌아와서 러닝을 했고 그와 한 시간 정도 족구를 하곤 했다. 그와 하는 족구는 아주 치열했다. 그는 절대로 지고 싶어 하지 않았고, 종종 속임수를 썼다. 그는 자신의 코치를 심판으로 세웠고, 볼이 선을 나갔는지 안 나갔는지에 대한 모든 판정은 포체티노 감독에게 유리하게 돌아갔다.

그는 경기 전후에 나에게 그의 탈의실을 쓰게 해주기도 했다. 팀이 좋지 못한 경기를 했을 때는 "뭐가 잘못된 거지, 팀 컨디션이 안 좋은가? 휴식이 더 필요한가?"라고 물었고, 마치 내가 열일곱 살 선수인 것처럼 말했다. 그는 언제나 내게 "그냥 경기에 임해. 네가 원하는 플레이를 해. 부담 갖지 말고"라고 이야기했다. 나뿐만 아니라 우리 모두가 그렇게 플레이했고, 그 덕분에 우리는 좋은 플레이를 펼칠 수 있었다.

그는 내가 잉글랜드 대표팀에 선발된 것을 첫 번째로 이야기해주는 사람이 되고 싶어 했다. 그는 어느 날 내가 지나갈 때 창문을 두드리고는 이상한 방식으로 내게 그 소식에 대해 들려줬다. 나는 그에게 "농담이죠?"라고 말했고, 그는 내게 "아니, 내가 직접 전화를 받았는데 잉글랜드 대표팀에서 널 원하고 있어"라고 말했다. 나는 언젠가 잉글랜드 대표팀에 선발될 거라고 어렴풋이 생각은 하고 있었지만, 그가 직접 나를 불러서 진심으로 행복해하는 모습으로 포옹을 하며 그 소식을 전해줬을 때는 정말 그가 나의 가족처럼 느껴졌다.

내게 있어 가장 힘들었던 순간은 팀을 떠나게 됐다고 그에게 말하던 순간이었다. 그때보다 더 그가 슬퍼하는 얼굴을 본 적이 없다. 그는 낙담했고, 실망했다. 그 주에 나는 그의 사무실에서 많은 시간을 보냈다. 그는 내게 남아달라고 부탁하진 않았지만, 내가 남길 바랐다. 사우샘프턴은 점점 좋은 팀이 되어가고 있었고 우리에겐 좋은 선수들이 많았다.

그는 계속해서 내게 "팀을 떠나고 싶니?"라고 물었다. 심지어 훈련장에서도 그는 "다시 생각해봐. 지금은 좋은 시점이 아니야. 나는 네가 팀에 남아서 클럽을 만들어가는 데 도움을 줬으면 해"라고 이야기했다. 나는 그에게 "여러 가지로 생각하는 중이에요. 생각할 것들이 많아요"라고 대답했다.

나는 내가 떠났던 시즌보다 한 시즌 전에 떠날 수도 있었지만, 그가 나를 잔류하도록 설득했다. 그곳에서의 축구와 삶 모두가 매우 좋았다. 나는 그곳에서의 그런 면들이 나를 사람으로 만들어줬다고 생각한다. 그와 그의 스태프 모두가 내게 아주 잘해줬다.

결국 나는 그에게 "떠나고 싶습니다"라고 이야기했고, 그는 내게 "진심이야?"라고 물은 뒤 "아니야. 넌 그렇지 않아"라고 말했다. 그리고 우리는 내가 왜 떠나고 싶은지에 대해 대화를 나눴다. 그것은 꽤나 힘든 시간이었다. 마음속으로 "포체티노 감독이 나를 위해 정말 많은 것을 해줬어"라는 생각이 들었다. 한편으로 나는 내가 발전하는 데 아주 큰 영향을 줬던 그와 함께 팀에 남고 싶었다. 그의 기대를 저버리고 싶지 않았다. 우리는 정말 가까운 사이였다. 나는 그와 저녁 식사를 하곤 했다. 그가 처음 호텔에 머물던 때였다. 그는 내게 코치들과 함께 있는 호텔로 오라고 했고 포체티노 감독을 비롯한 4명의 코치와 함께 저녁을 먹었다. 코치들 중에는 오직 한 명만 영어를 할 줄 알았고, 나머지 3명은 영어를 전혀 할 줄 몰랐다. 그래서 나는 그들이 스페인어로 이야기하면서 웃을 때도 전혀 이해할 수 없었다. 감독과 저녁 식사를 같이 먹는 것이 처음엔 이상했지만 이후에도 몇 차례 그렇게 했다. 그가 점점 영어를 할 수 있게 되자 우리는 많은 이야기를 나누고 또 함께 웃었다.

나는 그가 사우샘프턴에서 불가능한 것을 이뤄냈다고 생각한다. 우리는 리그에서 최고의 경기력을 보여준 팀 중 하나였다. 내가 조금 이해하기 힘든 것은 사우샘프턴 팬들이 어떻게 그가 해냈던 일을 본 후에도 그를 좋아하지 않을 수 있느냐이다. 아마도 그것은 그가 구단에 오래 머물지 않았기 때문이라고 생각한다. 그러나 우리는 강등권에서 싸우던 팀이었고, 그는 우리의 경기력과 정신 상태를 바꿔놓았다. 그는 어떤 팀을 맡든, 그 팀을 성장하게 해줄 수 있는 감독이다. 그리고 그는 어디든 갈 수 있는 감독이다.

언젠가 그와 함께 다시 경기에 나설 수 있길 바란다. 그 역시 그럴 것이라고 생각한다.

맨체스터 유나이티드 유니폼을 입은 후에도 나는 그와 연락을 나눴지만, 많은 이야기를 하진 않았다. 그는 내게 실망한 상황이었다. 그는 내가 그의 마음을 찢어놨다고 말했다.

그러나 나의 다리가 부러졌을 때(2015-16시즌 UEFA 챔피언스리그 PSV 에인트호번과의 경기에서 루크 쇼는 멕시코 출신 수비수 엑토르 모레노의 태클로 오른쪽 정강이뼈가 골절됐다. - 옮긴이), 그가 내게 연락했다. 당시 나는 정말 불안정한 상태였다. 부상 당일 혹은 다음 날, 그가 내게 전화를 했었다. 나는 막 비행기로 이동한 뒤였고 그때는 타이밍이 정말 안 좋았다. 그는 나를 위해 그가 해줄 수 있는 좋은 말을 생각하는 것 같았다. 나는 결국 울어버렸고 그도 역시 슬퍼했다.

제이 로드리게스 Jay Rodriguez ——————————————————————

1989년생, 잉글랜드 출신 공격수. 번리를 거쳐 2012년 사우샘프턴에 입단해서 포체티노 감독과 만났다. 5년간 사우샘프턴에서 뛴 후 2017년 여름 이적시장에서 웨스트 브로미치 앨비언으로 이적했다. - 옮긴이

그는 나로 하여금 축구를 다르게 느끼도록 만들어줬다. 우리는 프리시즌 중에 특이한 게임을 하나 했는데, 목에 작은 모형 화살 같은 것을 걸고 그 화살을 미는 게임이었다. 그대로 계속 밀면 화살이 목을 뚫고 나올 것처럼 겁이 나지만, 그는 선수들에게 그 화살을 부술 수 있다고 믿고 계속

밀면 화살이 부러진다고 말했다. 또 우리는 뜨거운 돌 위를 걷는 훈련을 하기도 했다. 그는 우리에게 마음은 정말 강해서 우리가 할 수 있다고 믿으면 무엇이든 가능하다고 말했다. 그런 작은 게임, 훈련 하나하나가 나와 동료들의 사고방식을 바꾸기 시작했다.

나는 카디프를 상대로 두 골을 넣었던 상황에서 내게 공이 왔던 순간을 기억하고 있다. 그러나 나는 그 순간 경직되어 멈춘 상태였다. 만약 그때 내가 전방으로 계속 움직였다면 나는 해트트릭을 기록했을 것이다. 다음 주에 그는 내게 보여줄 것이 있다고 이야기하면서 왜 내게 그 순간에 서 있었느냐고 물었다. 두 골은 충분하지 않다, 세 골도 마찬가지다, 공격수는 계속해서 앞으로 나아가고 골을 노려야 한다고 말해줬다.

선수들은 그를 거스르는 것을 원하지 않는다. 아니, 더 정확히 말하자면 그를 실망시키고 싶어 하지 않는다. 경기장에 들어서면 그를 위해 죽을 수도 있다는 선수들이 많을 것이다. 나는 그것이 그가 선수들과 강한 유대감을 갖고 있기 때문이라고 생각한다.

그의 지도 아래 우리가 뛰었던 모든 경기에서 우리는 운만 나쁘지 않다면 승리할 수 있을 것이라고 믿었다. 우리는 우리가 '무적'이라고 느꼈다.

인간적으로도 그는 내게 그런 믿음을 줬고, 나를 언제나 믿어줬다. 그것은 내가 지금까지 여전히 가지고 있는 믿음이다.

내가 부상을 당했을 때도 그는 거의 나만큼이나 슬퍼했다. 그리고 내가 부상으로 뛰지 못하는 내내 나를 도와줬다. 그 부상이 있었던 경기의 하프타임에 그가 정말 슬퍼 보여서 나는 거의 눈물을 흘릴 뻔했다. 정말 힘든 순간이었다. 그는 나를 안정시키기 위해 "괜찮아, 아무 걱정도 하지 마. 넌 더 강해져서 돌아올 거야"라고 말했다.

아마도 내가 그를 처음 상대 팀으로 만난 것은 지난 2016년 겨울이었을 것이다. 이상한 기분이었다. 우리는 홈에서 그들에게 1-4 패배를 당했다. 즐거운 경기는 아니었지만 경기 후 그를 만나서 기뻤다. 경기를 마친 이후 나는 헤수스, 미겔 그리고 토니와 이야기를 나눴다. 우리는 계속해서 연락을 취하고 있고, 서로에게 문자 메시지도 보낸다. 때때로 그는 내가 더 좋아질 수 있도록 격려해주기 위해 과거 나의 훈련 중 모습이 담긴 비디오를 보내주기도 한다. 그는 여전히 내게 있어 큰 부분을 차지하고 있으며, 내게 자신감을 주고 있고 나를 믿고 있다.

그가 만약 잉글랜드 국가대표 감독이 된다면, 나는 우리가 모든 대회에서 우승을 차지할 수 있을 거라고 믿는다(웃음).

나는 포체티노가 최고의 감독이라고 생각한다.

다니엘 레비 회장 Daniel Levy

토트넘은 언제나 우리 선수들을 발전시키는 데 집중하고 있고 슈퍼스타를 영입하는 것보다는 그들을 슈퍼스타로 만들기 위해 노력하고 있다. 우리의 팬들은 잉글랜드에서 자라고 성장한 선수들과 정서적으로 강하게 연결되어 있으므로 그런 철학을 가진 감독이 필요하다. 많은 감독들이 그렇다고 말하지만 실제로는 젊은 선수들에 관심이 없는 경우가 많다. 그들은 이적시장에서 선수들을 영입하는 데 더 관심이 많다. 나는 정말로 유소년 선수들을 육성하는 데 열정이 있는 감독을 오랫동안 찾아왔다.

사우샘프턴 시절 포체티노를 봤을 때 두 가지가 눈에 띄었다. 첫 번째로 그는 선수들을 성장시키는 능력을 갖춘 감독이었고, 실제로 훌륭하게 그 역할을 수행했다. 두 번째로 눈에 띈 것은 클럽에 대한 그의 충성심이었다. 그는 일이 잘 진행되지 않고, 순조롭게 풀리지 않을 때도 절대로 선수들을 비난하지 않았다. 그것은 경기에서 패한 직후 언론 앞에서 보여주기 힘든 매우 독특한 것이다. 보통은 언론을 통해 한두 명의 선수들을 비판하고 싶을 법도 하지만 그는 그렇게 하지 않았다. 그리고 그가 옳다. 감독이란 그래야 하는 것이다. 선수에게 호통을 치는 것은 개인적으로 해야 한다. 나는 그런 점에서 나와 같은 방식으로 생각하는 사람을 원했고, 그것이 내가 포체티노를 우리의 감독으로 원했던 이유였다.

사우샘프턴에는 회장의 변화가 있었고, 그는 그 일에 대해 행복하지 않은 상태였다. 우리는 또 그와의 계약에 바이아웃 조항이 있는 것을 알고 있었다. 그런 상황에서도 포체티노는 아주 충성스러운 사람이었고, 그 부분 역시 우리가 그를 원한 이유였다. 그의 계약서에 있는 조항들을 떠나서, 나는 그에게 개인적인 아주 큰 변화가 있지 않았다면 사우샘프턴을 결코 떠나지 않았을 것이라고 생각한다.

나는 그에게 직접 연락하지 않았다. 에이전시를 통해서 그의 변호사에게 접근했지만 그는 토트넘에 시즌 중반에 오거나 비슷한 시점에 올 준비가 되어 있지 않았다. 오직 시즌이 끝난 후에 만나서 대화를 나누는 것에 동의했다. 우리는 몇 시간 동안 대화를 나눴다. 그 당시 그의 영어는 지금처럼 좋진 않았다. 또 그때의 그는 지금보다 훨씬 더 내성적이기도 했다. 유럽에서 감독과 회장 사이의 관계는 현재의 그와 내가 갖고 있는 관계와는 매우 다르다. 나는 내가 모든 이보다 위에 있다고 생각하는 유형의 사람은 아니다. 나는 모든 이가 동등하고, 클럽의 누구와도 이야기할 수 있다고 생각하는 사람이다. 누구나 내게 올 수 있고 이야기할 수 있다. 그것이 내가 감독과 형성하고 싶은 관계이며, 내 생각에 포체티노에게는 그것을 이해시키는 데 시간이 필요했다. 나는 이 클럽의 회장이다. 그러나 그는 나와 매우 친밀한 관계를 맺을 수 있으며 그것은 아마도 그가 지금까지 만났던 다른 회장들과는 조금 다를 것이다.

헤수스 페레스도 그 미팅에 있었다. 그가 통역해야 하는 부분이 있었기에 그는 아주 중요한 사람이었다. 그는 밝고, 충성스러운, 아주 멋진 사람이다. 나는 그 두 사람이 아주 멋진 콤비라고 생각한다. 물론 그 외에도 그둘과 늘 함께 다니는 두 코치도 있다. 우리는 여러 번 미팅을 가졌다. 나는 포체티노 자신이 느끼는 감정이 아주 중요한 것 같다고 생각했다. 계약 사항, 그의 급여 등 다른 어떤 것들보다도 말이다. 그는 토트넘이 아르헨티나에서도 오랜 팬들을 지니고 있는 빅클럽이라는 것에도 관심을 보였다.

포체티노는 내가 도박을 하는 것이라고 이야기했다. 사우샘프턴에 대한 기대감은 토트넘의 그것보다는 분명 덜하고, 그는 유명한 감독도 아니었기 때문이었다. 많은 팬들은 유명한 감독을 원하지만, 내가 유명한 감독들과 함께 일했던 경험을 돌아보면, 그것이 항상 좋은 결과를 내지는 않았다. 사람들은 흔히 감독은 언제나 더 많은 선수를 원하고 회장은 돈을 지출하는 것을 절대로 원하지 않는다고 생각한다. 그런 점에서 포체티노와의 계약은 꽤 흥미로웠다. 만약 내가 그에게 모든 것을 맡겼다면, 지금쯤 우리는 아마도 11명의 선수만 소유하고 있을지도 모른다! 나는 그가 많은 돈을 지출하기를 원하는 타입의 감독이 아니라는 사실을 존중한다. 나는 팬들과 언론이 우리에게 돈, 돈, 돈을 더 써야 한다고 주장하는 것을 알고 있지만 일반적으로 토트넘이 큰 비용을 들여 선수를 영입했을 때 그 선수들은 최고의 퍼포먼스를 보여주지 못했다. 큰돈을 사용하지 않고도, 우리가 갖고 있던 정보를 통해 영입한 선수들이 오히려 더 좋은 모습을 보여줬다.

나는 지금 우리가 하고 있는 것이 우리의 최선이라고 믿기에 포체티노에게 한 번도 압박을 가한 적이 없다. 나는 톱4든, 5위든 감독들이 목표를 달성하지 못하면 그들에게 바로 압력을 가하는 단장들을 잘 알고 있다. 그러나 나는 포체티노와 한 번도 그런 대화를 나눈 적이 없다. 그럴 필요도 없다. 우리는 그저 우리가 할 수 있는 최선의 결과를 내고 싶고 그것이 우리가 바라는 전부다.

나는 그의 감독 부임 초기에 그와 나눈 대화를 기억하고 있다. 당시 우리는 좋은 성적을 내지 못했고, 우리의 플레이도 내가 기대했던 것과는 달랐다. 사우샘프턴에서 그는 빠르고 공격적인 축구를 했지만 이곳에 온 초반에는 그런 모습이 잘 보이지 않았다. 물론 그렇게 가는 과정에 있었지만 말이다. 내가 그에 대해 조금 걱정을 품고 있자 그는 내게 말했다. "걱정하지 마세요. 시간이 좀 걸릴 겁니다. 중요한 것은 선수들의 체력입니다." 그는 자신이 원하는 축구를 선수들이 구현할 수 있도록 선수들의 체력 수준을 끌어올리고 있었다. 보통 사람들이 상상하는 그 이상으로. 그가 생각하는 팀이 자리 잡기에는 시간이 걸렸다. 그는 매일 일곱 시에 출근하는데, 영국에서 일곱 시는 아직 어두울 때가 많다. 그는 자신의 일과 승리라는 목표에 완전히 헌신하고 있다.

그가 토트넘의 모든 직원들과 대화를 나누는 방식 그리고 1군 팀과 유소년팀을 이어주는 능력은 우리에게 아주 중요하다. 대부분의 감독은 1군 팀에만 집중한다. 많은 감독들이 유소년 선수들을 사랑한다고 말하지만, 정말 그들이 어린 선수들을 위해 무언가를 하고 있을까? 포체티노는 종종 직접 아카데미를 둘러보고 또 그들의 경기를 보면서 아카데미의 모든 직원들과 잘 어울린다. 우리 아카데미의 총 책임자인 존 맥더못은 언제나 포체티노의 사무실에 있다. 우리는 하나의 가족 같은 클럽이다. 모두가 서로를 알고 있다. 우리는 또 거대하고 복잡한 클럽 구조를 갖고 있지 않다. 그래서 언제 어디서도 아주 빠르게 중요한 결정을 내릴 수 있다.

우리 둘은 서로 같은 목표를 향해 노력하고 있다. 우리의 목표는 '완벽'

이다. 그는 경기장 위에서 완벽주의자고 나는 그 밖에서 완벽주의자다. 우리의 훈련 시설을 돌아보면, 아마도 누구나 세계에서 가장 훌륭한 훈련장 중 하나라고 인정할 것이다. 새로운 경기장도 마찬가지다. 우리는 선수들을 위해 45개의 침실이 있는 숙박시설도 짓고 있다. 하루에 두 번 훈련한 뒤에 선수들이 쉴 수 있도록 말이다. 내가 할 수 있는 것은 클럽이 지원할 수 있는 최고의 지원을 해주는 것, 그래서 그가 선수들로부터 최고의 성과를 이끌어낼 수 있도록 돕는 것이다. 우리는 아주 잘 교감하고 있고 그래서 그는 우리에게 변화와 발전을 위한 제안을 하기도 한다. 나는 그와 매일 만나며 밤에 문자 메시지로 이야기를 나누기도 한다.

나는 경기를 마친 후 5분 동안 그를 만나기 위해 내려가곤 한다. 대부분 나는 그에게 잘했다고 말할 뿐 그 이상은 말하지 않는다. 물론 때로는 경기가 잘 풀리지 않을 때도 있지만, 그럴 때일수록 우리는 하나로 뭉친다. 우리는 강하다. 나는 종종 그에게 훌륭한 경기였고, 어떤 선수들이 좋은 경기를 했다고 말하곤 하지만 누군가를 비판하지는 않는다. 1군 팀을 관리하는 것은 그의 역할이므로 나는 그에게 말할 때 늘 조심하는 편이다. 종종 그가 마음을 열고 내게 특정 선수에 대한 의견을 묻거나 과거 토트넘에서 뛴 선수들에 대해 물을 때는 내 의견을 내기도 하지만, 거기까지다.

나는 선수들의 드레싱룸에 들어가지 않는다. 그곳은 그의 영역이다. 선수들에게 동기 부여를 하고 지침을 주는 것은 그의 역할이다. 그러나 그가 나를 필요로 할 때면 무엇이든 도울 것이다. 나는 꽤 내성적인 사람이다. 나는 사람들의 이목을 끄는 걸 좋아하지 않으므로 내가 선수들 앞에 서서 그들에게 연설하는 일은 아마도 일어나지 않을 것이다. 내가 토트넘의 회장으로 있었던 거의 17년간 내가 그렇게 했던 적은 겨우 서너 번 정도였다. 챔피언스리그 진출을 확정지었을 때 그리고 식중독 문제로 웨스트햄전에 고전하면서 마지막 순간에 챔피언스리그 진출에 실패했을 때 정도가 그 예였다. 선수들은 훈련장에서 나와 자주 마주친다. 내 사무실 문은 언제나 열려 있어서 때때로 한두 명의 선수가 나를 보러 올 때도 있고 포체티노 감독과 함께 아침 혹은 점심을 먹는 나의 모습을 볼 수도 있다. 그럴 때면 언제든 선수들도 와서 함께할 수 있다. 우리는 정말로 가족 같은 분위기 속에서 일하고 있다.

선수 영입은 집단적인 결정이다. 우리가 수비수를 영입하고 싶어 한다고 가정하자. 포체티노는 채용 부서에 이야기할 것이고, 그러면 그들은 몇몇 후보자들의 이름을 올릴 것이다. 그럼 나와 포체티노 그리고 채용 부서의 한두 명이 따로 앉아 비공식적인 회의를 갖고 각자의 의견을 내놓는다. 그 후 나와 영입 담당자들은 무엇이 가능하고 무엇이 불가능한지 확인할 것이다. 그들 중 몇 명은 영입이 가능할 수도, 그렇지 않을 수도 있다. 그 확인이 끝난 후 영입 담당자들은 포체티노에게 우리가 최초에 논의했던 여섯 명의 선수 중에 영입이 가능한 세 명에 대해 알려준다. 그러면 우리는 다시 그 세 선수의 장점과 단점에 대해 논의한다. 그 선수들 개개인의 유형, 그들이 나이가 좀 있는 편인지 아니면 젊은지, 팀의 다른 포지션에 어떤 영향을 줄 수 있는지, 하나의 포지션에서만 뛸 수 있는 선수인지 아닌지, 그 선수의 영입에 급여 등이 얼마나 큰 영향을 주는지 등등. 그러고 나면 포체티노는 자신이 A 선수를 원하는지, 아니면 B 선수를 원하는지를 결정하고 때로는 '둘 중 누구라도 상관없다'라고 하기도 한다. 그러면 그때가 바로 내가 일에 나서는 순간이다. 나의 일은 그가 원하는 선수를 데리고 오는 것이다. 언제나 우리가 원하는 선수를 데려올 순 없지만, 매 순간 나는 내가 할 수 있는 최선을 다한다.

우리는 우리가 사용 가능한 돈의 규모에 대해 진지하게 논의한 적이 없다. 그것은 비밀이 아니지만 나와 포체티노만이 알고 있는 사실이다. 그것을 공개적으로 거론하지는 않을 것이다. 그는 우리가 처음 진행했던 큰 비용의 프로젝트에 대해서 매우 잘 알고 있다. 두 시즌 동안 우승 경쟁을 했지만, 우리는 아주 큰 비용의 돈을 지출하지 않는 이상, 현재 우리의 스타팅 멤버를 더 발전시키기는 힘들 것 같다는 데 동의했고, 우리 둘 모두 그런 식의 축구 모델을 원하지 않는다. 그건 너무나도 큰 책임이 따르는 일이다. 우리는 자급자족 모델을 갖고 있는, 건전하게 운영되고 있는 빅클럽이다. 만약 우리가 한 선수에 6000만 파운드를 투자한다면, 그로 인해 현재의 우리 선발 선수들 중 누군가가 피해를 보게 될 것이고, 만약 그 투자가 실패로 돌아간다면 그건 너무나도 치명적인 일이 될 수 있다. 우리의 통계 기록, 특히 2016-17시즌의 기록을 살펴보면 우리는 최소 실점, 최다골을 기록했고 우리 클럽 역사상 최다 골득실차를 기록했다. 또 우린 프리미어리그에서 가장 평균 연령이 낮은 팀이었다. 누구나 우리가 발전하고 있다는 사실에 동의할 것이다.

나는 늘 그에게 그가 우리의 파트너가 되어주길 바란다고 말한다. 그가 토트넘과의 5년 재계약에 서명했던 것은 우리가 서로에게 진심으로 헌신한다는 전제 하에 가능했던 일이었다. 나는 포체티노가 토트넘의 알렉스 퍼거슨이 되길 원하고, 그가 그렇게 되기 위한 충분한 가능성이 있다고 생각한다. 나는 그가 그렇게 될 수 있다고 자신한다. 우리는 토트넘의 미래를 위해 서로 같은 목표를 공유하고 있다.

다른 클럽에서 포체티노에게 관심이 없다면 나는 놀랄 것이다. 그에게 관심이 많다는 것은 곧 우리가 잘하고 있다는 뜻이다. 그는 내게 토트넘을 떠나고 싶다는 어떠한 암시도 내비친 적이 없다. 그는 우리의 프로젝트를 좋아한다. 그는 예전에 내게 오래전부터 우리의 가장 유명한 감독이자 경기장 곳곳에 살아 숨 쉬고 있는 빌 니콜슨(1958년부터 1974년까지 토트넘을 지휘한 토트넘 최고의 명장으로, 선수로서도 1938년부터 1955년까지 토트넘에서 활약했다 - 옮긴이)의 사진을 보낸 적이 있다. 우리는 그의 이름을 새 홈구장의 한쪽 문에 사용할 예정이다. 나는 그에게 "언젠가 자네도 저기에 있을 것이다"라고 답장했다. 그것이 내가 진심으로 원하는 것이었기 때문이다. 포체티노가 이곳에서 10년에서 15년 정도 우리의 감독으로 있는 것보다 좋은 것은 없다고 생각한다. 나는 성공을 이룩하기 위해서는 시간과 오랫동안 이어지는 꾸준함이 필요하다고 생각한다. 예를 들자면, 레알 마드리드의 감독이 되기는 쉽다. 오해 말라, 레알 마드리드는 물론 위대한 클럽이다. 그러나 토트넘에서 우승을 차지하는 것은 레알 마드리드에서 그렇게 하는 것보다 훨씬 더 가치 있는 일이다. 포체티노 역시 그렇게 생각하고 있다.

포체티노는 그런 목표를 성취하고, 그 주인공이 되길 원한다. 토트넘에서는 그가 주인이 될 수 있다. 다른 많은 클럽의 주인은 회장이지만, 토트넘에선 감독이 주역이 될 수 있다. 나는 그의 뒤에서 도와줄 뿐이다. 나는 그가 토트넘의 리더가 되길 원한다. 내가 아닌 그가 말이다.

때때로 누군가 예상하지 못하고 있을 때 감사한 마음을 담아 선물을 주는 것은 좋은 일이다. 내가 그에게 벤틀리 자동차를 선물로 준 것도 고마움의 표시였다. 그런데 우리에게 정말 신기한 일이 일어났다. 우리는 프랑스에서 2일 동안 와인을 시음하면서 시간을 보낸 적이 있다(물론 축구에 대해서도 이야기했다). 그 일정을 마치고 런던으로 돌아온 후 그가 나에게 선물을 보냈고 나 역시 그에게 선물을 보냈다. 그런데 각자 선물을 열어보니, 우리가 여행 중에 마셨던 수많은 와인 중에서 두 사람 다 똑같은 디저트 와인을 골라 서로에게 선물로 보낸 것이었다. 놀랍지 않은가?

2016-17시즌 결과

날짜	게임	상대팀	결과	골	리그순위	승	무	패	승점
16. 8. 13.	프리미어리그 게임 1	에버턴	1-1	5분 바클리 59분 라멜라	11	0	1	0	1
16. 8. 20.	프리미어리그 게임 2	크리스탈 팰리스	1-0	82분 완야마	7	1	1	0	4
16. 8. 27.	프리미어리그 게임 3	리버풀	1-1	43분* 밀너 72분 로즈	6	1	2	0	5
16. 9. 10.	프리미어리그 게임 4	스토크 시티	4-0	41, 56분 손흥민 59분 알리 70분 케인	5	2	2	0	8
16. 9. 14.	챔피언스리그 그룹스테이지 게임 1	모나코	1-2	15분 실바 31분 르마 45분 알더바이렐트		2	2	1	
16. 9. 18.	프리미어리그 게임 5	선더랜드	1-0	59분 케인	3	3	2	1	11
16. 9. 21.	리그컵 3라운드	질링엄	5-0	31, 48분 에릭센 51분 얀센 65분 오노마 68분 라멜라		4	2	1	
16. 9. 24.	프리미어리그 게임 6	미들즈브러	2-1	7, 23분 손흥민 65분 깁슨	2	5	2	1	14
16. 9. 27.	챔피언스리그 그룹스테이지 게임 2	CSKA 모스크바	1-0	71분 손흥민		6	2	1	
16. 10. 2.	프리미어리그 게임 7	맨체스터 시티	2-0	9분# 콜라로프 37분 알리	2	7	2	1	17
16. 10. 15.	프리미어리그 게임 8	웨스트브롬	1-1	82분 샤들리 89분 알리	3	7	3	1	18
16. 10. 18.	챔피언스리그 그룹스테이지 게임 3	바이엘 레버쿠젠	0-0			7	4	1	
16. 10. 22.	프리미어리그 게임 9	본머스	0-0		5	7	5	1	19
16. 10. 25.	리그컵 준준결승	리버풀	1-2	9, 64분 스터리지 76분* 얀센		7	5	2	

16. 10. 29.	프리미어리그 게임 10	레스터 시티	1-1	44분* 얀센 48분 무사	5	7	6	2	20
16. 11. 2.	챔피언스리그 그룹스테이지 게임 4	바이엘 레버쿠젠	0-1	65분 캄플		7	6	3	
16. 11. 6.	프리미어리그 게임 11	아스널	1-1	42분# 비머 51분* 케인	5	7	7	3	21
16. 11. 19.	프리미어리그 게임 12	웨스트햄	3-2	24분 안토니오 51분 윙크스 68분* 란지니 89, 91분* 케인	5	8	7	3	24
16. 11. 22.	챔피언스리그 그룹스테이지 게임 5	모나코	1-2	48분 시디베 52분* 케인 53분 르마		8	7	4	
16. 11. 26.	프리미어리그 게임 13	첼시	1-2	11분 에릭센 45분 페드로 51분 모제스	5	8	7	5	24
16. 12. 3.	프리미어리그 게임 14	스완지	5-0	39*, 49분 케인 46분 손흥민 70, 92분 에릭센	5	9	7	5	27
16. 12. 7.	챔피언스리그 그룹스테이지 게임 6	CSKA 모스크바	3-1	33분 자고예프 38분 알리 46분 케인 77분# 아킨페예프		10	7	5	
16. 12. 11.	프리미어리그 게임 15	맨체스터 유나이티드	0-1	29분 미키타리안	5	10	7	6	27
16. 12. 14.	프리미어리그 게임 16	헐 시티	3-0	14, 63분 에릭센 73분 완야마	5	11	7	6	30
16. 12. 18.	프리미어리그 게임 17	번리	2-1	21분 반스 27분 알리 71분 로즈	5	12	7	6	33
16. 12. 28.	프리미어리그 게임 18	사우샘프턴	4-1	2분 반 다이크 19, 87분 알리 52분 케인 85분 손흥민	5	13	7	6	36
17. 1. 1.	프리미어리그 게임 19	왓포드	4-1	27, 33분 케인 41, 46분 알리 91분 카불	5	14	7	6	39

17. 1. 4.	프리미어리그 게임 20	첼시	2–0	46, 54분 알리	3	15	7	6	42
17. 1. 8.	FA컵 3라운드	애스턴 빌라	2–0	71분 데이비스 80분 손흥민		16	7	6	
17. 1. 14.	프리미어리그 게임 21	웨스트브롬	4–0	12, 77, 82분 케인 26분# 맥컬리	2	17	7	6	45
17. 1. 21.	프리미어리그 게임 22	맨체스터 시티	2–2	49분 사네 54분 더 브라위너 58분 알리 77분 손흥민	3	17	8	6	46
17. 1. 28.	FA컵 4라운드	위컴비 원더러스	4–3	23, 36분* 헤이스 60, 90분 손흥민 64분* 얀센 83분 톰슨 89분 알리		18	8	6	
17. 1. 31.	프리미어리그 게임 23	선더랜드	0–0		2	18	9	6	47
17. 2. 4.	프리미어리그 게임 24	미들즈브러	1–0	50분* 케인	2	19	9	6	50
17. 2. 11.	프리미어리그 게임 25	리버풀	0–2	16, 18분 마네	3	19	9	7	50
17. 2. 16.	유로파리그 16라운드	겐트	0–1	59분 페르베		19	9	8	
17. 2. 19.	FA컵 준준결승	풀럼	3–0	16, 51, 73분 케인		20	9	8	
17. 2. 23.	유로파리그 16라운드	겐트	2–2	10분 에릭센 20분# 케인 61분 완야마 82분 페르베		20	10	8	
17. 2. 26.	프리미어리그 게임 26	스토크 시티	4–0	14, 32, 37분 케인 45분 알리	2	21	10	8	53
17. 3. 5.	프리미어리그 게임 27	에버턴	3–2	20, 56분 케인 81분 루카쿠 90분 알리 90분 발렌시아	2	22	10	8	56

17. 3. 12.	FA컵 준준결승	밀월	6-0	31분 에릭센 41, 54, 90분 손흥민 72분 알리 79분 얀센		23	10	8	
17. 3. 19.	프리미어리그 게임 29	사우샘프턴	2-1	14분 에릭센 33분* 알리 52분 워드-프라우스	2	24	10	8	59
17. 4. 1.	프리미어리그 게임 30	번리	2-0	66분 다이어 77분 손흥민	2	25	10	8	62
17. 4. 5.	프리미어리그 게임 31	스완지	3-1	11분 라우틀리지 88분 알리 90분 손흥민 90분 에릭센	2	26	10	8	65
17. 4. 8.	프리미어리그 게임 32	왓포드	4-0	33분 알리 39분 다이어 44, 55분 손흥민	2	27	10	8	68
17. 4. 15.	프리미어리그 게임 33	본머스	4-0	16분 뎀벨레 19분 손흥민 48분 케인 90분 얀센	2	28	10	8	71
17. 4. 22.	FA컵 준결승	첼시	2-4	5, 43분* 윌리안 18분 케인 52분 알리 75분 아자르 80분 마티치		28	10	9	
17. 4. 26.	프리미어리그 게임 28˙	크리스탈 팰리스	1-0	78분 에릭센	2	29	10	9	74
17. 4. 30.	프리미어리그 게임 35	아스널	2-0	55분 알리 58분* 케인	2	30	10	9	77
17. 5. 5.	프리미어리그 게임 36	웨스트햄	0-1	65분 란지니	2	30	10	10	77
17. 5. 14.	프리미어리그 게임 37	맨체스터 유나이티드	2-1	6분 완야마 48분 케인 71분 루니	2	31	10	10	80

| 17. 5. 18. | 프리미어리그
게임 34 • | 레스터 시티 | 6–1 | 25, 63, 89, 90분
케인
36, 71분 손흥민
60분 칠웰 | 2 | 32 | 10 | 10 | 83 |
| 17. 5. 21. | 프리미어리그
게임 38 | 헐 시티 | 7–1 | 11, 13, 72분 케인
45분 알리
66분 클루카스
69분 완야마
84분 데이비스
87분 알더바이렐트 | 2 | 33 | 10 | 10 | 86 |

* 패널티골 # 자책골 • 순연 경기

시즌별 비교

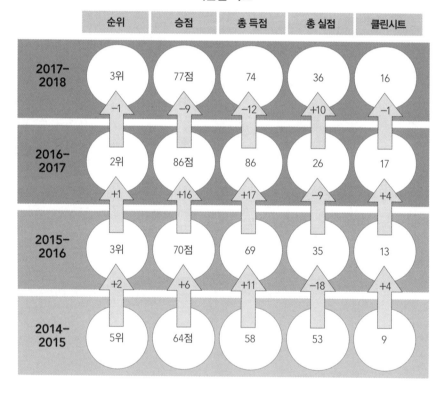

	순위	승점	총 득점	총 실점	클린시트
2017–2018	3위	77점	74	36	16
	–1	–9	–12	+10	–1
2016–2017	2위	86점	86	26	17
	+1	+16	+17	–9	+4
2015–2016	3위	70점	69	35	13
	+2	+6	+11	–18	+4
2014–2015	5위	64점	58	53	9

DEJÉ LA PUERTA ABIERTA UN AÑO,
LA NECESIDAD DE INTIMIDAD ME PIDE
QUE LA VUELVA A CERRAR.
   CORRE EL VIENTO, PERO ME DA QUE
POR EL CAMINO NOS HEMOS CONOCIDO
UN POCO MÁS.

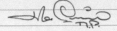

일 년 동안 문을 활짝 열어뒀습니다.

이제 다시 조용히 혼자가 되고 싶은 마음이 들어

그 문을 닫습니다.

바람이 붑니다.

그러나 이 여행의 끝에 저는 여러분과 제가 전보다

조금은 서로를 더 잘 알게 됐다는 생각이 듭니다.

마우리시오 포체티노

포체티노 인사이드 스토리

1판 1쇄 인쇄 | 2018년 5월 18일
1판 1쇄 발행 | 2018년 5월 28일

지은이 기엠 발라게
옮긴이 이성모, 박문수
펴낸이 김기옥

실용본부장 박재성
기획 편집 이나리, 손혜인, 박인애
영업 김선주
커뮤니케이션 플래너 서지운
지원 고광현, 김형식, 임민진

디자인 제이알컴
인쇄·제본 민언프린텍

펴낸곳 한스미디어(한즈미디어(주))
주소 121-839 서울시 마포구 양화로 11길 13(서교동, 강원빌딩 5층)
전화 02-707-0337 | 팩스 02-707-0198 | 홈페이지 www.hansmedia.com
출판신고번호 제 313-2003-227호 | 신고일자 2003년 6월 25일

ISBN 979-11-6007-262-4 03690